Jakob Philipp Fallmerayer

Gesammelte Werke

1. Band

Jakob Philipp Fallmerayer

Gesammelte Werke
1. Band

ISBN/EAN: 9783744628990

Hergestellt in Europa, USA, Kanada, Australien, Japan

Cover: Foto ©ninafisch / pixelio.de

Weitere Bücher finden Sie auf **www.hansebooks.com**

Vorwort.

Als Erben des literarischen Nachlasses von Fallmerayer war mir zunächst die Pflicht auferlegt, dasjenige was er selbst noch für die Oeffentlichkeit vorbereitet oder bestimmt hatte, derselben ohne Verzug zu übergeben. Seine „Gesammelten Werke" umfassen in drei Bänden „neue Fragmente aus dem Orient", „politische und culturhistorische Aufsätze", „kritische Versuche". Dies ist seine eigene Eintheilung und Anordnung. Ebenso ist die Auswahl und Einreihung der verschiedenen Schriften entweder bereits entschieden vorgelegen oder im einzig emsigen, alles controlirenden Tagebuche meist sicher angedeutet. Ich erlaubte mir nur, wie er selbst schon einen und den anderen Aufsatz aus der dritten Abtheilung in die erste oder zweite versetzt hatte, so einige weitere in den zweiten Band herüberzunehmen, je nachdem es Inhalt und Richtung rechtfertigte.

Die vorliegende Sammlung mag ohngefähr die gute
Hälfte aller zerstreuten, gedruckten und ungedruckten Schrift=
stücke Fallmerayers enthalten, ungerechnet natürlich seine
größeren Geschichts= und Reisewerke. Er wollte sich hiemit
genügen, obgleich er daran dachte, anderes, wie z. B. die
Schriften, welche die griechische Frage eigentlich und vor=
waltend behandeln, später zu einem Körper zu verbinden.
Ich durfte die von ihm diesmal gesteckte Grenze nicht über=
schreiten, um so weniger, als schon der Gewinn der rechten
Zeit im Auge zu behalten war.

Die Redaction der Texte geschah einfach nach dem Ka=
non philologisch=historischer Kritik. Die erste ächte Hand
wurde hergestellt, die Lücken der überall grassirenden Censur
ausgefüllt, die Veränderungen, meist Abschwächungen und
Verstümmelungen, gut gemacht. In fast allen Stücken hat
er selbst noch bessernd, feilend, mildernd die Hand ange=
legt. So erscheint denn das Werk, und nicht bloß etwa
durch den Zuschuß bisher ungedruckter Aufsätze, als ein
neues und unversehrtes Vermächtniß des genialen Mannes.

Fallmerayer hatte vor, diesem ersten Bande eine Selbst=
biographie vorauszuschicken. Die Skizze war im Kopfe
fertig; sein jäher Tod hat uns diese Bekenntnisse mit ent=
rissen, ein entschiedener Verlust. Gut, daß wenigstens seine
letzten Gedanken und Ansichten, sein historisch=politisches

Testament, in den „Gesammelten Werken" geborgen sind. Gerade das, was er gegen das äußerste Ende seines Lebens hievon niedergeschrieben hat, ist ein wahrer Schatz von Weisheit, mit jenem Gepräge der Ruhe, des Ernstes, der Weihe angethan, welches die innere Beseligung und die Siegesgewißheit des tief in die Zukunft schauenden, scheidenden Helden verbürgt.

Ich hielt es nun für Pflicht, versuchsweise einen Abriß seines Lebens und Wesens zu geben. Ich dachte dabei wohl an Goethe, wenn er räth: „vergebens bemühen wir uns, den Charakter eines Menschen zu schildern; man stelle dagegen seine Handlungen, seine Thaten zusammen, und ein Bild des Charakters wird uns entgegentreten." Thaten sind aber auch und fürwahr nicht die geringsten die Werke des Geistes, die Wettkämpfe auf dem Plan des Wissens und Forschens, die Schlachten für die Befreiung des Menschengeschlechts aus Irrthum, Wahn und Aberglauben; und „länger denn die Thaten bestehet das Leben des Wortes, das mit der Huldinnen Liebesgunst aus tiefem Gemüthe die Zunge schöpft." (Thiersch nach Pindar.)

Wie immer dieser Versuch zusagt, die Thatsachen, welche er erzählt, die Grundsätze, welche er ausspricht, sie sind alle geschichtlich treu und wahrhaft, geschöpft theils aus einem guten Vorrath von Urkunden, theils aus der lautern Quelle langgenährter, inniger, offener Freundschaft. Zu dem, was hier kurz und wie es nicht anders sein kann, manchmal als scharfes und kantiges Relief beigebracht ist, geben die hinterlassenen Werke sattsame Erörterung, hinreichenden Commentar.

Was endlich aus dem weiteren literarischen Nachlaß Fallmerayers, insonderheit aus den höchst inhaltsreichen, werthvollen und anziehenden Tagebüchern seiner Zeit ans Licht gehört, will ich eben der Zeit überlassen.

München, im September 1861.

Dr. Georg Martin Thomas.

Inhalt.

Verbesserungen.

S. 27 J. 11 u. 10 von unten lies: Protassof und Robukloteff.

S. 313 J. 12 von oben lies: Deir-el-Kamar.

Zur Lebensgeschichte Fallmerayers.

multum ille et terris jactatus et alto,
multa quoque et bello passus.

Aus engem Umkreis und knappen Verhältnissen heraus sich zeitig auf eigene Füße stellen und ein festes sittliches Besitzthum erringen, ist immer das Zeichen ungewöhnlicher Geisteskraft. Diese Selbständigkeit der Gesinnung durch das ganze Leben bewahren, mit Entbehrung des äußern Wohlbehagens und unverlockt durch glänzenden Schein, vielmehr im unausgesetzten Kampfe mit Bedrängniß, Haß und Verleumdung, sich selbst treu bleiben, treu der Wahrheit und ihrem Dienste, verräth eine edele, bewundernswerthe Natur. Auf solche Vorbilder, solch seltene Männer gebürt es zu eigener Kräftigung immer wieder aufzuschauen: dieser Cultus dankbarer Nachahmung ist ein später, aber herrlicher Lohn der großen Todten.

Zu diesen seltenen Männern gehört Jakob Philipp Fallmerayer.

Er war geboren am 10. December 1790 im Weiler Bayrdorf, Gemeinde Tschötsch, unweit Brixen. Der romantisch gelegene Ort, hoch über der Eisakschlucht, mit weiter Ausschau in das Bergcastell von Südtirol, erweckte in dem Schafe hütenden, sinnigen Knaben wohl frühe jene tief-schwärmerischen Gefühle für Schönheit der Natur und Pracht der Landschaft, welchen wir in seinen Schriften so oft und so gerne begegnen.

Diese Bilder der schönen Heimat, diese Eindrücke der stillen Kindheit begleiten ihn allerwegen und treten selbst in weitester Ferne vor seine Seele.

„Die milde Tageshelle und das schöne Himmelblau, der
Strom, die Felsen und die Gebirge, die von allen Seiten den
Gesichtskreis der Insel Phile begrenzen, riefen in diesen zwei
schönen Tagen die Erinnerung an die Sommerabende, die ich
in den Jahren 1799 in den Gebirgen meines Heimatlandes
genossen habe, in meine Seele zurück. Obwohl damals noch
ein Kind, kannte ich doch jene unerklärbare Sehnsucht, fühlte
ihren süßen Schmerz. Der Baumgarten, der mit Gebüsch be-
kleidete Felsenabhang, der Born, der Birnbaum und das Rauschen des Abendwindes in den grünen Blättern, die langen
Schatten bei der sinkenden Sonne, die rothen Beeren, der Schall
der Feierabendglocken am Vorabend von Johann d. Täufer, Mariä
Heimsuchung, Assumptio B. V. M., unvertilgbare Bilder jener
seligen, auf immer entflohenen Zeit! Ohne Berge, ohne Felsen
und Sonnenhelle für mich keine heitere Stunde! O Phile! o
einsames friedliches Eiland mit deinen Ruinen, deinem ewig
heiteren, milden Himmelsblau, wie könnte ich je vergessen deine
Palmen, deinen Strom, deine Pfade, die Stille deiner Säulengänge und Tempelgemächer." (Tagebuch der ägyptischen Reise
1. 2. Februar 1832.)

Den armen Bauernsohn brachten einsichtige Geistliche, sein
Talent erkennend, in die Domschule von Brixen, wie sie dachten „zu künftigem Nutzen der Kirche". Bei aller Mangelhaftigkeit des dortigen Unterrichts wurde Fallmerayer, namentlich in
der griechischen Grammatik von Valentin Forer wacker geschult.
Er hat diesem wie er einmal schreibt „vortrefflichen, gelehrten
und untadeligen" Manne, später Gymnasialpräfecten in Brixen,
Zeitlebens ein treues und lohnendes Andenken bewahrt.

Während des Aufstandes der Tiroler im J. 1809 entwich
er, der klösterlichen Schranken überdrüssig, heimlich nach Salzburg. Die Aermlichkeit des Lebens und des Unterhalts durch

Privatstunden ertrug der nach Unabhängigkeit ringende Jüng-
ling gerne: die größere Freiheit der Bewegung, zum Theil
trefflicher Unterricht und die Erlaubniß der unbedingten Benützung der Bücherei von St. Peter ließen der Wißbegierde und
dem Lerneifer alle Entbehrung vergessen.

Pater Albert Nagnzaun, ein Jünger der Göttinger Schule,
führte Fallmerayer in das Studium der semitischen Sprachen ein,
von Maus entzündete in ihm die angeborne Liebe für historische
Wissenschaft. Die geistige Wiedergeburt, in welcher damals
Bayern unter Max' I. aufgeklärtem Régime begriffen war, wirkte
natürlich auch auf das gleichfalls noch bayerische Salzburg, eine
- Provinz, welche seit der Reformation mächtig angeregt, trotz der
härtesten Verfolgungen noch im vorigen Jahrhunderte, der Leuchte
des Geistes nie völlig beraubt worden war.

Nur zufällige Umstände der Regierungspraxis hinderten den
Eintritt des jungen Mannes in die berühmte Benedictiner-Ab-
tei Kremsmünster. Nach zweijährigem Studium der Gottesge-
lahrtheit — und er hatte diese so ernsthaft getrieben, daß er bei
seinem wunderbar treuen Gedächtniß sein Leben lang auch im
theologischen Detail den gefürchteten Gegner spielte und mit
Bibel, Kanon, Legende und Kirchengeschichte gar manchen ex
professo Theologen in den Sand gestreckt hat — siedelte Fallmerayer als königlicher Stipendiat und von einem Privatmanne
reichlich unterstützt über auf die Landesuniversität in Landshut.
Hier sollte nun noch die Jurisprudenz versucht werden; allein
Neigung und Trieb fesselte an den historischen, linguistischen und
classischen Studien; Thiersch' neue Grammatik befestigte und ord-
nete die Kenntnisse der mit Vorliebe gepflegten griechischen
Sprache.

Fallmerayer hatte in diesem Zeitraum seiner Studien zu
Salzburg und Landshut den Geist frei und hoch gehoben. Im

verjüngenden Sonnenschein der alten Literatur und im frischen
Anhauch deutsch-nationaler Begeistigung wichen auch ihm die
altstarre Kirchendogmatik und die dickkrustige Katechese zurück
ins Reich der Schatten. Fallmerayer blieb fortan und sein Leben lang ein glühender Verehrer der classischen Schriftsteller von
Hellas und Rom. In dieser Schule hat er sich selbst zum classischen Schriftsteller deutscher Rede, dauernden Ruhmes, emporge-
arbeitet. Die von erster Jugend an schwellende Abneigung gegen pfäffisches Wesen und rechtgläubige Herzlosigkeit hat ihn zwar
abgehalten, den Läuterungsgang, welchen Theologie und Philosophie im Verlaufe der Zeit genommen, streng historisch zu verfolgen
und gleichsam in sich selbst durchzumachen, aber das Mark der
Religion hat er um so reiner in sich getragen, und den Geist
des Christenthums um so tapferer und freimüthiger vertheidigt.

Im Herbste des Jahres 1813, als nach den Heldenschlachten
der Preußen und Russen und dem Eintritt Oesterreichs in die
Coalition gegen Napoleon I. auch Bayern genöthigt war, dem
Rheinbund zu entsagen und sich auf die deutsche Seite zu stellen,
trat Fallmerayer, dem weder die Jurisprudenz behagte noch die
nächste Zukunft im bürgerlichen Leben anderes als Unsicherheit
und Nothdurst verkündete, — nicht ohne „stolze Hoffnungen, dergleichen sich freilich ein in einer Landhütte geborner Mensch nicht
sollte träumen lassen" — unter die Fahnen.

Als Unterlieutenant in der Infanterie hielt er sich gleich in der
ersten bedenklichen Schlacht bei Hanau so wacker, daß er öffentlich vor der Fronte belobt ward. Er schonte sich nicht, er wollte
als Soldat seine Carrière machen. Der Winterfeldzug und die
zum Theil mörderischen Gefechte bei Brienne, Bar und Arcis
sur Aube vom Jahre 1814 waren eine harte, aber stählende und
zugleich fruchtbare Lehrübung. Nach dem ersten Pariser Frieden
blieb er ein volles Jahr beim Occupationscorps am linken Rhein.

uf̃er in der Umgegend von Landau und Speier. „Wir lebten da
herrlich, es ging mir überall und allzeit gut.“

Beim Wiederausbruch des Krieges wurde Fallmerayer in
den Generalstab gezogen, allein der Feldzug verlief für diesen
Theil der deutschen Armee ohne That. Die Schlacht von Waterloo endete mit Einem Schlag den Krieg. Als Galopin des
Brigadegenerals Grafen von Spreti verlebte nun Fallmerayer
mehrere Monate unter sehr angenehmen Verhältnissen auf einem
Landsitze bei Orleans — dorthin war über Nancy und Chalons
sur Marne der Marsch gegangen.

Damals erwarb er sich, wie er gerne rühmte, neben aus-
gezeichneter Fertigkeit in französischer Rede jene Feinheit und
„Politur“, die ihm denn auch später überall Thüren und Herzen geöffnet hat. Zugleich gab der soldatische Verkehr erwünschte Gelegenheit, die Sprachenkenntniß durch das Spanische zu erwei-
tern, während die stillere Muße benützt war, des größten Rö-
mers Commentarien in Fleisch und Blut überzuführen.

Nach dem zweiten Pariser Frieden zog das Corps im November 1815 aus den bisherigen Cantonirungen ab und über den
Rhein zurück. Fallmerayer kam mit einem Bataillon des 11.
bayerischen Infanterieregiments nach Lindau in Garnison. Die
freundliche Bodenseestadt blieb ihm immer werth und theuer;
die Anderen langweilige und unfruchtbare Dienstzeit wurde ge-
wissenhaft und zu reichem Erfolge der Zukunft verwendet. Die
alten Studien wurden erneuert, befestigt, ausgedehnt; namentlich
neugriechisch, türkisch, persisch zähen Fleißes erlernt. „Aus Di-
lettanterie lerne ich jetzt die griechische Sprache von Grund aus“
— schreibt er unter anderm damals — „und lese nach der Wacht-
parade, drollicht genug, den Homer oder Tacitus.“ „Ich arbeite“
— so einandermal — „als wäre ich auf der Universität.“

Im Frühlinge 1818 nahm Fallmerayer den Abschied vom

Soldatenleben. Es trieb ihn, das gewonnene Gut des Wissens als Lehrer in Bayern zu verwerthen. Er eröffnete seine pädagogische Wirksamkeit als lateinischer Obervorbereitungslehrer am Gymnasium in Augsburg.

Noch wehte damals in Bayern — leider aber nur auf kurze Zeit — ein lebensprießender Hauch, ein Odem des Geistes, durch das schöne Land. Von der Lust, mit welcher dazumal die classischen Studien an den bayerischen Schulen getrieben wurden, von dem regen und befruchtenden Ernste der Lehrer, von dem reinen und ausharrenden Eifer der Lernenden hat man heutzutage kaum mehr eine Vorstellung, nachdem die Zeit überhaupt eine andere geworden ist, nachdem eine wahre Pseudoprolification von Plänen, Erlassen und Verordnungen, von Instructionen, Regulativen, und Normativen und dergleichen den Stamm der Schule in Bayern jämmerlich verschnitten und übel verknoppert hat.

Von dem kräftigen Sein und schönen Sinn jener jugendfrischen Periode zeugen denn auch die noch vorhandenen Studien, Entwürfe und Ausarbeitungen des berufsfrohen, als Lehrer hoch geachteten und geliebten Mannes, nicht minder die lebhafte und mannigfache Correspondenz, welche er mit Alters- und Fachgenossen, mit verehrten Lehrern, mit seinen Vorgesetzten unterhielt. Die Gewohnheit Fallmerayers auch das kleinste, was er veröffentlichen wollte, vorher zu entwerfen, zu glätten und zu feilen — wie das bekanntlich ein Lessing und ein Göthe gleichfalls thaten — tritt schon in diesen früheren Studien, wie in seinen ältesten Briefen merkwürdig hervor, und Dank dieser strengeren Art, selbst von Freundesbriefen Kladden zu machen, ist uns manches geschenkt, was auf jene Periode seines Lebens einen erwünschten Lichtstrahl wirft. Schon damals schreibt der vielgewandte Mann in ganz origineller, launig-heiterer oder sarkastisch-grimmiger Weise, bald griechisch oder lateinisch, bald neben

der deutschen in den modernen Sprachen. In jenen an die
Männer des Fachs, Thiersch, Ast, Niethammer, aber auch an alte
Schul- und Kriegskameraden, nun Friedenslieutenante auf lange
Zeit und lange Weile; in diesen an die Freunde und Bekannte
vom Süden und im Westen, sowohl italienisch als französisch.

So sehr ihm die Stätte seiner Kindheit und die „liebliche
Waldeinöde Schalders" ans Herz gewachsen war, so oft die Erinnerung auf die Berge der Heimat und ihren Sonnenglanz
zurückführte —

> „nescio qua natale solum dulcedine cunctos
> ducit"

das Leben in Brixen „dem alten Feuerherd des Aberglaubens"
konnte er nie mehr lange ertragen. Gleich der erste Wiederbesuch
im J. 1818 machte auf ihn den wehmüthigsten Eindruck und
erregte seinen unbändigen Groll gegen das dortige Regiment.
„Am 16. September" — schreibt er — „erblickte ich im Abendschein die leuchtenden Zinnen der Vaterstadt. Allein die Freude,
mit welcher ich sie wiederzusehen hoffte, wurde gleich beim ersten
Eintritt getödtet. Es war acht Uhr Abends, bereits finster,
kein Fußtritt hallte durch die Straßen, keine Stimme ließ sich
hören, keine Lampe flimmerte an den Fenstern, die Straßen
schienen öde, ausgestorben; tiefer in der Stadt begegneten mir
die traurigen Töne des Ave Maria aus finstern Gängen her;
alles übrige war leer, nächtlich stumm. Ich war muthlos, ver-
wünschte meine eitle Sehnsucht, wäre herzlich gerne wieder umgekehrt. . . . . Alles predigt hier laut die Hinfälligkeit der irdischen Dinge und das Jammergeschick der Menschenkinder. Mit
jedem Schritte traten mir Erinnerungen aus den abgelaufenen
Jugendjahren und der alten Pracht meiner Vaterstadt entgegen
. . . . . Nur die Sonne scheint noch mit alter Pracht, alle andere
Herrlichkeiten sind vorüber gegangen. . . . . Mit Septembers

Ende zog ich auch wieder fort gegen meine nördliche Heimat hin, irrte auf Bergen und Alpen herum, besuchte die Quellen des Eisak, weilte einige Zeit zu Innsbruck und begrüßte am 10. (Oct.) die schönen Brunnen der Augusta Vindelicorum. . . . . Das arme Tirol gleicht jetzt einer halbasiatischen Provinz; Kumaner, Zigeuner, Vinschgauer und anderes Gesindel, wovon die Bayern jede Spur vertilgten, zieht wieder frei auf den Heeresstraßen. . . . Glücklich, dreimal glücklich preise ich daher das Bayerland, auf seinen schönen Straßen wandelt man ohne Furcht, allenthalben gesichert bei seinem Eigenthum und seinen Rechten: Es lebe der König!"

Aber nicht lange, so zogen auch wieder finstere Wolken über das Bayerland. Wie alle hell sehenden und patriotischen Männer jener Zeit, zählt auch Fallmerayer diesen Rückschlag, die Umkehr von Einführung des Concordats. Rief ja dieser erste gelungene Anlauf der „Römlinge" gerade in Augsburg sofort die ärgste Spannung und heftigste Widerart hervor. „Bei uns" -- schreibt er im Frühjahr 1819 — „fängt der Parteigeist sich zu regen an. Das Concordat kam, wie es scheint, gleich dem Evangelium in die Welt, um den Krieg und nicht den Frieden zu bringen. Die Katholiken Augsburgs, bei weitem die Mehrzahl, größtentheils von polemischem und gleich den Protestanten unduldsamem Geiste belebt, verlangen eine Trennung des katholischen vom protestantischen Gymnasium. . . . Herr Vetter Serra-Cassano scheint zu wissen, daß die alten Römer ein altes Sprichwort hatten: `divide et impera`."*) Das unheimliche widerwärtige Spiel, welches nur

---

*) Schon damals kämpft der Mann mit jenem scharfen Spott und sarkastischen Hohn, der später seine zweischneidige Waffe bildete. „O, der Mann Gottes" — heißt es in einem anderen Briefe jener Zeit — „wie ist er so bleich im Angesicht, wie er sich kasteiet und sein Fleisch abtödtet — erst um vier Uhr speist er zu Mittag, um Gott desto eifriger zu dienen —

allzuschnell vor seinen Augen sich entwickelte, erfüllte ihn bald
mit Wehmuth und trübte seine Stimmung, bald fachte es seinen
Ingrimm gegen die „ultramontanischen Bonzen" bis zum unge-
stümen Ausbruch der Zunge an. Es ist keine Frage: wer über
die Ursachen der Revolutionen dieses Jahrhunderts schreiben wollte,
müßte die Geschichte der Concordate mit vorzüglicher Sorgfalt
und scharfer Witterung verfolgen.

Im Jahre 1821 wurde Fallmerayer an das Progymnasium
nach Landshut versetzt und 1824 ebenda zum Lehrer der Ober-
classe ernannt; 1826 aber, nach Verlegung der Universität von
dort in die Residenzstadt München, zum Professor der Univer-
salgeschichte und Philologie am neu errichteten Lyceum von Landshut erhoben. Seine Wirksamkeit als öffentlicher Lehrer, in den
untern Classen, wie auf dem Katheder im freien Vortrage, war
eminent und von nachhaltiger Kraft.

Im Sommer 1831 schloß er diese Vorlesungen, um mit Ur-
laub als Begleiter des russischen Grafen Ostermann-Tolstoï
in den Orient zu reisen. Dorthin stand von frühe an die Sehnsucht des forschbegierigen, wanderlustigen Mannes: — „für mich
sind die immer grünen Berge von Kolchis das verlorne Paradies, das Land der ungestillten Sehnsucht, die beglückte Insel,
das fabelhafte Panchaia mit den fetten Triften, die Heimat der
Stille und des Friedens, deren Ahnung überall in der bedrängten

———————

so sagen die frommen Weiber bei uns hier über den päpstlichen Nunzius
Graf Serra Cassano, Erzbischof von Nicäa, der uns auf einige Tage besucht hat. Die thörichten Geschöpfe, sie wissen nicht, daß man keine Heuchler und durchtriebene Köpfe zu den dummen Deutschen sendet — sie wissen
nicht, daß der heilige Mann ein Frühstück nimmt, welches anderswo für
eine schwelgerische Mittagstafel gelten könnte. Dieser heilige Mann, bekanntlich ein Erzknecht und Intrigant, ging und fuhr in der Stadt herum,
bald mit gesenktem Blicke, bald zum Himmel sein italienisches Auge erhe-
bend und einem Rubel andächtiger Frauen alle Morgen Segen spendend."

Brust des Menschen wohnt. Trabisonda und das immer grüne Kolchis ist das Land der wachenden Träume aus der ersten Knabenzeit, ich mußte seine Lüfte athmen, es war mir auferlegt"[*]) — und dort war Fallmerayer durch Studium und Vorbereitung längst kein Fremdling mehr.

Noch als Progymnasiallehrer (1824) hatte er die Preisfrage der k. dänischen Gesellschaft der Wissenschaften in Kopenhagen über „das Kaiserthum Trapezunt" gelöst. Jene gelehrte Körperschaft hatte seine Abhandlung nicht bloß mit der Goldmedaille gekrönt, sondern auch der „ausgezeichneten Gelehrsamkeit, der scharfen Beurtheilungskraft und der klaren Darstellung des Verfassers" besonderes Lob zuerkannt.[**]) Nach weiteren Forschungen und glücklichen Entdeckungen in Wien und Venedig erwuchs aus dieser staunenswerthen Arbeit im J 1827 die „Geschichte des Kaiserthums von Trapezunt." Die Vorrede, welche das classische Werk einleitet, diente während der Abwesenheit des Mannes mit dazu, den hervorragenden, geist- und schwungvollen, von seinen Zuhörern warm verehrten, und deshalb, wie man hier zu Lande einmal glaubt, staatsgefährlichen Lehrer zu verdächtigen und aus seiner Wirksamkeit zu entfernen.

Das Aufsehen der „Geschichte von Trapezunt" war so allgemein, als das Lob und die Anerkennung. Die ersten Schiedsrichter, die bedeutendsten Gewährsmänner trafen in dem Urtheil und in der Bewunderung dieses Werkes einhellig zusammen.[***])

---

*) Fragmente I, 293.

**) Brief Oersted's d. d. Kopenhagen 20. August 1824.

***) Es ist gewiß nicht unstatthaft und unschicklich, hier einiges zum Zeugniß der Wahrheit wiederzugeben. K. B. Hase, der Altmeister hellenisch-byzantinischer Wissenschaft, widmete dem Buche eine eingehende Anzeige im Journal des Savans, October 1828 und schließt mit den Worten: un très-bel ouvrage, digne de la distinction que lui a accordée l'Académie des sciences de Copenhague, et de l'accueil que

Auch in Bayern ward dem gepriesenen Werke seine Ehre; doch hatte es hier, wie schon angedeutet, seine eigenen Bedenken. Dieser Geist der Forschung, dieser Freimuth der Sprache mußte

---

lui feront sans doute les savans de l'Europe. Eben die Vorrede, welche dem Verfasser in Bayern zum Vorwurf und nachschleichenden Verderben gereichte, bezeichnet er als „préface écrite d'un style animé et noble, elle prouve que, comme écrivain, M. Fallmerayer peut encore prétendre à un tribut d'éloges mérité.“ Das Begleitschreiben zu dieser Kritik sagt: „durch neue Aufschlüsse, kritischen Sinn und geistreiche Behandlung zeichnet sich Ihre Arbeit so vortheilhaft vor den meisten Geschichtswerken unserer Zeit aus, daß jeder Freund der Wissenschaft Sie auffordern muß, uns bald wieder mit ähnlichen Früchten Ihres gründlichen Studiums zu beschenken. Möchte doch die Lehrstelle der Allgemeinen Geschichte an der Münchener Universität, um die Sie sich, wie Sie schreiben, bewarben, und auf welche gewiß niemand gegründetere Ansprüche hat als Sie, Ihnen jetzt schon die verdiente Muße gewähren, welche zu baldiger Beendigung mehrerer solcher Arbeiten nöthig ist (d. d. Paris 29. Junius 1828).

„Vous avez rendu, Monsieur, schreibt Sylvestre de Sacy, par cet ouvrage un vrai service à la littérature, et je ne puis que joindre mon suffrage à ceux que votre travail a déjà obtenus“ (d. d. Paris 1ᵉ Juin 1829).

Niebuhr, der Fallmerayer mit für die Herausgabe der Byzantiner zu gewinnen suchte, eröffnet seinen Antrag also: Ew. Wohlgeboren haben Sich durch die Entdeckung einer Geschichte, die hoffnungslos verloren schien, und deren vortreffliche Bearbeitung ein unvergängliches und ungewöhnliches Verdienst erworben“ (d. d. Bonn den 14. November 1828).

Eine Stimme im Foreign Review (1828. I, p. 305) sagt: „the author, an oriental and greek scholar himself, and versed in most modern languages, has done every thing to render his work complete and perfect ... the author combines with profond learned historical researches a lively spirited style, and enters into many interesting details, especially with reference to commerce, and shows at the same time, that he has contemplated history with the mind of a philosopher.“

In der deutschen gelehrten Presse wurde das Werk vielfach besprochen. „Das ist einmal ein Werk, welches dem deutschen Forschungsgeiste, der deutschen Gelehrsamkeit und auch der deutschen — Freisinnigkeit alle Ehre macht! Wir suchten für dasselbe einen Nebenmann in unserer neuesten historischen Literatur; aber wir fanden — keinen.“ Preßzeitung im

mindestens auffällig und besorglich, vom Standpunct der neu-
erwachenden Hierarchie aber anstößig, ja verdammlich erscheinen*).

In jene Landshuter Periode fällt auch noch die Herausgabe
des ersten Theils der „Geschichte der Halbinsel Morea" 1830.
Der zweite Theil derselben folgte nach der Rückkehr von der
großen Reise im Jahre 1836.

Der Schlagsatz des Buches, den Fallmerayer zunächst aus
dem Quellenstudium der Byzantiner wieder hervorzog und mit
scharfer Kritik ans Licht stellte, daß die heutige Bevölkerung
von Hellas und dem Peloponnes wesentlich aus nichthellenischen,
namentlich slavisierten oder slavischen und albanischen Gemeng-
theilen bestehe, weil eine zweifache „materielle Revolution", zu-

---

Mitternachtblatt für gebildete Stände 1828. Wolfenbüttel 19. Juni
Nr. 97.

„Sei diese Schrift als eine der gehaltvollsten Jedem empfohlen, welcher sich für gründliche Geschichtsforschung interessirt, und verbreite Licht,
wo bisher Nacht war oder doch Dämmerung," schließt eine Recension in
den Ergänzungsblättern zur Allgemeinen Literatur-Zeitung Februar 1830.
Nr. 16.

„Es kann für eine Eroberung im Gebiete des Wissens angesehen werden, wenn es Hrn. Prof. Fallmerayer gelungen ist, ... eine vollständige
Geschichte des Kaiserthums Trapezunt darzustellen und dadurch eine Lücke
auszufüllen, die den Historiker oft genug in Verlegenheit setzte." Blätter
für literarische Unterhaltung Nr. 294. 21. October 1830.

*) Man zollte zwar „dem eminenten Talente, die — zum Theil bisher
noch ganz unbekannten, wenigstens unbenutzt gebliebenen Quellen in einem
großen Sinne zu bearbeiten und die daraus geschöpften Materialien in ein
Bild zusammenzufassen" Anerkenntniß, allein „einige Stellen der Vorrede
und die Periode S. 349 und 350, welche mit den Worten schließt: das Joch
muhammedanischer Türken schien ihnen (nämlich den christlichen Bewohnern
des Byzantinerreiches) weniger drückend, weniger entehrend und weniger
gefahrbringend für zeitliches und ewiges Heil, als die Herrschsucht, der
Geiz und die ‚ruchlosen Satzungen' der Kirche von Rom (dies letztere ist
übrigens Ausdruck eines hiebei angeführten orthodoxen Zeugen) thaten
sehr wehe" und blieben unvergessen, um so mehr, als sich später der uralte Kampf der widerstreitenden Mächte, des Lichtes mit der Finsterniß,
erst recht breit und nachhaltig in Bayern entwickelte.

erst vom sechsten Jahrhundert an eine slavische und dann, im
vierzehnten Jahrhundert, eine schkypetarische Einwanderung und
Eroberung diese Provinzen fast vollständig umgewandelt habe,
bis sie dann den Türken erlagen, traf gerade mit dem Philhel-
lenismus im gelehrten Abendland zusammen. Die gerechte Theilnahme am Freiheitskampf von Neu-Hellas vermengte sich mit
der gerechten Bewunderung des althellenischen Geistes und glaubte
einer solchen Entwerthung des autochthonen nationalen Elements
entschieden entgegentreten zu müssen. Natürlich daß dem Urheber
nicht bloß wissenschaftlich der Krieg erklärt, sondern auch politisch der Vorwurf gemacht wurde, er sei ein Gegner des neu zu
bildenden griechischen Reiches.

Als dann Fallmerayer durch langen Aufenthalt im illyrischen
Dreieck selbst die alte geschichtliche Ueberlieferung noch durch das
Volksthum der Gegenwart bestätigt fand, nebenbei aber die
ideale Aufrichtung von Neu-Byzanz mit den gegebenen Mitteln
und unter dem Wechseldruck hoher europäischer Politik offen be-
zweifelte, brach theilweise unversöhnliche und leidenschaftliche Fehde
aus, welche auch noch die letzten Tage des Mannes vergällte,
der wahrlich jeder Nation die Freiheit vergönnt hat.

Auch in dieser Capitalfrage hatte übrigens Fallmerayer gleich
vom Anfange an gewichtige Bundesgenossen. Ich glaube mich
nicht zu täuschen, daß vor allem der Consens von Hase in Paris, noch ehe und lange bevor Fallmerayer scharf mit seiner
Griechenthese auf den Platz trat, diesen in seinem Forschen, wie
in seiner Ansicht bestärkte*). Und wenn ihm die Verfechtung

---

*) Dieser treffliche Gelehrte, gewiß ein zuständiger Richter, urtheilte,
als ihm Fallmerayer nur erst die Uebersicht seiner Abhandlung über Trapezunt für die Kopenhagener Akademie mittheilte, also: „es ist die Geschichte des Untergangs des hellenischen Stammes in den von der Natur
wohl vertheidigten Ländern an der Südküste des Pontus. Wo Ihre Ab-

seiner Sache bis zum Ende des Daseins als Last auferlegt war,
so hatte er, gleichsam zur Sühne, wenige Tage nach seinem Schei-

handlung aufhört, beginnt eine zweite Epoche: allmähliche Vernichtung
desselben Stammes im Norden des europäischen Griechenlands; Gott
gebe, daß wir nicht eine dritte erleben, die Ausrottung der letzten Ueberbleibsel dieses Stammes in der eigentlichen Hellas. Aber die Waffen entscheiden über die Welt, und nicht Ueberlegenheit der Cultur, sondern
Streitbarkeit und Sinneseinheit erhalten die Völker." (Paris d. d. 15. Mai
1825.)

Wie Hase erfährt, daß Fallmerayer an seinem Morea arbeitet, schreibt
er: „Mit Vergnügen sehe ich, daß Sie an einer Geschichte der Revolutionen des Peloponnes im Mittelalter arbeiten. Das ist ein glücklich ge-
wählter Gegenstand, zu einer Zeit, wo die Blicke von ganz Europa auf
die endlich befreite Halbinsel gerichtet sind. Auch bin ich überzeugt von
der Richtigkeit Ihrer Ansicht. Es ist freilich bequemer, Alltagsideen folgend, keine Unterbrechung zwischen Perikles und Kanaris anzunehmen,
und in den Räuberbanden der Mainoten die alten Spartaner, Zug für
Zug, wiederzuerkennen. Aber bei näherer unbefangener Untersuchung, die
sich nicht durch Wortgeklingel und Enthusiasmus verblüffen oder bethören
läßt, gestalten sich die Dinge anders, und Konstantinus Porphyrogenne-
tus' einfache Aeußerungen reichen, dünkt mich, hin, um zu beweisen, daß
im siebenten und achten Jahrhundert die hellenische Bevölkerung des Peloponnes fast gänzlich verschwunden und durch slavische Ansiedler ersetzt
war. Schon vor Monaten fand ich Gelegenheit diese Meinung auszusprechen, da ich als Secrétaire de la Commission de l'Institut pour di-
riger l'expédition scientifique envoyée en Morée die von hier aus
dorthin geschickten Zeichner, Geographen und Philologen, siebzehn an der
Zahl, mit Instructionen versehen mußte. In diesen habe ich unter andern
empfohlen alles zu sammeln, was über jene, ehedem so zahlreiche, jetzt
fast ganz wieder verschwundene slavische Bevölkerung des Peloponnes —
denn die heutigen Albanesen in Achaja, Argolis und Arkadien sind ein
anderer Stamm — Aufschluß geben könnte; und ich freue mich, daß wir
beide, jeder auf seinem Wege, zu denselben Ergebnissen gekommen sind."
(d. d. Paris, 16. März 1829.)

Später gesteht Schlosser gelegentlich, „seitdem ihm der gelehrte
Tübinger Prof. Tafel mündlich noch manches mitgetheilt hat," offen ein:
„daß er Fallmerayers Ansicht für die richtigere halten muß, so sehr er ihr
vorher entgegen war." „Er hat — fährt er fort — selten etwas Stärkeres, Kühneres, Gründlicheres gelesen, als Fallmerayers Vorrede zum
zweiten Theil seines Morea. Wie selten trifft man unter der Masse der
täglich erscheinenden Bücher ein einziges an, das auf mehreren hundert

den die Rechtfertigung, im englischen Parlament von einer entscheidenden Persönlichkeit hierin als Zeuge vorgerufen zu werden*).

Drei Jahre dauerte die erste große Reise. Aegypten und Nu-
bien, Palästina und Syrien, Cypern, Syrien, Rhodus und die
übrigen Sporaden nebst den jonischen Küsten, Konstantinopel,
die Cycladen, das griechische Festland, zuletzt die sieben Inseln
und Neapel wurden besucht, durchwandert und durchforscht. Gar
vieles, was während dieser denkwürdigen Reise von Fallmerayer
beobachtet, ab- und niedergeschrieben wurde, liegt noch im Tagebuch geborgen. Anderes bringen die „neuen Fragmente" zur all-
gemeineren Kenntniß.

Nach der Heimkehr (1834) fand Fallmerayer vieles geändert,
seine historische Professur aber einem andern übertragen. Das
ganze Schulwesen war wieder von oben bis unten nach dem alt-
beliebten System des Zwangs und der Furcht zugerichtet, aus
dem, wie es scheint, in Bayern keine dauernde Erlösung zu
hoffen ist.

„Im Lehrfache" — sagte man dem Manne — „sei jetzt für
ihn nichts mehr zu thun, da er große Reisen gemacht und auch
verschiedenes geschrieben habe." Fallmerayer, dieser durchblickende
Hermeneut diplomatischer Courtoisie und höfischer Phraseologie,
erkannte natürlich ohne Mühe, was hinter solchen Worten zu
suchen sei; er begriff sofort, daß es mit seiner Professorschaft in
Bayern, mit dem öffentlichen Lehramt der Geschichte, zu dem er

---

Seiten so viele wahre Belehrung gewährt, als Fallmerayers Vorrede auf
wenigen Seiten. Der Mann hat nicht, wie das zu gehen pflegt, vor
Gelehrsamkeit, Tiefe der Speculation, Objectivität der Auffassung, Begeisterung der Poesie und wie die Ausdrücke sonst heißen, den gesunden
Menschenverstand verloren. Er hat selbst den Orient und Griechenland gesehen, er hat gedacht und das Gedachte mit dem Gelesenen verglichen.
Man lese ihn!" Heidelberger Jahrbücher 1837. Nr. 12. S. 183.

*) Vergleiche Allgemeine Zeitung vom 12. Mai 1861. Nr. 132.

gemacht und nun, wie kein zweiter, ausgerüstet dastand, ein für allemal aus sei.

„Quant au sort — schreibt er damals an seinen Gönner Grafen Ostermann — qui attend ma personne, il est facile à prévoir. Un grand personnage, muni d'un portefeuille et de la confiance illimitée de son maitre, a déclaré hautement, que le Professeur Fallmerayer est un homme distingué par ses talents et son savoir, mais qu'il ne doit pas être professeur. Mon remplaçant a été déstitué il y a deux mois pour avoir parlé avec trop de liberté et dans un sens opposé au système catholique dominant en Bavière. La dissolution du lycée où j'étois placé est déjà définitivement décrétée et au mois de Novembre je serai pour le moment sans place.... Ma carrière professorale en Bavière est à jamais terminée; l'instruction publique va être organisée à l'instar de l'Autriche ou de la Russie. (d. d. 31. August 1834.)

So blieb er zuvörderst ohne Bestimmung und in peinlicher Lage wegen Ungewißheit der Zukunft. Die Wahl zum ordentlichen Mitglied der historischen Classe der Akademie der Wissenschaften (1835) führte zu lebhafter Betheiligung an den „Gelehrten Anzeigen". Von der Erlaubniß hingegen, öffentliche Vorlesungen über Geschichte anzukünden, mit der Clausel, der Zutritt stünde nur dem „höhern Publicum" offen, müsse aber den Studenten „strenge verboten werden", machte Fallmerayer keinen Gebrauch. Gelegentlich einer Geleitsreise mit dem Grafen Ostermann bis Meißen besuchte er von dort aus das Schlachtfeld von Kulm und kehrte über Prag und die Oberpfalz nach München zurück. Nach einem Jahre anstrengender Beschäftigung — es galt dem zweiten Theil „Morea" — ging er durch die Tiroler Heimat nach Italien; die Cholera nöthigte zur Umkehr und führte den

Wanderer im Herbst über Lindau und Genf nach Südfrankreich. Winter und Frühjahr 1837 verging mit Studium und Genuß in Florenz, Pisa und Rom, im Sommer aber kehrte Fallmerayer über Genua und den Rhein wieder nach Hause. Einen Theil der Jahre 1838 und 1839 schenkte Fallmerayer den schweizerischen Waldcantonen und dem unvergessenen Paris, hauptsächlich aber wurden sie, sowie auch der ganze Winter 1840, zu Genf in innigem Verkehr mit dem Grafen Ostermann und unter beständiger Arbeit zugebracht.

Die Rückreise lud zum Besuche von Heidelberg und Tübingen. Hier lebte und wirkte damals in voller Kraft Dr. Gottlieb Lucas Friedrich Tafel. Es war eine glückliche Fügung, daß Fallmerayern in dem berühmten unvergeßlichen Tübinger Lehrer zugleich der kluge Rath des witzig-heitersten Freundes und die ausgiebige Hülfe eines stockgründlichen Kenners der mittelgriechischen Literatur zur Seite stand. Fürwahr eine herrliche Ergänzung der geistigen Thätigkeit und der wissenschaftlichen Arbeit! Gelang es dem seltenen Scharfsinn und dem sichern Fleiß des schwäbischen Meisters, so zu sagen, in der Stube merkwürdige Entdeckungen auf jenem Gebiete des Völkerlebens zu machen und namentlich die Orts- und Landeskunde einzig aufzuklären, so war es dem Fragmentisten vorbehalten, auf kühnen Fahrten und mühseligen Wegen, mit eigenem Späherauge und durch scharfen Vergleich des Jetzt und Einst die geschichtliche Wahrheit herzustellen und die Ergebnisse der Forschung durch das Licht der Thatsachen zu erhellen, zu bekräftigen. An die glänzenden Namen dieses Freundespaares knüpft sich neben Hase und Niebuhr für Deutschland die erneuerte Wissenschaft von Byzanz; sie waren die ersten der Zeit, die ersten dem Rang nach, welche auf die Wichtigkeit dieser mittelalterlichen Studien hinwiesen. Tafel und Fallmerayer haben das Verdienst unwiderleglich dar-

gethan zu haben, wie unzertrennlich im Byzantinerthum und in
dem, was sich darauf stützt und es heute noch darstellt, Staat
und Kirche nicht bloß verknüpft, sondern vielmehr in e i n e n theo-
kratisch-politischen Körper verwachsen ist; jener mehr für die gelehrte, dieser für die politische Welt*).

Eben, weil Fallmerayer die Dinge des Orients wie sie gewesen mit denen, wie sie sind, zusammenstellte und den Lebens-
proceß jener Völker unmittelbar verfolgte, ließ es ihm keine Ruhe,
ehe er nicht bei der immer drängenderen Entscheidung der orientalischen Politik diese als Augenzeuge durch längeren Aufenthalt
im turko-gräkischen Reiche recht eigentlich kennen gelernt hatte.

So traf er denn Anstalt zur zweiten großen Reise und fuhr
im Sommer 1840 die Donau hinab ins schwarze Meer und von
Konstantinopel nach Trapezunt. Nun sah das Auge den Sitz
der einst berühmten Komnenen-Majestät, deren Geschichte der
Landshuter Professor vor Jahrzehnten so gründlich und preis-
würdig geschrieben hatte; nun erfreute sich Blick und Herz an
der Pracht des immergrünen Buschwalds, an den schwellenden
Hügeln von Kolchis!

Nach dreimonatlicher Wanderung in jenem Küsten-Paradies
siedelte Fallmerayer nach Konstantinopel über. Ein volles Jahr
gab hier dem ernsten und eindringenden Studium des Türkischen
und der klaren und scharfen Betrachtung der staatlichen Dinge
Zeit und Gelegenheit. Aus dieser Periode stammen die zahlreichen Artikel, welche, ausgezeichnet durch Neuheit der Ansichten
und Bestimmtheit der Gedanken, hervorragend durch die Kraft
und Wucht der Rede, wie durch den Reiz und die Anmuth der
Sprache, wesentlich mit beitrugen, die Augsburger Allgemeine

---

*) Ein zutreffendes Zeugniß für Fallmerayers Ansichten hat jüngst
Mordtmann abgegeben in den Sitzungsberichten der k. b. Akademie
1861. I. Heft II. S. 186.

Zeitung für eine gute Weile, mit Recht und Ruhm, zum gesuch-
testen Blatt Europa's, zum nothwendigen Bedürfniß der feinge-
bildeten wahrheitsliebenden Welt, zu einer Fundgrube der Ge-
schichtschreibung zu machen. Auf die drei letzten Monate des
Jahres 1841 fällt die Wanderung auf den Berg Athos, der Ritt
durch die macedonische Chalcidike und der Aufenthalt in Thessa-
lonika. Nachdem der Winter in Turnowo weise verbraucht worden, zog Fallmerayer mit dem Frühling über Pharsalus, Zitun
und Euboea nach Athen, und kehrte im Sommer 1842 glücklich
nach München zurück.

Die Eindrücke und Erfahrungen dieser Reise, die Urtheile
und Ansichten über den Orient, das Türkenthum, den Hellenis-
mus, die Russen und das Fatum von Byzanz gaben den „Fragmenten aus dem Orient" Ursprung und Entfaltung. In diesem
berühmten Buche hat sich Fallmerayer als erster Gewährsmann
über die orientalische Frage und als ein Meister deutscher Zunge
ein Mal der Unvergessenheit in edler Form und von gewaltiger
Wirkung aufgebaut.

Die Vorrede, von welcher Marcus Joseph Müller am Grabe
Fallmerayers sagte: „daß sie für sich ein großes politisches Werk
aufwiegt, daß in die große Bewegung der vierziger Jahre kein
gewaltigerer Zündstoff geworfen, die Schäden unserer Zeit und
unseres Vaterlandes nirgends lebendiger, schwungvoller und schärfer charakterisirt, und so ihre Heilung angebahnt worden; daß
sie allein unserem Todten die Fortdauer unter jenen Gelehrten
sichere, welche ihre geistige Kraft und ihre Forschungen zum Heil
des Geschlechts verwerthen", stellte den Fragmentisten unter die
ersten Männer, auf welche das zerklüftete Vaterland die Augen
der Treue richtete; sie hob ihn damals auch in jenen Kreisen,
deren auszeichnender Beifall ihm nach langer Zurückstellung zu
hoher Befriedigung gereichen mußte.

„Habt den Muth selbst gerecht zu sein und ihr werdet auch gerechte Fürsten haben" — warum sollte diese These oben bedenklich, unten verwerflich erscheinen? Und ließ es sich damals nicht an, als ob die Schwierigkeit der Lage auch den Deutschen begreiflich machte, wie unbegreiflich in der That „die ideale Harmonie der achtunddreißig Selbständigkeiten sei", wie man endlich diese „Niemetzverfassung" ändern müsse, um nicht „zwischen zwei rührsamen Colossen eingeengt" zermalmt zu werden?

Die Zeit bis zur dritten Reise in den Orient (1843—1847) füllen außer der Herausgabe der Fragmente (1845) abwechselnd eifriges Studium und kritisch-polemische Journalistik, Besuche der Heimat, des Bodensee's, Fahrten in die Schweiz, nach der Lombardei und Venedig, nach Oesterreich, den Rhein hinab nach Amsterdam, nach dem deutschen Norden, nach Hamburg und Berlin. Besonders erfreut war der Reisende über die zuvorkommende Aufnahme und Auszeichnung in den Berliner Kreisen. Mehr als einen Monat verweilte er in der großen schönen Stadt, deren wissenschaftliche und künstlerische Cirkel sich dem Kolchisfahrer mit allen Ehren öffneten. Namentlich in Schellings Haus widerfuhr ihm großes Lob: „der Verfasser der Athos- und anderer Artikel gehöre unter die Wenigen, die jetzt mit Kraft und Eleganz deutsch zu schreiben verstehen; es seien Muster in omne aevum." „Welche Ehre! sono ben conosciuto ai letterati di Berlino" steht im Tagebuche des Augustmonats 1844.

Eine Zwischenzeit voll der Ehre und reich an glücklicher Erinnerung war für Fallmerayer der Aufenthalt in Hohenschwangau, am Hoflager des Kronprinzen, des jetzt regierenden Königs Max' II. Majestät, im Herbst 1844.

> On voit partout tant de fureur
> Et tant d'ingratitude,

Que pour trouver le bonheur,
On doit fuir dans cette solitude

steht auf einem fliegenden Blatte jener glückspendenden Tage.

Dem Jahre 1845 hat Fallmerayer im Tagebuch später die Aufschrift vorgesetzt: „Jahr der Veränderungen und der entscheidenden Schicksale." In diesem Jahre erschienen die Fragmente aus dem Orient und hoben den Verfasser auf die Höhe seines schriftstellerischen Ruhmes. „Ab omni parte suspicior" konnte er sich im gerechten Selbstgefühle sagen, denn auch in München sammelte er, selbst unter dem allmächtigen Bann von Abels kühnem und strammem Despotat, volle Garben des Ruhmes und der Bewunderung. Allein außer allem dem war es — wir irren nicht — gerade das Glück und die Gewähr jenes Aufenthalts am reizenden Schwanensee, die Befriedigung und Erwartung, welche sich an das geistige und gemüthliche Wechselspiel hohen Vertrauens knüpfte, was dieses Jahr für Fallmerayer so wichtig und jener bedeutungsvollen Ueberschrift werth erscheinen ließ.

Wenn diese Zeit und die nächsten Jahre gleich hoher Auszeichnung sozusagen das Consulat bilden, wo Fallmerayer an die Gelegenheit staatsmännischer Wirksamkeit das Anrecht weiter tragender Hoffnungen fügen durfte, wenn die Eindrücke dieser sonnigwarmen Lebensperiode trotz späterer von außen kommenden Stürme eine unvergängliche Spur im Adel des Gemüthes zurückließen, so mag es hier am Orte sein den Moment zu zeichnen, welcher Fallmerayer in den Dingen der Politik, abgesehen von den Vorzügen des feinsten gesellschaftlichen Tactes, so hoch unter seinen Zeit- und Standesgenossen emporhebt.

Fallmerayer war in Politicis weder ein Doctrinär, noch ein Diplomat der alten Schule; nicht Ansichten und Einbildungen, nicht Wünsche oder Vortheile gaben seinen Gedanken und Handlungen durchscheinenden Hintergrund. Die Dinge, wie sie nun einmal sind, sind durch das eiserne Gesetz der Nothwendigkeit, das wirkliche Vermögen, der Vorrath der Mittel und Kräfte, eigene Anschau und unbestochene Erfahrung, sich selbst bezwingende Einsicht und kalt berechnendes Verständniß — das waren die Factoren seiner politischen Urtheile, darauf gründeten seine historischen Combinationen und bauten sich seine national-patriotischen Entwürfe.

Er nahm die Gegenwart, wie sie ist, er schilderte die Vergangenheit, wie sie war, er deutete die Zukunft an, wie sie werden muß. In diesem festen, ja starren Gepräge — bei aller Beweglichkeit seines divinatorischen und kritischen Ingeniums und so wenig er den Ausschlag neuer Kräfte im politischen Spiele mißkannte — liegt seine Größe als Historiker und Politiker; er ist deshalb ein verläßiger und wahrhafter Zeuge der Vergangenheit, ein unerschrockener und beredter Schilderer der Gegenwart, ein kluger und ernster Mahner der Zukunft. Fallmerayer ist Historiker und Politiker im Style großer Nationen und weltbeherrschender Staaten, wie ein Venezianer des fünfzehnten, ein Britte des neunzehnten Jahrhunderts. Was er geschrieben, ist eben darum nicht ein flüchtiges Gut der Zeit oder nur ein Eigen unserer Nation, es ist ein gemeinsamer Schatz für alle gebildeten Völker und ein bleibender Besitz, ein *κτῆμα ἐς ἀεί*.

Er war eben zugleich durch Erfahrung und Auffassung ein Mann großer und weiter Perspective. Sein Gesichtskreis umfing das Große und Ganze, und in diesem Ganzen und Großen fand eine volle, ächte, reine Liebe zum Vaterlande, welche aber durch die politische Niederlage desselben leider des nationalen Stolzes und des berechtigten Hochgefühles entbehrte, immer den Lebenspunct, den dieses deutsche Volk einnehmen, die vitale Bahn, auf der es sich bewegen soll und muß.

Mit der Zähigkeit eines Demosthenes, mit der Strenge eines

Cato wiederholt er daher, wo er es nur kann, seine Mahnungen an die Deutschen und stellt den Wächtern Europa's vor Augen, was sie angesichts der kreisenden Zeit und des in Wehen liegenden Säculums zu thun und zu lassen haben.

Er der es hundertmal beschämend erfahren, wie gering man im Ausland die Deutschen als Nation anschlägt, wie tief man den politischen Tact und die praktische Klugheit Germaniens stellt, konnte und durfte keine Mittel der Rede — die einzig möglichen! — sparen, mußte die ihm voll einwohnende Kraft der Sprache mit Stromesgewalt entladen, um unsere knechtische Einfalt, unsere kindische Hoffahrt, unser gelehrt-phantastisch-enthusiastisches Wesen mit Wortgeklingel, Phrasenschwall und Lobesprudel recht eindringlich zu zeichnen, recht empfindlich zu züchtigen und uns endlich auf die Ruhmesbahn kräftiger Entschlossenheit, mannhafter That und selbständigen Seins hinzuführen.

Kann man es einem Manne verargen, welcher nach dem Heldenthum der Jahre 1813—1815 die Wendung der Dinge in Deutschland und Europa mit durchlebt und den Rücksturz im Vaterlande seit 1849, den Todtentanz von Idstedt, den Flottenverkauf sub hastâ, die Bundesexecution in Kurhessen, Rastadt und Bronzell, Bregenz und Olmütz, Umkehr der Wissenschaft und Concordate und des Jammers mehr mit angesehen hat, kann man es, sage ich, verargen, wenn er manchmal fast am Sterne seines Volkes irre wird und für sein Leben wenigstens nur Arges, Schimpf und Schande vor aller Welt voraussieht? Und doch war Fallmerayer kein Pessimist, wie viele glauben, aber er war auch kein eitler Euelpides, kein bequemer Hoffegut, kein Patriot zwischen Suppe und Fleisch, kein Eintagspoliticus von Derwischabad, zufrieden wenn man ihm nach süßem Schlaf der Nacht am Morgen die neue Ordnung, welche auch immer, als sorgelösendes Angebinde credenzt hätte.

*** 2

Eben weil Fallmerayer sagte, wie er fühlte, weil er weder sich noch andere täuschte, weil er erkannt hatte, wie langsam und mühsam sich das Gute durch das alltäglich Schlechte, die Freiheit durch den feilen Knechtessinn, die Wahrheit durch die niederträchtige Lüge Bahn bricht, stellte er dem mitlebenden Geschlechte kein Trugbild der Sehnsucht, behaglicher Ruhe, beglückenden Friedens, stillen Genusses des Daseins vor Augen.

Rastlos wie die Eumeniden, starkfüßig wie die Ate, schreitet die Revolution wachsend über Europa: kein Schlummer wird sich senken auf die müde ringende Welt, so lange nicht dem Geiste des Jahrhunderts Gerechtigkeit und dem ewigen Gesetze der aufwärtsstrebenden Menschheit williger Gehorsam geschenkt wird.

Diese Ueberzeugung und die Liebe zum Vaterlande durchzog sein ganzes Wesen, sein ganzes Leben und machte ihn zum Herold der Wahrheit und zum Seher der Zukunft. Er war dies unverhüllt und unverlarvt in allen Lagen, auf offener Arena in Schrift und Rede, wie im geselligen Kreis und im zutraulichen Gespräche, Mann vor Mann. Wahrheit aber ist die Mutter des Vertrauens und das Auge der Freundschaft. Wird einmal jener paradiesische Tag aufleuchten, wo diese höchste Schutzgöttin die Stühle der Gewaltigen heimisch umwandelt? Nur selten, sagt ein türkisches Sprichwort, haben die Großen einen Freund!

Im Lenzmonat des Jahres 1847 treffen wir Fallmerayer wiederum auf der Reise nach dem Orient. Dieser dritten Fahrt verdanken wir den wesentlichen Inhalt der „neuen Fragmente", die reizenden anatolischen Bilder, die prächtigen Gemälde von Palästina. Während er in Bujuk-dere „sorgenlos durch Lorbeerbüsche schleicht", abermals das geliebte Trabisonda begrüßt und den zauberhaften Aufsprung des Palästinafrühlings auf dem Oelberg feiert — rollen im Abendland die Donner einer neuen

Zeit und fallen vor ihrem Brausen die thönernen Bauten menschlichen Hochmuths jählings in den Staub.

Die Kunde der Revolutionen vom Frühjahr 1848 erreichte
Fallmerayer in Kleinasien, die Anstellungsurkunde als Professor
der Geschichte an der Hochschule München, die ihm vor etlichen
zwanzig Jahren gebürt hätte, traf ihn in Smyrna. Sollte ihm
nun zum unangefochtenen Ruhme des „Gebietigers der Rede"
und Schriftstellers an der Schwelle des Mannesalters noch die
stets vermißte ehren- und erfolgreiche Wirksamkeit zu Theil werden? nach dem langen unsteten Wanderleben ein sorgenfreier
stiller Sitz, jedes Menschen letzter Wunsch, bereitet sein? Die
Nachricht bewegte seine Seele hierhin und dahin. Die Gedanken
über das „Ende der Freiheit" kämpften mit denen über „künftige
Thätigkeit". Aber schon nach ein paar Tagen macht er „Noten
zur Antrittsrede", und obwohl er Smyrna (am 1. April 1848)
„traurig et afflictus" verläßt, begleitet ihn auf der oft stür-
mischen Heimfahrt eine mehr frohe Aussicht — „sinem consi-
liorum inveni" — ein mehr ruhiges Gemüth.

Der Empfang in München war allerorts herzlich, glänzend
und auszeichnend. Der zweite Wahlbezirk der Hauptstadt, zu
welchem aber wesentlich die ländlichen Tribus ihren Zuzug stellten, erkor sich den Tiroler Bauernsohn zum Abgeordneten beim
deutschen verfassunggebenden Parlament nach Frankfurt. Trotz
der schon in den Vorversammlungen handgreiflichen Anschläge und
Ränke der altbajuwarischen Bureaukratie, welche mit ihrem willen-
und verstandlosen Anhang später in Frankfurt und nachderhand
für und für ihren wahren Gehalt von Deutschheit vielen zum
Entsetzen, anderen und am Ende sich selbst, soweit dies möglich,
zur Beschämung bloß gelegt hat, trotz der schülerhaften Katechese,
welcher man den Mann des Geistes, den Meister im Fache un-
ebenbürtig und in unbewußter Impotenz zu unterstellen sich er-

dreistete — ein Examen das er aber (am 27. April 1848) zu
offener Schande der Fragesteller und zu seinem Triumphe bestand — erhielt er am Wahltage selbst (den 28. April) fast ein-
stimmig die Vota des Bezirks. Es zeigte sich gleich damals,
wie weit nach allgemeiner Schätzung — die Bravheit und Tüchtigkeit der Einzelnen jedes Standes hochgehalten! — der Bauer
an geradem Sinn, gesundem Verstand und festem Willen über
den Städter und über sein geistliches und weltliches Regiment
zu stehen kommt.

Man macht damit keinen Vorwurf, man rückt nur eine Thatsache ans Licht. Konnte man nach dem Gange, den die bayerische
Geschichte bis vor fünfzig Jahren durch drei Säcula genommen
hatte, und bei dem Maß politischer und sonstiger Bildung im
Lande etwas anderes erwarten, durfte man besseres voraussetzen,
ohne vielmehr sich gerade einen Vorwurf, den der Selbsttäuschung, zuzuziehen? Nicht wir werden getäuscht — sagt Goethe
irgendwo — sondern wir täuschen uns. Wie der Boden so der
Ertrag, wie der Same so die Frucht. Es gibt zwar bei der
Gunst heiteren Himmels raschere Entwicklung und fröhlicheres
Gedeihen, aber es gibt keinen Sprung; am wenigsten in den Anschauungen und in den Ideen der Völker. Es ist merkwürdig,
welche Scheide der Bildung und der Einsicht noch heute das
Rinnsal der Donau in Bayern darstellt. Man fordere nur auch
für die Zukunft bei uns keine vorzeitige Reife; voranzugehen ist
rühmlicher aber gefährlich, wer noch zu rechter Stunde folgt, darf
keinem Tadel unterliegen und entschädigt sich selbstgenügsam mit
dem Gefühl der Sicherheit.

Bei allem Umschwung der Dinge hatte der Fragmentist doch
nie die rechte Zuversicht in den Bestand und in den gesunden
Verlauf der deutsch-nationalen Sache. Schon die Erfahrungen
zum Theil in München, noch mehr aber die sich abstoßende Lei-

denschaft der Parteien in Frankfurt ließen ihn gleich am Anfang
mehr Schlimmes befürchten, als Gutes voraussehen. Auch „erschienen die Vertreter des Bayervolks bei der Mehrzahl der Na-
tionalversammlung von vorn herein in verdächtigem Lichte und
wurden laut beschuldigt, einheitsfeindlichen und separatistischen
Tendenzen zu huldigen." Dazu zweifelte der alte Kämpe, ob die
eigene physische Kraft ausreiche, zumal er von der letzten Reise
ein hartnäckiges Halsübel mitgebracht hatte, das ihn in Frankfurt mehr als peinigte und beim baldigen Bankerott der Centralgewalt fast ganz zu Boden drückte. „Soviel ist schon heute
ausgemacht (schrieb er am 28. Mai 1848), wenn wir mehr
wollen, als wir erreichen können, und mehr unternehmen, als
wir durchzuführen die Kraft besitzen, sind wir vergeblich hier
gewesen und kehren bankerott in unseren Gau zurück."

Das Jahr 1848 — so schien es auch Fallmerayer — war
gleichsam der letzte Versuch eines friedlichen Austrages der deutschen Nation mit ihren Fürsten nach mehr als vierhundert-
jährigem Wettstreit und Ringkampf zwischen Freithum und Ge-
waltherrschaft zur Aufrichtung einer sich gegenseitig achtenden und
sichernden Verfassung des Reichs.

Sollte das Vaterland gerettet werden, so galt es damals die
Partei des Volks zu stärken und so durch das Gleichgewicht der
Kräfte eine lebensvolle Harmonie im großen Körper herzustellen:
das hieß den Weg der Reform, nicht der Revolution betreten. ·
Fallmerayer zweifelte keinen Augenblick ihn einzuschlagen: nur
so, das war seine Ueberzeugung, konnte am Bestehenden fort-
gebaut und ohne den Sturz der einen Seite die Größe deutscher
Nation errungen werden. Natürlich, daß diesem höchsten Zwecke
etwas von den dreißig Selbstherrlichkeiten nicht sowohl zum
Opfer, sondern vielmehr als Einsatz für die eigene Zukunft
dargebracht werden mußte.

„Wir sind" — hatte er ja längst offen bekannt — „weder
Feind noch Schmeichler der Gewaltigen, können uns aber auch
anderseits für die hohlen Träume unpraktischer Schwärmer und
Glückseligkeitsdemiurgen nicht mehr leicht erwärmen. Oder ist
denn nicht alles Extreme seiner Natur nach hoffnungslos, und
ist Sichselbstmaßgeben nicht das große Gesetz, die unerläßliche
Bedingung für jeglichen Bestand?"

Bei dieser Denk- und Handlungsweise mußte Fallmerayer
den Extremen nach links und rechts mißfallen: that er den
einen nicht genug, so ging er den andern zu weit. Der
16. September, die Annahme des Malmöer Waffenstillstands,
war die Peripetie des deutschen Drama's in Frankfurt. Als besonders vom Mai an im Jahre 1849 die Austritte aus dem
Parlament massenhaft erfolgten, — „fugae variorum" — blieb
Fallmerayer trotz der Verschlimmerung seines Leidens am Platze,
trotz der Voraussicht: „omnia vergunt ad finem" — „summa
dies venit." Er stimmte gegen die Uebersiedlung nach Stuttgart; die Majorität verlangte sie — „κατεκλάσθη φίλον ἦτορ";
er folgte ihr als dem wenn auch verlornen Reste der Vertreter
deutscher Nation in die schwäbische Hauptstadt. Am 18. Juni
wurde der Rumpf des Parlaments durch würtembergische Reiter
gesprengt: „die Majestät des deutschen Volks" sank wiederum
zu Grab. Fallmerayer suchte nun auf den lieblichen Bergen
Appenzells Heilung oder doch Linderung des eingewurzelten
Uebels. Das Weißbad lohnte den überall geehrten, gesuchten
Gast mit labendem Erfolg — aber von der Heimat aus kamen
widrige und stets widrigere Winde.

Der deutsch-nationale Gedanke galt wieder, wie nach 1815, als
strafbare Gesinnung, die Liebe zum Vaterlande, wie in Italien,
als Hochverrath. Die im Drange, ja in der Noth der Zeit
feige und verzagte Reaction, welche alles gethan, nur nicht —

was sie immer im Munde führt — ihre Pflicht gegen König und Vaterland, trat nun bausbackig und trotzig aus den Schlupfwinkeln hervor und die „Gutgesinnten" bekamen es nicht satt, durch Verleumdung und niedere Ohrenbläserei sich einen tapfern Ruf zu schaffen; es begann die Hetze auch in Bayern auf jene Männer, welche treu dem Eide, treu ihrer Ueberzeugung ausgeharrt hatten bis zu Ende: τοῖς κεί ων ῥήμασι πειϑόμενοι.

Damals wurde Haggenmüller in Kempten, ein alter Freund und Collega Fallmerayers, wie ein Verbrecher in den Kerker gebracht, damals auf diesen selbst nach Beschluß des Neuburger Justizhofes — das Augsburger Gericht hatte seine Zuständigkeit, Abgeordnete des deutschen Parlaments zu bezichtigen, geradezu abgewiesen — polizeilich gefahndet. „Das Unerhörte" — so die Allg. Zeitung vom 27. October 1849 — „das Tragikomische ist geschehen; Fallmerayer, der Geschichtschreiber von Morea und Trapezunt, ein Denker und Gelehrter von jener ernsten, gediegenen und zugleich einer classischen Feder mächtigen Gattung, welche Bayern gerade nicht im Ueberfluß besitzt, wird einem Dieb und Landläufer gleich mit Steckbriefen verfolgt, mit „Hui und Schrei", wie die Engländer sagen, mit Spießen und Stangen wird auf den Fragmentisten gefahndet. Weil er wünschte, daß Deutschland kein Flickwerk von Fragmenten bleibe, sondern zu einem Ganzen zusammenwachse, hielt er, nachdem das Verfassungswerk in Frankfurt gescheitert, in zäher Hoffnung am Parlament fest, und zog mit Uhland nach Stuttgart" u. s. w.

Glücklicherweise ward der Fragmentist noch rechtzeitig von diesem Vorgehen unterrichtet, und die Schweiz bot ihm im gastlichen St. Gallen ein ehrenvolles, mit aller Aufmerksamkeit liberaler Gesinnung ausgezeichnetes Exil. Natürlich verlor er auch seine Professur; und zwar geschah dies mit einer so auffallend eiligen Schadenfreude und mit so beschämender Knauserei,

daß es kein Wunder war, wenn er tief gekränkt und im gerechten Zorn wegen unwürdiger Behandlung nachher gerade über
bayerische Zustände, über „Derwischabad", die „Schwabinger Dorf-
schule", und „akademischen Blödsinn" die ätzende Lauge seines
herben und beißenden Spottes ausgoß.

Bei aller Verfolgungssucht erging doch bald eine Art Am-
nestie für die Mitglieder des Rumpfes; Fallmerayer kehrte im
Frühjahr 1850 nach München zurück, nicht um zu bleiben, wie
er noch in der Schweiz sich vorgenommen hatte: „ich will den
Rest meiner Pilgerschaft als Wanderer und Beduine unstät und
ohne bleibende Stätte verzehren .... das drangvolle Leben in
Germanien mit der Stille des Morgenlandes vertauschen. Gewiß traurig, daß ich mich „jam ingravescente aetate" noch einmal den Stürmen der „hafenlosen" Adria überlassen muß und
nirgend Ruhe finde!"

Theils die gerechte Rücksicht auf die Gesundheit, theils und
zumeist die drohende Krisis im Orient verschoben den Plan der
großen Reise. Dafür suchte der Fragmentist während der fünf-
ziger Jahre altgeliebte Stätten, Tirol, den Bodensee, Genf, die
Rheinlande heim und beschäftigte sich mit ernsten Forschungen,
die aus dem früheren Erwerb der Reisen ihre Nahrung zogen.
Diese Studien sind in den Denkschriften der Akademie niedergelegt; die letzte Arbeit, der Schluß der Untersuchungen „über
das albanesische Element in Griechenland" war eben im Druck
vollendet, als der Tod plötzlich hereinbrach.

Neben dieser wissenschaftlichen Thätigkeit ging eine merkwürdige Productivität in kritischen Aufsätzen und Feuilleton-Artikeln.
So meisterhaft auch alle diese in das Gewand der Schönheit
gekleidet sind, so müssen wir es im Interesse der Wissenschaft bedauern, — den Verlust, den Bayerns Jugend erlitt, daß man sie
eines solchen Lehrers beraubte, hat der Redner am Grabe mit

wehmüthiger Wahrheit hervorgehoben — daß dieser seltene Geist, diese schöpferische Kraft, diese reiche und wunderbare Fülle von Kenntnissen und Erfahrungen von ihrem wahren Ziele dadurch auch öfter abgelenkt und auf ein Feld gezogen wurde, welches er nur einem andern zu Gefallen in solcher Weise betrat.

Fallmerayer war nämlich, so grimmig, so unnahbar, ja boshaft er als Gegner in der Fehde des Wortes erschien, so unbarmherzig er die Blößen seiner Widersacher schlug und bläute, ebenso freundlich, zugänglich, ja kindlich weich im Umgang, so duldsam und nachsichtig in der Gesellschaft. Es wurde ihm schwer, auch dem Neuling oder Fremdling im Wissen eine erbetene Anzeige eines Büchleins zu versagen. Er hat alten Partisanen und schadenfrohen Gegnern Böses mit Gutem vergolten. Man würde diese Weichheit mitunter Schwäche nennen, verlangte nicht der Adel der Gesinnung, aus welcher diese Weise entsprang, und der feine Anstand, welcher sie begleitete, eine mildere und gerechte Würdigung.

In dieser Anlage des Gemüths, in dieser Eigenschaft des Benehmens lag hinwieder zum gut Theil der Reiz und der Zauber, welchen der Fragmentist in der geselligen Unterhaltung ausübte, wodurch er im Salon und im Freundeskreise der erste und liebste Redner wurde. Er sprach so gewählt, wie er schrieb. So scharf er urtheilte, so schneidig er censirte, so furchtbar er die Geisel des Spottes und der Satire schwang, nie sank die Sprache unter das Decorum, nie verletzte er, wo er hätte vernichten können. Er, der dem Gelehrten unerbittlich zu Leibe ging, er, der Ferntreffer mit bitterem Geschoß, ertrug mit bewundernswerther Geduld den Schwachsinn und das Gerede des Tischnachbarn und ließ höchstens ein im Augenblicke selten erkanntes Epigramm über die Lippen laufen. Die Feinheit des Tons, der männlich-schöne Anstand, der Witz und das Salz der

Rede, der reiche Stoff der Unterhaltung machte den Fragmentisten auch zum Liebling der Frauenwelt. Diese war es auch,
welche den gekränkten mißliebigen Professor gerade am meisten
hegte, am höchsten achtete, mit Auszeichnung aufsuchte, als er
von Staatswegen hintangesetzt worden war. Es ist fürwahr
ein Vorzug, daß eine Frau sich nicht durch Polizeiverordnungen
ihre Gesellschaft vorschreiben läßt und den Charakter nicht nach
dem Wechsel ministeriellen Luftzugs umschlägt.

Der Beifall aus dem Munde des Freundes oder das Com-
pliment einer geistreichen Frau war dem Fragmentisten eine stets
genügende, ja ermunternde Anerkennung seiner literarischen Leistungen: er war durchaus nicht ehrgeizig und eiteln Ruhmes
begierig. So sehr ihm eine seiner Kraft angemessene Wirksamkeit willkommen gewesen wäre, so wenig hielt er auf jene Aus-
zeichnungen, welche mit zum „Spielzeug für große Kinder" gehören. Es ist übrigens ein Zeichen, wie man in Europa und
in Deutschland jenen „Schnickschnack auf der linken" zu vertheilen
sich bestimmt fühlt, daß der Fragmentist nur vom Sultan Abd-
ül-Medschid mit einem strahlenden Stern des Verdienstes geschmückt
worden ist. Das Doctordiplom, welches ihm die Universität
Tübingen honoris causa zuerkannte, galt ihm als höchste Zier.

„Es gibt Leute" — lautet eines seiner Selbstbekenntnisse —
„denen die Freiheit nicht weniger Bedürfniß ist, als dem thierischen
Körper die Lebensluft. Wahrhaft frei ist aber nur, wer den
Ehrgeiz und die Eitelkeit überwunden hat und verachten kann,
wonach die meisten Menschen mit Begierde streben."

So zufrieden ihn das offene Lob stimmen konnte, so empfindlich
und verwundbar war er durch niedere Angriffe der Falschheit,
Lüge und Verleumdung — und daran hat es ein gewisser Theil
der Gegner, vorzugsweise seit der Vorrede, nach der eigensten
Natur nicht fehlen lassen.

Unverkümmert, ungeschmälert und ungetheilt ward dem Fragmentisten der Preis vollendeter Meisterschaft des Styls. Er hat
die Kunst der Prosa in der Schilderung der Natur, in dem
Abbild der Landschaft, in der Aufzeichnung des öffentlichen und
häuslichen Lebens, in Darstellung lieblich-anmuthiger Scenen,
wie des furchtbaren Ernstes der männermordenden Schlacht, mit
einer so reinen und reichen Fülle, einer so sichern und treffenden
Kraft, mit solchem Wohlklang des Satzbaus und solchem Schwung
der Rede geübt und gehandhabt, wie kein anderer mehr. Tausende haben ihn entzückt und staunend begleitet durch die immergrünen Wälder am Kolchisstrand und hinauf über die Wunder-
pfade von Hagion Oros — tausende werden ihm auch fürder
folgen, dankbar und den Führer preisend, welcher sie so an-
muthige Steige gehen läßt.

Die feierliche Pracht der Natur, die heilige Stille des schattigen Haines, der murmelnde Bach des grasgeschwellten duftigen
Waldthals, das Sonnengold hingegossen über die Giebel und
Kuppen der Landschaft, der Silberglanz des Mondes spielend
auf der ruhigen Fläche des unendlichen Meeres — sie übten
den mächtigsten Eindruck auf das melancholische Gemüth, die
Mitgift des Sohnes der Berghalde von Tschötsch, sie schenkten
dem unstäten Wanderer die seligsten Stunden des Lebens.

Diese Gefühle im Worte auszuprägen, diese Empfindungen
im Bilde der Sprache wiederzugeben, daran setzte sein Geist die
liebste und rastloseste Arbeit. Er suchte dem Ideal des Schönen
bis zur strengsten Vollendung im Kleinen und Einzelnen zu
entsprechen. Wie ihn, den stillen Verehrer und Kenner der
Natur, jeder Strauch am Wege erfreute, jede Blume am Rande
ergötzte — gar oft wandelte er ihnen zu lieb einsam in den
buschichten Auen und an den Leiten der alpenfrohen Isar und
keiner spähte früher, als er, beim Nahen des Lenzes im Garten,

ob das Veilchen blühe und der Crocus sprosse — so fehlt in
seinen Landschaftsbildern, voll der Größe und Feierlichkeit, nie
der Liebreiz des idyllischen Lebens.

Der feste knochige breitgestellte Bau des markvollen Körpers,
welcher die Gefahren und Uebel des Krieges, die Beschwerden
großer Reisen, die Stürme des Meeres und die Glut der Wüste
ausgehalten, schien auf ein hohes Alter angelegt. Zwar versagte
seit der letzten Orientfahrt gar oft die Stimme, zumal im eisigen
Luftstrom der Derwischabad-Steppe, und die Gelenkigkeit der Knice
hatte in Folge einer vernachläßigten heftigen Abkühlung eine
lästig hemmende Einbuße erlitten. Immer aber blieb die Haltung des Körpers soldatisch-gerecht und saß das Haupt mit dem
klugschauenden vielsagenden Auge, gesund bis in die feinsten
Theile, zu Thron. In den ersten Monaten des Jahres 1860
hatten sich jene Beschwerden so gesteigert und zeigte sich eine
solche Abnahme der Kräfte, daß die Freunde nur schlimmes be-
fürchteten, er selbst „müde an Leib und Seele" sogar die tägliche
Aufschreibung abbrach, welche er zwanzig Jahre in seltener Weise
geführt hatte.

Doch „restaurirt an Leib und Seele" kommt er aus dem
Stahlbad Steben nach München zurück. „Das Leben freut mich
wieder, ich trete energisch und sicher auf, stehe und gehe stunden-
lang" — die tägliche Aufzeichnung wird fortgesetzt, die Arbeit
von neuem begonnen.

Er zeigt nun eine Thätigkeit, welche wahrhaft zu bewundern
ist. Acht bis zehn Stunden des Tages kann er lesen, schreiben,
meditiren. Vor allem beschäftigte ihn die Ordnung und Auswahl seiner zerstreuten Aufsätze, die Sammlung und Ueberar-
beitung eben dieser Schriften, der neuen Fragmente, der politischen Aufsätze, der kritischen Versuche. Diese an sich anstrengende
und schwierige Arbeit macht ihn wohl zeitweise müde und satt,

aber bald erwacht wieder die Lust und die Revision geht „cum vigore" vorwärts. Daneben wurde der Druck der dritten Abtheilung der albanesischen Studien in den Denkschriften der Akademie besorgt und ernste Lectüre, vorzugsweise der Alten, neben Macaulay und Buckle, Thukydides, Aristophanes, Xenophon getrieben. Nochmals stieg er an der Hand des Atheners durch Kleinasien auf das Schlachtfeld von Kunaxa und über den Bergwall des Taurus hinaus nach Trapezunt. Ein paar Tage vor seinem ungeahnten Tod sprach er mir mit sichtlicher Freude von all diesen Arbeiten und den künftigen Plänen. Im Bade Steben hoffte er, wie im vorigen Jahre, neuen Zuschuß an Kräften. Sobald es die Zeit und Lust gestatte, sollte die Reise dahin gemacht werden. Da zerriß plötzlich in der Nacht vom 25. auf den 26. April dieses Jahres der Faden des Lebens. Er starb jenen Tod, der, wie Platon sagt, am wenigsten Kampf kostet und mehr mit Lust als mit Leid verbunden ist.

Fallmerayers Genius wird seiner Zeit auch bei seinen näheren und eigentlichen Landsleuten erkannt und gewürdigt werden, und wie er als Musterschriftsteller schon lange norddeutsche Schulbücher zieren hilft, so wird, wenn nicht das alte Verhängniß grollend fortwaltet, einst auch die Jugend am Inn und Eisak sich an den Blüten seines Styles ergetzen dürfen.

Die hervorragenden Geister des bayerischen Stammes haben alle ein herbes Loos zu tragen gehabt. Unwillkürlich gedenkt man an Andreas Schmeller, den Zeit- und Kampfgenossen Fallmerayers. Auch dieser rang sich aus einer Jugend voll der Entbehrung herrlich empor, auch dieser entwand sich der Tonsur, auch dieser focht für Deutschlands Freiheit, und büßte seine Gesinnung und sein Wissen — er eine Zierde deutscher Wissenschaft, er der stille friedliche Träger der edelsten Denkart, — mit fast lebenslanger Zurücksetzung und knapp bemessener Löh-

nung. Von dem großen Aventin an zieht sich diese Verfolgung
und Peinigung des Geistes durch alle Perioden bayerischer Ge-
schichten, und wirft auch in lichthelleren Phasen tiefe Schatten
inzwischen.

Diese Incarnation eines feindseligen ausländischen Unholds,
aus dem Reiche und der Zeit des zweiten Philipp dem Lande
eingepfählt, hemmt, lähmt oder mißleitet jede Action in Bayern.
Vergebens ringt und windet sich der von Natur starke Körper,
um dieser furchtbaren Bande, dieser unseligen Fesseln des „Bi-
bius Ignatius Tartuffius" los zu werden. Gerade wenn die
Pflanzung der freien Wissenschaft neue Wurzeln schlägt, wenn
die edelsten Absichten erlauchter Fürsten Gestalt gewinnen und
in markigen Stämmen aufschießen, allemal zerstört das lauernde
lichtscheue Geschlecht mit der Wuth und Haß der Termiten die
Blüten und Früchte des Geistes.

Um so höheren Ruhmes theilhaft, um so dankbarerer Verehrung
werth sind und bleiben die bayerischen Männer, welche ihr Leben
dem Gotte des Lichtes geweiht haben. Freuen wir uns gerechten Stolzes und treuen thätigen Andenkens, daß am äußersten
Südrande deutscher Erde, gegen welchen bei der Stumpfheit
und Erschlaffung der altseßhaften Inwohner das bewegliche
feuerige Element aus Italien leichten Sieges immer weiter vor-
dringt, daß auf der Bergscheide bei Brixen Fallmerayer, der
Telamonier des bayerischen Stammes, sich und den Deutschen
ein unvergängliches Denkmal geistiger Größe und erhabener
Schönheit, hochragend und weithin zu schauen, errichtet hat.

———

Konstantinopel und seine Umgebungen.

Konstantinopel und seine Umgebungen.

(1853.)

I.

Jetzt weiß und empfindet in Europa freilich Jedermann, was in der Politik der anatolische Katholicismus und die große Holzstadt am Bosporus zu bedeuten haben. Was früher Niemand hören und glauben wollte, wird jetzt in allen Organen der Oeffentlichkeit, am elegantesten und geistvollsten aber, wie allezeit, im Journal des Débats als Unterbau und Ausgangspunct der diplomatischen Verhandlungen über die Dinge am goldenen Horn anempfohlen. Um so peinlicher sind die Widersprüche, das Schwanken, die Leerheit und Petulanz oft selbst der telegraphischen Depeschen, die heute widerrufen, was sie gestern als „verlässige Mittheilung" aus Konstantinopel verkündet haben, wenn sie nicht gar an einem und demselben Tage Hoffnung zu naher Verständigung und Unvermeidlichkeit des Kampfes, Nachgiebigkeit und Trotz der Osmanen, Mäßigung und Insolenz des czarischen Botschafters in das ungeduldig harrende Europa melden.

Man sieht es deutlich, die Staatskünstler und ihre berichtgebenden Adepten operiren auf einem Felde, das sie noch nicht kennen, und werden mit ihrem größten Leidwesen zur Lösung einer Preisfrage hingedrängt, der sie bisher aus Mangel gehöriger Vorstudien und unerläßlicher Terrainkunde ausgewichen

1*

sind. „Trostlos", sagte einst der beredteste Staatsmann der alten
Legionenstadt, „trostlos wäre, wenn ich voraus wüßte, daß zehntausend Jahre nach mir Rom nicht mehr Hauptstadt und Herrin
der Erde sei." So weit denken sie heute nicht mehr. Man
rechnet nach viel kürzeren Fristen, und möchte die Sache nur
noch so lange halten als ich noch lebe, — sagte die Pompadour.

Anstatt die öffentliche Neugierde mit einem Prognostikon über
die nächste Zukunft und Stellung von Byzanz, über die möglichen Winkelzüge und gegenseitigen Uebervortheilungen, über Spe-
culationen, Ränke und Labyrinthe der christlichen Diplomatie am
Bosporus zu unterhalten, soll man lieber jene Puncte hervor-
heben, welche in der Wandelbarkeit des byzantinischen Intriguen-
spiels allein unbeweglich bleiben und durch keine Staatssophistik
zu umgehen und wegzudisputiren sind.

Dahin gehört vor allem die eigenthümliche, mit keiner andern Stadt des Erdbodens zu vergleichende Lage von Konstantinopel und der Einfluß dieser Lage auf Gang und Entwicklung
der politischen Ereignisse. Will einer nebenher auch die heiß-
hungerige und unstillbare, aber naturgemäße und wohlberechtigte
Begehrlichkeit der Russen nach den Süßigkeiten des Bosporus,
dann die Mißgunst und die Gegenmanöver ihrer politischen Nei-
der und Nebenbuhler, endlich das bei den byzantinischen Christen
allein noch pulsirende unzerstörbare Kirchenleben und die Unmöglichkeit, das islamitisch-starre Türkenthum durch Einimpfung
europäischer Gesittungskünste in hergebrachter Weise zu erwärmen
und selbstvertheidigungsfähig herzustellen, als nun gemeinsam
anerkannte Wahrheiten außer Frage stellen, so wird er den Leit-
faden, aus diesem orientalischen Wirrsal hinauszukommen, um
so schneller finden.

Das Regieren wäre allerdings viel müheloser, wenn es jedesmal im Belieben der Gewalt läge, Natur und Charakter der

Völker, ihre Sitten und Gewohnheiten, ihr Denken, Wissen und
Können nach augenblicklichem Bedarf zu verwandeln, jetzt den
geistigen Sprudel niederzuhalten und einzudämmen, jetzt ihn vom
Schlummer aufzuwecken und, wie Aeolus seine Sturmwinde,
brausend über die Erde zu senden, oder wie die lauen Früh-
lingslüfte den Blumenteppich, so das geniale, saftige Geistesgrün
lieblich duftend aus dem Moder herauszulocken, um es bald wieder in Sättigung und Ueberdruß durch den Gluthauch der Ju-
liussonne wegzusengen. Sintemal aber diese Praxis unmöglich
ist, und Sultan Mahmuds Schonungslosigkeit und herrisches Un-
gestüm für Wiederbelebung türkischer Energie ebenso wenig als
die Menschenfreundlichkeit und die flötende Stimmen - Melodie
Abdul Medschid Chans vermochte, so ist zu den so oft gegebenen
Warnungen wieder eine neue, diesesmal besonders augenfällige,
nachhaltige und tiefeinschneidende hinzugekommen, von der sich aber
voraussehen läßt, daß sie an der Harthörigkeit der Gewalt ebenso
unbeachtet, wie neulich Lacordaire's Wort, vorübergehen wird.

Die Herrschaft der Türken in Europa glich — um leise zu
reden — einer unter den gewaltthätigsten Bestrebungen erzwun-
genen Mischehe, und da beide Hälften in ihren kirchlichen Ueber-
zeugungen den Sinn nicht verschmelzen konnten, so ist es endlich
nach langem Beisammenleben und nach vielen peinlichen Scenen
weniger im Verlauf der Dinge als durch fremdes Dazwischen-
reden zum Bruch gekommen, den weder Britanniens Flotte, noch
die scheue Friedensliebe der Continental - Potentaten, am wenigsten aber das aufrichtige und wohlmeinende Streben der türkischen Regierung selber heilen kann. Abdul Medschid und seine
Reform - Wesire können mit demselben Rechte wie seiner Zeit
Kapodistria den byzantinischen Hellenen gegenüber zu den europäischen Diplomaten sagen: „Nous voilà à bout de notre latin."
Wo aber der officielle Repräsentant einer noch nicht ausgelaugten

Nationalität das Spiel verloren gibt, da tritt die Nation selber
ein, und die Russen haben gewiß nicht vergessen, daß im Reiche
der Azteken auf den weichen Montezuma die härter ausgeprägten
Naturen eines Kuitlahuaca und Quatemozin folgten.

Von friedlichem Compromiß, von einer neu zu schaffenden
turco-byzantinischen Nationalität und von gleichberechtigtem Neben-
einanderfein des Korans, der Thora und des Evangeliums, wie
es die türkische Reformpartei lange fort um jährlich 20,000 Franken Honorar durch Dr. Barrachin schriftlich und sinnbildlich vertheidigen ließ, wollte und will in den byzantinischen Staaten
Niemand etwas wissen. „Nicht auf gleichem Fuße mit uns sollen die Türken leben, nein, unsere Hunde sollen sie sein!“ sagt
nicht etwa bloß der stolze Czernagorze und der phanariotische In-
triguant **, auch gemeine, keinen Augenblick vor Kawaß und
Peitsche gesicherte Pfäfflein und Igumenoi auf der syrischen Küste
reden dem Gülchane-Tanzimat gegenüber in gleichem Styl. In
der Religion gibt es wohl einen Stillstand, aber keinen dogmatischen Rückschritt, und nie kann der stolze Islam, dessen hervorleuchtende Vertreter jetzt die Türken sind, in fehdeloser Allianz
mit seinen geborenen Knechten und ihrem Glaubenskreise capitu-
liren, der — nach der Ansicht der Koranschüler — in seinen
wesentlichen Dogmen noch mit dem Heidenthum verflochten ist.
Hätten doch alle diejenigen, welche vorläufig schon von „einbal-
samirten“ Hindu-Râdschas und von einer Großmogul-Pension
in Stambul reden, und die sich die Bewältigung des Türken-
staates so idyllisch fließend denken, die Reden türkischer Krieger
gehört, welche zum Schirm ihres Chalifen aus dem Innern
Kleinasiens kommend, in der Minoritenkirche zu Pera ein lebens-
großes Bild der als asiatisches Fellah-Weib gekleideten Mater
Dolorosa mit sieben kolossalen Schwertern in der Brust und die
vor dem Gemälde im Staub liegenden inbrünstigen Beter lange

angesehen haben, und endlich unter lauten Bemerkungen über
christliches Wesen hinausgegangen sind — welche Bemerkungen
über eine nahe bevorstehende Bekehrung der osmanischen Volks-
masse zu unserer heiligen Kirche noch einige Zweifel lassen.

Was einem die Ulema, die Kadi und Effendi am Bosporus
über solche Dinge sagen, könnten zarte Christenohren ohne vielseitige
Beleidigung und verdammliches Aergerniß nicht einmal hören.
Wir berühren aber diese Seite der türkischen Frage nicht etwa,
um zu beweisen, daß der Padischah dem Andringen des in den
Russen incarnirten anatolischen Staatskirchenthums aus eigener
Macht zu widerstehen vermöge; nur das trügerische Sicherheits-
gefühl derjenigen Staatsmänner können wir nicht theilen, welche
die politische Rouerie, die sittliche Erschlaffung und den kirchlichen Indifferentismus des Occidents auch auf das anatolische
Thema übertragen, und eine gewaltlose, gleichsam im Stillen
und wie inter pocula zu erzielende Ausgleichung solcher Wirrnisse
für möglich halten.

Das Gebiet der byzantinischen Möglichkeiten hat die Presse
bis in die unscheinbarsten Schattirungen hinein verfolgt und aus-
gebeutet, und die große „politische Depossession" des oströmischen
Imperators, dessen Vorfahren Europa und Asien zittern machten, ist Gegenstand des Tagsgesprächs im ganzen weiten Occident. Gewaltthätigkeiten und Rohheiten der Eroberung, Einzel-
oder Collectiv-Intervention, sanfter Zwang und schlecht verhüllte
Mediatisirung; Protectorat, Bankerott und freiwilliger Rücktritt
des Hauses Osman mit friedlicher Uebergabe der Autorität in
die Hand des Czars; ungeduldiges Drängen der Rajah, Auf-
stände der fanatischen Moslimen und selbst die Wirkungen des
Holzwurms, welcher das türkische Reichsmark, wie Suleimans
Stab, hohl gefressen und nur die morsche Hülle übrig gelassen
habe, sind nach einander und vielleicht bis zum Ueberdruß des

lefenden Publicums verhandelt worden. Man ist der Orakel-
sprüche und der ewigen Probabilitätsberechnungen endlich müde,
und nur Meldung von Thatsachen kann noch Befriedigung schaffen. Und doch ist bei so viel Weisheit und staatskünstlerischer
Schärfe noch Niemand auf den Gedanken gekommen, daß nach
Beseitigung der Osmanen-Wirthschaft und nach Einsetzung einer
russischen Centralgewalt am Bosporus sofort der Widerstand selbst
der christlichen Volksstämme gegen das neue moskowitisch-recht-
gläubige Herrscherthum beginnen wird. Nur das drückende Tür-
kenjoch sollen die orthodoxen Russen ritterlich zertrümmern, nach
vollbrachter Rettungsthat aber uneigennützig und christlich-tugend-
haft wieder hinter den Pruth oder gar hinter den Borysthenes
in ihre Grassteppen und Birkenwälder zurückziehen, die Früchte
ihrer Staatsklugheit und Siege aber den geretteten Neo-Byzan-
tinern überlassen. Die strenge Moralität der russischen Staats-
actionen ist zwar im allgemeinen nicht anzufechten; daß sie aber
schon gegenwärtig auf eine so hohe Stufe der Selbstverleugnung
und der geistlichen Abtödtung gestiegen sei, wie es die Christen
im Byzantinischen erwarten, ist noch mit Recht zweifelhaft, und
allen Protesten zum Trotz werden die Russen den Lohn ihrer
orthodoxen Tugenden schon hienieden genießen wollen.

Uebrigens, scheint es, haben die Russen bereits eine Vor-
ahnung, daß etwas ähnliches im Hintergrund der Ereignisse
verborgen liege. Fürst Menschikoff redet gar zu viel von „revo-
lutionärem Schwindel" der dacischen und serbischen Völkerschaften,
und der Czar ist offenbar von lebhafter Besorgniß gedrängt,
das revolutionäre Gift könnte weiter südwärts schleichen und
zu merklichem Nachtheil der orthodoxen Kirche am Ende das
ganze illyrische Dreieck inficiren. Wer einen eigenen Willen
haben und dem Czar nicht unbedingt gehorchen will, ist in den
Augen eines guten Russen Demagog und Revolutionär. Selbst

eine friedliche Besetzung Stambuls durch die Russen — sei es
temporär oder bleibend — wäre nur in der Voraussetzung denkbar, daß eine zweite Verständigung à la Navarino bereits im
geheimen abgeschlossen und allen Schritten des Augenblicks vor-
ausgegangen ist. Den wahren Stand der Dinge muß die aller-
nächste Zukunft enthüllen.

Sicher ist heute nur, daß für die Bewohner des alten byzantinischen Reiches und vielleicht auch noch für andere Himmelsstriche
der Anfang großer Prüfungen erschienen ist.

———————

II

Eben weil sie weise ist und Uebersättigung scheut, hält die Natur überall richtiges Maß, und empfindsame Gemüther müssen es für eine besondere Gunst der freudespendenden Göttin halten, daß sie die süßanheimelnde, sinnenberauschende Scenerie der Bosporusströmung auf die mäßige, kaum sechs Stunden lange Strecke zwischen den erdgrünen Felsenriffen an der Pontusmündung und dem goldenen Horn zusammendrängt.

Glück und Genuß ermüden schnell, und selbst die Macht verliert die Hälfte ihres Reizes, wo die Grenze nicht im Gesichtskreise ist. Als Sitz der größten Summe irdischer Glückseligkeit, schuld- und harmloser Erdenlust, ja der Freuden des Paradieses selbst, hat sich die Einbildungskraft der Sterblichen von jeher das Quellengeriesel und das Schattendunkel smaragdgrüner Oasen und die lauen Lüfte baum- und blumengeschmückter, meerumwogter Eilande ausgedacht, und der Gründer des kaiserlichen Byzantiums hat weder sich selbst getäuscht noch seinen Dienern zuviel zugemuthet, wenn er die Uebertragung des Herrscherthrones von der Tiber an den Bosporus als unmittelbare Eingebung der Gottheit anzuerkennen selbst den Drang gefühlt, und dieselbe Anschauungsweise der ganzen Römerwelt sogar durch ein Gesetz vorgeschrieben hat. Die Strömung rauscht und die Lüfte fächeln unermattet noch heute für Abdul Medschid wie einst für St. Chrysostomus, und „Konstantinije, die wohlverwahrte

Stadt, das Thor der Glückseligkeit," schreibt mit vollstem Recht in seinen Erlassen der Padischah*).

Den inselreichen Archipelagus im Süden, den dunkeln Pontus Euxinus im Norden und das weite Marmorabecken, oder die Propontis, in der Mitte von beiden, kennt als allgemeinen Umriß des von der Natur vorzugsweise begünstigten und mit parteiischer Vorliebe ausgemalten Bildes von Byzantium Jedermann. Daß aber durch ein wundervolles Spiel der Natur der Archipelagus mittelst der zwölf Stunden langen „fluthenden" Dardanellenstraße mit dem Marmorabecken, dieses aber durch den buchtenvollen rauschenden Bosporus wieder mit dem Pontus zusammenhänge, und der große byzantinische Blumenstrauß mit der beglückten Stadt des Konstantin, mit der saftigen aus dem Goldhorn hervorstrotzenden Hesperidenfrucht den Saum zweier Welttheile berühre, die Brücke zwischen Europa und Asien bilde, und für Austausch der Gedanken wie der Naturproducte, der geistigen wie der materiellen Lebensgüter, allen vier Himmels-gegenden Mittelpunct und Marktplatz sei, wird jetzt auch Niemand mehr als etwas neues und noch ungesagtes dem lesenden Publicum credenzen wollen. Selbst dem Kurzwellenschlag des Euxinus, seiner Sommerfrische wie seinem unheimlich dröhnenden Boreasbrausen und seinem scythischen Geflocke im Wintersturm, möchte der weiche Sinn des Occidents, aus Widerwillen gegen die drängenden Russen, Ohr und Sinn lieber ganz verschließen, wenn nur nicht die fast ununterbrochen neun Monate des Jahres von der Krim und dem Tanais in reißender Strömung süd-wärts rollende Pontusfluth durch ihre Sirenenmelodie die Cza-renschiffe aus Nikolajew und Sebastopol lockte, und — wider die ausdrückliche Absicht ihres hochherzigen, von aller Stambul-

---

*) Konstantinije mahruse dere Saadet.

Gier und von allen ungerechten Uebergriffen, wie man in Petersburg sagt und wir alle glauben, weit entfernten Gebieters — nach der „Kaiserstadt" (Tsarigrad) am Goldhorn triebe.

Das musikalische Rauschen der vom Nordostwinde sommerlich heiter durch das Bosporusthor getriebenen Pontuswelle ist aber kein leeres Wort; es ist eine Wirklichkeit, und wir haben die zaubervolle Melancholie dieses großartigen Harfenspiels, im Glanze der Mittagssonne einsam durch die buschigen Labyrinthe der anatolischen Uferberge streichend und träumerisch von den Waldhöhen niederblickend, gewiß inniger und tiefer als das sorgenvolle Gemüth manches occidentalischen Diplomaten empfunden.

Die Liebe der Slaven für Musik ist aller Welt bekannt, und wir fragen nicht umsonst, ob die Russen in ihrer selbstgepriesenen Tugendfülle dem geheimnißvollen Zuge nach dem Aeolusklange des Bosporus noch länger zu widerstehen vermögend sind?

torva leaena lupum sequitur, lupus ipse capellam;

florentem cytisum sequitur lasciva capella;

te Corydon, o Alexi. trahit sua quemque voluptas.

Die Alten aber meinten, „es sei nicht Jedermanns Sache nach Korinth zu gehen." In den neuesten Zeiten hat man gesehen, daß selbst in die verhältnißmäßig ärmlichen Pfahlwerke von Braila, Varna und Silistria hineinzugehen, wenn Osmanli mit Feuerwaffen dahinterstehen, auch nicht Jedermanns Sache ist.

Konstantinopel mit seinen Außenwerken von den südlichsten Dardanellenschlössern und ihren kolossalen Feuerschlünden bis zu den verwüstungspeienden Kunstvulcanen, die den Eingang in den Bosporus am Pontus Euxinus hüten, ist die großartigste und unbezwingbarste Naturfestung des Erdbodens, wenn mannhafter Sinn innerhalb der Schutzwehren und eine wohlbemannte Seemacht, zu Vertheidigung und Angriff gleich gerüstet, außerhalb die Wache halten.

Zu zweifeln oder gar zu leugnen, daß die Türken, um die letzte Schanze, und so zu sagen das Heiligthum ihrer Herrschaft gegen den nordischen Erbfeind zu vertheidigen, zu Wasser und zu Land noch ausreichende Kraft besitzen, wäre nur politischen Romantikern erlaubt. Den mannhaften Sinn aber und den guten Willen der Osmanli, meinen wir, haben die einzelnen, hier und da aus dem vulcanischen Boden hervorsprühenden Funken türkischer Nationalität und Liebe zum Islam auch dem Verblendetsten deutlich kund gethan. Die gegenwärtigen Herren von Stambul sind keine Hindu; sie sind aber auch nicht die Byzantiner von 1453, welche dem letzten Paläologen ihren Arm und ihr Gold wider das belagernde Türkenheer verweigerten, und auf hülfreiche Intervention des Erzengels Gabriel hofften. So gläubigfromm und gottvertrauend der Türke in der gewöhnlichen Umgangsphrase auch immer sei, so wird bei heftigerem Andrange zuletzt doch immer das stolze Wort: kudretlerimo isnad ederim, „ich stütze mich auf meine eigenen Kräfte,“ zum Vorschein kommen.

Waren Babel und Niniveh, auch nach Verlust sämmtlicher Provinzen und nur auf den Umfang ihrer Stadtmauern beschränkt, noch gefürchtete Reiche, so kann auch Konstantinopel mit seinem sechzig deutsche Meilen langen und mit allen Bedingungen stattlichen Daseins vollauf gesegneten Festungsrayon zwischen dem ägeischen und dem schwarzen Meere in der europäischen Politik seine Bedeutung nicht verlieren, wenn sich auch die Länder am Nil, am Euphrat, am Orontes mit ganz Anatolien östlich vom Taurus von der Centralgewalt am Bosporus trennen, und selbst in Europa alles, was hinter dem Hämus und der Rhodope liegt, aus dem Verband der Hörigkeit treten und zu eigenem Leben erwachen sollte. Die Sicherheitsquelle, der Stolz und die Wonne des byzantinischen Chalifats — das

Goldhorn und das Bosporusparadies im Mittelpuncte — blieben selbst bei dieser Schmälerung der Reichsgrenze noch unberührt.

Wären die Ufer dieses riesigen Mäanders zwar auf beiden Seiten der Strömung grün und waldgeschmückt, trügen sie aber, flach und gradlinig, wie der künstlich gegrabene Kaisercanal von Nanking, die Pontusfluth an einem ebenfalls flach eingerandeten Goldhorn vorüber in die Propontis von Marmora herein, so könnten sie der eindringenden Seemacht des Feindes zwar dieselbe Wehrkraft entgegenstellen, und dem inwärts liegenden Stambul den nämlichen Grad von Sicherheit wie jetzt gewähren; aber das byzantinische Tempe wären sie nicht, und statt des wonnigen, ewig neuen Entzückens aus wechselvollem Bilderspiel sänke bei seinem Anblick die Melancholie des still und monoton vorüberschleichenden Nils in das Gemüth des Wanderers herab.

Der geheimnißvolle Reiz von Stambul liegt nicht in der Architektur der Stadt oder überhaupt in den künstlichen Zuthaten, durch welche der gesittete Mensch seinen Wohnplatz zu verschönern sucht. Der Reiz liegt in der wundervollen Gestaltung der Höhenzüge, die zu beiden Seiten des Stromes der Glückseligkeit in lieblich-harmonischem Wellengekreisel anschwellend und fächerartig auseinanderfallend, die Landschaft zwischen dem Pontus Euxinus und dem goldenen Horn füllen.

Hier hat die Natur alles allein gethan, und wir halten es für doppelt schwer, wo nicht gar für unmöglich, zum Lob ihrer Schöpfungen in Wort und Farbenton, besonders jenen Lesern gegenüber, welche das zauberhafte Bild nicht selbst gesehen haben, das correcte Maß zu finden.

Das große, einerseits tief in die anatolische Waldzone, andererseits weit in das thracische Hügelland hineingreifende Panorama im ganzen Umfang zu erfassen ist nicht das Ziel. Auch

die Namen aller kleinen und großen Ortschaften, aller Lust-
schlösser, Baumparadiese und Schattenhalden im lebenvollen
Riesentempe von Byzanz einregistrirt zu lesen, wird man nicht
erwarten. Wer klug ist und Geschmack besitzt, soll hier nur
wenig, und auch das Wenige nur in kurzen Sätzen sagen.
Duft und Blumenflor der Terrassengärten, die dunkeln Frucht-
baumgruppen und ihr Frühlingsblüthenmeer, die langen Zeilen
hochwipfliger Cypressen, das Rasengrün und die luftige Pracht
der Pinien und aus helllaubigem Geschlinge von den Höhen
herabwinkenden Riesenplatanen, die wonnige Abendkühle, das
Vollmondlicht, wie es in mildem Widerschein vom Wasserspiegel
aufhüpfend durch die Fenster aloeduftender Divanssäle reicher
Byzantiner fällt, und dicht unterhalb in sanft einschlummern-
dem Gemurmel die Bosporusfluth vorüberrauscht, mag sich die
warme Phantasie des Lesers selber malen.

Genug, wenn man ihm sagt, am besten aber, wenn er aus
dem Pontus beim hohen Felsenthor hereinschiffend, das entzückende
Naturgezimmer der Mäanderhöhen mit seinem Blick verfolgt,
wie sie bald rundkuppig, bald in langer Schwingung, bald lieblich eingemuldet und sanft anschwellend, bald straff und kühn —
jedoch ohne Maß und Harmonie zu stören in die Höhe strebend
und durch herbstlich fahl aus Immergrün hervorleuchtendes Gestein das Auge labend die launigen Windungen des ungleich
breiten, aber allzeit voll und tief rauschenden Silberstroms bis
in den Hintergrund des Horizonts begleiten, und nach einer
raschen Uferkrümmung plötzlich in der Ferne, nicht auf einmal
und in der ganzen Fülle, sondern langsam und wie aus leise
zurückweichenden Coulissen hervortretend, in weichem Morgen-
dunst die stolze Chalifenstadt erscheint. Zuerst hebt sich vor
dem trunkenen Blick des im Morgendunkel des anatolischen
Waldrandes dahinsegelnden Fremdlings, gleichsam zwischen dem

Bosporusspiegel und dem blauen Luftmeer schwebend, das Serai des Großherrn mit den schlanken Spitzthürmen der Moscheen Hagia Sophia und Sultan Ahmed am Hippodrom hervor; nach wenigen Minuten rückt links ein Streifen vom asiatischen Skutari und rechts auf der europäischen Seite das über rasch auffahrende Höhen hingegossene und vom Gold der Morgensonne schimmernd angeblitzte Pera in die Scene herein, ersteres durch einen breiten Wasserarm, letzteres scheinbar durch ein Segment des hellen Luftstromes vom Mittelbilde abgetrennt — drei Nebel-bilder, deren Züge mit jeder Fadenlänge des fortrollenden Dampfers lebendiger werden und sich in schönerem Ebenmaß gestalten.

Der Wanderer erschrickt beinahe vor Freude und Ueberra-schung, wenn sich rechts zwischen dem sanft anschwellenden Serai-promontorium und den steilen Perahöhen plötzlich eine weite Mündung aufthut, und neben der reißenden Bosporusströmung, von einem unermeßlichen, amphitheatralisch aufsteigenden und hoch herabblickenden Häusergewoge umgeben, ein dicht gedräng-ter Mastenwald mit einem leicht hinfliegenden Gondelheer die tief in das Land hineindringende stille Wasserfläche deckt. Das ist das „Goldhorn" der Alten, der Seehafen von Stambul, der Marktplatz dreier Welttheile, der Sitz des Reichthums, der Ueppigkeit, des Neides und der eifersüchtigsten Begehrlichkeit aller Völker, welchen ohne Unterschied des Bekenntnisses Macht und Genuß als die höchsten Güter und als letztes Ziel irdischer Be-strebungen im Sinne liegen. Als Ankerplatz ist es nach Jeder-manns Geständniß einer der schönsten, größten und gesichertsten der ganzen Welt, und zugleich von solcher Tiefe, daß sich die schwersten Kriegsschiffe überall dicht an das Ufer legen und ihr Fallbrett gleichsam auf die Thürschwellen der Hafenhäuser werfen können.

Eigentlich ist das goldene Horn kein Seehafen im gewöhnlichen Sinn des Worts, es ist vielmehr ein schlanker Meerbusen,
ein Golf der niedlichsten Gestaltung, ein stummes Nachbild des
in ewiger Aufregung tosenden Bosporus. An seiner Mündung
zwischen dem Serai-Horn und dem Felsenvorsprung von Topchana
ist er fünfhundert Klafter breit. In der Mitte wie das Urbild
selbst launenhaft gewunden und ungleich ausgeweitet, bis zur
innersten stark gekrümmten Spitze aber, wo zwei unversiegbare
Süßwasserbäche einströmen, nach gewöhnlichen Angaben über
viertausend Klafter, d. i. nicht viel weniger als zwei volle Wegstunden lang, und von der Natur so wohlthätig eingerichtet, daß
sich kein Flußschlamm an den Grund legt, und selbst der Ge-
sammtschmutz aller Einwohner der Altstadt wie der riesigen Vorstädte der reinigenden Strömung weichen muß, die bei der Serai-
spitze hereindringt, den Golf umkreist und bei Topchana wieder
mit dem Bosporus zusammenrinnt.

Das Riesige in Anlage, Bau und Umriß von Konstantinopel
tritt erst von diesem Standpunct aus in voller Majestät hervor.
Es sind drei wesentlich verschiedene, von einander abgetrennte
und — wenn der Ausdruck gestattet ist — alle drei ihr eigenes
Leben athmende Stadt-Persönlichkeiten, die aber doch wieder
ein nothwendiges, sich gegenseitig ausbauendes und wie von
einer einzigen, allen gemeinschaftlichen Seele belebtes Ganze
bilden, wie kein zweites in der Welt gefunden wird. Es ist die
politische Trinität von Byzanz, und ihr Anblick für sich allein
schon Lohnes genug für die weite Fahrt aus dem Abendlande.

Von keiner andern Seite angesehen, bietet Konstantinopel
dem aus der Ferne herankommenden Wanderer einen solchen Reiz.

Denke man sich in der Mitte des Bildes das eigentliche
Stambul, d. i. das alte durch die Imperatoren Konstantin I.
und Theodosius II. bis zum gegenwärtigen Umfang vergrößerte

Byzantium, wellig und wie in versteinerten Meereswogen über einen tief und rippig eingebrochenen, vom europäischen Continent nordostwärts in den Bosporus hinausspringenden und vorn stumpf gebogenen Riesentriangel hingegossen. Von den drei Seiten dieses Riesentriangels spiegelt sich die nordöstliche in der wimpelvollen stillen Fluth des bis 150 Fuß tiefen goldenen Horns; die südöstliche wird von der nie ruhenden Brandung des hier zur Propontis sich erweiternden Bosporus bespült; die dritte oder Landseite aber durch einen tiefen Graben mit dreifacher, von der Propontis über Schwellungen und Mulden wie ein riesiges Ungethüm bis zum goldenen Horn hinüberstreichenden Festungsmauer dahinter vom thracischen Continent abgeschlossen. Geradlinig ist von den Dreieckseiten keine; jede — am meisten die Hafenseite — ist mehr oder weniger schlängelnd eingekrümmt; doch die Länge wird in nicht gar zu accurater Rechnung für alle drei als ungefähr gleich angenommen, weil sich jede derselben in etwa einer Glockenstunde zu Fuß durcheilen läßt*). Selbst vom mittlern Land- oder dem Adrianopler Thor geht man auf einer Art gepflasterter und mit Trottoirs versehener Hochstraße der vollen Länge nach mitten durch die Satdt bis zum Serai des Sultans in derselben Frist.

Von dieser ebengenannten, wie ein Rückgrat mitten durch Stambul streichenden Hochstraße senkt sich das Terrain schluchtig eingefurcht auf der einen Seite zum Goldhorn, auf der andern zur Propontis hinab. Ein wundersames Labyrinth von Rissen, Flachmulden, Schwellungen, Rundkuppen, Steilseiten, Thal-

*) Wollte man die Längenmaße, wie Andreossy, mit mathematischer Genauigkeit bestimmen, so kämen auf die westliche nach dem Land zu liegende Grundlinie des Triangels 3000, auf die nordöstliche oder Hafenseite 2400 und auf die südöstliche oder Propontisseite 3600 Toisen (zu 6 Fuß), so daß der ganze Umfang des eigentlich alten festummauerten Stambuls auf 9100 Toisen oder 54,600 Fuß, d. i. 2¼ deutsche Meilen zu berechnen wäre.

engen und fettleibigen wohlgenährten Spitzhügeln würde innerhalb des großen Stambul-Dreiecks zum Vorschein kommen,
wenn man sämmtliche Baulichkeiten wie mit einem Wink vom
Boden wegheben könnte. Von diesen Hügeln und „Bergen" werden, wie in Alt-Rom, hauptsächlich sieben ausgezeichnet, und
die islamitischen Prachttempel mit ihren stolzen Domen und schlank
aufstrebenden Säulenthürmen, die auffallendsten Höhen krönend,
regen im Gemüth des vom tief unten ruhenden Wasserspiegel
des Goldhorns hinaufblickenden Fremdlings Gefühle, die er
lange nicht zu bemeistern vermag. Zarte Gemüther die in Idealen schwelgen, Menschen und Dinge, so wie sie sind, zu sehen
keinen Muth besitzen und, von der rauhen Wirklichkeit überall
scheu zurückweichend, auch ihre Byzanz-Idylle ungetrübt zurück
in den Occident tragen möchten, sollen ihre Neugierde am Bosporus überhaupt nicht weiter als zum Ankerplatz im goldenen
Horn und seinem überwältigenden Panorama treiben. Warum
soll einer der nur empfinden, nicht aber lernen will, die
Unvollkommenheiten und Mängel des Osmanenvolkes im Innern
ihres großen Dreiecks sehen? Warum vorwitzig zum monotonen,
von dem anatolischen Steil-Ufer in die hellgrüne Bosporuswelle
herabschauenden Holzhäusergewirre auf der anatolischen Seite
des Bosporus hinüberschiffen? Ist es nicht genug, wenn er
aus dem goldenen Horn über die breite Wasserfläche zum Lean-
derthurm blickt, und das gemeine Chrysopolis (Skutari), seinen
riesigen Grab-Cypressenwald, seine Weinberge, seine buschigen
Nachtigallenthäler (Bülbüldere) und seine schönen Höhenzüge im
Hintergrunde mit dem Auge mißt? Bis zur innersten Hafen-
spitze hineingondeln und — vom lauen Zephyr angefächelt —
bei den Süßwasserbächen Lilium Convallium und duftende Hya-
cinthen pflücken mag er allerdings; und selbst eine Tour um
Alt-Stambul, die mehr als einstündige Wanderung vom gol-

2*

denen Horn an der Landsestungsmauer zur Propontis hinüber,
und dann der Barkenstrich von der Ecke, wo die sieben Thürme
stehen, an der Seemauer hin und bei den Cypressenschatten des
Serai vorüber wieder zum Ausgangspunct zurück, würde, ohne
den Träumenden wach zu rütteln, den Farben des Phantasie-
gebildes nur noch neue Frische geben. Oder wann hätten hohe
Mauerzinnen, verlassene Festungsthürme, fahle vom Immergrün
umrankte Trümmer und vor allem das einsame Gemurmel in
regelmäßigen Pausen wiederkehrender Wellenbrandung ihre Wirkung auf das romantische Gemüth eines Abendländers je verfehlt?

Das größte Aergerniß aber und der unversöhnlichste Mißklang
müßte in einer harmlosen Seele entstehen, wenn sie auf der andern Seite des goldenen Hornes dem großen Konstantinopeler
Dreieck gegenüber den Schmutz, die Reichthümer und die Schlüpf-
rigkeiten der Galata-Halde, die brutalen Praktiken von Topchana
und oben auf der Höhe die frostige Glätte der christlichen Pe-
roten neben dem russischen Palast-Koloß und den feingewobenen
Netzen der abendländischen Diplomaten in der Nähe sehen sollte.

Doch was sagen wir da? Wer möchte aber auch jetzt von
krankhaften Empfindlichkeiten europäischer Wanderschwärmer reden?
Wer hätte auch nur Zeit an Armita's Zaubergärten in Tschira-
gan, an das Himmelsthal (Göksdere) und seine Bülbül-Töne, an
die langnadeligen Pinien von Dschamlidscha, wer an die milden
Tinten und das in langen Wellen hinfließende Hellgrün des
Belgrader Kastaniendickichts, an seine Epheuranken und an seine
Einsamkeit zu denken, da eine dunkle Wetterwolke von Norden
her stündlich über Byzanz hereinzubrechen droht?

Auch vom fluthenden Hellespont und seinen Marmorbatterien,
von der Sestos- und Abydos-Enge, vom antiken und modernen Leander und auch von den Hellenen am Ilissus will Nie-

mand etwas hören. Von Mittag her droht ja keine Gefahr,
von Mittag her kommt ja die schirmende Freundeshand und selbst
der „Morea-Kral", des hochherzigsten und friedeliebendsten Sinnes
voll, will durch Zorn und Begehrlichkeit die Bedrängnisse der
hohen Pforte nicht auch noch seinerseits vermehren.

Aller Augen blicken nach dem Pontus hin, ob nicht mit
weit ausgebauchten Wimpeln und vom sausenden Boreas daher-
getrieben die Czarenschiffe kommen, und die am Borysthenes auf-
gehäuften Donnerkeile endlich auf das goldene Horn niederfahren.

Nur Ein Gedanke belebt jetzt aller Brust, nur Eine Frage
tritt uns überall entgegen: wenn die Russen, des ewigen Mi-
nirens, Intriguirens, Unterhandelns und Tergiversirens nach
tausendjähriger Geduld und Byzantiumsbrunst endlich müde, den
gordischen Knoten mit dem Schwerte zerhauen, und nach alt-
vaterländischer Slavo-Normanen-Sitte in der Glut der Leidenschaft nach Konstantinopel selber greifen, welche Hindernisse sind
auf ihrem Wege zu besiegen, und welche Aussichten haben sie
diesmal glücklicher als ihre Vorgänger Oleg, Igor und Swä-
toslaw zu sein?

Daß ein Angriff auf Konstantinopel, im Fall die Bewohner
eines Sinnes sind und sich vertheidigen wollen, keine Aussicht auf Erfolg biete, wenn der Feind nicht zugleich mit einer
gewaltigen Seemacht den Bosporus und das goldene Horn beherrscht, wäre schon aus dem oben gezeichneten Schattenrisse klar,
wenn es auch die Erfahrung aller Zeiten und besonders das
Exempel des größten Kriegsfürsten und Staatsmanns des fünfzehnten Jahrhunderts nicht unwiderleglich bewiesen hätte. Die
Türken, als sie unter Mohammed II. von der Residenz Adrianopel
her zum letzten Kampf vor Istambul erschienen, waren schon seit
mehr als neunzig Jahren Gebieter aller Länder zu beiden Seiten
des Bosporus wie des Hellesponts; und nicht bloß diese beiden

Meerengen und Stambulthore, auch die untern Donauländer
waren ihnen unterthan, und selbst aus dem schwarzen Meere
begannen die streitbaren Galeeren von Genua vor den frischge-
zimmerten Kriegsschiffen des Padischahs allmählich zu verschwinden, während sein Gegner, der letzte, von aller Welt verlassene
und von seinen eigenen Großen verrathene Paläologe Konstantin
im vollen Sinn des Worts nichts mehr als das große, von
unkriegerischen, selbst in der äußersten Noth ihre Mitwirkung
verweigernden Byzantinerchristen bewohnte Dreieck mit dem goldenen Horn besaß. Eine schwere Eisenkette, von einem Hafen-
vorsprung zum andern reichend, verschloß zwar, wie man sagt,
die Mündung, aber im Hafen selbst war die gegenüberliegende
Innenseite, wo Galata und Pera, bereits der kaiserlichen Macht
entschlüpft und der engverbündeten Republik Genua als Eigenthum überlassen. Vor den Mauern aber lag der Sultan mit
15,000 disciplinirten Janitscharen, mit dem großen türkischen
Landsturm von mehr als 230,000 Mann, mit einer furchtbaren
Belagerungsartillerie und überdies mit einer zwar noch ungeübten, aber zahlreichen und wohlbemannten*) Flotte im Bosporus. Und doch hätte der Sultan, nach seinem eigenen Geständniß, die Bestürmung der Stadt unterbrochen und sogar die
Belagerung ganz aufgehoben, wenn dem Paläologen statt der
fünf ärmlichen Genueserschiffe eine hinlänglich kräftige Seemacht,
um das Eindringen der türkischen Fahrzeuge in das Goldhorn
zu verwehren, aus dem Occident zu Hülfe gekommen wäre.
Nach solchen Vorgängen wird man es begreiflich finden, daß die
Eroberungsversuche, welche die russischen Großfürsten des zehnten
Jahrhunderts mit ihren tapfern, aber barbarisch-wilden Streit-
kräften auf das seekundige und wohlvertheidigte Konstantinopel

---

*) Es waren im Ganzen 420 Fahrzeuge, darunter 66 große Schiffe.

machten, immer fruchtlos bleiben mußten, ob sie gleich in da-
maliger Kriegsweise ebenso ungehindert, wie früher die gewaltigen Chalifenflotten vom Hellespont her, mit ihren zweitausend
Plattschiffen aus dem Pontus in den Bosporus einlaufen und
vor dem goldenen Horn erscheinen konnten.

Die Vertheidigungswerke des großen Triangels sowohl auf
der Land- als auf der Wasserseite sind in der Hauptsache heute
freilich noch, was sie vor vierhundert Jahren gewesen sind. „Während wir auf unsern Lorbeeren schliefen", sagt der Mufti von
Thessalien (1842), „habt ihr Franken rüstig gearbeitet, und Dinge
gelernt, die wir, aus dem Schlummer endlich aufgerüttelt, nicht
verstehen können."

Kein osmanischer Louis Philipp hat an detaschirte Forts gedacht, und doch hätte diese Art kriegerischer Vorwerke dem großen
Stambul sammt seinen sechzehn europäischen Vorstädten einen
Charakter von Unüberwindlichkeit aufgedrückt, wie ihn gewiß
keine zweite Stadt des Erdbodens je erringen kann.

Dafür ist der einzige Weg zum goldenen Horn die zur Zeit
der Großfürsten von Kiew offen stehende und vertheidigungslose
Wasserstraße des Bosporus, heute zu beiden Seiten des Ein-
gangs vom schwarzen Meere her, dann auf der engsten Stelle
zwischen Europa und Asien und endlich auf zwei anderen strate-
gisch geeigneten Puncten zwischen der Pontusmündung und Bujukdere nach den neuesten Regeln der Kriegsbaukunst verlegt und
bewahrt. Geht nur hinaus nach Anadoli- und Rumili-Kawak,
seht die durch „Trandabul'sche" Genie-Officiere kunstvoll angelegten
Schanzen, die Stückbetten aus Granit, die lange Zeile verderben-
drohender Feuerschlünde, und urtheilt selbst, ob unter den sich
kreuzenden, von einem Ufer zum andern hinüberspielenden Wurf-
geschossen mit Gewalt durchzubrechen nicht selbst eine stärkere und

geübtere Seemacht als die Pontusflotte des modernen Swätos-
law verzagen müßte!

Wie man weiß, gebührt in den Streitfragen der neuesten Zeit
das letzte und entscheidende Wort, allen Strafmahnungen Elihu
Burritts zum Trotz, noch immer den Feuerschlünden. Daß aber
die Feuerwerker Abdul-Medschids mit den ersten und besten des
Abendlandes den Vergleich nicht zu scheuen brauchen, ist eine
ganz neue, höchst ungern gesehene und manchen Orts noch un-
lieber eingestandene Entdeckung.

Hinter den Strandbatterien von Granit und den Bosporus-
schlössern sind zum Schirm des Herrschersitzes erst noch die Drei-
decker der Osmanli aufgestellt, und ob die türkische Seetaktik
hinter der russischen wirklich so weit zurückstehe, wie die christlichen Romantiker glauben, könnte erst ein vorausgehender Versuch entscheiden. Und etwas weiter zurück am Thore des Hellespont
steht mit der brennenden Lunte in der Hand noch Jemand, der
solche Streitfragen zu lösen zwar anerkannte Geschicklichkeit besitzt, der aber ohne Aussicht auf gründlichen Saldo sich nicht
gern in fremde Händel mischt.

Ist es aber für die Russen wegen der seegünstigen Lage Konstantinopels noch nicht räthlich, viel an ihre alten Tscheschme-
Triumphe zu denken, so weiß in Rußland doch Jedermann was
„Sabalkanski“ heißt, und wie weit die czarischen Heersäulen im
letzten Türkenkrieg von der Donau her gegen Konstantinopel
vorgedrungen sind.

Dieser Umstand macht es uns zur doppelten Pflicht, das
lesende Publicum in einem dritten Artikel mit einigen weiteren
Bemerkungen über Konstantinopel und seine Umgebungen, besonders über die Vertheidigungsmittel heimzusuchen, die es jederzeit einem zu Lande nahenden Feind entgegenstellen kann. An
Zusätzen über Natur, Sitte, politisch-kirchliche Ansichten und

Eigenthümlichkeiten der Bevölkerung, welche innerhalb des großen
Triangels von Stambul und in den Vorstädten außerhalb des
alten Mauerumfangs wohnt, darf es natürlich auch nicht fehlen.
Und wenn wir zum Schluß des Ganzen noch ein Wort über
die Ländlichkeit von Bujukdere und seine feenhafte Nachbarschaft
beizufügen nicht vergessen, so wird hoffentlich Jedermann zufrieden und gesättigt den hastigen Schritten und Begehrlichkeiten
des Fürsten Menschikoff entgegensehen.

III.

Wie die Sachen heute stehen, wäre selbst eine wiederholte Versicherung, daß unser Schattenriß der Stadt Konstantinopel und seiner Umgebung nicht etwa für jene Leser hingeworfen sei, die das Urbild selber kennen oder gar es täglich vor Augen haben, noch lange nicht überflüssig, weil die schöpferische Kraft und die geistige Empfänglichkeit der vormärzlichen Periode überall in Europa, am meisten im deutschen Lande, einer solchen Ermattung, unfruchtbaren Oede und eisigen Apathie gewichen ist, daß bei dem allgemein und gleichmäßig vertheilten Reichthum an politischer Einsicht und Erfahrung alle weiteren Versuche dieser Art, wenn sie mit der Prätension hervortreten, Jedermann zu belehren und Jedermann zu unterhalten, wo nicht als thöricht und geschmacklos, so doch sicher als schwätzhaft, frostig und ungenügend erscheinen müssen.

Nicht bloß das Wissen, auch das Regieren ist gleichsam säcularisirt; und ein Gut, das Alle besitzen, hat mehr als die Hälfte des Werths verloren.

Wer aber in dieser Zeit der Brache, des halben Stillschweigens und des hyperklugen Naserümpfens doch reden will, der richte mit Vermeidung aller Belästigung sein Wort an jenen Theil des Publicums, von dem er glaubt, daß er ihn noch hören mag.

Oft dachte ich an das liebliche St. Gallen, an sein stilles bürgerliches Glück, an seine Sitteneinfachheit und sein weises

Regiment, gestehe aber doch, daß es bei der vorliegenden Arbeit hauptsächlich auf meine theuern Landsleute, die biederen Bewohner des Norischen Alpenlandes abgesehen war. Man weiß ja allgemein, daß die Tiroler von häuslicher Sorge niedergehalten und nebenher von der Furcht geplagt, durch zu profundes Forschen in Politicis unvermerkt ihren frommen Abscheu gegen Lord Palmerston und das häretische Groß-Britannien einzubüßen, von der weltlichen Presse außer der Allgemeinen Zeitung soviel als nichts mehr lesen, bei dem standhaften Drängen des Czaren nach der Herrschaft über Konstantinopel aber aus mehrfachen Gründen sich der lebhaftesten Unruhe doch nicht erwehren können.

Um die Störung des politischen Gleichgewichts und den Heranzug einer neuen, von aller traditionellen Praxis abweichenden Staatsordnung Europa's — kümmert man sich in Tirol freilich ebenso wenig als anderwärts; aber trotz aller Geduld und Gleichgültigkeit hält doch die russische Dogmatik und insbesondere der Gedanke: daß der Czar nicht bloß für seine Person nicht an den Pontifex in Rom glaube, sondern selber als Oberhaupt der christlichen Kirche gelten wolle und das Seelenheil seiner orthodoxen Schäflein, statt durch die Cardinal-Eminenzen Antonelli und Lambruschini, durch die Infanterie-Generale Protosoff und Kobu-Blokoff besorgen lasse, neben der peinlichsten Gemüthsbewegung selbst in Tirol die politische Neugierde wach, und sie fragen dort wie bei uns, ob der Czar gegen den Willen Abdul-Medschid Chan's und seiner Gönner Konstantinopel dem moskowitischen Cäsaropapismus zu unterwerfen wirklich Schlauheit und Macht genug besitze.

Schlau dürfen die Russen allenfalls noch sein, aber stark und heldenmüthig hört man sie im Niemezlande nicht gerne nennen, wie jüngst bei Erwähnung einer kriegerischen Russenthat aus dem europäischen Befreiungskriege deutlich genug zu sehen war*). Um vor russischer Uebermacht sicher zu sein, glauben Viele, sei es schon genug, das Dasein dieser Uebermacht zu ignoriren und großartiges Moskowiterthum einfach zu verschweigen, wenn man es nicht leugnen kann.

Um in diesem Puncte allem Verdacht der Parteilichkeit zu entgehen und selbst einem verderblichen Nationalvorurtheil nach Kräften gerecht zu sein, haben wir letzthin die Lage von Konstantinopel zwar als zaubervoll und reizend, nebenher aber doch als so widerstandsfähig und naturfest zu schildern begonnen, daß im Falle ehrlicher Gegenwehr selbst die Preobraschenskischen Leibgarden dagegen nichts auszurichten vermöchten.

Wären aber die Türken, wie die Perser des Darius Codomanus oder wie dem Bonaparte gegenüber die kriegerischen Maltesermönche, so schwach und zerfallen, daß sie die angebornen Vorzüge ihres Herrschersitzes gegen den eindringenden Erbfeind geltend zu machen unterließen, so müßte allerdings unsere Meinung über die soldatischen Tugenden der Osmanli, nicht aber die Thesis über die wonnevollen Reize des Bosporus und über natürliche Unbezwingbarkeit von Byzanz als irrthümlich zu Boden fallen. Deleri potuit exercitus, si quis ausus esset vincere, sagt Quintus Curtius beim Tigris-Uebergang des Macedonischen Heeres. ·

Paradiesisch schön ist auch die Baum-Oase von Damaskus; aber sie ist wehrlos wie das Weib, und wenn sie auch durch unwiderstehlichen Zauber die Sinne überwältigt, so fliegt der Rausch doch schnell vorüber, weil nach Xenophons Urtheil die Schönheit nur· im Bunde mit der Kraft dauernd fesselt und vollen Genuß verleiht. Byzanz besitzt die Doppelgabe wie

---

*) Die Schlacht bei Kulm. Oder vier Tage aus dem Leben des Grafen Ostermann-Tolstoi. (Dieser Aufsatz wird im 2. Band seine Stelle finden. A. d. H.)

(im Geschmacke seiner Zeitgenossen) der gepriesene Sohn des Klinias.

Auf dem weiten Ocean, auf der unübersehbaren Sandebene am Euphrat tritt der Sonnenball unangemeldet und plötzlich hinter dem dunkeln Erdrande herauf, blendet, betäubt und ermüdet den Wanderer durch sein Uebermaß an Licht. Im Alpenlande dagegen, am Athos, an der Eisak, wie der Eingeborne nie vergessen kann, vergolden sich am Morgen zuerst die obersten Spitzen und steigt der milde Glanz, langsam auseinander rinnend gleich den Bildern im Kaleidoskop, in das thauige Thal herab, bis endlich das Auge die volle Pracht erfaßt. Der Sonnenaufgang des Alpenlandes, nicht der Lichtschwall des Ocean-Morgens soll einem Bosporusgemälde als Vorbild dienen.

Wer in Tirol gefallen will, der hüte sich zuviel oder gar Alles auf einmal zu sagen. Scharfgezeichnete Umrisse, aber nur die unerläßlichsten, will man bei uns vor allem; einzelnes mag in Pausen später folgen, vieles aber der Phantasie zu eigenem Ausbau überlassen sein.

Flüchtig hat man das Feste und wesentlich Trianguläre der türkischen Hauptstadt zwar schon oben angedeutet; es tritt aber das Charakteristische dieser Gestaltung noch weit schärfer in das Auge, wenn man weiß, daß sich auf der einen Dreieckseite das Goldhorn vom Puncte, wo es von der großen Landmauer rechtwinkelig berührt wird, noch eine volle Glockenstunde tiefer in das Hügelland hineinwindet, auf der andern Seite aber die wellige Propontis bis über Silivri hinaus mehr als zwölf Stunden, wo nicht zurückweichend, so doch in gleicher Richtung fortläuft und diesen Theil des großen Triangels besonders deutlich in die Luft hinein zeichnet.

Eigenthümlich ist übrigens das Spiel, welches Natur und Kunst unter diesem Himmelsstrich mit der Triangelform trieben.

Vier Dreiecke, eines über das andere in steigender Proportion hinausrückend und das letzte in kolossalem Maße das ganze europäische Türkenland umspannend, geben Verschiedenes zu bedenken. Ein erstes und kleinstes dieser Dreiecke bildet für sich allein die Akropolis von Alt-Byzantium, heute das vom Goldhorn zur Propontis hinüber für sich allein, wie das Ganze, ebenfalls durch Mauer und Streitthürme verwahrte und von der großen Türkenstadt abgeschlossene Serai des Großherrn mit Gärten und Zubehör.

Ein zweites und größeres — der eigentliche Triangel von Konstantinopolis — besteht aus Serai und Türkenstadt zusammen mit der großen Landquermauer als Grundfläche. Ein drittes und noch größeres hat Kaiser Anastasius (512 n. Chr.) durch das sogenannte lange Steinwehr geschaffen, welches einst von Siliwri an der Propontis über Hügel und Flachfeld bis nach Derkos am Schwarzen Meer hinüberlief und die Awaro-Slawinen von der Kaiserstadt ferne halten sollte, seine Bestimmung aber — im Vorbeigehen gesagt — ebenso unvollkommen wie die große Mauer in China oder der Pfahlgraben des Imperators Hadrianus in Alt-Germanien erfüllen konnte. Erdschwellungen und streckenweise mit Gras und Buschwerk überwachsene Trümmer zeigen noch heute deutlich die Richtung dieses von Meer zu Meer sechzehn Stunden langen, zwanzig Fuß breiten und verhältnißmäßig hohen Festungswerkes, das mit seinen beiden je zwölf Stunden langen Wasserseiten ein wenigstens für anderthalb Millionen Menschen Raum und Sicherheit gewährendes Segment vom thracischen Festlande abschnitt. Das vierte — zugleich ganz eine Schöpfung der Natur — ist das große wohlbekannte „Illyrische Dreieck" selbst, welchem das adriatisch-jonische Meer und der Archipelagus als Seiten, Donaustrom und Balkan aber als Basis dienen.

Wie der Keil zum Angriff, so ist zur Abwehr das Dreieck die kräftigste Form, und der große Werkmeister der Natur hat diesen wundervollen Bau ohne Zweifel für die Weisheit der Sterblichen als Probierstein hingestellt. Verstehen sie es nun nicht — wie sie es denn auch selbst heute nicht zu verstehen scheinen — unter solchen Bedingungen die flüchtige Welle der Herrschaft und des Glückes festzubannen, so haben sie weniger das gemeinsame Loos aller menschlichen Einrichtungen als das Uebermaß ihrer eigenen Thorheit und Schwäche anzuklagen.

Den breiten und tiefen Donaustrom, die Balkan-Alpenwand, das Wehr des Anastasius und endlich die große Doppelmauer von Konstantinopel selbst mußte der Feind nacheinander durchbrechen, bis er zum innersten Heiligthum, zum Adyton kaiserlich byzantinischer Majestät gelangen konnte.

Von diesen vier Barrièren bestehen die beiden ersten als unzerstörbare Gebilde der Natur zwar noch in ihrer alten Kraft, aber der Glaube an ihre Unüberwindlichkeit ist wiederholt — am wenigsten unrühmlich jedoch Anno 1829 — erschüttert worden. Der griechische Aufstand, wie wir noch alle wissen, hatte in jahrelanger Anstrengung Streitmacht und Finanzen der Hohen Pforte erschöpft; die islamitische Gesammtflotte ward in einem Anfall hellenischer Schwärmerei kurz vorher durch die eigenen Bundesgenossen des Sultans bei Navarino vernichtet, und die alte Infanterie, welche durch ihre Kriegskunst und ihren Heldenmuth in mehrhundertjährigen Siegen das türkische Reich gegründet hatte, aber die neue Zeit nicht mehr verstehen konnte, mußte der Großherr selbst mit Gewalt auseinander sprengen, und zu einem neuen Heere waren unter Haß, Widerspruch, Abneigung und Verachtung nicht etwa bloß der Christenheit, sondern des gesammten Türkenvolkes selbst, kaum die ersten Rahmen aufgestellt. Diesen schlimmen Augenblick erlauschte der Czar und ließ das volle Gewicht seiner Stärke in Europa und Asien, vom Kaukasus wie von der Donau her, zu gleicher Zeit auf das türkische Chaos niederfallen. Sultan Mahmud mit dem kleinen Häuflein seiner Reformfreunde stand mitten im Sturm allein; das Volk war noch Janitschar; Gleichgültigkeit, Noth, Muthlosigkeit und selbst Verrath waren überall, und „wenn der Moskoff kommt," pochten türkische Stambuliden laut, „hängen wir zuerst den Sultan selber auf."

An der Einnahme Konstantinopels durch die Moskowiter und an der nahen Auflösung des Osmanenreiches zweifelte bei Eröffnung des Feldzugs (1828) in ganz Europa, besonders im „heiligen Rußlande" selbst, kein Mensch. Der Czar, im Vorgefühl des süßen Triumphs, war mit seinen Prätorianern und seiner vollen nordischen Kaiserpracht vom Polarkreis herabgekommen, um nach vermeintlich schnellem Siege wie ein neuer Konstantin durch das goldene Thor in Stambul einzurücken.

Und doch welche Täuschung!

Das große, stolz gerüstete, vom Czar in Person geführte Russenheer, selbst diesem jammervollen Zustande seiner Gegner noch nicht gewachsen, ward am Schlusse des ersten Feldzugs (1828) mit großem Verluste und mit noch größerer Schmach wieder über die Donau zurückgetrieben. Ob der Czar die zu Wasser und zu Lande vor dem schlechtbefestigten ärmlichen Varna erlittene Demüthigung, seine Niederlage und seine Flucht schon vergessen habe, wissen wir nicht. Die Russenfürsten haben ja schon am Hofe der Goldenen Horde bei guter Zeit Verstellung und Geduld gelernt, und die unbequeme verrätherische Schamröthe, sagt man, habe dem Geschlechte der Mongolen die Natur versagt.

· Daß sich aber die ätzende, mauerbrechende Kraft des goldgelben Uralschlamms im Feldzuge des nächsten Jahres noch weit vortrefflicher als der Feuerregen des russischen Geschützes erwiesen, und Sabalkanski, bei der Unmöglichkeit mit der ganzen verfüg-baren Macht des Czarenreiches das verschanzte Osmanlilager in Schumla zu überwältigen, eine verzweiflungsvolle Pointe über den Balkan nach Adrianopel gewagt und seine Renner bis zum öden Anastasiuswehr bei Siliwri vorgeschoben habe, weiß dagegen alle Welt *). Weniger bekannt, aber nicht weniger wahr, mag es sein, daß General Diebitsch von der großen russischen Armee nicht weniger als 18,000 invalide Krieger nach Adrianopel brachte, daß er des Scheines halber und um die spähenden Bewohner zu täuschen, die Regimenter zwei- und dreimal, jedesmal mit verändertem Ueberwurf, in verschiedenen Richtungen durch die Stadt defiliren ließ und von dem Angriff auf Konstantinopel nicht durch weise Mäßigung und christliche Friedensliebe, sondern durch Ohnmacht und Unzulänglichkeit seiner halbverhungerten Heerestrümmer abgehalten wurde.

Von Adrianopel bis Konstantinopel beträgt die Entfernung im Ganzen nur noch sechs und dreißig Wegstunden, und zwar vier und zwanzig bis zur mehrbenannten kleinen, aber starken Seefestung Siliwri, wo die große Kaiserstraße des thracischen Binnenlandes das Meer berührt. Und hätte der russische Heer-führer diese Strecke sowohl, als die noch übrigen zwölf Weg-stunden bis zum Sitz des Padischah, aller Terrainhindernisse ungeachtet auch ohne allen Verlust und Widerstand zurückgelegt, was wäre ihm nach Abzug der in Adrianopel und vor Siliwri nöthigen Besatzungen von seiner kleinen Streitmacht zum Sturm auf Stambul noch übrig geblieben?

Die hinterste und dickste der dreifachen Landmauer des großen Stadttriangels von Byzanz wird zwar nur zu zwanzig Fuß

---

*) Die Uebergabe der Festung Varna hat der Czar vom Verräther Jusuf-Pascha um Gold erkauft.

Höhe angenommen, aber die zahlreichen Streitthürme und ein fünf und zwanzig Fuß breiter, nach allen Seiten zierlich ausgemauerter, tief eingerissener Graben, an dessen Rande die Mauer auf Hügelschwellungen vorüberstreicht, setzen an Höhe und Furchtbarkeit so viel hinzu, daß dem „Balkanübersteiger" mit seinem Häuflein von höchstens 10,000, zum Mauerkampf ohnehin wenig befähigten Russen — und hätte sie auch ein Suwaroff geführt — selbst bei schwacher Gegenwehr keine Aussicht auf Erfolg geblieben wäre. So viele Freunde und Vertheidiger, wie der mit seinem Volke noch mehr entzweite letzte Paläologe, hätte in der äußersten Noth Mahmud II. doch auch gefunden!

Aber wie? Hat etwa nicht zu gleicher Zeit mit dem kühnen Balkanübergang die vielgerühmte Flotte des schwarzen Meeres, unter Admiral Greigh die Ueberbleibsel der „unkundig und muthlos geführten" Osmanlifahrzeuge im ersten Anlauf durch Entern weggenommen, die Bosporusbatterien zum Schweigen gebracht und ihre eigenen Feuerschlünde dem großherrlichen Palast gegenüber aufgepflanzt?

Alle Welt, und am meisten die Türken selbst, hatten solche nautische Erfolge der Russen erwartet. „Wir segeln aus um nicht wieder zu kommen," rief der Kapudan-Pascha und steuerte gegen Wind und Welle in den Euxinus hinein.

Grausamer ward aber niemals eine Erwartung betrogen! Der Kapudan-Pascha ist nicht nur ohne Verlust wieder zurückgekommen, er hat sogar die russische Fregatte „Rafael" als Prise heimgebracht.

Der Czar, durch seinen Pyrrhussieg erschrocken und vor ganz Europa beschämt, bedurfte des Friedens nicht weniger als der überwundene Padischah. Und hätte der Sultan neben dem in Schumla aufgestellten activen Heere schon damals, wie heute, über eine schlagfertige Reserve in Stambul selbst zu verfügen gehabt, so wäre Sabalkanski's Heerhaufen dem Schicksal seines heldenmüthigen Vorgängers Swátoslaw nicht entronnen.

Für die unermeßlichen Opfer an Menschen, Geld und Credit haben die Russen verhältnißmäßig nur unbedeutenden Ersatz genommen, sind aber mit der melancholischen Ueberzeugung, daß bei nicht ganz vernachläßigtem Widerstande der Osmanli nur mit Aufopferung eines ganzen Heeres von der Donau bis unter die Mauern von Stambul vorzudringen sei, wieder hinter den Pruth zurückgegangen,

„froh der bestandnen Gefahr, doch ohne die lieben Gefährten *).“

Die Annahme, daß die Russen am Schlusse des ersten Feldzugs (1828) schon mehr als 80,000 Mann verloren hatten, wird nicht zu widerlegen sein. Sind ja bei der fruchtlosen Bestürmung des halböden Varna von den Leibgarden des Imperators allein über 3000 der auserlesensten Krieger mit einer unverhältnißmäßig großen Zahl hoher Officiere gefallen. Das Geheimniß aber, wieviel in beiden Feldzügen der glühende Boden Romaniens vom Troß des gemeinen Fuß- und Reitervolkes verschlungen habe, ist wahrscheinlich mit Diebitsch-Sabalkanski zu Grabe gegangen.

Was nützt den Russen ihre Disciplin, ihre Todesverachtung und ihre Tapferkeit? Daß im Kriege bei allen Armeen, am meisten aber bei den Russen in ihren Feldzügen gegen die Türken, mehr als zwei Drittel des erlittenen Verlustes auf Seuchen, auf mangelhafte Verpflegung, auf Noth, Unverstand und nutzlose Plackereien aller Art zu stellen seien, ist eine traurige, aber nicht zu bestreitende Wahrheit. Nicht das Schlachtfeld, sondern das Lazareth und der Hunger fressen die Heere auf, und bei den Russen ist es in Führung und Verpflegung heute (1853)

---

*) Ἄσμενοι ἐκ θανάτοιο, φίλους ὀλέσαντες ἑταίρους.

nicht besser bestellt, als es vor fünf und zwanzig Jahren war.
Fortschritte, wo nicht in beiden, so doch wenigstens in der innern
Ausbildung und Lenkung ihrer Streitkräfte, haben in der Zwischenzeit nur die Türken gemacht, und selbst die öffentliche Meinung des
Occidents beginnt die russische Sache zu verlassen und zu Gunsten der Moslimen umzuschlagen, weil Europa den Frieden will
und das wühlerische, herausfordernde, hinterlistige, störrische und
habgierige Wesen der moskowitischen Byzantiumspolitik endlich
selbst dem deutschen Phlegma lästig wird. Oder wie würde
etwa der neue Paladin des Conservatismus — der talentvolle
und gelehrte Doctor Z . . l in H . . . g — ein politisches System
nennen, welches überall die Ruhe und das friedliche Gedeihen
stört, und welches in der Absicht, die wohlgemeinten aber bisher
erfolglosen Beglückungsanstrebungen eines unabhängigen fremden
Potentaten zu lähmen und seine Unterthanen zu überreden, daß
sie eigentlich Ursache hätten unzufrieden zu sein und sich gegen
ihre gesetzliche Obrigkeit aufzulehnen, weder Geld noch Worte,
noch Verführungs- und Gaukelkünste jeglicher Gattung spart?

Einen Czar durch Ermahnungen oder gar à la Times durch
blindes Vertrauen auf seine Hochherzigkeit von schlimmen Wegen
abzulenken, wäre ein ebenso nutzloses Unternehmen, als wenn
irgend ein frommer Strumpfweber des Basler Missionsvereins
den Dalai-Lama bekehren wollte. Daß man sich im Occident
bisher über die Russen nicht zu beklagen habe, ja ihnen sogar
viel Liebes und Treues schuldig sei, will man gern eingestehen.
Aber wer bürgt uns dafür, daß der Autokrat, wenn es mit der
Türkei vollständig gelingen sollte, seine liebenswürdige Praxis
nicht auch anderswo versuche, und vom anatolisch-geistlichen Hoch-
muthe und von der leidenschaftlichen Hartnäckigkeit eines Photius und
Michael Cärularius entflammt, das abendländische Katholikenthum
befehde? — was den Leuten in Tirol allerlei zu bedenken gibt.

Aegypten und Syrien.

Gross-Kairo und die Mission des Islam.

(1851.)

Ebenso leicht und ebenso willkommen wie auf Groß-Kairo am Nil könnte sich der flüchtige Blick auf die Wald-Oase von Damaskus, ebenso leicht auf die vergilbten Trümmer von Balbek, oder auf die Pistacienhaine des schöngepflasterten Haleb mit der kurzrauschenden Silberfluth seines Kobeïk niederlassen.

Labsal wäre es vielleicht für viele Seelen im Occident, vom Immergrün und von der unverwüstlichen Majestät der Cedern-wälder des Libanon zu reden oder auf den stolzen Schwung des Azad-Diracht des syrischen Küstenrandes hinzudeuten.[*)] Das melancholische Thyrus mit der massig aus der Erde heraufquel-lenden und nutzlos verrinnenden Wasserfülle der Salomons-brunnen, die Terebinthen von Sidon, das Smaragdgrün der Karmelwiesen und der buntfarbige Anemonenteppich auf Saron buhlen ebenfalls um die Gunst eines Pinselstriches.

Dieses Mal jedoch soll Groß-Kairo den Vorzug haben.

Das militärische Hauptquartier und der Imperatorensitz der streitenden Kirche des Islam ist freilich am Bosporus, und die abgeschmackte Behauptung der Turco-Byzantiner: Konstantinopel sei die Hauptstadt des Erdbodens, und die jedi kral, d. i.

[*)] „Azad-Diracht" ist aus der persischen Botanik entlehnt und bedeutet: Freiheits-Baum.

die sieben Könige der Christenheit, gehen insgesammt beim Padischah zu Lehre, kennt bei uns Jedermann. Geistige Metropole dagegen und lebenswarmer Sitz, ja gewissermaßen geheimnißvolle Werk- stätte des islamitischen Gedankens ist für die Gesammtlande am Mittelmeer und am atlantischen Ocean anerkannter Weise Groß- Kairo in Aegypten, wie es Bochara in El-Soghd für das weit- entlegene Turan ist.

Mekka ist nur das Heilig-Grab, und im Orient macht das Dogma, nicht die Sprache oder irgend eine andere Zufälligkeit, die Nationalität. Und so lange das Dogma in einem Volke lebendig ist, widersteht es jeder wesentlichen Veränderung seiner politischen und geistigen Zustände mit unbesiegbarer Hartnäckig- keit. Eine Revolution im vollen und furchtbaren Sinn des Wortes hat von jeher nur die Kirche als Hinterlage des geisti- gen Lebens der Nationen hervorzubringen die Kraft gehabt. Weil nun aber die politischen und sittlichen Bestände Groß- Kairo's und seiner Bevölkerung für alles was in Aegypten, in Arabien, in Palästina, in Syrien, in Mesopotamien und in Afrika zum Koran schwört, maßgebend und Muster sind, wird ein näheres Eingehen in diese Dinge nicht überflüssig sein. Die Europäer in ihrem classischen Schwindel möchten den Angelpunct der morgenländischen Dinge noch immer in ihrem Hellas finden. Der Ilissus ist aber schon längst ausgetrocknet, und matt und trübe schleicht ein dünner Wasserfaden durch den knorrigen Cephisuswald in den Golf von Salamis hinab, während der Nil, die Heimat der großen Ungethüme und des religiös-philo- sophischen Gedankens, seine lebensprühende, ewig reiche Fluth aus geheimnißvollem Born, durch Wüsten und Felsenrisse brechend, in wunderbarer Majestät und Fülle dem brandenden Binnen- meer entgegenwälzt. Seit länger als 6000 Jahren kämpfen dort die Elemente und ringt mit wechselndem Erfolge das Trockene mit dem Flüssigen, das Bestehende mit dem Wandelbaren in endlosem Streit, ein Bild der menschlichen Dinge, wie sie in Kampf und Mißgeschick doch langsam vorwärts schreiten und dem Bessern zum Sieg verhelfen.

Aegypten in seiner Vergangenheit und in seiner Gegenwart ist ein noch ungelöstes Räthsel, und wie das Land am Nil einst die Gigantomachie der alten Götterwelt getragen hat, so soll es auch heute, wie es scheint, die Walstatt liefern, auf welcher die neuen Erdengötter den lang verschobenen und doch unausweichlichen Kampf um Sein und Geltung auszufechten haben. So wollen es die Erinnyen und ihr Diener Palmerston.

Aegypten, das fetteste Marschland des Erdbodens, am Kreuzwege dreier Welttheile gelegen und die Urwiege aller Gottesgelehrtheit, aller Künste und aller menschlichen Bildung, wäre allerdings ein großartigeres Entscheidungsfeld für die morgenländische Frage als der Archipelagus und das trockene Griechenland.

In den riesigen Königshallen zu Theben ist es freilich schon lange öde und stumm, und auf der Stelle, wo einst das große Memphis stand, rauscht heute der Dattelwald. Das alte Alexandria aber, der kolossale Gedanke des macedonischen Genius, ist unter dem Widerschlag des altägyptischen Elementes völlig verschwunden und steigt erst jetzt als Unterpfand des wieder angebahnten Verkehrs mit dem Occident aus dem Schutt empor. Das echte Mark Neu-Aegyptens dagegen, seine Herrlichkeit und Pracht zeigt eine Stadt, die der Eingeborne, wie das Nilland selbst „Masr", der Europäer aber Alt-Kairo oder Kairo schlechtweg nennt.*)

---

*) Der alte arabische Name für Aegypten ist „Misr". Im Hebräischen braucht man den Dual Mizraim, „die beiden Aegypten", d. i. das Oberland und das Unterland, welche häufig abgesonderte Staaten mit eigenen

Groß-Kairo, eine Schöpfung der gegen Bagdad rebellirenden Fatimiten und kaum 200 Jahre älter als Neu-Athen am Isarstrom, ist vielleicht das glanzvollste Denkmal des unter seiner eigenen Größe erliegenden Chalifats. Die Citadelle mit der reizenden Fernsicht wurde von Saladin beinahe zu gleicher Zeit mit Derwischabad (1176) angelegt. Den Vergleich der beiden Städte weiter auszuspinnen und die traurige Fläche des Bojerlandes mit ihrem wilden Strom an die üppige Gartenfülle des Nilthales hinzustellen, wäre ein gar zu gewagtes Spiel. Wo wären unsere Pyramiden? Wo fände der Wanderer das Rosenparadies der Schatten-Insel Raudha? Wo die Hyacinthenpracht von Schubra? Wo den Balsamhauch und die schwellenden Lüfte einer Kairo-Nacht? Die Stadt selbst liegt etwa eine Stunde vom Strom entfernt, wo das Pflanzenleben und sein grüner Teppich an die Oede streift und der Boden sich langsam zur kahlen Hügelreihe des rothgelben Mokattam erhebt. Oben auf der Plattform des Mokattam ist die Burg mit Mohammed Ali's, nach Art der Pharaonen, noch bei Lebzeiten begonnenem und halbvollendetem Mausoleum, mit Kasernen, Wohnhäusern, Baumgruppen und Buschwerk aller Art. Den Labetrunk für Menschen, Thiere und Pflanzen gibt der uralte, von Jusuf Selacheddin wieder hergestellte, 250 Fuß tief durch den Felsen bis zum Nil-Niveau hinabreichende sogenannte Josefsbrunnen — ein riesiges Quadrat mit sanft absteigenden Wendel-Gallerien und gewaltigem Räderwerk das Wasser heraufzuziehen. Wer empfinden will, was Kairo und sein Landschaftsbild zum Gemüthe spricht, der sende nur zur rechten Tageszeit von der großen Burgterrasse den Blick abendwärts gegen den libyschen

---

Regentenhäusern bildeten. Das Alt-Kairo der Europäer ist nur corrumpirte Aussprache des Arabischen El-Kâhirä, die Siegreiche, wie die Stadt in den ersten Zeiten nach ihrer Gründung hieß.

Thalrand hin. Die Pyramiden mit ihrer steinernen Grabesruhe am Saum der noch weit hinaus sichtbaren Wüste schließen den Horizont.

Im Zwischenraume bis zum Fuße der Riesenmonumente wälzt sich in breiten Rinnen die überströmende Wogenfluth und das Auge schweift langsam über helles Grün, über dunkle Palmenschatten und über das breite Silberband des Nil-Mäanders zum Häuser-meer der Stadt zurück. Die Trümmer von Heliopolis und der Memphiswald begrenzen links und rechts das Bild, und es wird sich Niemand wundern, wenn sich beim Anblick dieser zaubervollen Landschaft das frostigste Gemüth bewegt, wenn der Weise meditirt, der Künstler in Feuer geräth und selbst der für Natureindrücke unempfindlichste Mensch für einige Momente nachdenkend und träumerisch wird.

Kairo gehört unter die großen Hauptstädte der Welt und steht mit Einschluß der beiden Hafenorte Bulak und Alt-Kahira dem Flächeninhalte nach nur um ein Weniges hinter der großen Metropole an der Seine zurück. Und doch wohnt nach gewöhn-licher Annahme in den 26,000 Häusern dieser ungeheueren Stadt nur eine aus den drei Welttheilen zusammengewürfelte Bevölke-rung von nicht mehr als etwa drittehalbmal hunderttausend Menschen aller Farben, aller Gemüthsarten und aller religiösen Bekenntnisse.

Dreihundert bis vierhundert Moschee-Thürme und Kuppeln, von denen viele bleigedeckt und vergoldet in der Morgensonne funkeln, verkünden Kairo's Pracht. Selbst höher noch als die Burgterrasse ragen die beiden gigantischen stolzen Minarete der Sultan-Hasans Moschee in die Luft, und vom ewig wirbeln-den Marktgedränge des großen Platzes unterhalb der Burg steigt nicht selten der dumpfe Schall deutlich hörbar zur Schloß-terrasse herauf. Von der architektonischen Regelmäßigkeit euro-

päischer Städte ist im Innern von Kairo keine Spur; es ist ein
unentwirrbares, von röthlichem Duft überlagertes Häuserconglo-
merat mit kurzen Sackgassen und mit Abschließungsthoren für
einzelne Stadtviertel plan- und ordnungslos ineinander fließend,
ohne Numerirung und Aufschrift hingelegt. Selbst die Haupt-
straßen, die von Nord nach Süd und von West nach Ost das
Labyrinth durchschneiden, vermeiden die gerade Linie und ändern
streckenweise den Namen, so daß, um im Innern Kairo's sich zurecht-
zufinden und eine bestimmte Wohnung aufzusuchen, lange Uebung
und besonderer Tact erfordert wird.   Um die Sonnenglut zu
mildern und die lästige Helle abzuhalten, sind die Wohngebäude
mit ihren flachen Dächern meistens, die einzelnen Gelasse aber
allzeit hoch, weit, luftig und halbdunkel, was man um so leichter
erzielt, als das erste Stockwerk über das Erdgeschoß, und das
zweite über das erste und so fort in die oft so enge Gasse herein-
ragt, daß sich die Bewohner gegenüberstehender Häuser vom
Balkon aus die Hände reichen können.   Strohmatten von einem
Dache zum andern quer über die Basarstraßen gelegt, vermehren
noch die Dunkelheit und die Schattenkühle. Feuerbrand und
Aufruhr in einer solchen Stadt sind doppelt fürchterlich.
Ein Canal, breit und tief und mit vielen Brücken verbunden, führt von der Nil-Insel Raudha das Wasser mitten
durch die Stadt, und Hunderte von Lastthieren und Schlauch-
trägern füllen die Lücken aus, welche Canal und Brunnen im
täglichen Bedarf noch offen lassen. Ueberhaupt sorgen mehr als
20,000 gesattelte graue Vierfüßer für raschen Verkehr und schnelle
Bewegung in der Stadt.   Als Richtungspuncte und gleichsam
als Feldzugsplan gegen die architektonische Kairo-Anarchie dienen
freie leere Räume inmitten des Häusermeeres, von welchen leeren
Räumen die dem Sande abgerungene, laubumschattete und von
luftigen Palästen umgebene Esbekieh allein den Luxor-Platz in

Paris um mehr als das Dreifache an Ausdehnung übertrifft. Die Häuser selbst, aus ungebrannten, nur in der Sonne getrockneten Nilschlammziegeln aufgebaut, bieten meistens einen gelbgrauen, melancholisch-düstern Anblick dar. Nur die Paläste der Vornehmen haben ein Erdgeschoß aus behauenem Gestein mit buntem Farbenspiel an jeder Schicht. Balkone und Fenster ohne Glas, aber mit Gitterwerk und kunstreich verschlungenem Schnitzwerk aus Holz treten oberhalb als Decoration hervor. Der echt saracenische Spitzbogenstyl der Palastthore Kairo's ist in der ganzen Welt bekannt und angerühmt.

Unter den Moscheen sind die Tulun, el-Hakim, el-Azhar und Sultan-Hasan genannten die schönsten, letztgenannte aber vor allen merkwürdig durch die Größe und Höhe ihrer Kuppel und der beiden Minarete. Dieser wundervolle Bau ist der Glanzpunct von Kairo wegen der verschwenderischen Mannigfaltigkeit der Marmorzier und des Arabeskenschmuckes aus hartem Stein und Bronze, geschmückt mit riesigen Aufschriften in Goldbuchstaben, roth, gelb, blau und grün. Das Ganze ist von zaubervoller Wirkung, wenn die Abendsonne von den Pyramiden herüberscheint. Im Vorhof bietet dem müden Beter ein gewaltiges, mit vergoldeten Stäben eingeschlossenes Marmorbecken den Labetrunk, und im kahlen Innern fällt das Licht von der hohen Kuppel auf den grüngelb geblümten Teppich des Estrichs herab.

Wundere sich Niemand über die architektonischen Reize und über die verschwenderische Pracht der großen Fatimitenstadt. Aus Eifersucht gegen das alte Rom hat Konstantin sein Byzanz verherrlicht, und ebenso hat im Gegensatz zur neugegründeten Chalifen-Residenz Bagdad der von der Centralgewalt am Tigris emancipirte Sultan von Masr die Stadt El-Kahira angelegt und zu ihrem Schmucke alles aufgeboten, was der saracenische

Orient in der Blüthenzeit der Kunst an Reichthum und Glanz vermochte.

Kleine Baumgruppen aus Palmen und Sykomoren und größere Gartenanlagen außerhalb des Mauerumfangs fehlen, wie in keiner Stadt des Morgenlandes, so auch in Kairo nicht. Aber es sind nicht unsere Gärten mit symmetrischen Baumalleen, mit schnurgeraden Wanderpfaden und mit zierlich gekämmten Rasenbeeten nach den Vorschriften eines Le-Nôtre oder im brittischen Geschmacke angelegt. Die Kairogärten sind nach Art der Paradiese des Orients überhaupt schattige Baumdickichte, wo hochwüchsige Pomeranzen - und Citronenstämme mit ihrer goldenen Frucht, traubenbehangene Weinranken, hellgelbe Acacien mit Sykomoren und schlanken Dattelpalmen, dunkle Maulbeer- und Granatbäume in purpurrother Blüthe neben undurchdring- lichem Buschwerk von Myrten, Hibiscus und dem Riesenblatte des prachtvollen Bananenstrauches plan - und regellos Schatten und Blumenduft in einander gießen. Enge, krumme, durch das Laubdickicht hinschleichende Pfade, Teiche, die der Sonnenstrahl nicht erwärmt, rinnendes Wasser, Feiertagsstille und der aroma- tische Hauch balsamgeschwängerter Lüfte vollenden das Zauber- bild. Wie oft saß ich in diesen irdischen Paradiesen auf der Nil-Insel Raudha, bei Kasr el-Ain, im magischen Schubra wäh- rend der Mittagsglut allein und in seliger Vergessenheit euro- päischer Bedrängniß und Bücherqual, den Frieden in der Seele, das Glück im Augenglanz und die Brust geschwellt von süßer Schwärmerei und künftigem Lebensglück!

Wie man in Groß-Kairo die Stadtviertel nennt, wie man die Marktpolizei handhabt, den täglichen Lebensnöthen begegnet, Steuern hebt, die Bastonade gibt, Handel treibt, lange Karawa- nenzüge aus Inner-Afrika durch die engen Straßen führt, Schlangen in Stöcke verwandelt, das Ebenbild Abwesender oder

längst Verstorbener scharf und treu im Tintenklecks einer hohlen
Hand sehen läßt, wie man Pilav röstet und die süße Banane
schmort, bleibt hier füglich unberührt und wird auch leicht vermißt. Höheren Reiz böte freilich das große, schwarze, mandel-
förmige, sanfte Auge der Kairotöchter, wenn es unter langen
Wimpern dem fremden Gast entgegenblitzt. Schönere Augen
und bethörendere Blicke als in der großen Fatimitenstadt sieht
man nirgends in der Welt. Hat aber das alles nicht schon
längst der Britte Lane genau und zierlich ausgelegt?

Ob aber die gütige Natur irgend einem andern Volke klang-
volleres Metall in die Männerbrust eingeschmolzen als bei den
„Söhnen von Maßr", muß Jedermann bezweifeln, der längere
Zeit in Kairo lebt, und außer dem in nächtlicher Stille melodisch
über das Häusermeer hinschallenden Ruf der Müezzin nur die
Stimmen almosenheischender Gassenjungen und das „Lebben!
Lebben!" der Sauermilchverkäufer in der thauigen Morgen-
stunde hört.

Bedeutungsvoller und merkwürdiger als Augenschmelz und
als Glockenklang der Stimme ist das Gewicht, welches das
große Kairo durch seine wissenschaftlichen Institute in die Wagschale der Kulturverbreitung im Sinne des Islam legt. Groß-
Kairo ist das Rom der Lehre Mohammeds, Groß-Kairo nährt
in seinem Schooße, wenn auch nicht eine ebenso reich als glanz-
voll ausgestattete, doch eine ebenso standhafte, eine ebenso glau-
benseifrige, eine ebenso zähe, und, was am meisten zu bedeuten
hat, eine ebenso erfolg- und siegreiche Propaganda, wie in ihrer
Art die Tiberstadt. Asien ward bekanntlich durch das Chalifen-
schwert und durch den Ekel vor der kaiserlichen Dogmatik von
Byzanz dem Islam zugeführt. Die ungezählten Hunderttausende
schwarzer Moslimen im Innern Afrika's dagegen sind die wohl-
gepflegte, unbemerkt und friedlich erzielte Frucht des Apostolats

in Groß-Kairo. Ohne daß man es in Europa beachten wollte, ist der Islam bis südwärts über den Aequator, ja zum Theil bis an die Gestade des atlantischen Oceans ins Herz von Afrika vorgedrungen. Der Welttheil Afrika scheint zum wahren gelobten Lande und zur Vorzugserbschaft des Propheten von Mekka bestimmt zu sein. Jetzt ist die Christenheit allerdings zur Kenntniß der Triumphe ihrer Nebenbuhler gekommen und schickt von der einen Seite den Katholiken Knoblecher mit einer Apostelcolonie zur Abwehr von Chartum den weißen Nil hinauf, während von der Goldküste und vom Kap ausgehend das Methodistenthum der Islamspropaganda mit gleichem Eifer, aber dem Anschein nach mit ungleichem Erfolg entgegentritt.

Glaubenspropaganda setzt überall Schulen, Unterricht, gährende Kraft und einen lebendigfrischen Kern theologischer Wissenschaft voraus. Findet man aber solche Dinge in Groß-Kairo, und wer hätte je davon gehört? El-Azhar, eine der größten und schönsten Moscheen in Kairo, ist noch heute die erste und vornehmste Universität des islamitischen Orients. Die Summe aller mohammedanischen Gelehrsamkeit und Bildung ist im akademisch gegliederten Lehrkörper dieser Hochschule dargestellt, und wer immer in diesen Ländern nach höherer Erkenntniß strebt und die letzten Gründe seines Glaubens erforschen möchte, eilt zu diesem bis heute noch ungetrübten Born der Wissenschaft.

Zwölf Oberälteste (Scheiche), ausgezeichnet durch orthodoxe Strenge und gelehrte Tüchtigkeit, stehen an der Spitze der Anstalt und bilden gleichsam das höchste Tribunal und die letzte Instanz in allen Fragen über Wissen und Glauben der Kinder Mohammeds.

Bei den blinden und beinahe unausrottbaren Vorurtheilen der Christen gegen den Islam und sein Wesen überhaupt könnten die Ausdrücke: Hochschule, Akademie, Lehrkörper, Studium,

Bildung, Wissenschaft in manchem Gemüthe Aergerniß erregen und die Frage hervorrufen: ob man in den mohammedanischen Ländern außer dem Koran und seiner Exegese noch irgend etwas von Kunst, Wissenschaft und Geistesbildung kenne? Die gründlichste Antwort auf Bedenken und Zweifel dieser Art haben neben Hammer-Purgstall Dr. Weil und Abt Haneberg gegeben, und über die gewöhnlichen Lehrgegenstände der El-Azhar-Universität haben wir seiner Zeit in Kairo selbst das Nöthige erfragt und aufgeschrieben. Mancher deutsche Hochschüler blickt vielleicht mit Geringschätzung auf seine Commilitonen von Kairo herab, wenn er Decliniren und Wortfügen, d. i. Grammatik und Syntax der arabischen Volkssprache auf dem Verzeichniß der Universitätslehrgegenstände liest. Rhetorik, Versekunst und Algebra wird er schon eher gelten lassen; als vollkommen ebenbürtig und auf gleicher Höhe mit ihm selbst stehend wird er aber nur die Scholaren der Logik, der Philosophie, der Theologie, der Astronomie, der Medicin, der Koranauslegung und der Jurisprudenz im weitesten Sinne des Wortes anerkennen. Daß auf den islamitischen Hochschulen geistliche und weltliche Gesetzeskunde noch unausgeschieden sind, und derselbe Lehrer über Religionsphilosophie, über Moral, über bürgerliches und peinliches Recht Vorträge halte, ist im allgemeinen schon bekannt. Den neuen europäischen Gedanken, die Schule von der Staatskirche und das Wissen von der Controle des Klerus zu emancipiren, kann bei den mohammedanischgläubigen Völkern Niemand begreifen.

Am schlimmsten war es im mohammedanischen Unterrichtswesen seit dem Erlöschen der berühmten arabischen Hochschulen von Cordova und Bagdad, wenigstens bisher, mit den naturgeschichtlichen und medicinischen Studien bestellt. Und der Preis, um welchen in Kairo und Konstantinopel der unbeugsame Widerwille der Mohammedaner gegen die christliche Wissenschaft, beson-

ders im Puncte der Medicin, endlich gebrochen werden konnte,
ist Jedermann bekannt.

Um in Kairo als Hochschüler einzutreten, wird nichts weiter
gefordert, als daß der Candidat lesen, zur Noth schreiben und
auch etwas Koran recitiren könne. Das Universitätsgebäude
selbst ist in regelmäßigem Viereck um einen großen Platz im
Mittelpuncte der Stadt angelegt. Eine Seite des eingeschlossenen Hofraums ist für den Gottesdienst bestimmt, die drei anderen
aber bestehen aus kleineren Säulengängen mit Gemächern für
das landschaftsweise abgetheilte und klösterlich eingepferchte Ge-
sammtstudentencorps. Das freie Universitätsleben des Occidents
ist in Kairo nicht erlaubt. Jede Abtheilung der Studenten
hat ihre besondere Büchersammlung, die neben den öffentlichen
Vorträgen der Lehrer den jungen Leuten auf dem Pfade der
Wissenschaft vorwärts helfen soll. Kein Student bezahlt Colle-
giengelder, der Unterricht ist völlig frei, und selbst die Lehrer
beziehen vom Staate keinerlei Gehalt, wenn man nicht etwa
den hölzernen Schöpflöffel voll gesottener Saubohnen, welche
nach uraltem Brauch die Mitglieder der Akademie der Wissenschaften in Kairo als Präsenzgeld erhalten, in die Kategorien
der Staatsbesoldungen stellen will. Früher wurden durch reiches
Kirchengut, durch stiftungsmäßige Haus- und Ackerrenten für
die Lebensnothdurft der Lehrer wie der Schüler die nöthigen
Mittel aufgebracht. Mohammed-Ali aber, welcher Aegypten ohne
Beistand der Gelehrten und ohne Sorge für Kunst und Wissenschaft beherrschen und glücklich machen wollte, hat Gut und
Rente größtentheils eingezogen, als frommer Moslim aber zugleich Befehl ertheilt vom frühern Segen zur Stärkung der
armen Gelehrten während des Buß- und Fastenmonats noch
einen Pfennig übrig zu lassen. Bei dieser allgemeinen Confiscation des Eigenthums sind außer den nöthigen Geldern für

Baulichkeiten und für Bezahlung der vornehmsten Moscheebeamten nur die Stiftungen für auswärtige Schüler verschont geblieben, während die einheimischen Studenten sammt ihren Lehrmeistern durch Privaterwerb für sich selbst zu sorgen haben. Man gibt bezahlte Nebenstunden bei reichen Leuten, copirt Bücher, speculirt auf vacante Stellen, betet salbungsvoll in Familienkreisen oder bei Grabmonumenten alter Herrscher vor, lehrt den Turban nach Rang und Würden gehörig umzubinden oder leitet in besonderen Innungen orthodoxer Moslimen Privatandacht und Katechese fundig und geschickt. Hin und wieder gibt es auch noch reiche und dankbare Schüler, die dem alten Lehrer Geschenke bringen an Lebensmitteln oder Geld. Vor der Confiscation des Schul- und Kirchenguts zählte die Azhar-Universität für sich allein eine ebenso große Zahl Schüler wie jetzt München und Berlin zusammengenommen. Seit jenem Act der Spoliation aber soll die Zahl der Hochschüler auf etwa 1500 zurückgegangen sein. Unter diesen findet man jeder Zeit verschiedne Schwarze aus Inner-Afrika, die einst als Sklaven nach Aegypten kamen, nach vollendeten Studien aber als feurige Verkünder des Islam wieder in die Heimat entlassen werden.

Der Islam ist weder todt noch sterbend, noch auch unerrettbarem Verfall entgegeneilend, wie man in Europa gern glauben möchte. Der Islam hat frische Kraft, und Afrika ist das Feld, auf dem sich Blüthentrieb und Glaubensmuth der Einheitsbekenner erproben, stärken und entfalten kann. Alle Sorge und alles Streben von Seiten der Christenheit, den Islam abzuschwächen und aufzusaugen, wird und muß in der Hauptsache vergeblich sein. Der Islam ist der Repräsentant der Vernunft, deren Rechte ebenso unverjährbar wie die Rechte des Glaubens sind. Hätte die christliche Kirche des vierten, fünften und sechsten Jahrhunderts neben dem Spiritualismus des Athanasius auch die

4 *

rationalistische Weltansicht des Areios ertragen, und sein Homoi-
usion als freie Kirche neben sich dulden können, wäre der Islam
wahrscheinlich niemals hervorgetreten. Erst wie das eine der beiden
gleich berechtigten und gleich nothwendigen Elemente jeder religiösen Glaubensgesellschaft auf der constituirenden Versammlung
zu Nicäa feierlich proscribirt und nach dreihundertjährigem
Kampfe zwar nicht in den Gemüthern der Gläubigen, aber doch
in staatsrechtlich organisirtem Bestande endlich erdrückt war, hat
sich der Prophet von Mekka als Rächer und Vertheidiger der
religiösen Freiheit erhoben.

Nicht früher als bis die Christenheit das alte Unrecht wieder
gut macht und den athanasischen Exclusivismus fallen läßt, wird
an eine Annäherung und an ein ausgleichendes Ineinanderfließen
der beiden weltbeherrschenden Glaubenskreise zu denken sein.

Semilasso und die ägyptischen Fellahs.

(1839.)

Will man auf Semilasso hören, so wären alle Schilderungen, die seit einer Reihe von Jahren über die jammervolle Lage des ägyptischen Bauernvolks nach Europa gedrungen sind, im Lichte rhetorischer Floskeln und als bloße Fictionen halbunterrichteter und boshafter Demokraten zu betrachten. Weit entfernt, unter Arbeit, Hunger und Geiselhieben, wie man es sagt, ihr armseliges Leben hinzuschleppen, werde die Bauernschaft in Aegypten mit allumfassender väterlicher Sorgfalt gepflegt, sei besser genährt und begütert, folglich viel glücklicher als ihre Brüder und Standesgenossen in den meisten Staaten der Christenheit. Gott bewahre! Semilasso will nicht die Unwahrheit sagen; er glaubt es endlich selbst, ja er ist innig von der Wahrheit seiner Aussagen, sowie von der verleumberischen Bosheit eines Cadalvène und Consorten überzeugt. Hat es ihm nicht Mehemed Ali selbst in höchst eigener Person nach fettem Mittagessen auf golddurchwirktem Kanapee erzählt? Und wer könnte es denn besser wissen, als eben Mehemed Ali, der allgewaltige Satrap, wie viel Geld er aus den Taschen seiner Bauern nehme und welche Lasten er auf ihre Schultern bürde? Sollte man etwa an den Worten eines so großen Gebieters, eines so gnädigen Gönners Zweifel hegen, oder wohl gar in die Hütten der Bauern hineintreten und an

den Feldarbeitern selbst den Grad ihrer ökonomischen Glückselig=
keit bemessen? O nein, so unritterlich ist Semilasso nicht. Se=
milasso ist vor allem Grand Seigneur und sieht die Welt mit
ihren Mühen aus der Cavalier=Perspective, wie Neugebaur sagen
würde. Ein Wort aus Satrapenmunde ist ihm ein untrügliches
Orakel. Mögen unruhige und turbulente Köpfe, die überall
nur Schlimmes sehen, durch die Dörfer wandern und die keuchen=
den Knechte Mehemed Ali's beklagen, Semilasso reitet und segelt
mit dem prunkenden Palastgefolge und kennt nur eine Thorheit,
nur einen Irrthum, vorwitziglich an einem von oben herabkom=
menden Spruch zu klügeln. „In Aegypten kann man leben,
sagt Mehemed Ali, bei mir geht es den Leuten gut, ja besser,
als weiland unter meinen Vorgängern, den Mameluken." Das
ist für Semilasso genug, ja schon zu viel; er wundert sich und
ist tief gerührt, daß ein so großer Fürst, der „einem schlichten
preußischen Edelmann" aromatischen Mokka zu trinken und aus
einem mit Diamanten besetzten Ambrarohr zu rauchen gibt, so
genügsam ist und von den Leuten nicht noch mehr verlangt.
Seht nur, ihr Demagogen und Kritiker, den grünen Saaten=
teppich Aegyptens in unabsehbarer Breite zwischen Fluß und
Wüste ausgestreckt; seht das üppig aufwuchernde Bershmgewächs,
die Palme, die Sykomore und den nackten, breitschultrigen Fel=
lah, wie er rüstig Wasser schöpft und Lieder singt, ohne Zweifel
im Gefühl überschwenglicher Glückseligkeit. Grüne Felder, Klee,
Palmen und Musik beim Wasserschöpfen, meint Semilasso, welch
ein Land ist dies Aegypten, welch ein Fürst Mehemed Ali! Se=
milasso — voll Geist, Styl und Witz — nimmt noch selbst die
Laute und singt wie der mediatisirte Emir am Tigris:

> Schwarz sind des Palasts Ruinen.
> Weil die Feinde sie verschwärzt;
> Doch die Wüsten werden grünen,
> Wenn sie Mehmed Ali herzt.

Viel fehlt nicht, und Semilasso endet noch mit Vorwürfen an das liebe deutsche Volk, daß es seine Auswanderer in das traurige Moscovien, in das barbarische Numidien, in das unruhige Land der Yankees sende, statt sie als wohlbestallte Fellahs am Nilstrom anzupflanzen.

Wem soll man nun glauben, wenn die Einen Mehemed Ali als Ungeheuer, als eisernen Dränger und Würger, als blutsaugenden Vampyr des Nilthales schildern, Andere aber, wie Semilasso und der Eremit von Gauting, in demselben Manne den Helden des Jahrhunderts, den Trajan moslemitischer Herrscher, den großen Restaurator und Friedensfürsten des Orients erblicken? Oder soll man zuletzt gar noch auf die Stimme des frommen Dulders Schubert horchen, wenn er im Nil-Satrapen einen strengen Gärtner sieht, der den Baum, worüber ihn Gott zum Hüter bestellt, auf höhere Zulassung hin etwas scharf beschneidet!

Selbst in Aegypten gewesen zu sein, ist also in diesen Dingen, wie man sieht, noch keine Bürgschaft für gleichmäßiges und unparteiisches Erkennen. Oder haben die widersprechenden Beurtheiler desselben Mannes nicht in gleicher Weise dies Land vom Mittelmeer bis an die Katarakten durchzogen und die Pinselstriche zu ihrem Gemälde an Ort und Stelle in der Wärme des ersten Eindrucks gesammelt? Bei uns möchte man einmal mit dem Mann ins Reine kommen und wissen, ob er wirklich ein zweiter Salaheddin, ob er Czar Peter oder nur ein glücklicher Abenteurer sei, ein vorübergehendes, glänzendes Meteor, wie sie der Unbestand morgenländischen Staatslebens so oft auf die Bühne bringt, um der Welt Zeugniß zu geben, wie weit es im Orient der Gewaltige in Begierde und Genuß, die Völker aber im Gedulden und Entbehren bringen.

Begnügte sich Semilasso, uns seinen Patron als außerordent-

lichen Mann anzupreisen, seine Menschenkenntniß, Verstandesschärfe und Charakterfestigkeit, seine unglaubliche Geschäftsthätig-
keit, so wie seine Mahlzeiten, seinen Kaffee und seine Pfeifen-
röhre zu bewundern, ihn als Wohlthäter und Beschützer der
fremden Wanderer, als polirten und vorurtheilsfreien Türken,
als Ordner der Mameluken-Anarchie, als Bändiger des stupiden
Moslimenstolzes und Christenhasses der Verehrung und Dank-
barkeit Europa's zu empfehlen, so hätte man gegen sein Urtheil
nichts einzuwenden. Denn wer leugnete Mehemed Ali's Bil-
dungsversuche, seine Siege und sein Glück? Auch darf ihn noch
kein billiger Mann der Grausamkeit beschuldigen, wenn er die
aller Vernunft häufig unzugängliche Verstocktheit des ägyptischen
Bauernvolks hie und da mit dem Stock bekehrt und vorwärts
getrieben hat. Dummheit und halsstarriges Festhalten am Schlen-
drian ist im Nillande eigentlich endemisch, und der Stock seit
uralter Zeit daselbst ein unerläßliches Argument der Staatsgewalt. Erzählt ja schon Diodorus Siculus, daß kein Aegyptier
ohne Prügel die gesetzliche Contribution bezahle. Viel arbeiten
und viel geben bei strenger Zucht ist in Aegypten noch kein Be-
leg für tyrannisches Regiment, und wenn dem Fellah die Möglichkeit belassen ist, nach Tilgung aller fiscalischen Begehr auch
noch für sich und die Seinigen an Wohnung, Kleidung, Nahrung und Liturgie menschlich und landesüblich zu sorgen, so
hat Semilasso zwar noch nicht in allen Theilen Recht, ist aber
doch vorläufig alles Geschrei über Unerträglichkeit des Druckes
auf Rechnung kränkelnder Philanthropie zu setzen.

Bei dem diametralen Widerspruche der Augenzeugen gibt es
nur ein Mittel, die Wahrheit zu finden: man vergleiche das
Kolossale in den Unternehmungen und Erfolgen des Satrapen
mit dem unbedeutenden Menschencapital, das allen seinen Ope-
rationen seit länger als einem Menschenalter zu Grunde liegt.

Nicht mehr als drittehalb Millionen Menschen wohnten im Nilthal, als dieser Mann vor dreißig Jahren mit Entwürfen auf
die Bühne trat, wie sie etwa Czar Peter mit seinen fünfzehn
Millionen, oder die Lagiden im dreimal dichter bewohnten und
durch den Gang des Welthandels mit überströmender Fülle gesegneten Aegypten fassen durften. Man weiß aber in Europa
pünctlich auszurechnen, wie viel aus einem gegebenen Menschen-
fond jährlich an junger Mannschaft, an Geld und Handarbeit
zu ziehen sei, ohne den sittlich vernünftigen Staatszweck zu zerstören. Besäße nun Jemand die Kunst, aus einer so schwachen
Bevölkerung, wie die ägyptische, ein volles Menschenalter hindurch große Heere zu rekrutiren, die furchtbaren Lücken, welche
endlose Kriege, Seuchen und Ungemach aller Art unter dem
glühenden Himmel Arabiens und Libyens in den Reihen machen,
schnell wieder auszufüllen; dann in einem Lande ohne Bauholz
mächtige Flotten zu zimmern, deren Material aus fremden Welttheilen, wie Waaren-Colli, zu Schiffe herbeizuschaffen und fast
mit Gold aufzuwiegen war, den Dienern öffentlicher Gewalt mehr
als königlichen Lohn zu zahlen, nebenher noch den Divan in
Konstantinopel zu bestechen, den Geist der Widersetzlichkeit in Kurdistan, im Taurusgebirge, in Bosnien und Albanien durch Geld-
spenden zu nähren und die durch Mißlingen riesenhafter Handels-
unternehmungen verursachten Finanzabgründe immerfort mit Gold
auszufüllen, ohne der arbeitenden Klasse übermäßig weh zu thun
und die Hülfsquellen für eine lange Zukunft vorauszuverzehren:
so wäre dieser Mann ein Zauberer, und müßten unsere Staatskünstler, die doch auch im Fache keine Idioten sind, voll Beschämung vor dem neuen Pharao zurücktreten und, wie einst die
Häuptlinge der kleinen Staaten in Hellas, wieder nach Memphis in die Schule der Weisheit wandern. Von seinem
Standpuncte aus hat Semilasso ohne Zweifel Recht. Semilasso

will ja nicht die Bestände des ägyptischen Bauernvolkes nach Maß
und Zahl correct und philanthropisch untersuchen; er hat nur in
einem reizenden Wanderbilde zeigen wollen, wie ein Europamüder,
ein blasirter Seigneur, mit Eleganz, Pracht und neuen Genüssen
durch den Orient pilgern soll. Und in Lösung dieser Aufgabe
existirt für Semilasso kein Rival.

Hauptregierungsmaxime aller türkischen Fürsten, Mehemed
Ali's aber vorzugsweise, bleibt ewig:

  rustica gens est optima flens et pessima ridens.

Geld, sagte der Satrap in Siut ja selbst zu Semilasso, Geld
macht den Menschen stolz und ungouvernementabel. — In
diesem Worte liegt das ganze Geheimniß seiner Staatswirthschaft.
Semilasso aber sieht die Allgemeinheit der Thesis nicht und glaubt,
der Spruch gehe nur das behäbige und derbe Bauernvolk der
Britten an. Die Vorstellung: man müsse das Volk durch Plünderung und Armuth niederhalten, ist türkischen Fürsten so unaustilgbar eingeprägt, daß selbst Mehemed Ali, so klug und
gewandt er ist, mit allen seinen Regierungskünsten verzagen würde
und das Spiel verloren gäbe, wenn das Volk in seinem Lande
wie bei uns in Europa um Mittag eine sättige Mahlzeit, ein
ordentliches Kleid am Leib und in der Tasche einen Thaler hätte.
Er weiß aber auch, wie sauer es einem Regenten wird, die Besitzer eines reich gesegneten Bodens, wie das Nilthal, zum Niveau
türkischer Regierungsarmuth herabzudrücken und sie gleichmäßig
darin festzuhalten. Ihm scheint das ägyptische Bauernvolk mit
der jährlich erneuten fetten Nilschlammerde so innig verwachsen,
so unerschöpflich productiv, daß die leiseste Minderung im Nehmen und Pressen augenblicklich schädliche Exuberanz und geiles
Aufschießen des saftgedrängten Stammes erzeugen müßte. Den
Aegyptier vollständig auszuplündern, glaubt Mehemed Ali, sei
auch der raffinirteste Fiscus unvermögend. Und er hat bis auf

einen gewissen Punct wirklich Recht. Der nackte Fellah, wenn
er vor Hunger und Peitschenhieben auf fruchtgefülltem Acker ver-
schmachtet, sagt auch noch mit einem Rest von Hoffnung und
Selbstgefühl: „Lasset uns nur drei Jahre hintereinander Herren
unseres Bodens sein, um die Erzeugnisse nach unserer Einsicht
zu verwerthen, und wir zahlen den Miri und werden wieder
alle reich.“

Ein zweites Hinderniß absoluter und vollständiger Ausleerung
Aegyptens liegt in der vor-Mehemed Ali'schen Zeitperiode, der
sogenannten Mamelukengebieterschaft, wo das Bauernvolk, bei
aller Zudringlichkeit und tyrannischen Bizarrerie seiner vierund-
zwanzig Landesherren, dennoch Mittel fand, bedeutende Summen
zurückzulegen, die, nach altem Brauch im Boden verscharrt, erb-
lich fortliefen, bei Sterbfällen getheilt und abgesondert wieder
vergraben wurden, oft aber auch beim Eintritt plötzlicher Ka-
tastrophen in Vergessenheit geriethen. Die Auffindung dieser
versteckten, bekannten und unbekannten Goldtöpfe ist eine der
vorzüglichsten Regierungssorgen des alten Mehemed Ali. In
jedem Dorfe sind Vertraute aufgestellt, um zu spähen, zu horchen,
und bei der leisesten Spur über das Dasein solcher alten Fami-
lieneriparnisse amtliche Anzeige zu machen. Oft gibt auch ein
Fellah den andern, der geplünderte und durchgeprügelte Nachbar
den glücklichen aus Neid, aus Rachsucht an. Der Thatbestand
wird dann jederzeit mit Hülfe der Bastonade hergestellt und alles
Vorgefundene — wie billig — zum Vortheil des Fiscus und
seiner Diener eingezogen.

Wenige Jahre vor Semilasso's Nilfahrt haben wir in derselben Stadt Siut, wo der schlaue Wesir der deutschen Durch-
laucht die merkwürdige Vorlesung über Unschuld und Milde
ägyptischer Verwaltung hielt und ernsthaft versicherte, bei ihm
habe Niemand für sein wohlerworbenes Eigenthum zu fürchten,

ein Beispiel gesehen, wie diese Theorie in der Praxis angewendet
wird. Von einem benachbarten Dorfe ward (irrige) Anzeige er-
stattet, zwei Fellahs hätten auf ihrem Acker einen solchen Krug
mit Gold aufgegraben und den Inhalt unter sich getheilt. Die
Angeklagten verneinten das Factum und erhielten im Hofraum
des Regierungspalastes mit einander tausend Stockprügel auf die
Fußsohlen, daß die Nägel von den Zehen wegsprangen, Zehen
und Fleisch in Fetzen herunterhingen. Die Execution war zu
ekelhaft, als daß ein europäisches Auge den Anblick ertragen
konnte. Zuletzt trug man die armen Schelme zu der geistlichen
Obrigkeit, vor der sie nach ihrem Ritus schwören mußten, kein
Geld auf ihrem Acker gefunden zu haben.

Semilasso hat die Gutmüthigkeit, Mehemed Ali's Erzählung
von den sechzigtausend Goldstücken des Dorfschulzen für baare
Münze hinzunehmen und sie als ein Exempel seltener Mäßigung
des orientalischen Despoten in Europa anzurühmen. Daß der
Dorfschulze sechzigtausend Goldstücke in einem Topf unter der Erde
hatte, und seine Erben sich über die Theilung veruneinigten und
dadurch ans Tribunal geriethen, ist ohne Zweifel wahr. Daß
sie aber der Satrap zur Eintracht ermahnt, und, wie ein zweiter Nerva, zu friedlichem Genusse des Gutes eingeladen habe,
ist so wenig ernstlich gemeint, als der in Semilasso's Gegenwart ertheilte Befehl den Tempel von Denderah auf öffentliche
Kosten, dem pittoresken Fremdling zu Gefallen, vom Sande
zu säubern. Und während der Satrap dem durchlauchtigen Fürsten aus Germanien seine eigene Mäßigung anrühmte, hatte er
die sechzigtausend Ghasi ebenso gewiß schon in der Tasche und die
Schulzenbrut ihre Bastonade wohlgezählt auf der Sohle, als
Semilasso sechs Monate nachher den Sand im Denderah-Tempel
trotz ertheilter Befehle noch auf der alten Stelle fand. Mehemed Ali wäre sogar Komödiant genug, ostensibel den Genuß

des Fundes zu gewähren, unter der Hand aber dem Kadi auf-
zutragen, gegen mäßige Procente die Erbschaft an den landesherrlichen Fiscus abzuliefern und den dummen Dorfjungen ihre
Quittung mit dem Stocke auszuzahlen. Das Geld bekam er
in jedem Fall. Das ist eben Mehemed Ali's große Kunst, die
execrabelste Tyrannei der Wirklichkeit unter der Maske glatter
Worte und einer billigen Finanztheorie zu verhüllen. Hört man
ihn, so ist er der besorgteste Vater des ägyptischen Volkes und
der treueste Diener des Großherrn von Stambul. Nur thue es
ihm leid, daß ihm der Drang der Umstände noch immer nicht
gestatten wollte, die Lasten seiner Unterthanen nach Wunsch zu
erleichtern 2c. Aber seht nur einmal, wie er seit zehn Jahren
dem Sultan die Treue bewiesen, und seit mehr als dreißig Jahren das materielle Wohl der Bauern zu Herzen genommen! Das
türkische Sultanat geht hauptsächlich durch sein Zuthun in Trümmer, und im Nilthale ist unter Vater Mehemed Ali's Regiment
die Bevölkerung um mehr als eine Million gesunken.

Nur e i n e n Vortheil versteht Mehemed Ali nicht: es so einzurichten, daß auch in seinem Lande, wie in Europa, Alle geben
und nur Einer nehme. Jenes moralische Wesen, das die Europäer „Staat" nennen, und welches nach jährlichem Ueberschlag
christlich in die Taschen des Steuerpflichtigen greift und in mög-
lichst wohlfeiler Weise den Bedarf herauszieht, kennt man in
Aegypten nicht. Mehemed Ali muß mit zu Vielen theilen und
braucht zu theure Werkzeuge, um den Saft des Landes auszu-
pressen, als daß für das arme Volk auch noch etwas übrig
bliebe. Einer, wenn er auch Mehemed Ali heißt, wäre vielleicht
doch zu sättigen, aber eine Gesellschaft von drei- bis viermal-
hunderttausend Egeln, mit Mehemed Ali an der Spitze, ersticken
zuletzt selbst eine ägyptische Lebensfülle.

Man hat ausgerechnet, daß, wenn in Frankreich je der dreißigste

Mensch vom Budget lebt, in Aegypten schon jeder sechste als
Verwaltungsinstrument vom Schweiße des Volkes zehrt. Bei dieser ehrenwerthen Compagnie wird dann nicht gefragt, wie viel
man billiger- oder strengerweise vom Land nehmen könne, sondern wie es anzufangen sei, um die Ertragbarkeit des Bodens
am schnellsten zur üppigsten Fülle zu treiben, die Kraftanstren-
gung der Bauern aber bis zum acutesten Paroxysmus zu steigern,
und am wohlfeilsten und längsten zu gemeinsamem Frommen der
Gesellschaft schwebend zu erhalten. Der Boden, der sich jährlich
erneuert, ist freilich nicht zu ermüden; aber der ohne Rast gal-
vanisirte und angezapfte Volkskörper versieget und erlischt aus
Mangel an Ruhe und Nahrungssaft. Diese Abwesenheit aller
Barmherzigkeit, alles menschlichen Gefühls, jedes vernünftigen
Bandes zwischen Obrigkeit und Unterthan ist das eigentliche
Merkmal des stocktürkischen Systems in Aegypten. „Mir Alles,
dir nichts" wäre der beste Sinnspruch für Mehemed Ali's Sie-
gelring. Dieses ist strict und buchstäblich zu nehmen. Oder sah
man nicht in Luxor, dessen Ruinen bei uns so glühende Empfindungen erregen, einem Fellah die Bastonade geben, weil er
heimlich ein Ei seiner Fiscus-Henne geschlürft hatte?

Wie theuer Mehemed Ali die Mitwirkung seiner Genossen
bezahlen muß, läßt sich an einem einzigen Beispiel ersehen. Sherif
Pascha, dessen Bekanntschaft Semilasso in Damascus machte,
war' zu unserer Zeit Minister des Innern und zugleich Gouverneur von Ober-Aegypten. In erster Eigenschaft bezog er, gleich
allen seinen Collegen, aus dem Schatze jährlich hunderttausend
Colonnati, das ist mehr als eine halbe Million Franken. Für
seine Statthalterschaft hatte er weitere dreißigtausend Colonnati,
oder über hundertfünfzigtausend Franken, in Summa ungefähr
sechsmalhundertfünfundsechzigtausend Franken Standes- und Fun-
ctionsgehalt. Mehr als noch einmal so viel erhob er aber nebenher

per fas et nefas in seiner Provinz, so daß Leute seines Palastes, die alle Erträgnisse genau kannten, sein jährliches Einkommen im Durchschnitt auf anderthalb Millionen Franken berechneten. Sherif Pascha galt aber im Vergleich mit seinem Vorgänger und andern hohen Beamten noch für einen billigen Mann. Seine Hofhaltung in Siut war fürstlich, das weibliche und männliche Harem mit ausgesuchten Exemplaren weißer und schwarzer Farbe besetzt, der Mahlzeiten und Feste kein Ende, Diener und Sclaven ohne Zahl. Die ganze Provinz mit Leben und Eigenthum sämmtlicher Bewohner war im absolutesten Sinne seiner Gewalt überlassen. Die Beamten-Hierarchie unter ihm mit allen Helfern und Helfershelfern hatte er allein zu bestellen und über sein Thun und Treiben Niemand Rede zu stehen, wenn nur an Rekruten, Geld und Producten ohne Verzug nach Kairo geliefert wurde, so oft und so viel man dort begehrte. In gleicher Weise und mit gleicher Willkür treiben es dann ihrerseits die Untergouverneure, Districtsvorstände, Dorfbefehlshaber, Lagercommandanten, Steuerbeamten und Justizpfleger bis zum Dorfschreiber, Zwangsboten, Arbeitsaufseher und gemeinen kurdischen Söldner herab; Alles nimmt, preßt, saugt, quält, prügelt und plündert das schutzlose Bauernvolk, um nach Maßgabe der Begierde und Macht mit Lotterbuben und Sclavinnen in Saus und Braus zu schwelgen und nebenher noch Geld zum Vorwärtsrücken anzuhäufen. Diese Feste, diese Pracht bestechen einen vornehmen Herrn, wie Semilasso; allenthalben trifft er Musik, Tanz und Hetären, die den wohlgekleideten und gemästeten Türken und andern Mitessern am Fett des Landes bis an den Rand der Wüste nachziehen und wie ein disciplinirtes Heer ihre Werkstätte und Zelte dicht an den Ortschaften errichten. Nach Verhältniß hat jeder etwas bedeutende Flecken des Nilthales eine Art Hofhaltung mit allem Luxus, allen Lockungen und Genüssen roher

Sinnlichkeit, so daß ein Mann von der hohen socialen Stellung und raffinirten Lebens-Eleganz Semilasso's, von Mahlzeit zu Mahlzeit eilend und zwischen goldschimmernden Mameluken und citherspielenden Bayaderen forttaumelnd, in Aegypten ein Eldorado und am Vicekönig den weisesten Fürsten und Beglücker des Volkes sehen muß. Für das Elend der unteren Klassen hat dieser geistvolle und eminente Mann so wenig einen Sinn als irgend ein hochadeliger witzsprühender Marquis von Versailles in den Tagen der Pompadour.

Aber wie? Erträgt der große Haufe einen solchen Zustand ohne Murren, mit immer gleicher Geduld? Man weiß noch ganz gut, daß in den ersten zwölf Jahren von Mehemed Ali's Herrschaft ein Aufstand dem andern folgte, planlos, sporadisch, wie eben der Druck das thörichte Volk bald da, bald dort zur Wuth entflammte. Die arnautischen Söldner, die Kurden, die Turkomanen, mit welchen der Wesir die Mameluken besiegt hatte, waren im Lande zurückgeblieben, um es von den Eingebornen für Rechnung des neuen Herrn gleichsam von neuem zu erobern. Nilaufwärts trifft man häufig auf diese fliegenden Kriegshaufen, die das ganze Jahr unter Zelten wohnen, mit abtheilungsweise gesattelten Pferden, bereit augenblicklich aufzusitzen und jeden Versuch der Widersetzlichkeit niederzuschlagen. Wer kennt die Zahl der seit dreißig Jahren in partiellen Aufständen erschlagenen Fellahs? Sind auch die im Lande umlaufenden Angaben ohne Zweifel übertrieben, so ist doch so viel gewiß, daß die Bevölkerung ganzer Gemeinden ausgerottet wurde, und heute in den Nildörfern Niemand mehr eine Waffe besitzt, und selbst die Möglichkeit, sich gegen irgend einen Act der Tyrannei aufzulehnen, vollständig verschwunden ist. Hat denn Semilasso die lange Zeile menschenleerer Dörfer im schönen Dattelwald oberhalb Antinoë nicht bemerkt? Aegypten ist wie ein

vom Feinde militärisch besetztes Land, und jedes einzelne Dorf
gleichsam in permanentem Belagerungsstand. Die Flucht allein
bleibt den Armseligen noch als letztes Mittel übrig.

Aber wohin fliehen vor Mehemed Ali's Macht? Aegypten
selbst ist ja nur eine lange Oase im unabsehbaren Sandmeer der
großen afrikanischen Wüste. So lange Palästina frei war, hatten wenigstens die Delta-Bauern, wie einst die Kinder Israel,
Aussicht zum Entrinnen, und in wenig Jahren waren bei zehntausend Flüchtlinge aus Aegypten durch Abdallah Pascha im
alten Galiläa colonisirt. Man weiß auch, daß diese Fellahs-
Desertion die erste Veranlassung zu den politischen, für die hohe
Pforte so verhängnißvollen Zerwürfnissen mit dem Vicekönig
herbeiführte.

Heute ist durch die Eroberung Syriens das Nilthal vollständig geschlossen wie die Höhle des Polyphem, und das Schicksal
selbst hat mit dem harten Dränger einen Bund geschlossen zu
langsamer Aufzehrung der eingepferchten Fellah-Race, wenn nicht
die gegenwärtige Krisis des Orients Erleichterung bringt. „Wann
kommen denn die Ingilis?" „Wann kommen denn die Firingi,
um unseren unerträglichen Leiden ein Ende zu machen?" ruft
man reisenden Europäern oft genug zwischen Kairo und Wadi-
Halfa zu. Man weiß in Aegypten, daß die Christen, obwohl
Ungläubige, doch auch dem Bauer Kleid und Brod vergönnen.
Der liebenswürdige Semilasso hatte freilich keine Zeit, solche
Fragen zu hören; er mußte ja mit seinem fürstlichen Patron,
auf gleichem Stuhl sitzend, aus gleichem Rohr Tabak rauchen
und succulente Speisen essen.

Gerade in Monfalut, wo Semilasso in Anbetung und Rührung bis zu gänzlicher Verflüchtigung auseinander floß, weil sich
der Wesir „umbog und ihn beim Arm nahm, graciös, ver-
führerisch, unwiderstehlich," hat Schreiber dieses wenige Jahre

früher eine Scene gesehen, die ein ganz anderes Gefühl hervorrief, als des Satrapen Armbruck. Von sieben Dörfern in der Nachbarschaft hatten alle Einwohner Nachts ihre Hütten verlassen und waren in die libysche Wüste entflohen, weil sie der Arbeit, dem Hunger, den Peitschenhieben, den Erpressungen und der Verzweiflung nicht mehr widerstehen konnten. Man hatte ihnen bereits das Zugvieh, den Pflug und die übrigen Ackerwerkzeuge weggenommen, um den Ansprüchen der Steuereinnehmer zu genügen. Kleider, Hausrath und Lebensmittel hatten sie ohnehin keine, und doch sollten sie beim Mangel aller Dinge die Grundstücke bearbeiten und immer neue Summen für den Fiscus schaffen. Obwohl die ägyptischen Bauern wissen, daß die großen und bekannten Oasen abendwärts ebenfalls in der Gewalt Mehemed Ali's sind, glauben sie dennoch irgend ein undurchforschtes Eiland mit Wasser und Palmbäumen im Sandmeer zu finden und sich vor ihren Peinigern zu verbergen. Es dauerte aber nicht lange und ein Reitertrupp aus dem nächsten Turkmanenlager hatte die Fliehenden eingeholt, von denen mehrere Abtheilungen unter unsern Augen in den Hofraum des Nasir von Monfalut hereingetrieben wurden. Barfuß waren alle, nur die Weiber hatten Fetzen um die Lenden, Kinder und Männer aber gingen ganz nackt; hie und da hatte einer noch ein platt anliegendes Leinwandkäppchen auf dem Kopf. Aber welcher Ausdruck lag auf den Gesichtern dieser Elenden! Mit Brod gefüttert und über Nacht, wie eine Heerde Vieh, im Hof eingesperrt, wurden sie Tags darauf durch dasselbe Reiterpiquet in die verlassenen Hütten hinausgepeitscht, um das Tagwerk von Neuem und mit erschwerter Last zu beginnen. Der Statthalter hatte ihnen Geld vorgeschossen, um Samen, Karst und Pflug zu kaufen, mit deren Hülfe sie die alten und neuen Schulden abverdienen sollten.

Solche Scenen, sagte man uns, seien im Lande etwas all-
tägliches und auf die Frage, ob man gar kein Mitleiden mit
diesen armseligen Leuten habe, hieß es, daß sie allerdings ein
hartes Loos hätten und v i e l arbeiten und v i e l zahlen müßten,
aber im Grunde seien es doch nur Fellahs und von einer weit
weniger edlen und weit weniger feinen Race als ihre Herren,
die Osmanli.

Hat Semilasso niemals zugesehen, wie man in Aegypten
Canäle gräbt oder nach Verschlammung reinigt? Nach Umständen treibt man Männer, Weiber und Kinder der nächsten Dörfer
oder des ganzen Districts zusammen, und läßt sie ohne Werk-
zeug, ohne Brod und Lohn unter Streichen mit der Hippopo-
tamus-Peitsche, oft ohne Rast von Morgens bis Abends das
Werk verrichten. Da geht es aber nicht, wie im Abendlande,
langsam und abgemessen; es geht im Geschwindschritt und im
Sechsachtel-Tact. In Palmkörbchen oder Zeugfetzen wird die auf-
gewühlte Erde im Laufe weggetragen, unter beständigem Spiel
der Fuchtel; denn der Türke glaubt, es könnte doch noch schneller und besser gehen, als es geht, und ein Fellah müsse immer
Schläge haben. Schweigend keuchen Weiber und bis achtjährige
Kinder mit dem Palmgeflecht auf Schulter oder Kopf unter der
Geisel weg, welche die von Punct zu Punct aufgestellten Treiber
mechanisch und mit immer gleicher Miene auf die Vorüberlaufen-
den niederschlagen. So weit geht oft, besonders im fernen Ober-
Aegypten, bei dieser Arbeit die Unmenschlichkeit der einen und
die Geduld der andern, daß man die nicht selbst mit Brod ver-
sehenen Fellahs, unter Anstrengung und Schlägen, an der
Mauer reichgefüllter Vorrathskammern verschmachten und Hungers sterben sieht. Dem wohlgenährten Türken fällt es nicht
ein, daß ein Fellah auch der Nahrung bedürfe. Wir glauben
gern, daß der Pascha diese Greuel nicht befiehlt; er hindert sie

aber auch nicht, was für das arme Volk eines und dasselbe ist.
Mehemed Ali kennt das alles, weiß aber auch, daß er nur um
diesen Preis blinde Vollzieher seines Willens findet. Unter diesen
Umständen ist an der Wahrheit einer in Aegypten umlaufenden
Berechnung nicht zu zweifeln, wenn sie von den jährlichen Todes-
fällen im Nilthal zwei Drittel auf Hunger und Peitsche setzt.

Gehe man hinaus in die Dörfer und rede diesen Leuten
vom „arabischen Element", von der neuen Civilisation und von
Mehemed Ali's Glückseligkeitstheorie, und ihre Antworten bilden den besten Commentar zu Semilasso's süß duftenden Nil-
Berichten. Wer die Sache näher kennt, wird lachen; aber mehr
noch als wir lacht ohne Zweifel der Vicekönig selbst über den
liebenswürdigen Enthusiasmus und über die wahrhaft „pittoreske"
Leichtgläubigkeit des hochgebornen Gastes aus Firingistan, der
alle Künste seiner glänzenden Rhetorik aufbietet, um die Europäer von dem Segen einer Verwaltung zu überzeugen, deren
Härte, Verderblichkeit, Ungerechtigkeit und Unerträglichkeit nicht
selten von ihren Werkzeugen selbst im Vertrauen eingestanden
wird.

Urtheile man nun, ob in der ägyptischen Bauernhütte von
den süßen Gefühlen der Heimat, des stillen Herdes, des Fami-
lienbandes je etwas empfunden werden könne. Muß sich das
Blut dieser ausgehungerten, schwarzgelben, struppigen Geschöpfe
beim Anblick ihrer wohlgenährten Peiniger in goldgesticktem Sei-
dengewand nicht in höllische Lymphe verwandeln und statt menschlicher Wesen zuletzt eine Saat von Dämonen erzeugen, die eines
solchen Regiments würdig sind? Wer glaubt denn ernstlich, daß
mit solchen Elementen in unseren Tagen noch eine bleibende
Herrschaft zu gründen sei? Das Weltalter duldet kein Reich
mehr, dessen Grundlage Ein Mensch mit der Geisel in der Hand.
Selbst die Morgenländer sind müde, und das Fatum vermag

sie nicht länger zu beschwichtigen. Man will auch unter jenem Himmelsstriche einmal genug essen und in stiller Behaglichkeit das süße Leben schlürfen. Was Sem, was Japhet? Ruhe wollen die Jslambekenner mit gesetzlichem Besitz, denn ihre Zeit ist unwiederbringlich vorüber, und sie fühlen selbst, daß sie der glühende Lebensstrom Europa's versengt.

Das Schlimmste, was man dem Orient wünschen kann, ist unabhängiger Fortbestand seiner Gebieter, und namentlich Mehemed Ali's, des giftigen Windhauches der Wüste Afrika's.

Noch ein Wort über die ägyptischen Fellahs, über den „Verstorbenen" und über deutsche Colonien im Orient.

(1845.)

„Ein Wort über den „„Verstorbenen"" wollen wir uns noch gefallen lassen, wegen der großen Schätzung, die man Leuten von Geist und chevaleresker Sitte in Deutschland nie versagt. Noch lieber wäre uns etwas Neues und Erkleckliches über deutsche Siedelung, weil überseeische Colonien die herrschende Idee des Tages sind. Aber was will man denn wieder mit diesem ägyptischen Bauernvolk? Was gehen uns die Fellahs und ihre Nöthen an? Ist es der eigenen Sorgen und der inländischen Bedrängnisse der Schneidemühl, der Emme, der Ochsenbein, der Weitling nicht genug? Sollen wir auch fremde Leiden tragen helfen, und überall und allezeit nur Klagen über Mißgeschick der Unterthanen, über Ungerechtigkeit und tyrannischen Druck der Gewaltigen vernehmen? Wir wissen voraus schon was man uns sagen will! Ja, eingestanden, man findet ohne allen Zweifel in Aegypten viel Arbeit, viel Steuernoth, viel Hunger, viel Schläge, viel Ausreißer und unzufriedene Murrköpfe. Aber du mein Gott, wo wäre das nicht der Fall? Arbeiten und steuern muß der Mensch überall, Stöcke wachsen auch in andern Ländern, und verlassen die Leute nicht auch in Europa haufenweise, und bloß in Deutschland jährlich an vierzigtausend bedrängte Plebejer

den einheimischen Boden? Und sterben nicht sogar im reichen,
intelligenten, gottselig und gerecht regierten England jährlich
menschliche Wesen in Menge aus Hunger, während nebenher
Ueberglückliche aus lauter Ekel an Reichthum und Ueberfluß
freiwillig der Last des Daseins entrinnen? Es handelt sich nur
um das Mehr oder Weniger, und ohne alle Unvollkommenheit
ist kein menschliches Institut. Gemeines Volk hat ja nirgends
ein Genügen, und sieht man nicht auch in Aegypten zur Seite
nackter gepeinigter Jammergestalten Leute, die schön gekleidet,
fett angegessen und wohl bei Kasse sind? Allgemeines Glück
kennt nur der Schwärmer und der Metaphysiker. Jemand muß
im Staate gedrückt und belastet sein, und am Ende ist der viel
verschrieene Türke Mehemed Ali, der die Fellahs schnellendend an
der Kehle hängt, noch weit menschlicher als der christliche Dom-
dechant in Brandenburg, der seine Bauern, wie einst Nero den
St. Peter, bei den Füßen an das Querholz knüpft."

So ungefähr werden die meisten Leser bei Ansicht der Ar-
tikelaufschrift übelgelaunt mit sich selbst verkehren, und die
Lesung auf sechs Monate verschieben, worüber man sie nur
loben kann. Denn ich selbst klage mich der Sünde und der
Uebereilung an, und gestehe unendlich gern, daß ich dem „Verstorbenen", wenn auch nicht eigentlich in Worten, doch wenigstens in Gedanken vielfach Unrecht gethan und das Tiefgedachte
seiner Theorien nicht allezeit begriffen habe. Mancher, der die
ägyptische Wirthschaft von der Nilmündung bis an die Katarakten und darüber hinaus Jahr und Tag gesehen hat und jetzt
noch liest, was wiederholt aus Kairo und Siut gemeldet wird,
mochte glauben, er dürfe heimlich lachen, wenn der „Verstorbene"
die Zustände ägyptischer Bauerschaft auch im neuesten Werke:
„Aus Mehemed Ali's Reich" den unzufriedenen Völkern des
Abendlandes als beneidenswerthes Loos, und des alten Wesire

„großartigen Sinn und edle Menschlichkeit“ als Musterbild allen
christlichen Regenten gepriesen und anempfohlen hat. Freilich
hat in Widerspruch mit dem „Verstorbenen“ neuerlich eine aristo-
kratische „Reisendinn“ unter der gemeinen Volksclasse am Nil
einiges Elend bemerkt, und sogar darüber scheinbare Anfänge
quälender Eindrücke empfunden; sie hat aber diese unwillkür-
lichen Regungen „gemeiner Empfindsamkeit“ ungesäumt in der
Idee erstickt, daß „in Aegypten auch das Gegentheil möglich und
denkbar sei.“ Unter allen deutschen Originalgedanken der Jetztzeit
hat uns dieser bei weitem am besten gefallen, weil er in seiner
fruchtbaren Dehnbarkeit und leichten Oekonomie allein uns Un-
beholfene über die neuesten Vorkommnisse in Aegypten beruhigen
kann — wir meinen das massenhafte Ausreißen der ägyptischen
Bauern und die furchtbar schnelle Abnahme der Bevölkerung in
einem Lande, wo sich das animalische Leben heute noch, wie in
Ovids erstem Weltalter, in wundervoller Schnelle, Leichtigkeit
und Fülle, gleichsam zusehends aus dem Wasserschlamm entwickelt. In Aegypten das Wachsen und Gedeihen der Bevölkerung zu hindern, hat man — so lange der Nil seine jährliche
Schuldigkeit thut — bisher für ein unlösbares Problem gehalten. Welche Demüthigung für uns europäische Rechenmeister!
Mehemed Ali hat das Problem gelöst, und dazu auch noch die
Probe hergestellt: denn vierzig Jahre lang hat er als „Gärtner
Gottes“ am Glück des Landes gearbeitet, hat das ganze Füll-
horn europäischer Kunst und Staatsweisheit über die Niloasen
ausgeschüttet, und siehe da! heute ist von der Menschenzahl, die
das Land unter der verrufenen Herrschaft der circassischen Ma-
melukenbege nährte, kaum noch die Hälfte da, und wenn der
Segen nicht bald eine andere Richtung nimmt, wird in nicht
schwer zu bestimmender Zeit in Aegypten Niemand mehr übrig
sein, der an die wallenden Weizenfelder um Antinoë die Sichel

legt und die süßlabende Frucht im Palmwald zu Heliopolis vom hohen Stamm pflückt.

Wie erklärt ihr das? Hätte sich der „Verstorbene" am Ende doch getäuscht? Oder zeigen sich etwa, von der „Cavalierperspective" betrachtet, die Dinge wirklich in einer andern Gestalt als sie das unprivilegirte Auge plebejischer Berichterstatter sieht? Die Frage ist nicht gleichgültig in einer Zeit, die sich Hebung und Glück der arbeitenden Volksclassen mit Recht als stehendes Thema unterlegt. Denn heute erblicken häufig die Gewaltigen selbst in Befriedigung billiger Ansprüche der Massen die beste Garantie für öffentliche Ruhe und Sicherheit. Dieser weisen und klugen Staatsmaxime, sagt der „Verstorbene" auch im neuesten Werke noch, huldigt Mehemed Ali unbedingt und mit glänzendstem Erfolg, zu nicht geringer Beschämung der Christenheit. Unglückliche Bedenklichkeiten, die sich im Gemüth nach Lesung eines vor Jahren in den Beilagen zu Ihrem Blatte *) erschienenen Artikels über die Gründlichkeit der „Semilassothesen" erhoben, haben mich bis jetzt gequält und in der Schwebe gehalten, sind aber plötzlich einem lichtvollen Strahl gewichen, und ich schreibe mich als neubekehrter Fanatiker in die Zahl der Semilassoritter ein, gleich hinter dem Dr. T. Wundern Sie sich etwa dieser plötzlichen Verwandlung? Ist nicht auch der weise L'Herminier über Nacht auf den politischen Gegensatz umgesprungen, und hat der jetzt so fromme * * * zu seiner Verwandlung etwa länger als 24 Stunden Zeit gebraucht? Mich hat — warum soll ich mich des Geständnisses schämen? — mich hat Dr. Tischendorf durch seinen „Besuch bei Mehemed Ali" bekehrt. Hr. T., ein sehr achtbarer und tüchtiger Gelehrter, ist, wie wir Alle wissen, für Bibelalterthümer in den Orient

---

*) Allgem. Zeitung. A. d. H.

gereist, und auf dem Nil von Alexandria nach Kairo gekommen,
wo er die Stadt angesehen und im Zaubergarten von Schubra
eine zweistündige Unterredung mit Mehemed Ali gehalten hat.
Der alte Wesir war bei dieser Unterredung so freundlich, und
sprach „so gern und so gut", daß sich der deutsche Reisende,
nach so gründlichen Forschungen und so ernsthaften Erfahrungen über ägyptische Zustände und Mehemed Ali's Seelengröße
und Regententugenden, der Ueberzeugung nicht mehr erwehren
konnte, „daß der Verfasser der Briefe eines Verstorbenen in
seiner Schilderung des Vicekönigs und der ägyptischen Zustände
bei weitem mehr Recht habe, als die Gegner seiner Ansicht."
Wundervolle Schärfe des Blickes! Was Andere in Jahr und
Tag und in sorglicher Bereisung der Niloasen nicht begreifen
und ergründen konnten, ward der mira ingenii celeritas eines
deutschen Literaten, inmitten des Schubrahyacinthenduftes schon
nach zwei Stunden klar. Vor solcher Ueberlegenheit schwindet
jeder Zweifel, verstummt selbst der erboßteste Widerspruch; und
statt Broschüren zu schreiben, statt Conferenzen und lange
Parlaments- und Kammerdiatriben darüber abzuhalten, wie
den Bedrängnissen des Ackerbaues und der Noth der Prole-
tarier zu begegnen sei, schicket eure Solone nach Monfalut in
Oberägypten, um Mehemed Ali's Mudiren den Talisman ab-
zulocken, wie man, ohne Odilon-Barrot zu hören, die Länder
blühend und die Völker glücklich machen könne.

Daß der alte Pascha manches Vorurtheil der Islambekenner
abgestreift, — daß er vielen Europäern zu essen gegeben, auch
mehrere angestellt, — daß er die Reisenden für ihr Geld im
Allgemeinen gut behandelt und — wenigstens früher — für
innere Sicherheit und Ordnung Sorge getragen, zu Bulak
sogar einige Bücher habe drucken lassen, ward niemals angestritten. Ist aber das schon hinreichend, um das unbedingte

Lob von Seite des „Verstorbenen" und seines jüngsten Ritters zu rechtfertigen, hinreichend, um ägyptische Verwaltung und Finanztheorie den Fürsten und Sentenzenkrämern der Christenheit als probates Mittel für Gründung öffentlicher Wohlfahrt anzupreisen? Nein, einer solchen Leichtfertigkeit klagt die Benannten Niemand an, und wenn die Verödungsscenen am Nil, wie leider nicht zu zweifeln, Wahrheit und keine Erdichtung sind, so muß man die Ursache nicht nach Vorgang turbulenter Plebspatrone in der unerträglichen Tyrannei des neuen Pharao, sondern in der wunderlichen Verkehrtheit und Schwäche der menschlichen Natur erkennen, die nach dem Spruche alter Weisen das Uebermaß selbst des Glückes nicht ertragen kann. Die „Fleischtöpfe Aegyptens" und der Bananenschmel; von Damiat ekeln selbst den Gaumen übersatter Fellahs an, und zweifelsohne hat nur sträfliche Ueppigkeit und zügelloses Verlangen neuer Genüsse zur Wanderung in fremdes Land verlockt.

non vulgo nota placebant

gaudia, non usu plebejo trita voluptas.

Wir bitten den Leser in einer so ernsthaften Sache nicht an muthwillige Laune und übel angebrachten Scherz zu denken.

Wenn der „Verstorbene" in seinem Buche vom beneidenswerthen Loos der ägyptischen Bauern redet, so glaubt man es ihm auf sein ritterliches Wort, gesteht sich aber doch, daß die innere Beruhigung noch kräftiger und die Ueberzeugung noch vollständiger wäre, wenn außer Dr. T. auch einheimische, d. i. Fellahstimmen dem Sermon des „Verstorbenen" bestätigend zu Hülfe kämen. Ich bin so glücklich diesem billigen Wunsch des lesenden Publicums durch ein Schreiben zu begegnen, das ich unlängst durch Vermittelung europäischer Consulate von einem alten ägyptischen Bekannten aus Schirin in Palästina erhalten habe. Idris-el-Abawi war der Sohn des Dorfschulzen

(Scheich-el-Beled) zu Selemije, oberhalb Mansura am öst=
lichen Delta-Arm, wo wir einst, durch Nordwinde zurückgehalten,
nicht bloß gastliche Unterkunft gefunden, sondern auch kluge und
verständige Reden vernommen haben. Der alte Scheich lebte
damals (1832) in behaglichem Wohlstande und war auch im
Uebrigen nicht so beschränkt und stupid=fanatisch, wie man
sich seine islamitischen Landsleute gewöhnlich denkt. Weil ich
ihm aus der Christenheit allerlei Neues und Unbekanntes er=
zählte, und zugleich einige Theilnahme für sein und seines
Sohnes Loos verrieth, versprach letzterer seiner Zeit Bericht zu
geben, sobald etwas Wesentliches zu melden wäre. Namen,
Mittel und Wege wurden genau festgesetzt und im „Dschusdan"
eingeschrieben*). Inzwischen sind fast dreizehn Jahre verflossen
und der neue Wohnort des Briefschreibers sagt dem Leser deut=
lich genug, daß über die alte Dorfschulzenfamilie von Selemije
seit jener Zeit allerlei ergangen und daher etwas Wesentliches
zu melden sei. Mit Beiseitelassung aller stereotypen Andächtelei
und Weitschweifigkeit des morgenländischen Briefstyles mag nur
das zur Sache Gehörige und für europäische Leser Genießbare
auszugsweise einen Platz in diesem Berichte finden. Bei der
Unmöglichkeit den maßlosen Forderungen des „Gärtners Gottes"
und seiner Steuerbehörden zu entsprechen, machte der alte Scheich
von Selemije dem berüchtigten Renegaten Abd-er-Rahman-Beg
von Mansura Vorstellungen und drohte mit Klagen beim Vice=
könig wegen Schmälerung des Aerars und völliger Veröbung
der Bauerndörfer im Steuerdistrict. Statt der Antwort ließ
Abd-er-Rahman den lästigen Beschwerdeführer unmittelbar vor
dem Hause, Anderen zum abschreckenden Exempel, mit einer
Kanone erschießen, und nöthigte den Jungen die Stelle des er=

---

*) Dschusdan, Schreibtafel, Portefeuille.

schoffenen Vaters zu übernehmen.   Idris machte zwar keine
Vorstellungen über Verödung der Bauerndörfer, konnte aber die
ihm auferlegten Summen ebenso wenig erschwingen als sein
Schwager Mustafa und drei andere Fellahs, seine weitläuftigen
Anverwandten.   Die Behörde nahm ihnen die Grundstücke weg,
confiscirte Ackergeräthe, Haus, Vieh und Fahrniß, und wollte
sie selbst als Zwangsarbeiter auf einen Maierhof (Tschiftlik) des
alten Pascha schicken, nachdem vorläufig jedes männliche Individuum fünfhundert Stockprügel als Einstandslohn, die Weiber
aber ihre bestimmte Zahl Ruthenhiebe erhalten hatten.   So viel
Segen, so viel Glück konnten Idris und seine Anverwandten
nicht ertragen, und sie entflohen — ohne Zweifel unter Eingebung
ihres Fellahübermuthes — in Gesellschaft mehrerer Schicksals-
genossen und aller Angehörigen glücklich in die Wüste, und von
dort in das fremde Land, das ihnen, wie Idris schreibt, Nahrung, Ruhe und Sicherheit für Glieder, Leben und Eigenthum
in noch viel höherm Grade gewähre, als das von Andächtigen,
von Rittern und Philosophen der Christenheit mit so viel Wahrheit, Grund und Recht gepriesene Regiment des Nilsatrapen.
Idris, dessen Haus ich in bessern Umständen gesehen, glaubt, er
müsse sich beim Gastfreunde vor aller weitern Erzählung über
die ungünstige Wendung seines Looses entschuldigen und zugleich
die Gründe angeben, warum in Aegypten die arbeitende Bevölkerung nicht mehr bestehen könne, und der Bauer entweder sterben
oder fliehen müsse.   Neues sagt er für Kundige nicht viel; er
bestätigt nur im Einzelnen was man bei uns im Allgemeinen
schon lange wußte, aber aus Pietät, aus seinem Ton und ritter-
lichem Anstand nicht allemal bemerken wollte, oder wohl gar aus
Rücksicht für das gemeine Beste zu verdecken und wegzuleugnen
suchte.   Nicht ohne Tact unterscheidet der verständige Idris den
theoretischen Steueransatz von der practischen Vollziehung durch

die Agenten der Gewalt und fragt, wie bei der extremsten Span-
nung des ersteren menschliche Wesen die verzweiflungsvollen
Excesse der letztern noch überstehen könnten? Im Ganzen ist
die Epistel weniger an den Empfänger als an die deutschen
Bauern im Allgemeinen und an die „Fellah“ des Emirs „Sultan
Muskof“ insbesondere gerichtet; sie ist gewissermaßen die erste
Frucht des erleichterten Verkehrs zwischen Europa und Aegypten.
Es wäre traurig genug, wenn die ganze Schaar Thiere- und
Menschen-beobachtender Philosophen, Staatsleute und Dilettanten, die seit fünfundzwanzig Jahren am Nil aufwärts und
niederwärts gondeln, im Sinn der Eingebornen unbemerkt und
ohne allen Ideentausch vorübergezogen wäre. Die Frage: wie
lebt man bei euch? welche Plagen und welche Freuden hat das
gemeine Volk in eurem Lande? — ist so natürlich, daß sie unter
obligatem Jammer über eigenes Mißgeschick gewöhnlich schon
beim ersten Dialog fast unwillkürlich von den Lippen fließt.
Daß der „Verstorbene“ dieses Thema mit dem lechzenden Hunger-
volk am Nil verhandelt und besprochen habe, findet man im Buch
„Aus Mehemed Ali's Reich“ zwar nicht so gerade ausgedrückt,
es muß aber häufiger und umständlicher geschehen sein, als durch
irgend einen andern Touristen oder Caballero andante der Christenheit, weil die Reden des „Sultan Muskof“ (so nennt man
in Aegypten den „Verstorbenen“) bis in die untern Volksclassen
gedrungen sind, wo man sie von den Leidenden häufig als Trost,
von den türkischen Plagegeistern gern als Autorität, von den
Skeptikern aber zuweilen als Controverse heute noch citiren hört.
„Eure Mühseligkeiten“, sagte der Emir zu den klagenden Fellahs,
„sind nichts im Vergleich mit den Leiden, welche die Bauern
meines Landes, und selbst die unter der milden und gerechten
österreichischen Regierung lebenden zu ertragen haben.“

Dieses Sultan Muskof'sche Dictum hat in Aegypten einen

tiefen und bleibenden Eindruck hervorgebracht, und nicht wenig
beigetragen, den alten Pascha im bisherigen System „weiser
Milde" festzuhalten, ja, auf indirectes Anrathen des „Verstorbenen", eher noch weiter zu gehen und es hie und da etwas genauer
zu nehmen und begehrlicher zu sein, wäre es auch nur, um nicht
durch zu große Schlaffheit im Zügelhalten andern Regierungen das
Spiel zu verderben. Mehemed Ali und seine Türken meinten
zwar selbst, man thue in diesem Puncte bereits das Mögliche,
und sie beriefen sich mit türkischer Naivheit auf das Verfahren
der Engländer in Hind und im benachbarten Arabistan,
wo Christ und Moslim gleiches Recht genössen und im Grunde
doch kleinere Lasten als die ägyptischen Fellahs trügen. Wie
ich aus Idris' Schreiben ersehe, war die Sage dieses glücklichen
Looses der Ingilisunterthanen sogar in den Bereich der gemeinen
Classe am Nil gedrungen, und erregte natürlich das Verlangen
nach ähnlichem Glück, selbst um den Preis giaurischer Unterthan zu sein. Man muß es dem „Verstorbenen" zur Ehre
nachsagen, er that sein Aeußerstes, um Pascha und Volk vom
Ungrund dieser englischen Behaglichkeit zu überzeugen: „der Ge-
werbsmann darbe bei den weisen Inkilis, der Bauer verhungere
elendiglich, und mit diesem verglichen sei der Fellah noch ein
glücklicher Sterblicher." Christliche Leser fühlen ohne Mahnung
das ganze Gewicht, die ganze Tragweite dieser Semilasso-
Katechese. Einerseits stillte sie die Gewissensbisse des für Volks-
wohl ungemein empfindsamen alten Pascha und seiner nicht
weniger zartfühlenden Mudire; andererseits wurden die com-
munistischen Chimären, demokratische Unzufriedenheit und agra-
risch revolutionäre Tendenzen des Volks durch die ebenso wahre
als humane Zwischenrede im Keim erstickt, was der öffentlichen
Glückseligkeit nicht geringern Vorschub leistet, als die Beschwich-
tigung ägyptischer Regierungsbedenklichkeiten. Nur Eines blieb

dem verständigen Idris räthselhaft: wie die deutschen Bauern
ein Schicksal unbeschadet ertragen können, welchem die für un-
verwüstlich geltende Fellahrace endlich doch erlegen ist. Idris
will von mir geradezu wissen, wie die Leute bei uns in
gleichen Umständen noch so viel zu ersparen vermögen,
um wohlgenährt, anständig gekleidet und sogar mit Geld und
Fahrniß versehen im Frieden nach Jeni-Dunia (Neue Welt) auszu-
wandern und dort eine noch bessere Heimat zu gründen,
was die Fellahs von den in Aegypten lebenden Methodisten-
predigern vernommen haben. „Wir", schreibt Idris, „sind bei
aller Arbeitsamkeit dem Hungertode nahe und zu Krüppeln geschlagen, kaum mit dem nackten Leben hieher entronnen."—Was
soll ich ihm antworten? Soll ich die Thesen des wandernden
Emirs unbedingt bestätigen, und die deutschen Zustände in Mühsal
und Härte noch hinter die ägyptischen zurückstellen? Ist Mehemed Ali wirklich gütiger und gerechter als Ferdinand I.? väterlicher und genügsamer als Wilhelm I.? sorgsamer und weiser als
Friedrich Wilhelm IV.? Machen sie es in Deutschland wirklich
noch ärger als in Aegypten, wo man das Bauernvolk, Männer
und Weiber, an den Pflug spannt und mit Kurbatschhieben auf
den Feldern des Pascha zu ackern zwingt, bis sie vor Entkräftung
zusammenstürzen? Alle diese Fragen hat der „Verstorbene" im-
plicite bejaht und ungestüme Zweifler sogar mit Stolz und Härte
zurückgewiesen. Idris fragt (S. 6), ob der Emir das auch ernstlich meine, oder ob er die Leute absichtlich irre leiten und täuschen
wolle?

Mit Verstorbenen kann man nicht rechten, sie messen die
Dinge mit anderm Maße, und ihre Lage als Todte schützt sie
vor dem Zorn wie vor den Syllogismen der Lebendigen. Dessenungeachtet sträubt sich der bessere Sinn, wenn ich z. B. die
stattliche Bauerschaft in Tirol, wenn ich das schöne Blut, die

schmucken Dörfer, das üppige Gartenland, die lachenden Mienen
und die Sonntagskost der Leute „ob der Enns", wenn ich das
baumreiche Württemberg, das üppige Sachsen, die knochigen und
wohlgenährten Gestalten des friesischen Marschlandes mit Aus-
sehen und Scenerie der Nildörfer zusammenstelle. Schon hatte
ich einige Phrasen aufgesetzt, und wollte dem Idris unter der
Hand zu verstehen geben, Sultan Muskof habe sich — freilich
nicht absichtlich, sondern bloß wegen der Höhe seines Standpunctes — wo nicht in der Hauptsache, doch sicherlich in sehr
vielen Nebendingen ein wenig getäuscht, und man wolle dem
Mehemed Ali als Volksbeglücker selbst im geduldigen Deutschland
nicht gern und nicht ohne Widerspruch den ersten Preis zuerkennen
lassen. Ich hätte dem Idris noch mehr geschrieben und am
Ende gar noch das Gegentheil der Sultan Muskof'schen Nil-
Eudämonie aufgestellt, aber Dr. Tischendorf's entscheidendes und
wie er natürlich selbst glaubt, wohlbegründetes Wort hat mich
zurückgeschreckt. Besserer Einsicht die eigene Meinung unterordnen
und absonderlich den Großen in keinem Puncte widersprechen,
war von jeher mein System. Erst in Folge dieser Selbstverleugnung bin ich zur Erkenntniß gekommen, daß die Gegner
des „Verstorbenen" in ihren leidenschaftlichen Befehdungen meistens völlig Unrecht haben und aus Mangel an Freiheit des
Ausdrucks und Schärfe des Urtheils den Gegenstand des Haders
durchweg in falsche Beleuchtung stellen. Hat man sich in maß-
loser Unbesonnenheit nicht so weit vergessen, das mit wundervoller Leichtigkeit und Eleganz geschriebene Buch „Aus Mehemed
Ali's Reich" geradezu für das „aristokratisch-glatte und corrupt-
geschniegelte Product eines vollendeten Bonvivant und selbst-
süchtigen Schmeichlers zu Gunsten eines gold- und güterreichen
Scheusales" zu erklären! Wozu solche Uebertreibungen? Schwere
Worte verfehlen bei dem bessern Geschmack und bei der feinern

Sitte unserer Tage gewöhnlich ihres Zieles, besonders wenn sie auch noch irrthümlich, falsch und tadelnswerth in Wesen und Form wie die genannten sind. Etwas Unfug und Mißbrauch der Gewalt von Seite der ägyptischen Executivbehörden gesteht der „Verstorbene" mit löblichem Freimuth in verschiedenen Stellen des Buches unverhohlen ein, ist aber billig genug die Schuld dem Volksmißgeschicke, nicht dem Satrapen aufzubürden. Die moralische Zurechnung — lehrt das Buch — muß man niemals nach dem materiellen Erfolge der Handlungen, sondern nach der zu Grunde liegenden Absicht ihres Urhebers bemessen, wie es auch der strengste Philosoph nicht anders sagen könnte. Niemand wird aber glauben wollen, Mehemed Ali habe, wie ein zweiter Polyphem, die Absicht seine Unterthanen selbst aufzuzehren und sein Gartenland in eine ertraglose Wüste zu verwandeln. Ebensowenig will er sämmtliche Fellahschaft Aegyptens planmäßig durch Schläge, Mühsal und Hunger vertilgen; geschieht es aber dennoch, so ist der „Verstorbene" nicht so ungerecht und parteiisch den „Gärtner Gottes" der Volkstödtung anzuklagen. Könnten die Fellahs jeglichem Begehr, jeglicher Laune, jeglichem Bedarf, jeglicher noch so regellosen und ausschweifenden Phantasie ihres Gebieters und seiner Helfershelfer überall vollmäßig und ungesäumt entsprechen, und nebenher dennoch Leben, Gesundheit und Kraft genug erübrigen, um ihrer Aufgabe fortwährend gewachsen zu sein, so hätte Mehemed Ali wider Glück und Wohlergehen seiner Bauern vielleicht nichts einzuwenden; er würde sie zu wohlverdientem Lohn sogar wiederholt seiner Gnade und Huld versichern.

Ohne Zweifel will der „Verstorbene" in dieser Weise beurtheilt und verstanden sein. Statt den Deutschen durch seine ägyptischen Thesen zu schaden, hat der „Verstorbene" eigentlich nur den Ruhm unseres Volks dem Auslande gegenüber vergrößert und vermehrt.

Daß wir Deutschen, in Europa wenigstens, alle Nationen an
Langmuth und Leidenskraft übertreffen, war bisher den Fremden
gegenüber unser Haupteredittitel, unser schönstes unbestrittenstes
Lob. Wie wird man uns erst jetzo bewundern, nachdem der
„Verstorbene" klar vor aller Welt bewiesen hat, daß im Welt-
kampfe mit deutscher Hingebung und Zähigkeit selbst afrikanische
Geduld den Preis verliere? Mögen sich andere Völker ihrer
reizbaren Empfindlichkeit und ihres weltlichen Ehrgefühls brüsten
und berühmen, wie viel sie wollen, wir Deutschen streben nach
höherm, nach christlicherm Ruhm, weil am Ende doch den Fried-
fertigen und den Geduldigen das Himmelreich versprochen ist.
Was redet man uns noch länger von Texas und von der Mos-
kitoküste, von Kleinasien und von den Donauländern? Zieht
nach Aegypten! Aegypten ist das wahre Land für deutsche
Colonien! Aegypten wie es ist mit seinen fetten Schollen, mit
seinen leeren Dörfern, seinem „weisen und gerechten Regiment",
bietet allein das richtige Maß für Thätigkeit und Glück, wie es
der Deutsche liebt. Warum hat Ihr kluger und levantekundi-
ger Correspondent, statt seine Wärme und seine Beredsamkeit
an Bulgarien zu verschwenden, nicht lieber an die Nilgestade
und ihre Seligkeiten gedacht? Idris-el-Abawi, der Selamije-
Scheich, hat die Sache richtiger erfaßt und das Zeitgemäße
deutscher Niederlassungen am öden „Zuckerstrom" zuerst erkannt.
Das Räsonnement des ungelehrten Arabers ist völlig schulgerecht.
„Können die deutschen Bauern", so schreibt er im mehrbenannten Briefe, „bei einer selbst die ägyptische Verwaltung an
Geiz, Härte und Grausamkeit überbietenden Behandlung seitens
ihrer Herrscher doch noch physisch und ökonomisch gedeihen, und
nicht nur Kleider und Geld, sondern auch Kraft und gesunde
Glieder in entfernte Zonen tragen, so muß sich dieses Volk
nothwendig bei geringerm Drucke, wie nach Sultan Muskofs

Versicherung der ägyptische ist, in kurzer Frist zu herrlicher Blüthe
entfalten und zu beneidenswerthem Wohlstande erschwingen." An
der Wahrhaftigkeit des deutschen Emirs zu zweifeln fällt ihm so
wenig ein als uns und Dr. Tischendorf. Nur möchte Idris gern
wissen, ob sich die Deutschen im Kampfe mit ihrem Loos wirklich
nur durch ein Uebermaß von Seelenstärke und Geduld aufrecht
erhalten, oder ob ihnen nicht vielmehr ein geheimes Zaubermittel,
ein unbekannter Talisman zu Gebote stehe, um Alles zu ertragen
und Allem zu genügen? Dieses Zaubermittel soll ich dem Idris
nennen als Xenium für den guten Rath. Idris will aber nicht, daß
sich die Deutschen blind in das Unternehmen stürzen, und er legt
deßwegen ein Verzeichniß der gesetzlichen sowohl als der will-
kürlichen Lasten, sowie eine Schilderung der Mißbräuche und
der Behandlung bei, welche der Fiscus und seine Agenten über
die Feldarbeiter am Nil verhängen. Wir begnügen uns aber
in weiser Oekonomie vorerst nur die Idee: deutsche Niederlassungen unter Mehemed Ali's „mildem Scepter" zu gründen,
in das Publicum zu schleudern. Wird der Gedanke lebendig,
und erkennen die Deutschen das wahre, ihnen so nahe liegende
Heil auch praktisch an, so ist es immer noch Zeit in einem
zweiten Artikel das Gemälde zu vollenden und den Rahmen
auszufüllen, wozu hier nur die Schattenrisse gezogen sind.

Aleppo.

(1839, vor der Schlacht bei Nisib.)

Sonderbare Fügung des Schicksals! Eben sind es 322 Jahre
und das Loos Asiens wurde zwischen den nebenbuhlerischen Ge-
walthabern von Groß-Kairo und Konstantinopel vor derselben
Stadt entschieden, in deren Nähe sich heute die Heere des Wesirs
von Aegypten und des Padischahs der Osmanli, wie zwei ge-
witterschwere Wolken, niederlassen. Unter persönlicher Führung
Selims I. stritten im Jahre 1517 nördlich von Haleb (Aleppo)
auf der Wiese Dabik*) die osmanischen Türken gegen die arabisch
redenden Mameluken vom Nil, an deren Spitze der mehr als
siebzigjährige Sultan Kanßu Gawri von Kairo ausgezogen war.
Das Gestirn der Osmanli war im Aufschwung, Arabestan aber
hatte seine Rolle ausgespielt, und der greise Kanßu mußte vor
Selim, dem Blutvergießer, dem Dichter, dem Opiumesser, dem
Mystiker, dem Tyrannen, im Streit erliegen. Sieg und Leben
sammt der Herrschaft über Syrien ging an Einem Tage verloren,
wie Aegypten selbst als Kampfpreis eines zweiten Tages fiel.

Wie aber der Nil überströmend das Land befruchtet, so hat
der von Corsica ausfahrende Wetterstrahl (Bunabarde jildirim)
die Geister in Aegypten aufgeregt, und der Arnaut Mehemed Ali
fühlt sich kraftvoll genug, mit der Erbschaft auch die Rolle des

*) Merdsch Dabik.

Siegers der Pyramiden aufzunehmen. Nicht ohne Sorge blickt
heute ganz Europa auf das alte Schlachtfeld von Dabik, weil
Jedermann fühlt, welcher Einsatz beiderseits auf dem Spiele steht.

Zwar redet man immer noch von einem türkischen und einem
arabischen Element, die sich im Namen ihrer Repräsentanten gegenüberstehen, und von einer neuen, aus Mehemed Ali's Genie
zu erkeimenden Gesittung oder geistigen Wiedergeburt des Morgenlandes. Wir aber erkennen auf beiden Seiten nur Taglöhner, die in der eilsten Stunde noch zum Karste greifen und mit
ungeübter Hand eine Arbeit beginnen, der sie nicht gewachsen
sind. Europa drängt, und die Fluth des lebendig gewordenen
Christenthums schlägt an die verfaulte Grundlage der islamitischen
Throne. Duldsamer als in den Zeiten Saladins wollen die Bekenner des Evangeliums heute nirgends mehr den Gottesdienst
des Korans unterdrücken. Allein soweit die Lebensluft Europa's
weht, muß die den Boden selbst verpestende Herrschaft mosli-
mischer Gewalthaber erlöschen. Denn es ist jetzt entschieden, daß
sittlich vernünftige Staatszwecke durch islamitische Obrigkeiten
nicht zu erreichen sind. Arabisch und türkisch redende Allah-An-
beter mögen immer bestehen, aber Gerechtigkeitspflege und Bo-
dencultur soll hinfür überall nach den Grundlagen christlicher
Billigkeit geregelt werden. Es scheint gerade, als sollte die Kraft
christlicher Lehre eine Zeit lang mehr auf Wiederbelebung öder
Landstrecken als auf Erweckung glaubenslauer Gemüther wirken.

Mögen die Staatskünstler immerhin Stützen aus Holzwerk
zimmern, der Bau sinkt unter ihren Händen zusammen und Sultan Mahmud und der Satrap in Aegypten sind nur die ersten
Handlanger im großen Zerstörungsgeschäft, aus welchem das
frische Leben des lange schlafenden Orients erwachen soll. Die,
welche an den fetten Tafeln des Occidents sitzen, haben zwar
Stille geboten, um in ihrer Behaglichkeit nicht gestört zu sein;

aber ihr Wort verschmähend zieht der Sturm am östlichen Himmel herauf und das erste Sausen ist schon nach Europa vorgedrungen. Möglich wäre es, daß die Reihe blutiger, in die Länge unvermeidlicher und einen großen Theil der alten Welt in den Strudel hineinziehender Verwicklungen vor Haleb begönne, und diese Stadt für die kommenden Geschlechter eine Art welthistorischer Bedeutung erhielte. Vielleicht sagt man einst wie jener spartanische Friedensbote: dieser Tag und dieser Ort ist für Europa und Asien der Anfang großer Uebel gewesen.

Aus Haleb, dem uralten einheimischen Stadtnamen, machen die Abendländer Aleppo, wie sie die seit Josua's Zeiten bis heute in Asien üblichen Benennungen Sur und Akke in Tyrus und Jean d'Acre verwandelt haben. Haleb bedeutet in der Landessprache „Melken" und soll aus einer wohlthätigen Nomadenwirthschaft Abrahams entstanden sein. Nach einer an Ort und Stelle noch fortlebenden Sage verweilte der Erzvater auf seiner Wanderung über den Euphrat nach Kanaan mit den Heerden längere Zeit auf der Stelle dieser Stadt, wo er täglich zu festgesetzter Stunde eine wunderschöne scheckige Kuh molk und die Milch unter die Bedürftigen der umliegenden Gegend vertheilte. Bei dem Rufe: „Haleb el-Schahbah", d. i. die Scheckige ist gemolken, soll sich die Menge jedesmal zur Empfangnahme ihres Antheils versammelt haben. Daher die Benennung Haleb el-Schahbah, d. i. Haleb die Scheckige, dem Orte bis auf den heutigen Tag geblieben sei. So wenigstens erzählt das Volk in Aleppo.

Die Gelehrten dagegen leiten den Beinamen el-Schahbah (sprich esch-Schahbah) vom bunten Gestein der Mauern und der nächsten Umgebung her. Der Grieche macht aus Haleb ganz correct sein Chalybon; Beröa dagegen, wie es bei Strabo heißt, ist ein nach Alexanders Feldzügen entstandener Name, weil die

Eroberer an Stadt und Umgegend von Haleb einige Aehnlichkeit mit Beröa in Macedonien finden wollten.

Aleppo auf der Stelle, wo es heute steht, ist nicht älter als etwa 740 Jahre. Früher lag es drei Stunden südöstlich an einem See, wo noch jetzt die Ruinen der alten Stadt zu sehen sind. Fünfzig Jahre lang durch Erdbeben geplagt, sei der alte Ort völlig eingefallen und für unbewohnbar und für unwieder-herstellbar erklärt worden. Die übrig gebliebenen Einwohner wanderten fort und legten Neu-Haleb, größer und schöner als die verlassene Heimat an*).

Was Schönheit betrifft, kann sich keine Stadt des Orients mit Aleppo messen. An Umfang steht sie im türkischen Reiche nur Konstantinopel und Kairo nach. Brusa, Adrianopel und Damascus mögen vielleicht ebenso viel, oder auch mehr Häuser zählen, einen größern Flächenraum decken sie aber nicht. Der Boden auf anderthalb Stunden in der Runde ist steinig und uneben, mit einer Menge wellenartiger Schwellungen, deren Aleppo mit seinen Vorstädten etwa acht umschließt. Der bedeu-tendste dieser Hügel, ohne Zweifel durch Menschenhand künstlich zugerichtet, ragt abgesondert im Mittelpunct der Stadt weit über die höchsten Gebäude empor, ein schön gerundeter, konisch zu-laufender, oben kraterartig abgestumpfter Erdkegel von ungeheurer Dimension. Hoch auf der Plattform ist Raum für 250 Wohn-gebäude, jetzt großentheils durch Erdbeben eingefallen; am Rande herum eine Mauer mit Thürmen, sämmtlich aus gehauenem Stein. Zwei tiefe Brunnen, der eine mit süßem, der andere mit salzigem Wasser, sorgen, wie Saladins Schöpfung auf der Citadelle von Kairo, für das Bedürfniß der Burg. Man zeigt noch eine Rüstkammer mit eingestürzten Kuppeln, eisenbeschlagenen

---

*) Circa 1290 nach Christus.

Thoren und Vorhöfen, aus gewaltigen Quadern aufgebaut, darin Harnische, Beinschienen, Helme und anderes Waffenzeug aus Saladins Zeiten, wie der Hüter versichert. Um den Fuß des Bergkegels zieht sich ein breiter, tiefer, trockener, zu beiden Seiten schön ausgemauerter Graben mit Gebüsch, Pappeln und Platanen wohl besetzt. Die Oberfläche des Rundberges selbst, vom Graben bis hinauf zur Burgmauer, ist schachbrettförmig mit behauenem Gestein ausgelegt, und ein einziger Pfad durch drei Thore, am Fuß, in der Mitte und oben verwahrt, führt in die Festung. Eine geräumige, am Rand des Grabens sich im Kreis herumziehende Straße trennt die Häuser vom Burghügel, dient als Promenade, ist mit Brunnen und einzelnen Bäumen geschmückt, aber auch durch den Schutt eingefallener Wohngebäude und Basare entstellt.

Von der Burg herab sieht man am besten, wie sich das steinerne Häusermeer Aleppo's weit und breit nach allen Seiten ausdehnt, wellenförmig, ein Gewirr von Thürmen, bleigedeckten Kuppeln, Terrassen und Höfen mit hohen, ewig grünen Bäumen, in der Ferne nicht unähnlich den schwebenden Gärten der Semiramis. Der Eindruck ist um so magischer, da Haleb, wie eine verzauberte Stadt, seine Herrlichkeit mitten in einer Steinwüste und einer wenigstens auf zehn Wegstunden in der Runde, wenn auch nicht unfruchtbaren, doch vollkommen baumlosen Steppe entfaltet. Gegen mohammedanische Sitte ist der Thurm an der Hauptmoschee nicht schlank und rund, sondern wohl genährt und viereckig mit Zimmer und Gallerie für die Gebetausrufer, wie man es außer Haleb nur noch im nahen Sarmin und zu Tripolis in Phönicien sieht. Ostwärts über die Stadt hinaus schweift der Blick unabsehbar, trostlos, einförmig gegen die Euphrat-Wüste. Auf der Seite des Mittelmeers dagegen sieht man auf fünfzehn Stunden Entfernung die lange Bergwand des Libanon in scheinbar· gerader Richtung, wie eine Mauer von Nord nach Süd streichen. Nördlich gegen Bir und Aintab entdeckt das Auge nur wie im Nebelflor den Höhenzug des Amanischen Gebirgs, von welchem letzthin das türkische Heer auf die große Verbindungslinie von Edessa nach Haleb herabgestiegen ist.

In der Stadt selbst sind die Straßen, wie es morgenländische Architektur erheischt, der Mehrzahl nach enge, aber meistens gerade und ohne Ausnahme mit gleichförmig behauenen Steinwürfeln kunstreich gepflastert, reinlich gehalten und häufig sogar mit Hochpfaden für Fußgeher versehen, mit einer Sorgfalt und Eleganz, die man gewiß in keiner andern Stadt des türkischen Reichs, selbst Stambul nicht ausgenommen, finden wird. Die Gebäude, sowohl private, als öffentliche, sind ohne Ausnahme aus Quadern erbaut und mit Plattdächern versehen, nicht von Holz und gedörrten Sandkuchen zusammengeklebt, wie in dem paradiesischen Damascus, auch nicht· enge, nicht schmutzig und regellos wie gewöhnlich im Orient, sondern geräumig, mit hohen Gemächern, oft leicht, oft mit gesprengten Bogen dauerhaft hergestellt und sorglich unterhalten*). Fast jedes Haus hat einen zierlich gepflasterten, mit Wasserbecken, Springbrunn und einigen Cypressen oder Citronenbäumen gezierten Hof, theilweise mit Mosaik buntfarbig ausgelegt, einen Bogen-Divan dem Brunnen gegenüber, und eine weite helldunkle, mit Kuppeldach und Marmorbrünnlein versehene Halle als Zuflucht in der heißen Jahreszeit. Das Ganze ist vorsichtig mit Mauer und doppeltem Thore gegen die Gasse hin verschlossen.

Ein weißer Sandstein, in unerschöpflichen Lagerungen zunächst an der Stadt, weich bei der Arbeit und in der Luft nach und nach sich verhärtend, liefert den Aleppinern das Baumaterial.

---

*) Z. B. das der englischen Familie Barker gehörige, ebenso geschmackvolle als sollte Wohnhaus auf einer Höhe unweit des Schloßberges.

Für Thore, Pfeiler und Pflaster der bessern Gebäude dient ein gleichfalls in der Nachbarschaft gebrochener gelber Marmor, der gute Politur annimmt, und des Schmuckes wegen künstliche Färbung erhält.

Um die Stadt und alle ihre Vorstädte herumzugehen, braucht man in gewöhnlichem Schritte nicht weniger als drei Stunden. Die Zahl der Gebäude, verfallene und unversehrte zusammengerechnet, schätzt man auf ungefähr 14,000, in welchem vor sechzig Jahren noch an dritthalbhunderttausend Menschen wohnten, lauter gewerbfleißige, ehrbare und wohlhabende Leute, nach dem Ausdrucke des mehr als fünfundsiebenzigjährigen Aleppiners Nasri, der die gute alte Zeit des Flores noch gesehen hat. Durch schlechtes Regiment, durch verlornen Handel, durch Pest, Erdbeben und Cholera sei die Einwohnerzahl jetzt unter 100,000 herabgesunken. Nicht weniger als 15,000 Menschen wurden beim großen Erdbeben im Jahre 1822 unter den zusammenstürzenden Gebäuden erschlagen; 8000 raffte etliche Jahre nachher die Pest und 10,000 im Sommer von 1832 die Cholera weg. Wie allezeit und überall trugen auch in Aleppo die Handelsrevolutionen am meisten zur Verarmung und Entvölkerung der Stadt bei. Besonders schwer wird der Verlust des Shawlhandels empfunden, dessen Hauptniederlage zwischen Persien und dem ganzen Occident früher Aleppo war. Der neue Handelsweg über Trapezunt, behaupten sie, habe die meiste Schuld an ihrem Ruin. Man kann leicht denken, daß das englische Project, den indischen Handel mittelst Dampfschiffen auf dem Euphrat aus dem persischen Golf über Aleppo in das Mittelmeer zu lenken, in keiner andern Stadt des Orients wärmere Vertheidiger findet als hier.

Aleppo, wie es heute ist, kann einem feindlichen Angriff mit Artillerie nicht mehr widerstehen. Die Citadelle auf dem Kegelplateau ist eine Ruine, die Ringmauer um die Stadt sammt den

runden, fünfzig Schritte von einander abstehenden Thürmchen
hat weite Riffe und ist seit dem letzten Erdbeben an mehreren
Stellen ganz eingefallen. Das Uebel scheint aber nicht überall
neu zu sein, da man in vielen Mauerspalten alteinheimische
Schlingpflanzen und sogar Gestrüpp und verkrüppelte Bäumchen
festgewurzelt sieht. Ueberdies wird Aleppo auf der Nordseite,
das ist auf der Straße gegen Bir und Aintab, von einer Hochebene beherrscht, auf deren schönstem Punct, luftig mit Schatten
und Brunn, Derwische ihr Kloster und die arabischen Soldaten
Ibrahims ihren Uebungsplatz errichtet haben. Wassermangel wäre
auch zu fürchten, da der einzige Süßwassercanal, der aus einer
Entfernung von zwei Stunden auf derselben Seite Trink- und
Kochwasser zuführt, indem er, unter der Stadt fortlaufend, alle
öffentlichen und die meisten Privatbrunnen nährt, und Haus-
und Hochgärten wässert, leicht abzuschneiden ist, und der außerhalb der Ringmauer vorüberstreichende kleine Koweïk im Angesicht
eines feindlichen Heeres von keinem Belang wäre. Das große
Haleb hat keinen Fluß, wie Damascus und Antiochia. Der
Euphrat ist mehr als dreißig, der Orontes wenigstens fünfzehn
Stunden entfernt, und alle Glückseligkeit der Einwohner hängt
von benanntem Bächlein ab, welches etwa eine Tagreise nördlich
von der Stadt entspringt, und drei Stunden südlich sich schon
im See von Merdsch Ahmar (d. i. rothe Wiese) verliert. Durch
die Vorstadt auf der Abendseite rinnt es vorüber und befruchtet,
wohlthätig in zwei Arme getheilt, einen zwar schmalen, aber
langen Streif an beiden Ufern mit wunderbarer Kraft. Auf
mehr als zwei Wegstunden sieht man nichts als Gärten mit dicht-
belaubten, breitästigen, hohen, dunkeln Baumgruppen, und in
ihrem Schatten Gebüsche, Gartenfrüchte und Blumen in üppig-
ster Pracht. Dieser grüne Gürtel ist um so entzückender, als
der Boden in nächster Umgebung aus weißlicher, unfruchtbarer

Erde, voll öden Gesteins besteht und, so weit das Auge reicht,
kein grüner Ruhepunct gefunden wird. Außer mehreren dem
Lande eigenthümlichen Bäumen mit ewig warmem Grün stehen
Platanen, großblätterige Weißpappeln, Eschen, Eichen, Lotus,
Tamarisken, Mispeln, Terebinthen, Hollunder, Cypressen, Ro-
sen-, Granaten-, Kirsch-, Orangen-, Citronen-, Wallnuß-, Fei-
gen-, Mandel- und Oelbäume mit vielen Sorten Stein- und
Kernobst, bald als Dickicht, bald als Randeinfassung breiter
Gartenbeete in lieblichster Unordnung unter einander. Die höhern
Ufertheile, wohin das fließende Wasser nicht mehr bringt, sind
mit Weingärten bekränzt, Feigen-, Oel- und Pistazienbäume
zwischen den Reben. Melonen von wunderbarer Größe, Kukumern süß wie Aepfel, Gemüse von ausgesuchtem Geschmack, besonders aber eine große, saftvolle, honigsüße weiße Traube mit
wenig Kernen und mit zarter Haut gehen in ungemessener Menge
aus diesem Paradies hervor.

Selbst Bilder, Redensart und Ideenkreis entlehnen die Alep-
piner großentheils von der Herrlichkeit dieses schmalen Garten-
waldes. Wie man sich anderswo um Thermometerstand, Politik,
Curse und Marktpreis erkundigt, ist hier die tägliche Sorg' und
Frage der Doppelbach vor der Stadt. Fülle, Durchsichtigkeit,
Süße, Plätschern, Wachsen und Schwinden des Wasserspiegels, der
Blumenschmelz, das dunkle Baumgewölbe, Rosen- und Pistazien-
blüthe sind Dinge, um die sich in Haleb Jedermann bekümmert.
Man kennt so zu sagen jeden Baum mit Namen und Gestalt,
geht zu ihnen auf Besuch, und weidet das Auge an ihrem Flor
und ihrem saftigen Stamm, wie man sich am schlanken Wuchs
des menschlichen Körpers erfreut. Alle Aleppiner sind gleichsam
in das Bächlein und seine Uferbäume verliebt. Aber auch welche
Theilnahme, welcher Schmerz, wenn zuweilen nach langer Trockenheit und regenlosem Winter das rinnende Wasser versiegt! Hätte

Ibrahim wirklich, wie die Sage geht, den Wald am Bache um=
gehauen, um Pallisaden zum Schirm der Stadt zu zimmern,
so wäre der Verlust unersetzlich, die Trauer allgemein. Leichter
würde man Schaden an Geld und Menschenleben ertragen als
den Untergang der Bäume, des schönsten, langsam wachsenden,
von den Vorfahren ererbten Schmuckes der Heimat.

Die Gemüthsart der Halebiner ist als freundlich überall be=
kannt. Gewiß sind sie die höflichsten und duldsamsten Moham=
medaner des Orients. Ihr Verkehr mit Fremden kann diese
Wirkung nicht allein hervorbringen, es muß im Blut und Sinn
dieser Leute liegen. Fanatische Scenen, wie sie bis auf die letz=
ten großen Siege der Russen in den meisten islamitischen Städten
vorfielen, sind in Haleb seit lange verschwunden, oder waren
vielmehr niemals in gleichem Grade üblich. Nur die Derwische
bei ihren freitäglichen Umzügen schreien zuweilen den europäisch
gekleideten Fremdling rauh an, wenn er ihnen mit neugierigem
Blick in den Weg tritt. In Haleb will man leben und genießen
und folglich will Jedermann um jeden Preis Verkehr, Ordnung
und Frieden. Ueberall legt der Islam die Waffen aus der Hand
und läßt seine Festungen verfallen; in Haleb geht man um
einen Schritt weiter und verwandelt, wie in Europa, Vorwerke
und Festungsgräben in Baum= und Gemüsegärten.

Das Aeußere der Aleppiner hat etwas Einnehmendes; sie sind
in der Regel mittlern Wuchses, schlank, dunkelhaarig, mit gro=
ßen schwarzen Augen, weißer Hautfarbe und schönen Gesichts=
zügen — Eigenschaften, die unter ihnen vielleicht etwas zu viel
gelten mögen. Die jungen Leute wetteifern mit ihren Alters=
genossen in Damascus und Hama in zierlicher Kleidung, koket=
tem Gang und leichtem Sinn. Haleb ist beinahe das asiatische
Wien, gewerbsam, friedlich und dem Vergnügen hold. Selbst
den Reiz einer melodischen Stimme, wofür man sonst in Asien

keinen Sinn hat, versteht man dort zu beurtheilen. Nirgend in der Türkei werden die Gebetausrufer, die unsere Glocken und Orgeln ersetzen, mit so viel Sorgfalt bestellt, wie hier. „Betet! betet! die Zeit geht schnell, das Gericht ist nahe," klingt es in der Abendstille durch die heitere dünne Luft von der Höhe des viereckigen Moscheethurmes auf die Terrassen und Gärten herab, mit einem Wohllaut und einem Schmelz, den man wohl empfinden, aber nicht beschreiben kann.

Das größte Unglück für eine solche Stadt ist der Krieg. Leider ist aber Haleb an der Grenzscheide gelegen, wo sich zwei verschiedene Sprachen die Herrschaft streitig machen, und folglich war es seit Jahrhunderten bei jedem Zusammenstoß der türkisch und arabisch redenden Völker das erste Opfer.

Palästina.

Vier Wochen in Jerusalem.

(1851.)

I.

„Weiß nicht, ob ich Euch nehmen kann und ob noch ein leeres Zimmer zu finden ist," sagte unter dem Thorwege des Franziscanerklosters in Jerusalem, während er zugleich den pilgernden Fragmentisten, seinen Diener und seinen Train mit dem pfiffigen Blick eines italienischen Cameriere von unten nach oben musterte, frostig und bedenklich der kleine, schmächtige Minoritenmönch mit rothem Bart und dünnem Fuchsgesicht. Es war, wie der Leser wohl selber denkt, der sogenannte Fremdenpater, der heilige Mihmandar, der über Ehre und Credit des Conventes zu wachen, und zugleich über Aufnahme oder Abweisung der Pilger in erster und letzter Instanz zu entscheiden hatte. Das Examen war unsern Anträgen nicht besonders günstig, und es hieß endlich kurzweg, man bedaure, la Casa nuova sei bereits überfüllt und man erwarte noch täglich fremde Herrschaften, die sich schon vor langem brieflich angemeldet und Wohnungen ausbedungen hätten. Daß es nur leere Ausflüchte waren, was man uns da sagte, und daß man anderer Gründe halber das gastliche Dach versagte, merkten wir freilich schnell und suchten Verdacht und Besorglichkeit des Mönchs durch den Beisatz zu heben und abzuthun, daß wir die frommen Väter durch das Verweilen im Klosterhause weder in der Andacht

7 *

ſtören noch auch ſonſt in Koſten verſeßen würden; wir ſeien in
gottſeliger Abſicht nach Jeruſalem gekommen und hätten nebenher Mittel genug, ohne Beläſtigung ihres gottgeweihten Aera-
riums, für das Nöthige ſelbſt zu ſorgen und am Ende für den
Schirm der heiligen Mauern noch einen mäßigen Tribut der
Erkenntlichkeit darzubringen.

Auf dieſem Wege Credit zu ſuchen, iſt allezeit mißlich; und
in der That blieb auch die Wirkung unſerer Worte bedeutend
hinter der Erwartung zurück. Wir hatten zwar drei Pferde
ſammt Eſelein und leidlicher Equipage, aber der Dolmetſch fehlte,
weil wir den Dienſt ſelbſt verſahen, und was das Nachtheiligſte
von allen war, wir hatten keinen Empfehlungsbrief aus guter
frommer Hand, der uns natürlich unverweilt und ohne viel
Redens die Thore des Convents geöffnet hätte. Wir mußten
alſo, wie man in Frankreich ſagt, mit unſerer eigenen Perſon
bezahlen, und das hatte dem verſchmißten und ſäuberlich gehal-
tenen Italiener gegenüber gerade dieſes Mal ſeine bedeutende
Schwierigkeit. Er maß uns noch einmal prüfend von oben nach
unten, und mußte offenbar gefunden haben, daß Miene und
Außenſeite der einlaßbegehrenden Pilger mit den Betheuerungen
frommer Behäbigkeit nicht ſonderlich in Einklang ſtehe, und
daß folglich von ſolchen Gäſten für St. Salvator in Jeruſalem
wenig Ehre und noch weniger Profit zu hoffen ſei. Die Entfernung von Beirut nach Jeruſalem — das muß man dem Leſer
gleich voraus ſagen — beträgt an die fünfzig Stunden, und wir
waren bei achtzehn Grad Novemberwärme und ewig heiterem
Himmel, den ganzen Tag die Sonne im Antliß, von Nord nach
Süd reitend und von Toiletteſorgen nicht weſentlich geplagt,
mit Raſt und Aufenthalt eine volle Woche auf dem Wege. War
es dann ein Wunder, wenn der mönchiſch elegante Minoriten-
pater glutverſengten, durch Riſſe in der Geſichtshaut entſtellten,

ungebürsteten, ungekämmten, durch unzählige Springthierchen
der letzten Araberherberge in El-Bire aufs übelste zugerichteten
Fremdlingen aus dem Occident nicht gleich auf das freundlichste
entgegenkam? „Ob denn aber auch Alles, was von Europa
nach Jerusalem pilgere, bei St. Salvator logiren müsse? Es
seien auch Gasthäuser in der Stadt, wo ordentliche Leute gegen
richtige Bezahlung ihr Unterkommen fänden." Wir verstanden
den Wink, entschuldigten unsere lästige Vorsprache mit dem
Nichtkennen dieser höchst wohlthätigen Neuerung in der heiligen
Stadt, und wollten — froh der peinlichen Scene zu entkommen
— im Frieden weiter ziehen. „Wo wollt Ihr hin?" sagte ab-
wehrend der kleine Mönch, „von den beiden Privateinkehren der
Stadt ist die eine geschlossen und die andere dermaßen von
Fremden überfüllt, daß man Euch für alles Geld keinen leeren
Winkel überlassen kann." — Jetzt stand es freilich schlimm,
wir hielten still und mögen in der Bedrängniß vielleicht freund-
licher und nachgiebiger geredet haben, als es dem listigen Sal-
vatormönch gegenüber räthlich war. Aus Mitleiden mit unserer
Lage, hieß es, und aus Liebe zu Gott wolle man sehen, ob
der Ueberfülle ungeachtet, noch etwas zu machen sei, und der
Pater — offenbar Sieger in der Unterhandlung — führte uns
mit Blicken auffallender Geringschätzung und unverhohlensten
Mißtrauens endlich über die Gasse in la Casa nuova hinüber.

Der erste Eindruck dieses mönchischen Neubaues war nicht
vortheilhaft und empfehlend genug, um jenes Gefühl innerer Behaglichkeit und hoffnungsvollen Friedens zu erwecken,
welches den müden Wanderer bei dem Anblick gastlich-stiller Pe-
naten zu beschleichen pflegt. Das gewölbte Atrium innerhalb
des eisenbeschlagenen Thores schien für Haus und Nachbarschaft
zeitweise auch als Latrine zu dienen, und die enge Mauercase-
mate, die man uns nach wiederholtem Zaudern, Munkeln und

Bedenken endlich als Wohnung überließ, war nicht mehr als
fünfthalb Schritte breit, ebenſo lang und nebenher ſo niedrig,
daß die ausgeſtreckte Hand an die Decke langen konnte. Es
glich eher einem Kerker als einer Wohnſtube, und nur durch
eine kleine glasloſe Fenſteröffnung neben der Thür ſollte das
düſterdumpfe Gelaß von Außen Luft und Licht erhalten. Selbſt
die Strohmatte, die man ſonſt im Orient doch überall findet,
fehlte auf dem unreinlichen Eſtrichboden, und die kahlen Seitenwände waren ohne Ekel gar nicht anzuſehen. Außer einer guten
reinlichen Lagerſtätte mit weißem Fliegengitter mangelte ſo ziemlich Alles, was nach europäiſchen Begriffen zu den Nothwendigkeiten eines wohnlich eingerichteten Zimmers gehört. An
einen Divan — wenn auch der ärmſten Gattung — war unter
ſolchen Umſtänden natürlich gar nicht zu denken; aber ſelbſt
nach Stühlen wurde in der Caſemate vergeblich umgeſehen und
ein bewegliches Bret auf zwei rohen Holzgabeln war die einzige
Bequemlichkeit und Erleichterung, welche die Salvatormönche
ihrem Gaſt zu gewähren dachten. Wenn einſam, ſtill und abgelegen mit freier Ausſicht über die heilige Stadt, wäre die
Clauſe bei allen ihren Mängeln am Ende vielleicht doch erträg-
lich geweſen; aber zum Unglück war das Gemach auch noch
tief unten und nur wenige Stufen über dem ſchmutzigen
Vorhof angebracht, mit himmeloffenem Steingange vor der
Thür, wo Jedermann im Gehen und Kommen vorüber mußte,
ſo daß der arme Clauſner hinter ſeinem glas- und vorhang-
loſen Fenſterloche weder bei Tag noch bei Nacht vor Blick und
Getrampel der Leute ſicher geweſen wäre.

Soweit reichten Geduld und Entſagung nun aber dennoch
nicht, und es wurde höflich angefragt, ob nicht vielleicht in
la Caſa nuova für Geld und gute Worte etwas mehr Bequemlichkeit und Raum zu erhalten wäre? Zweideutige Reden und

verdächtige Blicke des Mönches und jetzt auch seiner Dienerschaft
sagten aber deutlich genug, daß Vagabunden und hülflose Aben-
teuer, für die man uns halte, mit Allem, was man freiwillig
in Almosen biete, sich in Demuth zu begnügen hätten. So gingen
die Leute fort und ließen uns in der Spelunke allein, ohne
auch nur zu fragen, ob wir irgend etwas nöthig hätten, ja
ohne auch nur einen Krug Wasser als Labung hinzustellen, die
man im Orient selbst dem müden Bettler nicht versagt. Daß
uns diese Behandlung etwas verdrossen, oder auch nur im
Geringsten gegen die Heiligkeit der lateinischen Mönche eingenommen hätte, will man nicht eigentlich sagen. Die guten
frommen Väter konnten ja nicht wissen, daß der so ungastlich
behandelte Fremdling seinen Studien und seiner Vergangenheit
nach ihrer eigenen Ordnung angehöre, und daß er im Grunde
sogar auf dem Felde der katholischen Dogmatik seine wohlbe-
gründeten Verdienste habe. Wochen, ja vielleicht Monate lang
in einer solchen Stube zu bleiben, — das fühlt der Leser selbst
— war unter diesen Umständen bei aller Geduld und Philosophie nicht möglich, und der aus Smyrna mitgebrachte Diener,
ob er gleich noch wenig Erfahrung hatte und selbst das erste
Mal in Jerusalem war, mußte augenblicklich fort, um nachzu-
forschen, ob nicht trotz mönchischer Gegenversicherung doch irgendwo in der heiligen Stadt noch ein besseres Unterkommen zu
finden wäre. In der Zwischenzeit ging ich — denn zu sitzen
fehlte mir der Stuhl — über den raschen Wechsel der Scene
verblüfft, nicht ohne Unruhe und Sorge allein und verlassen in
der unheimlichen Zelle auf und nieder. Schleudert aber auch
einen Andern aus den feenhaften Sommerpalästen und aus den
glänzenden Salons von Bujukdere plötzlich in die Einsamkeit
einer unsaubern Mönchsclause im halbzerstörten Jerusalem
herab und seht dann, wie lange er etwa Witz, Laune, Gleich-

muth und heiterm Sinn ungetrübt bewahrt. Nach zwei Stunden des peinlichsten Harrens kam endlich Antonakis (so hieß der Diener) mit der Kunde zurück, er habe nicht bloß ein Zimmer, wie sein Auftrag laute, sondern ein ganzes, fremden Gästen sehnsuchtsvoll entgegenharrendes und mit einer guten Auswahl leerstehender, lustig und bequem, ja selbst elegant eingerichteter Wohnungen versehenes Haus gefunden, und in der Voraussetzung meiner Genehmigung zugleich einen Gehülfen mitgebracht, um auf der Stelle die Effecten in die neue Behausung fortzuschaffen.

Nun erst lagen die liebenswürdigen Künste des kleinen St. Salvatormönchs offen zu Tage. Er hatte uns die in der Stadt bekannte, aber durch freie Concurrenz das Einkommen seiner geistlichen Herberge schmälernde Gelegenheit zum Unterkommen absichtlich verhehlt, um sich an unserer Verlegenheit zu weiden, und um seine ärmliche Zelle so hoch und so theuer als möglich anzubringen, eine Verfahrungsweise, die man in billiger Erwägung der italienischen Mönchsnatur nicht einmal übel nehmen will. Daß aber der Mihmandar von St. Salvator in Jerusalem den Künsten gemeiner Speculation auch noch Hohn beizufügen für nöthig hielt, wird nicht leicht Jemand loben. Der Leser denkt wohl selbst, daß man sich nicht lange besann und augenblicklich Anstalten zum Uebersiedeln traf.

„Wie? Ihr wollt la Casa nuova schon wieder verlassen?" fragte etwas überrascht der eilig herbeigerufene Fremdenpater. „Ja!" „Wohin wollt Ihr ziehen?" „Zu Meschullam, dem Anglikaner, der ein ganzes Haus leer stehender und prachtvoll eingerichteter Wohnungen in Bereitschaft hält." „Wieviel müßt Ihr zahlen?" „Vierhundert türkische Piaster (hundert Franken) monatlich." „Wie? Vierhundert türkische Piaster monatlich für ein einziges Zimmer? Das ist etwas viel, man überfordert Euch." „Für meine Umstände ist das nicht zu viel, ich bezahle es leicht

und gern, wenn der Miethsherr nur freundlich und seine Wohnung elegant und niedlich ist." Der Mönch wird zusehends
höflicher und rücksichtsvoller. „So, eine solche Summe wollt
Ihr aufwenden, und wie lange denkt Ihr zu bleiben?" „Noch
unbestimmt; wahrscheinlich den ganzen Winter, und das nämliche
hätte ich Euch ebenfalls bezahlt, wenn ich eine geneigtere Aufnahme und ein schöneres Local gefunden hätte." Jetzt endlich
entschuldigte man die frühere „Unaufmerksamkeit" mit dem ersten
Drange und mit der Fülle der Geschäfte. „Am Ende", meinte
der Mönch, „hätte es sich hoffentlich doch noch besser gemacht;
vielleicht kommen die angekündigten Fremden noch nicht so schnell;
vielleicht wird durch Abzug anderer Pilger unerwartet ein schöneres Zimmer leer; kurz, man hätte von Seite des Klosters
sicherlich das Mögliche gethan, einen so „respectablen" Gast zu
befriedigen, wenn ich nur nicht so voreilig die Geduld verloren
hätte." — Indessen hörte ich wenige Tage später, daß im Augenblick unserer Ankunft mehrere gute Wohnungen in la Casa
nuova verfügbar waren und an eine Ankunft fremder Gäste
Niemand dachte.

Ich dankte höflich aber frostig für den guten Willen, gelobte Uneigennützigkeit und menschenfreundlichen Gastsinn der
St. Salvatormönche seiner Zeit in Europa gehörig anzupreisen
und ging mit Leuten und Sachen heiter und fröhlich zum Thor
der Casa nuova hinaus.

Mit Herrn Meschullam, dem neuen Hauspatron, einem
schmächtigen, kleinen, feinblickenden, zur Hochkirche bekehrten
großbritannischen Juden, der eine Dame aus Genua zur Gemahlin hatte, und alle in Europa und in Westasien üblichen
Sprachen mit großer Geläufigkeit redete, war das Geschäft
schnell abgethan. Der Mann war Speculant im weitern Sinne
des Wortes und hatte, natürlich mit Verlust, wie er sagte,

Bauholz für die neue engliſche Kathedrale auf Zion geliefert, nebenher aber in der Stadt ſelbſt zwei große muſulmaniſche Häuſer in Pacht genommen, um ſie zimmerweiſe an die Frem- den zu vermiethen, und ſo den erlittenen Schaden nach Um- ſtänden und Möglichkeit wieder auszubeſſern. Die Preiſe der „reſpectablen", für zahlungsfähige Signori beſtimmten Wohnun- gen waren nach Maßgabe des Luxus und der Bequemlichkeit ihrer Einrichtung verſchieden und liefen in aufſteigender Scala von 400—800 türk. Piaſtern (100—200 Franken) monatlich. Gern hätte ich in ſündhaftem Wohlgefallen an Eleganz und morgenländiſcher Wohnungspracht den höchſten Preis bezahlt. Demuth und Selbſtverleugnungstrieb riethen aber am Ende doch in das Zimmer zu monatlich hundert Franken einzuziehen. Mehr vielleicht als die billigere Schätzung hatte der hohe archi- tektoniſche Schwung und das anheimelnde Helldunkel des Gelaſſes die Wahl beſtimmt.

11

Für Leser, welche Jerusalem nicht aus eigener Ansicht kennen und nicht einmal Dr. Toblers gewissenhaften Plan der heiligen Stadt in Händen haben, ist es gleichgültig, wenn ich sage, daß Meschullams Hotel garni gleich innerhalb des Damascusthores links auf der ansteigenden Halde des Bezethahügels lag und über die alte Tyropöonmulde und die salomonische Tempelfläche ragend die Aussicht gegen das Todte Meer und das Felsenrevier von Moab hatte. Lieber würde man schon vernehmen, wie unserem städtischen Baustyle gegenüber ein musulmanisches Herrenhaus in Jerusalem bestellt und eingerichtet sei. Bei uns denkt man sich unter städtischem Privathause allzeit ein Gebäude von Einem oder von mehreren senkrecht übereinander gefügten Stockwerken; Gänge, Zimmer und Fenster überall mit sorglicher Benützung des Raumes geradlinicht und in rechtem Ebenmaß angebracht, das Ganze aber behäbig und wohlverwahrt unter einem und demselben Dache abgeschlossen, sodaß der Bewohner, hat er einmal Schwelle und Hausthür hinter sich, gegen Wind und Wetter nicht weniger als gegen die neugierigen Blicke der Menschen gesichert ist. So war Meschullams Haus an der Bezethahalde architektonisch nicht eingerichtet. Am Steilabhang des mit Bauwerken übersäeten und von Enggäßchen durchschnittenen Bezethahügels erhebt es sich als einstöckiges, rautenförmig zugespitztes, platt-terrassirtes, aber ungleich hohes Viereck mit

seltenen und unregelmäßig angebrachten Fensteröffnungen nach
Außen. Die auf der Höhe streichende Seite, obgleich an sich
niedriger, ragt über die untere Parallele des Quadrats hoch
empor. Eine vom Hügel herablaufende Quermauer theilt den
offenen Innerraum in zwei durch ein Bogenthor verbundene
ungleiche Hälften. Haupt- und Quermauern sind so breit und
hoch, daß sie theils casematenartige Gelasse und Corridore in
sich verschließen, theils würfelförmig in den Hofraum hervorspringenden, gewölbten Ziergemächern als Hauptcorps und Hinterlage dienen. Jedes dieser aus der Innerfronte hervorspringenden
Gemächer bildet ein auf drei Seiten freistehendes Ganzes mit
flachem Kuppeldach, zu dem man außerhalb der Zimmerthür auf
einer offen und geländerlos an der Mauerwand hinansteigenden
Steintreppe gelangen kann. Bei Unwetter kann man nicht ohne
Schirm von einem Zimmer zum andern gehen, was unserm
Baustyl und unseren häuslichen Angewöhnungen geradezu widerspricht, einem europäischen Leser aber nicht ohne Mühe begreiflich
zu machen ist.

Im Orient, wie man weiß, hat die Zeit keinen Werth und
im dünn bewohnten Jerusalem ist auch der Raum noch kein
Gegenstand der Speculation, wie einst im phönicischen Aradus,
wo die Häuser sechs bis sieben Stockwerke in die Höhe gingen.

Durch die aus der Tiefe hoch und kunstvoll aufgemauerte
untere Langseite des Meschullamhauses gestaltet sich der halbige
Innerraum zu einer mit Steinwürfeln ausgelegten, durch Vor-
sprünge, Ecken, Kehlen und Bogen vor der sättigenden Eintönig-
keit correcter Form bewahrten Flachterrasse, an deren äußerstem
Rande luftig und frei das schönste Gelaß über dem tief unten
liegenden Häuser- und Ruinenmeer hing. Durch das gemalte
Fensterglas schien die Morgensonne. Dem Reiz der Lage entsprach das Möbelwerk. Fußteppiche aus Bagdad, seidene Divane

und Ruhebetten, zum Theil mit Gold und Silber ausgestickt,
Tische und Stühle von Palissanderholz, vergoldete Alabasterlampen
und wundervoll verschlungenes Gegitter liehen den hohen weiten
Räumen, besonders im Vergleich mit dem Schmutz der früheren
Mönchsbescherung, ein wahrhaft zauberisches Prachtgewand.

Aber achthundert türkische Piaster (zweihundert Franken) monatlich waren ein doch etwas bedenklicher Preis für einen „Welt-
überwinder" aus Brixen in Tirol. Die Umstände, wenn man
die Sache beim rechten Namen nennen will, nöthigten doch zu
bescheidener Mäßigung, und mancher hat es eben in keiner Lebens-
epoche über die Linie der Entsagung hinausgebracht. Bunte
Teppiche aus der Abbasidenstadt, Palissandermöbel und gold-
durchwirkte Couchetten wären zwar schön und schwelleten in frischem
Gedankentrieb die Phantasie; aber arbeitsam und zufrieden kann
der Mensch, besonders wenn es sein muß, auch ohne diese Werkzeuge der Ueppigkeit und des Luxus sein.

Wenn wir von Dachkuppeln hierosolymitanischer Privatgebäude
reden, soll der Leser nicht etwa an die großartige, Luft und Licht
von oben spendende Doppelwölbung der Heilig-Grabkirche, oder
am Ende gar an den kühnen Schwung und an das magische
Helldunkel der kunstgepriesenen Tempelkuppeln der Omar-Moschee
und der byzantinischen St. Sophienkirche denken. Auf den Haus-
dächern in Jerusalem sind es gewöhnlich nur blinde, innerlich
gefüllte, aus Thon und gestampfter Kieselerde backofenförmig
gewölbte Schwellungen, die im Innern des Hauses selbst nur
durch eine rundgemuldete Flachvertiefung der Zimmerdecke matt
angedeutet und als uraltes, aus den Zeiten der Könige Melchi-
sedech, Salomon und Herodes auf die Gegenwart herab vererbtes
Vermächtniß hierosolymitanischer Architektur zu betrachten sind.
Auf die Frage, was diese Dunkelkuppeln eigentlich nützen, und
warum von den vielen abgesonderten Dachwürfelterrassen eines

und deſſelben Hauſes häufig nur eine dieſen Schmuck trage, und warum jedesmal eine kleinere Schwellung neben der größeren zu ſehen ſei, lautete die Antwort unabänderlich: „Wer weiß das? So iſt es hier der Brauch. So iſt es in El-Kods (Heilige Stadt) allzeit geweſen.“

Nun möchten freundliche Leſer aber auch wiſſen, was man bei Herrn Meſchullam auf dem Bezethahügel in Jeruſalem für monatlich hundert Franken an Eleganz und Zimmerluxus etwa finden konnte. Das Gemach, wohl achtzehn Fuß in der Höhe, hatte eigentlich für zwei Bewohner Raum genug. Ein erkerartig (Schach-Niſchin) nach der Weſtgaſſe vorſpringendes kleines Zimmerviereck vermehrte noch die Bequemlichkeit. Die Fenſter, verſteht ſich das kleinere, mit ſchwach gefärbtem Glaſe ausgefüllt, allzeit oberhalb des größern wie es im Orient üblich iſt, öffneten ſich weſtlich gegen die tief unten abfallende Steilgaſſe, öſtlich gegen den ſchön gekitteten Innerhof, waren aber in ungleicher Höhe angebracht, was dem Ganzen einen phantaſtiſchen Anſtrich lieh und jenes Helldunkel erzeugte, wie es trüben Gemüthern am angenehmſten iſt. Die beiden anderen Zimmerſeiten, zum Theil in das Mauerquadrat verflochten, waren fenſterlos. Das Hauptmerkmal eines orientaliſchen Herrengemaches, die Erhöhung der größeren Hälfte des Fußbodens über die kleinere mit dem kaum zwei Fuß hohen Scheidegitter, fehlte glücklicher Weiſe nicht; aber ſtatt kurdiſcher Buntteppiche war der reinlich und glattgeſtampfte Eſtrichboden nur mit fein geflochtenen Binſenmatten belegt und der übrige Apparat für Sitzen, Eſſen, Toilette und Arbeit auch nur auf das unentbehrlichſte beſchränkt. Eigentlich elegant und dem beſten Geſchmacke angemeſſen war nur die Lagerſtätte mit der blendend weißen Mückenwehr.

Für viel Geld, wie der Leſer ſieht, gab auch Hr. Meſchullam im Grunde doch nur wenig, und das war der erſte Fehler der neuen Wohnung auf dem Bezethahügel zu Jerusalem. Als zweiter mochte gelten, daß der kluge Hr. Meschullam die theuere Miethe für einen Monat auch noch vorausbegehrte. Für beide Uebelstände jedoch hatte Hr. Meschullam seine Erklärungs-gründe vorzubringen. Fremde habe er nur zwei bis drei Monate des Jahres und da müsse er nun in der kurzen Frist an ihnen soviel verdienen, um den Pachtzins an den musulmanischen Eigen-thümer für das ganze Jahr herauszuschlagen und überdieß auch noch für den Unterhalt seiner eigenen Familie das Nöthige zu erübrigen, von den bekannten Verlusten in der Bauholzlieferung gar nicht einmal zu reden. Der gewöhnliche Pacht für ein leeres mohammedanisches Herrenhaus in Jerusalem macht, wie anderswo des Näheren zu erfragen war, in der Regel nur jährlich drei-hundert Franken und Hr. Meschullam, scheint es, war kein schlechter Rechenmeister. Die Miethe aber jedesmal vorauszu-nehmen, sagte er, nöthigten ihn hauptsächlich Eifersucht und „Brodneid" der Franziscanermönche, welche ihm schon öfter zah-lungsfähige Gäste durch billigeres Angebot verführt und aus seiner Wohnung in die ihrige überzusiedeln verlockt haben sollen. Einer solchen Strebsamkeit fähig wären die St. Salvatormönche aller-dings, aber ich glaubte Herrn Meschullam in diesem Puncte doch nicht geradezu aufs Wort, weil es im Orient überhaupt üblich ist, bei jedem Contract dieser Art wenigstens den ersten Monats-betrag gleich vorauszunehmen. So erhielt einst Don Agostino, mein hochwürdiger Hauswirth in Stambul, aus geistlicher Vor-sicht neben der Zimmermiethe sogar noch die Zehrung auf zw ei Monate vorausbezahlt, ganz nach der bekannten italienischen Klugheitsregel

Scudtere attent,
Pagare lent,
Può dar accident,
Che non paghi nient.

Mit der Verſicherung jedoch, dieſes Mal ſei vom Gewerb-
neid der Franziscaner für ihn nichts zu beſorgen, that ich dem
Wunſche meines Bezetha-Hausherrn Genüge und nahm ſeelen-
vergnügt die ſäuberlich beſtellte Wohnung in Beſitz. Acht funkelnde neue Kremnitzer, blank auf Meſchullams Hand gelegt,
wirkten Mirakel, ſetzten das ganze Haus in Bewegung und ehe
man ſichs verſah, war mit verdoppelter Eile in Zimmer und
Veſtibulum zu Betreibung eigner Wirthſchaft alles Nöthige be-
ſchickt und aufgeſtellt. Zierliche Tiſch- und Handwäſche, zum
Theil goldverblümt, diamanthelles Waſſer in kunſtreich geſchnit-
tenen böhmiſchen Glascaraffen mit Krügen, Becken und Bowlen
aus Majolica gaben dem Zimmer plötzlich eine wohnlichere
Geſtalt, und Toilettebehelfe mancher Art, Aroma-Seifen, Roſenöl
und Aloeholz aus Stambul mitgebracht, ſteigerten Wohlbehagen
und Seligkeit. Es war Ein Uhr Nachmittags, die Sonne lag
drückend ſchwül über dem ſchweigſamen öden Jeruſalem und der
Leſer mag ſich die Wonne denken, mit welcher ſich der allein
gelaſſene Gaſt in den weiten helldunkeln Räumen auf den
Schmutz, auf die Entbehrung und auf die erzwungene Selbſt-
vernachläſſigung eines achttägigen Paläſtinawanderrittes hin in
aromatiſch duftender Zimmeratmoſphäre den Sorgen der Reſtau-
ration überließ, während Antonakis, der Diener, mit zwei Korb-
geflechten, um Kohlen und Lebensmittel einzukaufen, auf den nahen
Baſar gegangen war. Könnte es auch Jemand Wunder nehmen,
wenn ſich nach der letzten Hungernacht in El-Bire, wenn ſich
nach dem nüchternen Morgenritt in die heilige Stadt und nach
der hitzigen Scene zu St. Salvator in der wohnlichen Zimmer-
ſtille zur wiederkehrenden Gemüthsruhe ein heftiges Verlangen
nahrhafter Koſt geſellte, oder wenn einem das beſcheidene, aus
Reis, Huhn, Butter, Eiern und trocknen Südfrüchten mit Schaf-
käſe und einem Kruge ſtrohgelben pikant-leichten Paläſtina-Weines

kundig und schnell bereitete Mittagsessen kräftiger und labevoller,
als kaum zwei Monate früher mit aller seiner Pracht und Herrlichkeit das große Sultans-Mahl auf Haider-Pascha schien?

Dieser Tag, in seiner ersten Hälfte so stürmisch und so zweifelhaft, brachte am Schlusse die Strömung süßesten Wonnegefühls
in das bedrängte Gemüth zurück. So nahe an einander
gerückt sind die Thore des Grames und der Freude und so
wenig bedarf der Mensch, besonders wenn es ein Deutscher
ist, zu seiner Seligkeit und zu seinem Glück! Und doch sind
diese Augenblicke wahrer Zufriedenheit und ungetrübter Harmonie
— sei es Schicksal oder sei es eigene Thorheit — den armen Sterblichen so dünne und so flüchtig zugemessen, daß man beinahe
glauben möchte, Selbstgefühl und Glück, freies Denken und
innerer Friede seien zwei unversöhnliche Elemente, die zu gleicher
Zeit und nebeneinander in unserer Brust nicht bleibend wohnen
können. Das Erbtheil verstandesgesunder und strebender Naturen,
soviel ist schon lange ausgemacht, war von jeher Langeweile,
Traurigkeit und Gram. Und fürwahr, hätte ein gütiges Geschick nach langen Zügen aus wermuthvollem Lebensbecher nicht
auch einige Tropfen Süßigkeit als Labsal hingestellt, wer wäre
stark genug, die Last des Daseins und des „Gedankens" zu ertragen? Welche Plage! Welche Arbeit! Und doch die Mühe und
die Qual vergeblich! Was nützt es, wenn ihr ein Buch geschrieben habt? Was gewinnt die Welt durch eure Phrase und
wäre sie auch noch so anmuthsvoll und harmonisch hingestellt?
Die Erde rollt, es dröhnt schon in der Ferne und die am West-
ende aufsteigenden Sturmwolken werfen ihre Schatten warnend
bis über den Freudensaal und die magischen Zinnen im Kastanien-
dickicht von*Bujukdere. Die Kolchis-Lust, sie war schon lange
weggebraust, und die gelben Tinten der pontischen Ranunkel,
der lilafarbige Blüthenstrauß des immergrünen Rhododendron,

einſt unſere Seligkeit, haben in der trüben Atmoſphäre des Occidents ihren Schmelz abgeſtreift. „Selbſt Ruine" — ich fühlte es — konnte ich nur noch einſam unter Ruinen wandelnd glücklich ſein. Aber nicht die Trümmer von No-Amun oder Baalbek, nicht die Waldeinſamkeit auf Hagion-Oros und ihr Schattenflor, nein, die Ruinen von Jeruſalem und ihre großen Erinnerungen mußten mein Labſal ſein. Jeruſalem iſt die Stadt der Trauer, die unſere Seele reinigt, die Stadt der ſüßen Qual, für die man keinen Namen hat. Und warum ſoll ich es nicht geſtehen, den letzten Zug aus dem ſprudelnden Lebensquell, aus dem Eimer der Freude, der Kraft und des Thatendrangs habe ich auf Zion eingeſchlürft, und eine lange, lange Nacht der Trübſal, der Noth, der verwelkten Energie und der Hoffnungsloſigkeit iſt der lieblichen Abendſtille und dem vergoldeten Purpurſtreif des blauen Himmels von Jeruſalem gefolgt. Warum iſt denn aber auch nur in Deutſchland alles dahin, was dem Leben Reiz und Freudeſchwung dem Gemüth gewährt! O gewiß, der Thor allein hält jetzt noch Freudenmahle und fühlt den Gram des Tages nicht. Ja, ich liebe die Traurigkeit, und weil mit der Hoffnung auch der Glaube erloſchen iſt, ſoll hinfüro Einſamkeit mit Düſterſinn und Melancholie mein Zechgelage ſein. Doch, warum klage ich ſo ungebärdig und warum trage ich vor gleichgültigen Zeitgenoſſen, vor froſtigen Dilettanten meinen Schmerz zur Schau? Die Gemüthstrauer hat etwas geheiligtes, das ſich vor ungeweihtem Blick verbergen und vulgärem Urtheil entziehen ſoll. Eine tägliche Aufſchreibung, eine ſchmuckloſe Chronik über alles was ich während der letzten, dem großen europäiſchen Sturm unmittelbar vorausgehenden Wochen des Jahres 1847 in der Heiligen Stadt geſehen, bemerkt und aufgeſchrieben habe, wäre den meiſten Leſern angenehmer als trübſelige Nachtgedanken, ja tauſendmal willkommener als die ſchwung-

vollste Threnodie über deutsches Mißgeschick. Bloß um Huhn
mit Reis zu essen, bloß um Hrn. Meschullam für mäßige Be-
quemlichkeiten auf der Bezethahalde monatlich viel Geld zu zahlen,
bloß um vom Oelbergkamm das verfallene Jerusalem und
tief unten das Todte Meer mit dem kalkgetränkten Jordan-
strom zu sehen, denkt der Leser, geht kein deutscher Litterat,
sei er auch noch so stark von Schwärmerei und Trübsinn heim-
gesucht, von München über Bujukdere nach Jerusalem. Sei
es Neugierde, sei es Eitelkeit, Interesse, Langeweile oder natür-
liches Verlangen in einer schwebenden Streitfrage mit zu reden,
müßig bleibt man so lange nicht in Jerusalem; und Monate
lang in schwärmerischen Träumen hinzudämmern kann wohl im
glühenden Indien dem Brahminen gelingen, nicht aber dem
langsam athmenden Germanen, der in David Strauß bewandert
ist, Gibbon aber, August Platen, Lord Byron, Eduard Röth
und den feinen Spötter Lucian gar nicht aus den Händen läßt.
Selbst Wanderer, die an den Monumenten von Hellas und
Alt-Aegypten nur mit fröstelnder Bewunderung vorübergingen,
haben in Jerusalem ihre Empfindungen aufgeschrieben und den
Inhalt ihres Tagebuches gut oder schlecht, langweilig oder unter-
haltend, nach der Heimkehr in Europa öffentlich zu Markt gebracht.
Neben diesen ungezählten Beschreibungen, die besonders seit
Chateaubriand's poetisirendem Itinéraire von Paris nach Jerusalem die Neugier der Leser zu beschäftigen und ihre Geduld zu
ermüden nicht enden wollen, wäre am Naturgemälde der Heiligen Stadt vielleicht doch noch eine Seite hervorzuheben und
eine Färbung anzupreisen, welche die wenigen Trefflichen in ihren
Werken vielleicht absichtlich nicht berührten, die vielen Schwachen
aber in ihrem unselbständigen und langweiligen Geklimper zu
entdecken nicht das Geschick besaßen.

8*

Für alle socialen Nöthen, für die politische wie für die kirchliche Bewegung, die jetzt über Europa fluthet, bildet Jerusalem
eingestandenermaßen den Schluß= und Ausgangspunct. Der
schärfste Pfeil und das letzte Argument wird in beiden Heer-
lagern, die sich in Europa gegenüberstehen, aus Jerusalem ge-
holt. Seht, sagen die Einen, hier ist das Grab, aus welchem
Er, der Besieger der Sünde und des Todes, die Quelle aller
„Ordnung und Autorität", lebendig hervorgegangen ist. Nein,
sagen die Andern, Er lehrt nicht die „Ordnung" in eurem Sinn.
Er lehrt die geistige Entfesselung der Sterblichen, die Freiheit
und die Revolution; auch ist hier sein Grabmal nicht wie ihr
saget, und alle Gründe, auf die sich euer Thema stützt, sind
faul und wurmstichig. Die Sache selbst, das Dogma der glorreichen Urständ, lassen beide Parteien weislich unberührt und
der Leser besorge ja nicht, daß wir unsere Unwürdigkeit soweit
vergessen und der politischen Auferstehungsfrage des deutschen
Volkes gegenüber auch noch die furchtbare Paulinische Alternative
(1. Korinth. 15, 14) zur Sprache bringen. Andern Leuten Mangel an Einsicht und Schärfe zum Vorwurf machen, ist selten
schön und noch seltener lobenswerth. Wo sich aber zum Mangel
guter Kenntnisse noch übler Wille, frömmelnde Insolenz und geistliche Härte gesellt, wie bei Caplan Williams u. Comp., da wären
scharfe Gegenreden etwas leichter zu entschuldigen. Was in der

europäischen Politik die deutsche Frage und ihr unentwirrbares
Labyrinth, dasselbe ungefähr ist in der Alterthumswissenschaft,
wenn man Kleines und Entferntes mit Großem und Nahem vergleichen will, der hartnäckige, seit einem Jahrhundert leidenschaftlich verfochtene und noch heute unentschiedene Streit über
das Heilig-Grab in Jerusalem. Und eben weil sich unsere Betheiligung an der deutschen Frage nur eines höchst mittelmäßi-
gen Erfolgs zu erfreuen hatte, möchten wir durch besseres Glück
und durch erprobtere Geschicklichkeit in Ausgleichung des Heilig-
Grabstreites das Andenken an die frühere Unzulänglichkeit auszutilgen wenigstens den Versuch nicht scheuen.

Liegt es auch nicht in der Absicht, den vorausgegangenen,
meistens gleichlautenden und bis zur Sättigung vervielfältigten
Beschreibungen der Heiligen Stadt noch eine neue beizufügen, so
begreift doch Jedermann, daß in der Sache etwas Neues und
Entscheidendes, etwas auch für Nicht-Palästina-Wanderer Ver-
ständliches und Belehrendes ohne scharfe Zeichnung der Oertlichkeit
nicht aufzubringen ist.

Eine Landeshauptstadt — und das ist Jerusalem heute noch
— kann sich ein deutsches Gemüth allzeit nur in der Nähe eines
lebendigen Wassers und beinahe auch nur auf geebnetem Boden
denken. Der schmutzige Nesenbach von Stuttgart und der kleine
liebliche Koweïk nahe an Haleb sind das Geringste, was in diesem Punct von einer großen Binnenstadt erwartet wird. Der
Stadt Jerusalem fehlen aber beide Bedingungen, das fließende
Wasser wie das geebnete Terrain, in ganz besonderem Grade.
Jerusalem — das ist im Allgemeinen freilich nicht unbekannt, —
auf breitem Gebirgsrücken über schluchtig durchbrochenes Stein-
hügelrevier schweigsam und melancholisch hingegossen, liegt ungefähr in der Mitte zwischen dem Kreidestrand des Mittelmeeres
und dem tamariskenbewachsenen Ufer des nie versiegenden Jordan-

ſtromes. Nach beiden Richtungen hin mögen es etwa von der
Heiligen Stadt aus gerechnet zehn bis zwölf Wegſtunden in ge-
meſſenem Caravanenſchritte ſein. Dieſe dünnen und matt ver-
ſchwimmenden Umriſſe jedoch geben noch kein deutliches Bild und
der Leſer fühlt es ſelbſt, daß ohne treue Zeichnung dieſes „breiten Gebirgsrückens" Begriff und Verſtändniß über Jeruſalem nicht
zu vollenden ſind. Dieſer Gebirgsrücken, dieſes ſchluchtig durch-
brochene Hochland, auf welchem Jeruſalem liegt, iſt etwa nicht,
wie es ſich vielleicht in Europa mancher Leſer denkt, eine iſolirt
aus der Fläche ſich aufſchwingende Terrainerhöhung von wenigen
Quadratmeilen Oberfläche; nein, es iſt hier von keiner Zufälligkeit, von keiner vorübergehenden Laune der Natur die Rede;
dieſer Gebirgsrücken iſt der weſentliche Beſtandtheil, iſt wie das
Knochengerüſte und gleichſam wie der Rückgrat des Landkörpers,
den man Paläſtina nennt. Dieſer Rückgrat geht vom Fuße
des Antilibanon, der Paläſtina im Norden ſchließt, bis zur
oaſenreichen Wüſte hinab, die als Südgrenze des gelobten Landes vom Rothen Meere herauf bis in die Nähe von Hebron reicht.
Die ganze Länge des Grats und ſohin auch des Landes Paläſtina ſelbſt von Nord nach Süd wird auf etwa ſechsunddreißig
deutſche Meilen oder zweiundſiebenzig Wegſtunden angeſetzt. Die
Landesbreite dagegen vom Strande des Mittelmeeres bis zum
Jordanfluß durchſchreitet man in wenig mehr als zwanzig Stunden
Zeit, und bloß auf dieſem verhältnißmäßig ſo engen Raume hat
bekanntlich Joſua, ohne die drei kleinen Fürſten jenſeits des
Fluſſes zu rechnen, achtundzwanzig Könige beſiegt und wegge-
räumt. Die phöniciſchen Volksſtämme Paläſtina's — ſoviel iſt
zu unſerem Troſte klar, — waren politiſch in noch winzigere
Parzellen zerſchlagen und in der gemeinſamen Noth auswärtiger
Bedrängniß, wenn auch nicht ebenſo rathlos, doch auch nicht
viel einiger und viel klüger, als es heute die Deutſchen ſind.

Ja, im Grunde genommen, stehen diese phönicischen Theilstaaten
Alt-Palästina's sogar noch hinter den germanischen der Jetztzeit
zurück, da im Buche Josua weder von einem Jebusitischen Parlament, noch von Bethel-Conferenzen, noch von einem Jerichunischen Bundestag und seiner Medicin, ja nicht einmal von
einem Parlaments-Philister *** auch nur das Geringste zu lesen
ist. Man sieht es ja, wir benützen jede auch noch so unscheinbare und auch noch so entfernte Veranlassung, die unzufriedenen
Deutschen mit ihrem Schicksal auszusöhnen, ihre Verleumder und
Ankläger aber durch Exempel aus der heiligen Schrift zu beschämen und stumm zu machen. Bei diesem Streben lassen wir
es aber nicht bewenden, wir möchten gar zu gern mit wenigen,
aber malerisch gewählten Sätzen, wie Meister Rugendas sein
Mexico, gleichsam ein Landschafts-Daguerrotyp von Palästina
zeichnen.

Füllet nun, das will jetzt der Leser wissen, dieses eingefurchte und thaldurchrissene Berghügelland, dieser Gebirgsrücken,
von dem eben die Rede war, wie die ganze Landeslänge von
Nord nach Süd, vom Libanon bis zur Sinaiwüste, so auch die
ganze Landesbreite vom Meeresstrande bei Jafa bis östlich zur
Jordansfluth?

Kommt Einer vom Landungsplatz in Jafa durch enge Krummgäßchen erst auf die Höhe des amphitheatralisch von der Stadt
und ihrer Citadelle bedeckten Stumpfkegels hinauf, so entfaltet
sich plötzlich und wie im Zauberschlag eine breite, wellig hinfließende, links und rechts mit dem Himmelsbogen in einander
rinnende, im Osten aber durch eine geradlinig von Nord nach
Süd streichende Hügelkette geschlossene Feldebene vor dem überraschten Blick. Soll man dem Leser etwa erst noch besonders
sagen, daß diese östliche Hügelkette nichts anderes, als der eben
besprochene „breite Gebirgsrücken" von Palästina, die Feldebene

selbst aber das vielgepriesene Saron des Hohenliedes ist, jene
Blumenaue des jüdischen Lyrikers, noch heute Sitz üppiger Fruchtbarkeit und Saatenlust? Im Halbbogen um die Stadt Jafa
schlingt sich von Meer zu Meer ein breiter Gürtel immergrüner
Pomeranzengärten, und vom schattenvollen Dickicht dieser Pomeranzengärten bis zum Fuß der vorgenannten Hügelkette geht es
bald flach, bald sanftwellig am lieblichen Ramleh und seinen
Cactuszäunen wohl fünf gute Reitstunden auf der wasserreichen
blühenden Aue fort. Um den Leser nicht zu ermüden und seinen
Sinn durch gehäufte Bilder nicht zu verwirren, wollen wir ihm
jetzt noch nicht sagen, daß diese fettgrasige Humusebene, dieses
Lilienfeld des hebräischen Anakreon, in seiner Ausdehnung vom
alten Philistäerlande bis zum Weißen Vorgebirg des Antilibanon
nicht überall von gleicher Breite ist und zwölf Stunden nördlich
von Jafa sogar durch den niedrigen, schmal und busig heraus-
springenden Karmel flüchtig unterbrochen wird. Dieser Neben-
umstand, dieses kleine, von Jafa aus nicht einmal recht bemerk-
bare Intermezzo enthebt jedoch den Leser nicht von der Nothwendigkeit, diese Humusebene, dieses Feld Saron, diesen breiten
Küstenraum als charakteristischen Palästinalandschaftspinselstrich der
Phantasie einzuprägen. Gelehrten Lesern, besonders wenn es
Heilig-Grab-Pilger sind wie Titus Tobler, mag unser Ringen
nach Klarheit der Darstellung wenigstens überflüssig, wo nicht
gar verfehlt und lästig scheinen. Wir schreiben aber nicht für
Dr. Titus Tobler, noch weniger für berühmte Wanderer und
geniale Landschaftzeichner, wie Moriz Wagner; wir schreiben,
aufrichtig gestanden, zumeist nur für die mühevoll lebenden,
wißbegierigen, armen Leute deutscher Zunge, die auch gern von
Palästina etwas kennen möchten, aber selbst in das Land der
Verheißung hinzuwandern oder auch nur die hochstudierten Reise-
bücher zu verstehn, Mittel und Wege nicht besitzen. Natürlich

merken die liebenswürdigen Tiroler von selbst, daß hauptsächlich
sie und ihre „acht Seligkeiten" der Gegenstand unserer descrip-
tiven Sorgfalt sind.　Witzig und duldsam von Natur verstehen
die Tiroler in weltlichen Dingen, wie etwa in Steuersimplum und
Recrutiren, ohne viele Worte die Leute schon auf halbem Wege.
Nur wenn von himmlischen Freuden und vom gelobten Lande die
Rede geht, ist man ihnen niemals deutlich und lang genug.

Nur in dieser Voraussetzung können wir jetzt im Texte weiter fahren und dem Leser zu bedenken geben, daß der so oft
erwähnten Strandebene und ihrem Meere im Westen des „Gebirgsrückens" oder der Hügelkette auf ihrer Ostseite ganz genau
die zwar schmale, aber dem Mittelmeer parallel laufende Thal-
fläche des Jordanflusses mit den Seen Hule und Tiberias im
Norden und dem Todten Meere im Süden ganz genau entspricht.
Liegt nun aber nach den neuesten Bestimmungen der Wasserspiegel
des Todten Meeres, in welches der frisch niederrauschende Jordan
noch ohne Katarakte stürzt, gegen dreizehnhundert Fuß tiefer als
der Wasserspiegel des Mittelmeeres bei Jafa, so fällt nothwendig
auch der vielgenannte breite Hochlandrücken von Palästina mit
seiner Ostseite nicht so sanft ablaufend und blumig wie im Westen
gegen Saron, sondern steil, rasch, wild und tief in das nur
etwa vier Stunden breite, hoch und kahl eingerandete, glühend-
öde Längenthal hinab, in dessen Mitte, von zwei grünen Kurz-
holzstreifen eingehüllt, der Jordan vorübereilt.　Der Contrast der
beiden Randflächen ist auffallend.　Die Westseite des Central-
Bergrückens, von Jafa aus über den grünen Schmelz der Ebene
hin im Abendschein der Sonne besehen, entzückt das Auge durch
wundervolle Milde und Symmetrie; die Ost- oder Jordansseite
dagegen mit ihrer Verlassenheit und mit der langen Zeile ihrer
hohen traurigen Kalkwände, ihres todten Steingerölles und ihrer
zerrissenen Stürze erfüllt das Gemüth des fremden Wanderers

mit der trübſten Melancholie. — Soviel mag dem Leſer zum
Verſtändniß der äußeren Umriſſe des Paläſtiniſchen Hochlandrückens genügen. Nun wäre auch noch von der Oberfläche und
von der innern Geſtaltung dieſes Hochlandrückens Einiges anzu-
merken, was ſchon bedeutenderen Schwierigkeiten unterliegt. Man
kann ja nicht wiſſen, ob es ſchon ein faßliches Bild gewährt,
wenn man dem Leſer ſagt: dieſe Oberfläche des Paläſtiniſchen
Landrückens ſei uneben, ſei felſig, ja gebirgig und tief eingefurcht, ſei nach allen Seiten von Thalungen durchſchnitten, deren
Anfänge nicht etwa gleichmäßig links und rechts von dem oben-
bezeichneten, das Land von Nord nach Süd durchziehenden Haupt-
knochengrate auslaufen, ſondern die vielmehr in abenteuerlichem
Gewirre in einander verſchoben und verſchlungen ſind und weſtlich auf die weite Grünebene Saron, öſtlich in die enge, ausgebrannte und baumloſe Jordanaue münden, im Innern aber
bald kleine Hochflächen, bald ſchluchtige und ſchattenvolle Tief-
riſſe, bald auige Niederungen und geſchloſſene Hügelmulden der
lieblichſten Form bilden. Aber vielleicht iſt das Alles zum Verſtändniß noch lange nicht genug. Wir wollen deswegen ein anderes Bild verſuchen. Denkt man ſich das Brauſen eines fluthen-
aufſchwellenden Meerſturms plötzlich in ſeinem Zorn verſtummt
und das wogende Wellenlabyrinth mit ſeinen Höhen und Tiefen,
ſeinen Langzügen und Rundungen wie durch Zauberſchlag in
vollem Schwung verſteinert, ſo wäre es vielleicht der gelungenſte
Schattenriß des jüdiſchen Hügellandes. Nur Eines haben wir
bisher verſchwiegen und haben in weiſer Oekonomie den Leſer
auf der Meinung belaſſen, dieſes nun ſattſam gezeichnete und ſo
ungleich geſchwellte Paläſtina-Hügelland ſtreiche vom Fuße des
Antilibanon in ununterbrochener Strömung und gleichſam wie
ein verſteinerter Wellenſund der ganzen Länge nach bis in die
ſinaitiſche Wüſte hinab. Das iſt nun nicht ſo; es findet eine

Unterbrechung statt. Ein Querspalt, von der Strandfläche im Westen bis zur dürren Jordansaue im Osten mitten durch das Bergland brechend, reißt dieses Hügelland, diesen Gebirgsrücken in zwei ungleiche, von einander vollkommen getrennte, für sich bestehende Hälften auseinander. Die kleinere nördliche dieser Hälften, wohin Nazareth, der Taborkegel und die weiland liederlichen Städte am See Genesareth gehören, heißt bei den Abendländern noch heute Galiläa und fällt zwischen benanntem Querspalt und den Antilibanon hinein. Die größere südliche Hälfte aber ist das eigentliche Judäa mit dem Gebirge Ephraim und den beiden Hauptstädten Samaria und Jerusalem. Denke sich aber der Leser unter diesem Querspalt etwa nicht einen wild und schluchtig von hohen Bergen eingeengten Tiefriß, wie z. B. das Tempethal in Thessalien oder wie den wilden Kuntersweg in Tirol. Der Querspalt ist eine flache, fette, durch Grundquellen reichlich getränkte, nur zu Anfang und zu Ende durch tiefe Paßengen geschlossene, in der Mitte aber wenigstens vier Reitstunden breite, fluthig, lieblich und niedrig eingerahmte Feldebene, die an Fruchtbarkeit mit der Anemonen-Aue Saron buhlt, wo nicht gar an Fülle und Segen sie noch übertrifft. Im Alten Bunde war es das vielgepriesene Thal Jesreel, bei den Spätern ist es „Feld Esdrelon", war aber für Krieg und tummelnde Reiterschaaren von jeher ebenso geeignet und erwünscht, wie für das Sichelspiel des Schnitters und das stille Glück des Idyllenlebens.

Um sich aus diesen Umrissen ein leidliches Schattenbild des ganzen Heiligen Landes vorzumalen, genügt auch eine mäßig erwärmte Phantasie. Galiläa, die kleinere Nordhälfte und gewissermaßen die „Krajina" Palästina's, mit ihrem Taborkegel und ihren grünen Ilexbüschen, sparen wir auf eine spätere Gelegenheit und schweifen mit unserem Blick über das südliche, hochwelliger aufgeworfene Bergrevier endlich gegen Jeruſalem hinauf. Vom Rande der bauchig ausgeſchweiſten Eëdrelon-Ebene, von welcher eben die Rede ging, bis in die Heilige Stadt reitet man über Berg und Thal in etwa zwanzig Stunden Zeit, und wer immer liebliche Hügelformen, ſchöne Halden und reizende Mulden ſehen will, der komme in dieſe Gegend des alten Judenlandes und er wird noch heute die Thränen und das ſehnſuchtsvolle Heimweh der exilirten Zitherſpieler „an den Weidenbächen Babylons" be-greifen. Und ſind auch heute die dunkeln Wälder mit ihrer Schattenkühle bis auf kümmerliche Reſte weggeſegt, iſt auch der Quellenreichthum meiſtens ausgetrocknet, die Grasmatte verſengt und an vielen Stellen ſelbſt die Fruchterde mit Fett und Pflan-zenkeim durch den Wetterſturm weggeſchwemmt, und tritt auch in langen Zügen das verdorrte Geſtein, das ſaft- und nervenloſe Knochenwerk des Urbodens zu Tage, ſo vergeſſe ich doch ſelbſt mitten im Parteigewühl des gährenden Occidents nie mehr die ſchattigen Tiefgründe von Sindſchel, die Myrten, die Nußbäume, die Oel- und Feigengärten und das traubenvolle Geranke ihrer zauberiſch gerundeten Hügel, nie mehr die Baumwipfel der Silo-Höhe, wie ſie gewiegt in ſchwellender Morgenluft den unten vorüberziehenden Fremdling grüßten, nie mehr die reizende Sa-maria-Kuppe und ihre mattgrünen Tinten; am wenigſten aber dich, Sanir-Mulde, deine Safranblüthe, deine Melancholie und deinen Asphodill. Nirgend ward es mir ſo deutlich wie hier, daß die Urſchöne einer Landſchaft ganz zu verwiſchen Neid, Thor-heit und Zerſtörungswuth der Menſchen ſelbſt im Bunde mit den zürnenden Elementen unvermögend ſind. Was und wieviel aber dieſe finſteren Mächte in vereinter Kraft vermögen, haben ſie an Jeruſalem und ſeinem Weichbilde kund gethan. Land-ſchaftsreize, wie ſie vom Sänger des Hohenliedes und von den alten Propheten bis Flavius Joſephus herab geprieſen werden,

die hainbekränzten Höhen, Lustgärten mit dunkelrother Granaten-
blüthe, von Buschwerk eingeranktes Rebgelände, unter Laubdickicht
versteckte Maierhöfe, frischen Quellensprudel, oder den noch zu
König Ezechias Zeiten mitten durch die Heilige Stadt rauschenden perennen Wasserbach sucht natürlich heute Niemand mehr in
Jerusalem. Leicht ist es aber dennoch nicht ein treues Sommer-
bild der Steindürre, der Verlassenheit und Oede dieser einst so
wonnevollen Stadt zu malen. Sichem (Nabolus), die schmutzigste
— aber zweitgrößte und verhältnißmäßig wohlgebauteste Stadt
Palästina's mit ihren hohen Steingebäuden und schiefergrauen
Dachkuppeln, liegt in einem quellenreichen, üppig grünen, mit
Gärten angefüllten Hochthale, und die luftigen Berggipfel der
Nachbarschaft sollen eine Höhe von dritthalbtausend Fuß über
dem Wasserspiegel des Mittelmeeres erreichen, nebenher aber doch
das Thal=Niveau um kaum achthundert Fuß überbieten, so daß
zwei merkwürdige Städte des Erdbodens, Sichem in Palästina
und Derwischabad im Bojerlande, verwandt an Frömmigkeit
und conservativem Sinn, auch ungefähr von gleicher Bodener-
höhung über dem Mittelmeere sind. Sagt man nun, der luftige,
von der Stadt Jerusalem durch eine rasch abfallende enge Tiefschlucht getrennte Höhenzug, den man in Europa den Oelberg
nennt, sei gerade ebenso hoch wie die kahlen Berggipfel von Sichem
und nur um etwa hundertundfünfzig Fuß höher als die sanft-
anlaufende, Jerusalem tragende Hügelschwellung Zion, so müßte
auch ein zahlenscheuer und mehr nach Unterhaltung als nach
trockener Belehrung strebender Leser deutlich genug erkennen, daß
die Heilige Stadt beinahe zweitausendundvierhundert Fuß über
dem Wasserspiegel des Mittelmeeres liege, und daß man folglich
von allen vier Weltgegenden, wie die Schrift sagt, nach Jerusalem „hinaufgehen" müsse. Aber in einer Landschaftsschilderung
viel von Algebra und Pariser Fuß zu reden, wäre ohne Frost

und ohne tödtliche Langeweile der meisten Leser gerade jetzt nicht möglich, wo das deutsche Publicum in täglichen Berichten ebenso geistreich als pikant über den neuen Bundestag unterhalten wird. Diese dürren Stellen ganz zu umgehen, wäre jedoch auch nicht räthlich; aber so schnell als möglich darüber wegzueilen ist unsere Pflicht, und wir fügen vorläufig nur noch die Warnung bei, ja etwa nicht zu glauben, das Hochterrain, auf welchem Jerusalem steht, falle gleich außerhalb der Ringmauer schon nach allen vier Weltgegenden rasch und steil in die Tiefe hinab. Diese Vorstellung wäre nur nach drei Seiten hin (östlich, westlich und südlich) die richtige; denn Jerusalem — das ist das Hauptmerkmal — liegt wie auf einem flächig und breit von der Nordseite herabfließenden, links und rechts durch Schluchten eingeengten, südlich aber in rascher Terrainsenkung tief abfallenden Promontorium, das aber in seinem Innern, wie es der Leser gern denken möchte, doch keine zusammenhängende und flächige Einheit bildet, sondern gleich am nördlichen Eingange der Stadt selbst wieder in zwei parallel laufende, durch die nur matt eingedrückte Thalmulde „Thyropöon" getrennte Höhenzüge auseinander geht. Der westlichere dieser beiden, wie gesagt, erst in der Stadt selbst auftauchenden Höhenzüge ist der schön gewölbte und breitleibig hingestreckte eigentliche alte Zion; der östlichere dagegen ist dem Doppelhöcker eines baktrischen Lastkameles gleich und wird von den Europäern mit den beiden alten Benennungen Bezetha und Moriah belegt. Der Moriahhöcker, als der südlichere unmittelbar über der Tiefschlucht hängend und von unten herauf besehen gleichsam in der Luft schwebend, trägt noch heute das furchtbare Quadratgemäuer der von Cypressen, Oelbäumen und Celtis Australis dünnbeschatteten Salomonischen Tempelfläche mit dem Prachtbau der Omar-Moschee und ihrer lasur- und goldstrahlenden Herrlichkeit. Denkt sich der Leser

nun im Geiste oder lieber mit der Bleifeder in der Hand diese
beiden Stadthöhenzüge, Zion und Bezetha-Moriah, sammt der
Mulde dazwischen mit Gebäuden überdeckt, von den Außenschluch-
ten des Promontoriums dagegen die westliche — Hinnom genannt — verhältnißmäßig sanft und flach ablaufend, die östliche
— das Thal Josaphat — steil, wild und tief eingebrochen,
beide aber dicht unter der hohen Südfronte des Promontoriums
in einander rinnend und dann nach kurzer Gartenlust als grausenvolle Wildbachschlucht in öden Steilwindungen zum Felsen-
kloster St. Saba und von dort durch noch traurigere Stein-
thäler, im Ganzen wohl neun Stunden, fort zum Todten Meer
hinabstürzend, so hätte er gewissermaßen die ersten und noth-
wendigsten Striche eines Lichtbildes vom heutigen Jerusalem.

Terrainschilderungen, glaubt es nur, sind unter allen Dingen
das schwierigste und zugleich das undankbarste, was man mit
der Feder unternehmen kann. Wir fühlen es vielleicht eindring-
licher als der Leser selbst, der an der Trockenheit solcher Stellen
flüchtig vorübereilen kann. Ist aber irgend Jemand bei reger
Wißbegier doch so arm an Phantasie, daß er sich mit Hülfe all
des oben Gesagten noch keine Vorstellung von Jerusalem machen
kann, so bleibt ihm nichts übrig als den Wanderstab zu ergrei-
fen, um an Ort und Stelle selbst des Seelenheiles wegen sein
topographisches Studium zu vollenden. Der Eindruck, wenn
man vom Todten Meer und von St. Saba heraufreitend plötzlich aus der tief eingerahmten Engschlucht hinaufblickt und hoch
oben über den Steilrand von Zion und Moriah einsam und
fahl im hellen Morgenschein ein Segment der Mauerzinnen von
Jerusalem vorüberstreichen sieht, ist von unbeschreiblicher Feierlichkeit und Melancholie. Manchen Leser, besonders aus dem
gottesfürchtigen Tirol, könnte es aber leicht verdrießen, wenn
Jemand sagt, das Thal Josaphat, wo doch am Ende der Zeiten

ſo Großes geſchehen und das ganze menſchliche Geſchlecht leib-
haftig zuſammenkommen ſoll, ſei höchſtens eine Viertelſtunde
lang, ſei eigentlich nichts als ein wilder Riß, eine Tiefſchlucht,
zwiſchen dem doppelhöckerigen Langzug Bezetha-Moriah und dem
Oelberge ſo ſchmal eingekeilt, daß ſie länger fort kaum für ein
trockenes Wildbachbett und für einen Wanderpfad Raum gewährt.
Vom Stadtthore herab bis zur Joſaphat-Thalſohle, wo ſie das
Grab der Maria zeigen, ſind es im geflügelten Schritt freilich
nur etwa fünf Minuten Zeit; dagegen braucht man wohl mehr
als das Dreifache, um auf der anderen Seite, an Gethſemane
vorüber, langſam aufſteigend den Kamm des Oelbergs zu erreichen. Im Grunde genommen aber iſt ſelbſt dieſer vielgeprieſene
Oelberg mit ſeinen drei Kammhügelſchwellungen auch nur ein
mit dem ſtadttragenden Promontorium gleichzeitig und parallel
von der vielbeſprochenen Nordfläche auslaufender, die Zionshöhe
um weniger als zweihundert Fuß überragender Langzug, der ſich
nach dem natürlichen Bodengeſtaltungsplan offenbar als äußerſter
Grabenwall um ganz Jeruſalem kerben ſollte, aber gerade der
Tempel-Area gegenüber mit ſeiner wundervollen und breitange-
häuften Rundkuppe raſch in eine liebliche Einſattelung nieder-
ſtürzt und den Reitweg aus dem Thale Joſaphat gen Bethania
und Jericho offen legt. Der Oelberg, wenn die Eingebornen
Sinn für Freude hätten, wäre noch heute die Luſtpartie von
Jeruſalem, wie er es in weit höherem Maße ohne Zweifel auch
ſchon im Alterthum geweſen iſt. Bäume und Schatten mit dem
fetten weichen Graſe der früheren Zeit findeſt du freilich nicht
mehr und der Kidronbach unten in der Joſaphatſchlucht iſt ſchon
lange ausgetrocknet; aber allen Verwüſtungen zum Trotz iſt die
Oberfläche des Oelbergs beinahe überall noch mit Fruchterde überdeckt und ergetzen ſogar einzelne Gruppen von Oel- und Feigenbäumen mit ſtrauchartig wuchernden Weinreben, beſonders auf

der Ostseite, den müden Blick. Mancher Leser erinnert sich noch
des langen Hochpfades mit der wundervollen Aussicht im heiligen Athoswalde. Ebenso streicht, wenn der Vergleich zulässig
ist, von der vielbesagten Nordfläche ausgehend bis zum Dorf
auf der großen Kuppe der ganzen Länge nach ein Reitweg über
den Oelberg-Kamm, und auf diesem Reitwege sieht der Wanderer jenseits der Josaphat-Schlucht in ihrer vollen Ausdehnung
mit all ihren Kuppeln, Zinnen und Ruinen die sich gegen den
Oelberg abdachende Heilige Stadt im schönsten Licht, während
ihm auf der anderen Seite tief unten von seiner ausgebrannten
menschenleere Aue der Jordan mit einem Segment des Todten
Meeres entgegenblitzt. Hier ist das schönste Panorama, und
nur wenige Tage des Aufenthalts vergingen, ohne daß ich angefächelt von lauen Lüften über diese Höhe wandelte und in reichen Zügen die Herrlichkeit der wundervollen Scenerie genoß.
Welche Pracht des alten Jerusalems von diesem Puncte aus
besehen! Hier weinte Er über die Hartnäckige und über ihr
kommendes Geschick. Und wahrhaft, noch heute möchte man
Thränen vergießen, wenn man für Greuel und Ruinen noch
Thränen hätte. Must I not die, „muß ich nicht sterben“ dachte
ich mitten im Freudentaumel bei mir selbst und stieg traurig
zum verlassenen Gemäuer herab, auf welchem neulich Meister
Halbreiter seine Fernsicht von Jerusalem gezeichnet hat. Gerade
in dieser Gegend der Oelberghalde war, als Titus Jerusalem be-
lagerte, die berühmte zehnte Legion aufgestellt. Bedenkt man,
daß diese erprobten Veteranen bei einem Ausfalle der nur mit
Panzer und Schwert bewaffneten, aber wuthentbrannt vom Thale
Josaphat heraufstürmenden jüdischen Kriegerschaar trotz ihrer Disciplin und ihrer vortheilhaften Stellung im Handgemenge überwältigt, aus ihrem Lager hinausgeschlagen und bergaufwärts in
so wilde Flucht getrieben wurden, daß der Imperator selbst mit

der prätorianischen Cohorte herbeieilen und den Sturm hemmen mußte, so werden die Feinde und Verräther Israels vielleicht ob ihrer Ungerechtigkeit einige Beschämung fühlen und das soldatische Geschick, den Heldenmuth und die todverachtende Kühnheit des jüdischen Volkes besser würdigen lernen. „Diese Leute wollen sterben," riefen die Centurionen und wichen entsetzt vor den Rasenden zurück. Eben weil sich die Stadt ostwärts gegen den Oelberg neigt, ist ihr Anblick von Westen her für den von Jafa heraufreitenden Frembling unvortheilhaft und ohne Reiz. Man sieht nur die am öden Hinnomsrand hinstreichende Festungsmauer und weiß nicht, was hinter ihr verborgen ist. Dagegen braucht es nach allem was man bisher gesagt, keine lange Erklärung, um zu begreifen, daß eine Erweiterung der Stadt über den ursprünglichen Zionsplan hinaus nur gegen die vielbenannte Nordfläche hin denkbar ist, daß aber auch der Feind jedesmal nur von dieser Seite her Jerusalem bedrohen kann, und daß folglich auch die Vertheidigungswerke ihre meiste Stärke nach·dieser Richtung hin zu entfalten haben. Ebenso wird, wenn man sich Jerusalem in seiner Vollpracht zur Zeit des Königs Herodes denkt, das Gedränge, der Markt, der Luxus, die Gartenlust, überhaupt der Brennpunct des bürgerlichen Verkehrs und des städtischen Lebens vorzüglich auf dieser Fläche zu suchen sein. Wir sagen dieses nicht umsonst und es wird sich in der Folge zeigen, wie viel diese Bemerkung eigentlich zu bedeuten hat.

IV.

Daß der Busch, die Staude, das Strauchwerk, sogenanntes Kurz- oder Unterholz mit seinem Immergrün, seiner Laub- und Schattenfülle im Allgemeinen wesentlicher Schmuck jeder Landschaft sind, insbesondere aber den Wäldern in Kolchis, auf Hagion-Oros und am Bosporus vorzüglich ihren Zauber leihen, ist anerkannt. Mastixstrauch und Arbutus Andrachne mit der korallenrothen Sammetrinde lassen selbst die Magerkeit eines attischen Bodens vergessen; und träufelt nicht schon gemeines Gesträuppe, der Weißdorn, die Hagebutte, der Brombeerstrauch, der Erlbusch, die Haselstaude, der Maßholder, der Hartriegel, das Viburnum Lantana im Frühlingshauche lauer Zephyrlüfte selbst auf Derwischabadflächen noch einige Thauperlen der Lieblichkeit herab? Wie traurig muß es doch um Jerusalem sein, wenn von laubigem Gebüsche, von Strauch und Unterholz stundenweit beinahe die letzte Spur verschwunden ist!

Diese hierosolymitanische Oede schien um so trostloser, da eben während unserer letzten Morgenlandstour im Verhängnißjahre 1847 der Himmel den weiten Länderstrich von Trapezunt bis zum Sinai mit seinem Zorne schlug und namentlich über Palästina durch volle acht Monat, von Ende März bis Anfang December, keine Wolke hing, kein Regen fiel, während im „Sitze der irdischen Glückseligkeit", im wohlverwahrten Stambul, die Wolkenschleußen schon im August ihr labendes Spiel begannen

9 *

und den „zweiten Frühling" brachten. Um dieſelbe Zeit waren
Luſt und Immergrün, wir ſahen es ja im Vorübereilen, ſogar
in der Komnenenſtadt dahin, und in Paläſtina ſelbſt erinnerten
abgeſengte Höhen, todte Bäume, ausgetrocknete Brunnen, Brand-
riſſe im Fettboden von Esdrelon, bei einer dem Nordländer noch
im November läſtigen Tagesglut, nur zu lebhaft an Phaethon
und ſeine verderbliche Sonnenfahrt,

corripitur flammis ut quaeque altissima tellus,
fissaque agit rimas et succis aret ademptis.

„Warum denn Allah dieſes Jahr gar nicht mehr regnen
laſſe," fragten den Frembling gleich am andern Tage nach ſeiner
Niederlaſſung im Hauſe Meſchullam die bekümmerten Fellah-
weiber des Oelbergdorfes. Wahr iſt es freilich, und ſchon der
Chiote Salvator hat es irgendwo in ſeinem Buche angemerkt,
daß außer der Regenzeit eine unglaubliche Fülle Lichtes auf
Jeruſalem niederſtrömt. Das tiefe Prachtblau des Zionhimmels
— wir bitten Ernſt Förſter um Vergebung — kennt ſelbſt
Italien nicht. Wer nur vom traurigen Deutſchland, von ſeinen
braunen Mooren und von ſeinem dichten Nebel weiß, mag es
kaum glauben, daß die Luft um Jeruſalem durch ihre Dünne,
ihre Durchſichtigkeit und ihre Helle in ungewöhnlichem Maße
ſelbſt die Entfernungen aufzuheben ſcheint. So nahe liegen,
wenn man vom Kamm des Oelbergs hinunter ſieht, der Jordan
und das Todte Meer, daß man über Hügel, Steingeröll und
Stürze kühn hinunterlangend die eine Hand in die ſalzgeſchwän-
gerte Fluth von Sodom tauchen, mit der andern aber ein Ta-
mariskenrohr am grüngeſäumten Jordanufer brechen möchte;
und doch mag die Entfernung der beiden genannten Puncte von
Jeruſalem in gerader Linie wenigſtens drei deutſche Meilen oder
36,000 Schritte ſein. Doch die Sättigung verfolgt den Menſchen überall, und ich fürchte, kein Genuß, kein Glück, keine

Freude, von welcher Natur sie immer sei, vermöchte das menschliche Gemüth vom größten Feinde aller Seligkeit, der Langen-
weile und dem Ueberdruß zu schirmen. „Alles ist mir gelungen,
den höchsten Gipfel irdischer Größe habe ich erstiegen," sagte
Septimius Severus, „und doch bin ich mißvergnügt."*) Ermüdet uns am Ende nicht selbst das Schöne, und kann der
Mensch anders als im Sturm und Wechsel glücklich sein?

Der 28. November endlich störte die eintönige und stille
Klarheit der hierosolymitanischen Sommerluft. Das erste Mal
seit dem Frühlingsschauer brauste nach Mitternacht der Sturmwind über Jerusalem und zog nach kurzem Sonnenmorgen als
Vorbote der langersehnten Herbstfluthen graues Gewölke vom
Mittelmeer quer über Palästina gegen die transjordanische Wüste
hin. Doch der erste Gruß war nur flüchtig, und nach uner-
giebigem lauem Regenstreif brannte die Mittagssonne noch
drückender als am vorigen Tage auf die mehr aufgeregte als
gesättigte Pflanzenwelt herab. Noch fünf volle Tage neckte uns
Allah und reizte bald durch einige Wassertropfen in heißer
Glut; bald durch flüchtige Wolkenzüge und scharfe Lüfte, bald
durch windiges Abendgrau und leeres Sausen unsere Ungeduld.
Reichlich, stark und nachhaltig regnete es erst am 3. December
und der 6. desselben Monats war für Palästina nach langer
schwerer Prüfung ein Tag des Segens, der Belohnung in der
wonnevollsten Seligkeit. Trübe, stürmisch und traurig brach
der Morgen dieses Tages an und nicht mehr als + 12° zeigte
der Wärmemesser um acht Uhr früh. Regenlust und Sonne
stritten aber noch bis drei Uhr Nachmittag, wo es auf einmal
mit Windesbraut und Wolkeneile finster vom Meer herüberzog
und ohne Rast in vollen Güssen auf Jerusalem niederrauschte.

---

*) Omnia fui, nihil expedit.

Wie ſich im Hofraum vor der Zimmerthür die offenen Behälter
füllten! Wie es durch die Innerröhren von den glatten
Dachterraſſen in die bauchige Ciſterne ſprudelt und mit Stur-
meshauch weſtlich an die Fenſter raſſelt, ohne Ermüdung, ohne
Pauſe bis Mitternacht! Das Wonnegefühl, wie es während
dieſer himmliſchen Beſcherung durch die Adern ſtrömte, drückt
ſich nicht in Worten aus, und nur wer ſelbſt unter den ſengen-
den Gluten des morgenländiſchen Sonnenhimmels geſchmachtet
und die Laſt ſeiner Monotonie empfunden hat, kann ohne Aergerniß vom Seligkeitsrauſch ſolcher Scenen hören. Trocken,
warm, gutgekleidet und wohlgenährt ſaß ich allein in der hei-
miſchen Stube bei Büchern, Plänen und Papier und neben der
Lampe ſtand als Labſal für die Tagesmühe der warme Grog,
während es draußen praſſelnd und ſauſend in nächtlichem Dunkel
über Jeruſalem vorüberging. Der Schlummer hatte in dieſem
Augenblick phyſiſcher Aufregung keine Macht, und doch wußte
ich zu jener Friſt noch nicht wie die Sache in Europa ſtand,
und daß inzwiſchen bereits im Uechtlande und an der Brücke
von Gislikon das Licht ſiegreich gegen die Finſterniß geſtrit-
ten hatte.

Die Fülle des Regens in jener Nacht war ſo dicht und ſo
reichlich, daß der vorgenannte, hoch- und viereckig aufgemauerte
offene Behälter an der Außenwand des Zimmers am andern
Morgen überrann und im geräumigen Ziehbrunnen, dem eigentlichen Flüſſigkeitsmagazin für das ganze Haus und für das
ganze Jahr, zur Freude Aller, die es ſahen, der wohlthätige
Segen auf eine bedeutende Höhe heraufgeſtiegen war. Am Himmel hing aber nach jener Regennacht noch finſteres Gewölke in
dichten Lagen, und die ſpät an demſelben Tage von Neuem
niederrauſchende Waſſerfluth ſagte klar genug, daß in der Rede-
weiſe des dankbaren Morgenländers die „Barmherzigkeit“ noch

nicht zu Ende war. Um aber nun auch die Jordansaue, das Todte Meer, das Gebirge Moab, die Steinwüste und das quadranguläre Jerusalem selbst im grauen Wolkenüberhang zu sehen, ging ich während der Regenpause im Laufe desselben Tages voll neugierigen Verlangens auf den Oelbergkamm hinauf. Die Scene war völlig neu und wie im bunten Kaleidoskop hatte sich Licht- und Farbenspiel der Landschaft, besonders in der nächsten Umgebung der Stadt, vollständig umgewandelt. Es war wie ein plötzliches Erwachen der Natur aus langem Schlaf und überall drängte sich der grüne Frühlingsschmuck mit Kraft aus dem Schooße der Erde hervor. Besonders heiter und lustig anzusehen in ihrem Smaragdgrün waren der frische Rasen und und die sichtlich sprossende junge Saat auf den außer der Ring-mauer liegenden Halden des Zionberges, auf den Höhen ober-halb der Siloambrunnen und auf den sanft auseinander fallen-den Nordflügeln der wenige Tage früher noch so dürren Ki-dronsschlucht. Selbst der Reichthum an Oelbäumen war in der genannten Gegend des Thales scheinbar angewachsen; der Regen hatte ja die vertrocknete Rinde gelabt und vom mattgrünen Laubwerk den Sommerstaub weggespült.

Und doch war es nur das erste Aufflimmern der Natur und ihrer frischen Zeugungskraft! Am dritten Tage nach der Segensfluth war schon keine Wolke mehr am tiefblauen, rein-gefegten Firmament, und die Sonnenscheibe hing wieder in voller Pracht über dem grüngeschmückten Jerusalem. Erst der 9. December — das Vorgefühl verrieth es schon im Morgen-grau — sollte der eigentliche Tag des Glückes und der beloh-nenden Freude sein. Im frischen Hauch der Morgenluft und überströmend von Wonnegefühl ging ich zum nahen Damaskus-thor hinaus, rechts an der nördlichen Stadtmauer fort, dann links über die mit Saaten, Weinreben und fruchtbeladenen Oel-

bäumen reichbepflanzten Abhänge zur Sohle der hier noch flach-
muldigen Kidronsſchlucht hinab und auf der andern Seite den
gewohnten Pfad hinauf zum Luſttheater auf dem langen Oelbergkamm.

Wer nur nach Gold und Ehren dürſtet oder gemüthlos,
kalt und ſtumpf die Reize der Natur verachtet, wird freilich
über ſolchen Schwindel lachen; wer aber, wie es jetzt häufig
geſchieht, jedes freudige Entzücken als ſündhaft und jede natur-
fröhliche Regung des Herzens als Beleidigung Gottes erſticken
will, den müßte es vollends empören, wenn man in noch lei-
denſchaftlicheren Ergüſſen als früher über die wiederaufgefriſchte
Landſchaftspracht von Jeruſalem reden wollte. Nie war aber
das Grün ſo warm, die Luft ſo durchſichtig, das Blut im Körper ſo leicht und niemals, weder vor noch nachher, habe ich ein
Lichtmeer geſehen, wie es an dieſem Tage in diamantenem
Wellenſpiel über dem Todten Meere, über Transjordanien und
über Edom wogte. Selbſt die Steinwüſte gegen Moab hin
hatte ihren Hochzeitſchmuck angethan. Mehr wollen wir ſchon
aus Furcht vor Aergerniß nicht ſagen, und froſtige Leſer mögen
ſich mit dem Geſtändniß begnügen, daß Einer noch jetzt in bedrängten Augenblicken vom Reichthum und vom ſeligen Schwindel
jenes Tages zehrt. So lieblich hatten der Höhenzug und die
drei Gipfelkuppeln des Oelbergs mit ihren zahmen Einſattelun-
gen noch nie geſchienen; ein Spiegelbild im größten Styl und
— was ſonderbar — mit je hundert Schritten der Fortbewegung regelmäßig ein neues Zauberbild! Das ſchönſte wohl auf
der mittleren Schwellung, wo unter Rebgelände, umgeben von
Feigen-, Granaten- und Oelbäumen, die wettergelben Trümmer
der Himmelfahrtskirche liegen und wilder Safran mit der bren-
nendgelben Blüthenkrone des Leontodon Taraxacum einſam
zwiſchen dem Geſteine winkt. Ueber vier Stunden lang ward

an dieser Freudenstätte meditirt, gewandelt und geschwelgt, und
erst in der Einsamkeit und Stille der Mittagsstunde im Voll-
gefühl des seligsten Friedens und von fremder Neugier unbe-
lästigt, außerhalb des Dorfes über die raschabstürzende dritte
Hügelkuppe auf den Sattelweg von Bethania hinabgestiegen.
Wie man dort in straffer Wegkrümmung gegen die Kidrons-
schlucht (Thal Josaphat) heraustritt, überrascht den Blick des
Wanderers auf einmal, wie ein magisches Ungethüm, hoch über
der jenseitigen Thalwand hängend der Tempelberg mit dem fah-
len Gestein seiner riesigen Unterlage, mit dem Lasur seiner bleigedeckten Kuppel und mit dem blauen Firmament im Hintergrund. Um die Magie der Scene zu vollenden schweben links
vom Tempelberg der Zion, rechts der Bezethahügel, beide durch
Lichtfunde vom Mittelbau getrennt, wie zwei Seitennebelbilder
in der Luft. Der Herodestempel mit seinen gigantischen Säulengängen und Terrassen auf schwindelnder Höhe aufgethürmt,
mußte von diesem Puncte aus besehen, von unglaublicher Wirkung sein. Rauschte auch damals wenigstens in der Regenzeit
der Kidronbach sprudelnd und lustig die tiefe Schlucht herunter,
so ist doch heute Alles verschwunden, oben die stolzen Tempel-
terrassen und die quadrangulären Säulengänge, unten der Thal-
schatten und der plätschernde Regenbach.

Die Oede mit dem alten Riesengemäuer und dem niedlichen
Saracenenbau darüber ist allein geblieben. Und so unwiederbringlich, scheint es, sind die Adern des Wildbachs Kidron ab-
gestorben, und so durstig war zugleich der Boden von der
langen Sommerglut, daß selbst die furchtbaren Güsse der letzten
Tage auch noch nicht die leiseste Spur rinnender Feuchtigkeit in
der Engschlucht zurückgelassen haben. Die Pflanze, die Erde,
die verborgenen und offenen Cisternen, Wasserlager und Canäle
der Stadt und Umgegend hatten alles aufgetrunken, was der

Himmel in ſeiner Milde geſpendet hatte. Während einer Reihe
von Jahren, ſagte uns ein europäiſcher Bewohner der Heiligen
Stadt, habe er weder zur Winterzeit, noch im Frühling, noch
im Herbſt Waſſer im ausgetrockneten Kidronbett geſehen, obgleich
im März 1846 mehrere Stunden lang ſogar Schnee auf dem
Oelberge lag und in den von Jeruſalem entfernteren Thälern
zur Zeit der Frühlingsregen und Schneeſchmelze nicht ſelten tiefe
und reißende Gießbachfluten den Wanderer bedrohen und den
Verkehr der Landſchaft unterbrechen. Nur der Heiligen Stadt
— ſei es Zorn des Himmels oder Liſt und Boßheit der Menſchen — iſt das erquickende Labſal vorüberrauſchenden Wellen-
ſpiels verſagt!

Aber wie iſt es etwa unter ſolchen Umſtänden mit der
hieroſolymitaniſchen Pflanzenwelt beſtellt? Welche Bäume, welche
Kräuter — von Sträuchern und lieblichem Unterholz iſt ohnehin
keine Rede — nährt das ſteinige, waſſerarme Land? Einheimiſch
und auf freiem Felde in hinlänglicher Menge zu ſehen iſt von
den größeren Bäumen um Jeruſalem eigentlich nur der Oel-
baum. Die ſchönſte und zahlreichſte Gruppe dieſes melancholi-
ſchen, aber langlebenden und höchſt wohlthätigen Fruchtbaumes
deckt gleich außerhalb des Damascusthores mit ſeinem düſtern
Grün die ganze Fläche, wo in den letzten Zeiten des jüdiſchen
Staates die Neuſtadt mit der Agrippamauer und den äußeren
Feſtungswerken ſtand. In bedeutender Menge und zuweilen,
wie etwa im Garten Gethſemane, ſogar Exemplare von nicht
gewöhnlicher Schönheit und Fülle, findet man ihn natürlich
auch noch auf beiden Oelberghalden, ſowie am muldigen Nord-
anfange und am ſüdlichen Ende der Kidronsſchlucht. Der Fei-
genbaum dagegen, der Aprikoſen-, Mandel- und Pfirſichbaum
mit der Azarolmiſpel zeigen ſich, außer den Gärten, überall nur
dünn geſäet und meiſtens krüppelhaft, eigentlich nur auf dem

Oelbergkamme bei der zweiten und dritten Hügelschwellung, wo, wenn wir nicht irren, auch einige Granatäpfelbäume zu sehen sind. In den künstlich gepflegten Gärten innerhalb der Stadt, besonders im armenischen Klosterparadies auf Zion gedeihen diese Bäume freilich vollkommener und schöner als in den leichter zugänglichen Pferchen außerhalb, wo es nicht selten an der nöthigen Sorge und Feuchtigkeit gebricht. Die Cypresse ist nur noch innerhalb der Stadtmauer, vorzüglich bei der Omarmoschee und im Klostergarten der Armenier übrig geblieben, der Zürgelbaum aber (Celtis australis), außer den wenigen Exemplaren um besagte Moschee, aus Jerusalem völlig verschwunden. Ob die Eingebornen das strauchartige Gartengewächs Rhamnus Spina Christi botanisch richtig mit Dum bezeichnen, mögen Gelehrtere untersuchen. Die Traube, noch heute wie in den Tagen Josua's das gepriesenste Labsal in der Palästinaglut, heißt in Jerusalem wie überall, wo man arabisch spricht, Eneb, die Rebe selbst Dalia, der ganze Weinberg Kerm (pl. Kürum), und für die gemeine Artischoke, sowie für die sogenannte Stachelartischoke haben die Gärtner von Siloam einen und denselben aus dem Italienischen geborgten Namen Charschuf; der Mohnstängel dagegen wird Chaschchasch, die Malve aber, wenn wir gut gehört und richtig aufgeschrieben haben, Chubbeïs genannt. Unter den gewöhnlichen, auch in unserm Klima bekannten Gemüsearten hat man theils in lebendigem Boden bei Siloam, theils auf dem Markt in der Stadt folgende bemerkt: Spinat (Sepanach und auch Espanadsch); Salat (Chas); Petersilie (Baghdunis); zwei Arten Bohnen (Ful und Lubija); Rettich (Fidschl), Rübe (Lift), Zwiebel (Besel), Schwarzwurzel und Blumenkohl (Többe und Karnebit). Von den übrigen Feldkräutern finden sich in der nächsten Umgebung von Jerusalem, vorzugsweise auf dem Oelberge, im Thale Josaphat, um Siloam,

am Brunnen Rogel und auf der Grabhalde der Hinnomsſchlucht
am häufigſten die Kamille (Babunedsch), der Wegerich (Lisan
el-dschedi; d. i. Böckleinszunge), der Thymian (Zathar), die
Minze (Naanah), der Salbei (Merjemiah), das Süßholz (Sus),
der Hyſſop (Zofa), der Gamander-Ehrenpreis (Belut el-erz), die
gemeine Neſſel (Huraikh); der Hundszahn (Audschil); die
Steinraute, in Europa auch Capillus Veneris, in Jeruſalem
aber Brunnencoriander (Kusbarah el-Bir) genannt; das düſtere
Marrubium (Frasjun), der Wermuth (Schibbet el-Scheich),
der Rosmarin, das ſogenannte Mauer- oder Peterskraut (Ha-
schischet el-rihh) und endlich ein Dornſtrauch mit Buchsblät-
tern und wohl fünf Fuß langen Ruthen, welchen Strauch die
Botaniker Lycium Europaeum, Buchsdorn (Pyxacantha), die
Eingeborenen von Jeruſalem aber Ausadsch nennen, und den
wir schon auf unſern frühern Wanderungen beſonders häufig in
der Gegend von Myra in Lycien geſehen haben. — Wurzeln und
Zweige dieſes Busches pflegt man in Jeruſalem zu ſtoßen und
den ausgepreßten Saft als Medicin zu benutzen. Früher, wie
z. B. im Mittelalter, hat der Buchsdorn von Jeruſalem eine
viel bedeutendere Rolle geſpielt und weit größeren Nutzen ein-
gebracht als jetzt. Die Dornenkrone des Heilands, meinte man,
und Viele ſind dieſer Meinung auch heute noch, ſei aus dieſem
Busch geflochten worden. Und wie nachher dieſer göttliche Pyra-
kanthenkranz mit den übrigen Welterlöſungsinſtrumenten in das
geheiligte Staatsärarium nach Byzanz gelangte, daſelbſt tauſend
Jahre lang bedeutende Mirakel wirkte und beſonders im Kampfe
gegen Heiden und Mohammedaner ſichtbaren Beiſtand ließ, iſt
keinem Leſer frommer Byzantiumslegenden unbekannt. Sogar
schwere Staatsanlehn in Gold ſind während der letzten drang-
vollen Zeiten des Paläologenreiches gegen Verpfändung dieſer
unſchätzbaren Reliquie aus den Schatzkammern des chriſtlichen

Occidents an den Bosporus gewandert. Und wahrscheinlich
würden bei wieder auflebender Gläubigkeit im Abendlande die
Sina, die Rothschild, die Hoppe mit den übrigen frommen Geld-
männern in London, Berlin und Amsterdam auf dieses Faust-
pfand hin der apostolischen Finanznoth in Wien und Rom, im
Interesse wahrer Gottesfurcht und „Ordnung", mit ihren Millionen noch heute zu Hülfe eilen, hätten durch unerklärliche Zulassung Gottes rebellische Philosophie und Brutalität der Janitscharen nicht schon längst durch Zerstörung des heiligen Depo-
situms dem gläubigen Gewerbe ein Ende gemacht. Nur der
griechische Klerus, der es bekanntlich überall pfiffiger und feiner
als der lateinische Nebenbuhler treibt, zieht durch Kleinhandel
mit Pyrakanthenholz noch einigen Gewinn. Splitter von diesem
Strauche werden im griechischen Kloster zu Jerusalem als Reli-
quien vom ächten heiligen Kreuz noch heute gläubigen Seelen
anempfohlen und käuflich abgelassen, und ich habe es selbst beim
ersten Besuch in der Heiligen Stadt (1832) gesehen, wie ein
von Kopfgicht geplagter Inselgrieche ein fromm und theuer be-
zahltes Stück dieses Dornstrauches um die Schläfe band und
wirklich den Schmerz augenblicklich wie durch Magie vertrieb.
Die Sache gab zu reden, die Waare stieg wie billig im Credit
und nicht ohne geistlichen Stolz priesen die griechischen Kloster-
väter die augenfällige Gunst des Himmels und ihr orthodoxes
Glück. Wie aber dem ächten Kreuzessplitter zum Trotz das
chronische Uebel nach einigen Tagen mit verdoppelter Heftigkeit
wiederkam und der Arme sein verlornes Geld bereute, meinten
die Väter, und zwar nicht ohne Grund, der junge Mensch habe
in der Zwischenzeit vermuthlich irgendwie gesündigt, oder er
habe gleich anfangs nicht standhaft genug an die Kraft des
heiligen Pyrakanthenholzes geglaubt. Die heiligen Speculanten
behielten, wie billig, das Geld und der arme Strati neben der

Sünde seinen Schmerz. Für die lateinischen Christen aber sind Ueberbleibsel vom ächten heiligen Kreuz, das bekanntlich in der unglücklichen Schlacht gegen Saladin (1187) verloren ging, jetzt nur noch in Rom zu finden. Dagegen ist Beschaffung und Handel mit geweihten Rosenkränzen, mit Perlmuschel- und Asphaltgebilden in Jerusalem allen Religionsbekennern gemeinschaftlich, und neben einer Sodaseifenfabrik auch der einzige industrielle Gedanke der Heiligen Stadt. Die Perlmuscheln zum frommen Fabrikat kommen vom Rothen, der Asphalt oder schwarze Pechstein aber vom Todten Meere in die Werkstätten nach Jerusalem. Das Materiale zu den heiligen Rosenkränzen aber liefert die oberägyptische Dumpalme, deren traubenartig wachsende, faustdicke und kieselharte Frucht man in ganzen Kamelladungen aus Kairo nach Jerusalem bringt, sie dort in roth, grün, blau, schwarz und gelb gebeizte Korallen beliebiger Größe verarbeitet, je hundert an Schnüren aneinander reiht und das Ganze mit Grabesduft und Rosenwasser geschwängert in die Christenheit versendet, wo diese Rosenkränze dem glücklichen Besitzer in heftigen Gemüthsbewegungen viel Trost gewähren, von besonders großem Nutzen aber erwiesenermaßen wider revolutionäres Gelüste und wider Anfechtungen des Teufels sind.

Daß unter solchen Umständen von Fortschritt, von Handel und Industrie nach europäischem Sprachgebrauch in Jerusalem keine Rede sei, und daß auch letzthin vom Berge Zion ebenso wenig als von Neapel irgend ein Product menschlichen Kunstfleißes in den Krystallpalast der Themse kommen konnte, braucht man dem Leser nicht erst noch zu sagen.

Doch soll über die geistliche Praxis der Heiligen Stadt und über den Capitalstock, von welchem die verschiedenen Religionsparteien ihre Nahrung ziehen, Kürze halber in einem besondern Fragment verhandelt werden.

Die heiligen Oertlichkeiten in Jerusalem.

(1852.)

Bis zur Besiegung des letzten, allgemeinen, großen und verzweiflungsvollen Aufstandes der jüdischen Nation und bis zur völligen Veröbung des Landes durch die Imperatoren Titus und Hadrianus bot die Umgegend von Jerusalem einen von dem gegenwärtigen Zustande wesentlich verschiedenen Anblick dar. Rinnende Bäche, Quellenreichthum, Gärten und Wälder mit ihrer Schattenkühle und ihren sommerlichen Lüften schufen ein lustiges und lebensvolles Bild ländlicher Glückseligkeit, von welcher nach so vielen Verwüstungen heute kaum eine Spur zu entdecken ist und deren völliges Verschwinden unter dem ehernen Fußtritt der Legionen schon Flavius Josephus nicht ohne Thränen sehen konnte. Jerusalem war nicht bloß politisch-religiöser Mittelpunct eines zahlreichen, streitbaren, arbeitsamen und gottesfürchtigen Volkes[*]); es war zugleich große und reiche Handelsstadt, nahrungsprossender Sitz der bürgerlichen Gewerbthätigkeit, Heimat der Luxuskünste und der Ueppigkeit, weil ein frischrauschender Canal des indischen Welthandels vom Rothen Meere her in die prachtvolle Hauptstadt des jüdischen Volkes rann. Kostbare Gewürze, Edelsteine und Gold in Masse brachten

---

[*]) La nation juive de l'époque romaine étoit aussi intelligente et beaucoup plus morale qu'aucun peuple contemporain.
Salvator, Hist. de la Domination Romaine etc. etc. I, 178.

arabiſche Wüſten-Carawanen in die Stadt, während die benach-
barten Seehäfen Askalon, Gaza, Joppe und Akke mit dem
Ueberfluß ihrer eigenen Erzeugniſſe zugleich die Producte des
Abendlandes ſandten. Alle dieſe Herrlichkeiten ſind wie durch
Zauber weggeblaſen. Mit dem indiſchen Handelsweg, mit der
National-Unabhängigkeit und mit der jüdiſchen Bevölkerung
ſelbſt iſt auch die Landſchaftspracht von Jeruſalem verſchwunden.
Mehr als vier Stunden in der Runde, ſagt der Berichterſtatter
und Augenzeuge Flavius Joſephus, hat das römiſche Belagerungs-
heer die Landſchaft „kahl geſchoren", das Baum- und Buſchleben
überall bis auf die letzte Spur vertilgt und im letzten Act des
Trauerſpiels nicht bloß alle von Juden bewohnte Ortſchaften
Paläſtina's, über tauſend an der Zahl, zerſtört, ſondern in
ſeinem Rachegefühl ſogar auch noch die Quellen und die Brunnen
verſchüttet, um mit der ſtrotzenden Fülle der jüdiſchen Vegetation
auch den ungebändigten Trieb der jüdiſchen Freiheitsliebe, wo
möglich, auf immer zu brechen und auszutilgen.

In welchem Grade das Verwüſtungs-Project gelungen und
der Tod an die Stelle hieroſolymitaniſchen Pflanzenlebens getreten
ſei, hat man ſchon geſagt. Jeruſalem, wie es heute iſt, in
dürre Steinöden traurig hingelegt und dem Weltverkehr völlig
entrückt, lebt nach Verſiegung aller Quellen der Wohlfahrt und
des bürgerlichen Glückes nur noch von der Heiligkeit ſeines Terrains, vom geiſtlichen Credit und von den Legenden der Chriſten
wie der Juden und der Mohammedaner. Mit welcher Ehrfurcht insbeſondere die Bekenner des Islam über Jeruſalem
ſchreiben und ſprechen, iſt allgemein bekannt. „Die reine, die
edle Heilige," „das Haus der Heiligkeit" ſind im Orient die
landesüblichen Ausdrücke von den höchſten Claſſen der Geſellſchaft bis zu den unterſten herab, ſo oft von Jeruſalem die
Rede geht. Vom Neide, von der Eiferſucht und von der

geistlichen Fehdewuth der verschiedenen, sich gegenseitig unversöhnlich
hassenden, aber unglücklicher Weise unter einem und demselben
Tempeldache eingeschlossenen christlichen Religionsparteien der
Heilig-Grab-Stadt soll hier nicht die Rede sein. Man kennt
das Alles in Europa schon lange und bis zum Ueberdruß, man
bejammert das Aergerniß, schämt sich der Profanation, weiß aber
bis zur Stunde nicht, wie dem Uebel abzuhelfen und der christliche Friede unter den christlichen Glaubensgenossen herzustellen
sei. Nur wenn es gelänge, den Gegenstand des feindlichen
Haders selbst zu verflüchtigen und beiden Hauptgegnern gleichsam den Boden unter den Füßen wegzuziehen, würden die ent-
zweiten Gemüther deswegen zwar noch nicht versöhnt sich freundlich nähern; es würden aber doch zur Ehre der Christenheit
Aergerniß und Fehdewuth in sich selbst zerfallen. Diese Hoffnung ist aber auch vergeblich, weil man die historische Thatsache,
daß Christus seiner Lehre wegen in Jerusalem verurtheilt, nach
Landesgebrauch öffentlich hingerichtet und begraben wurde, durch
keine Kritik beseitigen kann. Das Dogma selbst lassen wir
unberührt; aber eine Hinrichtungsstätte und ein Christus-Grab
muß man den frommen Männern, welche für die althergebrachte
Ueberlieferung streiten, in Jerusalem ohne Widerrede zugestehen.
Die Mönche aber sind mit diesem allgemeinen Zugeständniß noch
lange nicht zufrieden und sie rühmen sich in Betreff der genannten
beiden Oertlichkeiten einer Einzelkunde, die schon im vorigen
Jahrhundert hin und wieder Zweifel und Verdacht erregt, heute
aber lauten und beharrlichen Widerspruch mit scharfer Kritik
hervorgerufen hat. Beide Ansichten haben ihre Vertheidiger gefunden und, wie es in solchen Sachen gemeiniglich geschieht, hat
die Mehrzahl der stimmfähigen Literaten aller Länder auch dieses
Mal für mittelalterliche Tradition und Legende Partei genommen.

Von den Vorfechtern der Ueberlieferung jedoch kommen hier

mit Umgehung des großen Haufens der Mitredenden vorzugsweiſe
nur die beiden Chorführer Chateaubriand und Williams in Be-
tracht. Dem dichteriſchen Genie des einen und dem gelahrten
Selbſtvertrauen des andern wollen wir als ebenbürtige Paladine
vor allen andern den verſtandesſcharfen Robinſon und neuerlichſt
das kritiſche Talent des Schweizer'ſchen Arztes Titus Tobler
entgegenſtellen. Was die beiden erſtern im Streite mit poeti-
ſchem Schwung und mit ſchroffer Härte bejahen, daſſelbe wird
von ihren Gegnern ebenſo ſchroff, aber mit einer der beſſeren
Einſicht eigenthümlichen Entſchiedenheit nicht bloß geleugnet, es
wird ſogar als Thorheit und als „frommer Betrug" verdammt.
Eine Mittelpartei zwiſchen beiden Extremen, jedoch mehr zu den
Vertheidigern der alten Ueberlieferung hinneigend, ſuchten der
Schotte George Finlay in Athen und der Schweizer Albert
Schaffter in Bern zu bilden. Zu einer poſitiven, nach allen
Seiten hin befriedigenden und jede weitere Verhandlung nieder-
ſchlagenden Entſcheidung ward jedoch die Sache weder durch die
Befangenheit, ja Verblendung der einen, noch auch durch die
kritiſche Verſtandesſchärfe und den Widerſpruchsgeiſt der andern
Partei bis jetzt gebracht. Die größte Aufmerkſamkeit unter allen
Literaten, welche in der neueſten Zeit dieſes Thema behandelt
haben, verdient George Finlay, weil er in die ſchleppende und
ausganloſe Controverſe zuerſt eine noch unverſuchte Beweis-
methode hineingebracht und dem Streite in dieſer Weiſe eine
zwar nicht entſcheidende, aber doch eine neue Wendung gegeben
hat. Wie alle Britten, hält auch Hr. Finlay mit hochkirchlicher
Strenge an den alten Ueberlieferungen feſt, verwirft aber als
ungenügend und nicht ſchlußgerecht ſämmtliche bisher von beiden
Seiten ins Spiel gebrachten Argumente, um mit Hülfe des
kaiſerlichen Cenſus an das bisher vergeblich angeſtrebte Ziel zu
kommen. Die Tabellen des römiſchen Cenſus, meint er, müſſen

dem Kaiser Konstantin die Gewißheit verliehen haben, daß der (bei Eusebius genannte) Venus-Tempel auf der mit Schutt bedeckten Grabstelle (bekanntlich ein Privatbesitz des Joseph von Arimathia) errichtet worden sei.

Die statistischen Belege für Nutzung und Besteuerung des Bodens hat man im alten kaiserlichen Rom, wie allgemein bekannt, auf einen Grad der Vollkommenheit und der Schärfe gebracht, wie sie vielleicht kaum die neueste Zeit und ihre Finanzverwaltungen aufzuweisen haben. Diese theils in den Reichs-, theils in den Provinzial-Archiven niedergelegten Censusregister waren so gründlich, daß nach Ulpian im ganzen Orbis Romanus jeder Privatbesitz aufs umständlichste überwacht und eingetragen wurde. Name und Lage des Grundstückes, ob in der Stadt oder auf dem Lande, wie die benachbarten Besitzer heißen, wie viel Jaucherte angesäetes Ackerland, Oelpflanzung, Graswiesen, Weiden und schlagbare Waldung es enthielt, ja selbst die Zahl der Rebstöcke im Weinberg, der Bäume im Oelwalde waren nach ihrem Schätzungspreise eingetragen.

Und weil diese Steuerbeschreibung unter Augustus auch auf Judäa ausgedehnt wurde, glaubt Hr. Finlay auf das sicherste annehmen zu dürfen, „daß auch die Besitzung Josephs von Arimathia mit dem Grabe, in welches der Leib Christi hineingelegt wurde, aufgezeichnet worden und in irgend einem Archiv ihrer Erwähnung geschehen sei. Folglich müsse auch die Lage dieser Besitzung und des Grabes dem neubekehrten Imperator Konstantin genau bekannt gewesen sein. Er brauchte ja nur die hierosolymitanischen Steuerpläne aus dem Reichs-Depôt hervorsuchen und nebenher die amtlichen Register der Colonie Aelia Capitolina nachschlagen zu lassen, um auf die Spur der ächten heiligen Grabesstätte zu kommen.“

Diese ganze Finlay'sche Argumentation ist mehr glänzend und

neu als gründlich und beruhigend, einmal weil ihr Voraus-
setzungen zu Grunde liegen, deren Richtigkeit man mit Recht
bezweifeln muß; und dann weil sie, weit entfernt die Haupt-
frage genügend zu beantworten, ohne sie auch nur zu berühren,
dogmatisch an ihr vorübergeht. Denn angenommen, daß ein solches
Weltarchiv in der ewigen Stadt jemals bestanden habe und daß
alle im Laufe mehrerer Jahrhunderte erfolgten Privatbesitz-
Wechsel und Bodenverwandlungen des ungeheueren Reiches mit
Plänen und statistischen Angaben darin verzeichnet waren, wird
dem gelehrten Finlay doch nicht Jedermann glauben wollen, daß
man nach jedem frischen Decennalcensus auch die abgewürdigten
Schätzungen mit der nämlichen Sorgfalt aufbehalten und gehütet
habe, wie die neu hergestellten. Selbst dieses noch zugegeben,
weiß man doch aus Suetonius und Tacitus, daß im großen
Brande unter Nero und im wo möglich noch verderblicheren
unter Vespasianus in und außer dem Capitol alles vernichtet
wurde, was an Staatsdocumenten und Censustabellen in Rom
vorhanden war*)

Nebenher ist noch zu bedenken, daß nach Besiegung des großen
Aufstandes durch Titus Vespasianus Grund und Boden von ganz
Judäa dem kaiserlichen Fiscus verfiel und (ob mit völliger Aus-
schließung der alten Besitzer?) an fremde Käufer versteigert wurde,
das Terrain von Jerusalem selbst aber, weil mit dem kaiserlichen

---

*) Unter Vespasianus wurde das Verlorene und Zerstörte nach Kräften
wieder hergestellt. Aber von den verbrannten Archivdenkmälern hat man
nur dreitausend eherne Tafeln, auf welchen Friedensschlüsse und Staatsverträge
mit fremden Nationen eingegraben waren, aus zerstreuten Abschriften wieder
ergänzt.

An Erneuerung der verbrannten Censustabellen ward nicht gedacht.

Daß hingegen bei Zerstörung Jerusalems das Provinzialarchiv allein
unversehrt geblieben und dem allgemeinen Loose entgangen sei, wird doch auch
Niemand glauben wollen.

Bannfluch geschlagen, an die neunzig Jahre unbebaut und öde lag*).

Im Grunde genommen fällt aber die Zwietracht über die Oertlichkeiten der Kreuzigung und der Grablegung des Heilandes den drei Evangelisten Matthäus, Marcus und Johannes, oder vielmehr den gelehrten Deutungen ihrer Ausleger und Analytiker allein zur Last. Nach Angabe der Evangelisten, sagen die Neuerer, wurde der Herr außerhalb des Thores, jedoch nahe an der Stadt gekreuzigt und in das Grab gelegt. Nun aber, fahren sie im Syllogismus fort, liegen die beiden Oertlichkeiten, die man uns heute als Golgatha und Felsengrab bezeichnen will, in geradem Widerspruch mit dem heiligen Text, nicht außerhalb, sondern innerhalb des Thores und — was die Frage noch bedeutend verschlimmert — sogar mitten in der Stadt, deren Ausdehnung und allgemeine Gestalt im Zeitalter Christi man jetzt aufs genaueste anzugeben weiß. Darum, sagen sie zum Schluß, sei die Topographie der heiligen Orte ein Irrthum, und habe man uns und die ganze christliche Welt von St. Konstantin angefangen bis auf den heutigen Tag herab mit dem angeblichen Fund von Golgatha und Heilig-Grab getäuscht. Einwurf und Argument der Zweifler sind aber nicht so leicht zu beseitigen, als man im Interesse des Friedens und der christlichen Verträglichkeit wünschen möchte. Doch muß man die Anstrengung und selbst den warmen Eifer, mit welchem fromme und gelehrte Männer die alte Ueber-lieferung zu retten und die Heilig-Grablegende bei den Christen in ungeschmälertem Ansehen zu erhalten suchen, aus Gründen, die wir nicht näher zu berühren brauchen, als vollberechtigt

---

*) Nur die drei Thürme Hippicus, Phasaël und Mariamne mit einem Theile der westlichen Stadtmauer und natürlich auch mit den nöthigen Bau-lichkeiten für die Besatzung blieben verschont, alles Uebrige ward auf Befehl des Siegers der Erde gleichgemacht.

anerkennen. Aber wie sollte man es anfangen? Die beiden gefährlichen und höchst lästigen Stellen: „außerhalb des Thores" und „nahe bei der Stadt" wären aus dem Texte des Evangeliums selbst durch Dr. David Strauß nicht wegzubringen. Argumente frommer Autorität und kindlicher Gläubigkeit, wie sie dem vierten Jahrhundert genügten, reichen für die Skepsis des neunzehnten Jahrhunderts nicht mehr hin. Und nothgedrungen greift man am Ende freilich auch hier zur allein gültigen Waffe der Wissenschaft, um Schrift und alte Ueberlieferung durch die Behauptung in Einklang zu bringen, daß die im heutigen Jerusalem allerdings von der Stadtmauer eingeschlossenen Oertlichkeiten des Grabes und der Hinrichtungsstätte zu Christi Zeiten nach dem buchstäblichen Sinne der angezogenen Texte wirklich außerhalb des Thores und der Festungsmauer gelegen haben. Man verstehe uns wohl, wo heute die Auferstehungskirche steht, sagen sie, da war im Zeitalter Christi das „ständige Hochgericht", d. i. die von den menschlichen Wohnungen überall abgelegene und vom Blick der Lebendigen ängstlich gemiedene grausenvolle Stätte, auf welcher die Verurtheilten nach jüdischer Landessitte durch die langsame und qualvolle Strafe der Kreuzigung hingerichtet wurden. Man wird leicht glauben, daß siegreiches Durchfechten einer solchen Thesis nur dann möglich wäre, wenn sich der alte Stadtplan mit der Richtung der von Grund aus zerstörten alten Festungsmauern Jerusalems correct und unbezweifelt in allen Theilen wiederherstellen ließe, und wenn es mit der Vorstellung eines „ständigen Hochgerichts" in Jerusalem seine Richtigkeit hätte. Nun aber vergesse man nebenher ja nicht, daß Jerusalem vom Zeitpuncte seiner ersten Zerstörung unter Nebukadnezar bis zur Wiederherstellung seiner heute noch bestehenden Mauern durch Sultan Suleiman I. im sechzehnten Jahrhundert unserer Zeitrechnung wenigstens sechsmal ganz demolirt wurde, und daß namentlich bei Dämpfung des letzten, vieljährigen, großen, verzweiflungsvollen Aufstandes unter Hadrian in der unglücklichen Stadt selbst die von Titus einst verschonten Prachtreste verschwunden sind und eine ganz neue heidnische Schöpfung, Aelia Capitolina, an die Stelle der alten „Πόλις" getreten sei.

Ferner ist zu bedenken, daß man innerhalb der Stadt selbst in jahrelanger Arbeit große Hügel abgetragen, tiefe Thäler aufgeebnet, durch die wiederholten Schuttlagen schluchtige Risse ausgefüllt und an vielen Orten das alte Terrain bis zur völligen Unkenntlichkeit verwandelt hat. Drittens endlich läßt uns die gleichzeitige Beschreibung des Flavius Josephus, schon im Ganzen ungenügend, durch ihre Mangelhaftigkeit gerade in dieser Hauptstelle der alten Topographie von Jerusalem ohne Hülfe, so daß alle Versuche ein in allen Theilen ächtes Bild der dreifachen Festungsmauer der Heiligen Stadt herzustellen nothwendig vergeblich sind. Und doch vergeht bei dem frisch erwachten Wandertrieb der Abendländer selten ein Jahr, ohne daß uns irgend ein Jerusalem-Pilger nach bestem Wissen und Gewissen aus Flavius Josephus beweisen möchte, die zweite Festungsmauer, um die es sich im Geiste der früheren Argumentation eigentlich überall handelt, sei östlich, nicht westlich, wie die Bekämpfer der herkömmlichen Vorstellung sagen, an der Stelle, wo heute die Auferstehungskirche steht, vorbeigestrichen. Also an den zufälligen Umstand, ob eine bis auf die letzte Spur vertilgte Nebenfestungsmauer, deren Richtung in der einzigen gleichzeitigen Geschichtsquelle mit auffallender Nachlässigkeit angedeutet wird, auf einem jetzt bis zur Unkenntlichkeit entstellten, verschütteten und verwandelten Terrain um einige hundert Schritte weiter östlich, oder um einige hundert Schritte weiter westlich gelaufen sei, hat Ungeschick und Parteileidenschaft Sieg oder Niederlage, Wahrheit oder Irrthum in einer für die christliche Welt nicht

gleichgültigen Streitfrage angeknüpft. Denn daß die zweite
Feſtungsmauer Alt-Jeruſalems nahe vor oder nahe hinter der
gegenwärtigen Heilig-Grabkirche vorüberzog, wird von beiden
Parteien übereinſtimmend anerkannt. Um ſo größer iſt der Irr=
thum beider und zugleich die Unmöglichkeit, auf dieſem Wege mit
irgend einem entſcheidenden, alles weitere Hadern durch Evidenz
abſchneidenden Argumente aufzukommen.

Aus der Terrainbeſchreibung, die wir über Jeruſalem ent-
worfen, weiß der Leſer, daß die Heilige Stadt urſprünglich auf
einem ſchluchtig durchbrochenen, in Oſt, Weſt und Süd von Abgründen umgebenen, naturfeſten, auf dieſen drei Seiten durch
eine einfache Mauer ſchon hinlänglich geſicherten und nur von
Norden her leicht und flach zugänglichen Hügelvorgebirge lag.
Indeſſen ſoll man aber nicht denken, dieſes alte, auf drei Seiten ſchluchtig umriſſene und leicht zu ſchirmende urſprüngliche
Stadtterrain von Jeruſalem ſei deswegen auf der Nordſeite ohne
Unterbrechung und gleichſam ſpiegelglatt in die benannte Flach-
ebene von Golgatha hinübergefloſſen. Wie der Höhenzug Bezetha-Moriah, war im Grunde auch der mit ebengenanntem
parallel ſtreichende lange Zionshügel in ſeiner Anlage doppel-
höckerig, und eine ſchwachmuldige Einſenkung, vom Jafathor quer
gegen das Thyropöonthal hinabſtreichend, iſt nach ſo vielen Ver-
wandlungen der Oertlichkeiten noch heute klar zu unterſcheiden,
obgleich der Schutt in dieſer Gegend häufig bis vierzig Fuß
Tiefe hat. Am Südrande dieſer früher mehr oder weniger tiefen
Quereinſenkung — wir bitten dieſen Umſtand wohl im Gedächtniß zu behalten — war die erſte, eigentliche, an den eben vorher genannten Abgründen hinlaufende, durch die furchtbaren
Herodesthürme (Hippicus, Phaſaël und Mariamne) verſtärkte
und verwahrte Stadtmauer Alt-Jeruſalems. Wir möchten in
der Sache gern klarer, einfacher und doch ſchärfer und belehrender

als die Vorgänger sein und wiederholen darum, dieser lang ge-
zogene, gewaltige, nach allen Seiten hin selbstständige, ursprünglich durch eine später Thyropöon genannte Tiefschlucht selbst vom
Tempelberg (Moriah) getrennte, durch Kunst und Natur wunderbar befestigte und zu einer Niederlassung gleichsam einladende
luftige und heitere Hügelberg sei der wahre Zion, die alte Beste
der Jebusiter, die Stadt Davids, die „Πόλις“, die man nach
jedem Nationalunglück allzeit wieder zuerst aufgebaut, bewohnt
und befestiget habe*). Alles übrige, selbst der Tempel Salomons, ist Außenwerk, Zuthat, Vorstadt, spätere Beigabe, langsamer und zufälliger Anwuchs, den man nach Zeit und Umständen durch besondere Festungswerke einzufriedigen und vor
feindlichen Angriffen zu schirmen suchte. So entstand bei der
dreiseitigen Thalumrandung natürlich immer nur auf der offenen

---

*) Die zu Davids Zeiten von den Juden endlich eroberte Burgveste
der Jebusiter krönte die höchsten Puncte des Zionhügels, wo heute die Citadelle (Hippicus), die neu erbaute englische Kathedrale, das große Kloster der
Armenier mit seinen weitläufigen Gärten und Paradeisen, dann verschiedene
Spitäler und Leichenäcker sammt dem jüdischen Bethause und Davids Grabmal zu suchen sind. Außerhalb dieser canaanitischen Burgmauer, auf den
Abhängen und niedrigeren Theilen des nämlichen Zionhügels, stand die von
Juden und Canaanitern gemeinschaftlich bewohnte, bald nach Josua besetzte,
offene Stadt Jebus, d. i. Jerusalem, welche man später im Gegensatz zur
oberhalb belegenen Jebusiten-Burg nach griechischem Sprachgebrauch Κάτω
πόλις, die Untere Stadt, hieß. Um diese offene Untere Stadt wurde durch
König David eine neue, mit der eroberten Jebusiten-Burg zusammenhängende
Ringmauer aufgeführt und die beiden früher getrennten Stadttheile zu einem
gemeinsamen Ganzen vereint, welches man nachher die Stadt Davids nannte.
Die Feststellung des Begriffes, was in Jerusalem Κάτω πόλις sei, ist im
Streite um die heiligen Oertlichkeiten von der größten Wichtigkeit. Man
hat diese Κάτω πόλις überall hinverlegt, nur auf die rechte Stelle hat sie
Niemand gesucht.

Nach König Davids Neubau ward die jebusitische „Κάτω πόλις“ auf
den engern Raum zwischen der Festungsmauer und dem Tempelberg beschränkt. Hier stand auf einem unter den Makkabäern abgetragenen Hügel
die Zwingburg (ἄκρα) der Syro-Macedonischen Beherrscher Palästina's.

und flachen Nordseite der alten „Πόλις" nach und nach eine
zweite und am Ende gar eine dritte, Vorstädte und Neubauten
umschließende Mauer, so daß Jerusalem zur Zeit des großen
Verzweiflungskampfes wider die Legionen nach damaligen Begriffen für eine der stärksten Festungen der bekannten Erde galt.

Am meisten auffallend wird vielen die Bemerkung sein, es
habe der Tempelberg, d. i. der Moriah, welcher in der heiligen
Geschichte eine so wichtige Rolle spielt, ursprünglich gar nicht einmal zur „Πόλις" gehört, sei vielmehr mit dem Tempel als eine
von der Stadt Davids durch Schluchten und unbebaute Räume
getrennte, unabhängige und nach allen Seiten hin frei stehende,
über Abgründen schwebende und nur im Sturm zu nehmende,
ja selbst nach dem Falle der eigentlichen „Πόλις" noch widerstands-
fähige Citadelle anzusehen. Erst die makkabäischen Nationalfürsten
kamen nach Abschüttelung des macedonischen Joches (c. 130 v.
Christo) auf den Gedanken, den vorgenannten hohen, selbst über
den Tempel hinaufragenden, von den syrischen Griechen ebenfalls
„Akra" benannten, heute ganz verschwundenen Nebenhöcker des
Zion abzutragen, mit dem Schutt die Zwischenschlucht (das Tyropöon) großentheils auszufüllen und so mit Belassung der
alten Vertheidigungswerke die beiden früher getrennten Festungen durch Verbindungsdämme, Brücken und Thore gleichsam in
Einen Körper zu verschmelzen, welchem später erst König Herodes I. in den letzten Zeiten des jüdischen Staates die furchtbare,
den Gebietern des Erdkreises selbst trotzende Gestalt verlieh.

Daß sich das günstige Terrain, die von der Quersenkung
beim heutigen Jafathor und der nördlichen Zionsmauer sanft-
anlaufende Schiefebene Golgatha, wo heute die Heilig-Grabkirche
steht, bei anwachsender Bevölkerung und bei vermehrtem Reichthum der „Πόλις" schon im Zeitalter Salomons mit Vorstädten,
Gärten, Schattenhainen, Lustanlagen und Sommerbauten be-

deckte, liegt in der Natur der Sache, und der Anwuchs wurde
so bedeutend, daß schon König Hiskiah diesen neuen Stadttheil
durch eine „zweite" Mauer gegen die assyrische Gefahr sicher stellen mußte. Dasselbe Schauspiel, aber in noch viel höherem
Maße, erneute sich in der verhältnißmäßig glücklichen Periode
der persischen Herrschaft über den Orient. Aus dem Berichte
eines Staatsmannes und Zeitgenossen Alexanders von Macedonien erfährt man, daß Jerusalem zur Zeit der macedonischen
Eroberung schon wieder anderthalb Stunden im Umkreis und
eine seßhafte Bevölkerung von 120,000 Seelen hatte, und folglich ungefähr mit dem heutigen Damascus zu vergleichen war.
Daß sich aber nach Abschüttelung des macedonisch-syrischen Joches
und nach Wiederherstellung der Nationalunabhängigkeit durch die
makkabäischen Fürsten Land und Hauptstadt zu frischer Blüthe
entfalteten und die herrlichsten Früchte trieben, war eine natürliche Folge der wiedergewonnenen Freiheit, der wachsenden Ar-
beitskräfte und des anschwellenden Capitalvermögens für Hebung
des Ackerbaues, für Erweiterung der Handelsverbindungen und
für Steigerung der Industrie.

Die Herrschaft der an Rom tributpflichtigen Könige aus dem
Hause Herodes gilt zwar nicht als besonders milde, aber des
Druckes ungeachtet war die Bevölkerung der Hauptstadt zur Zeit
Christi wenigstens auf das Doppelte vorgenannter Zahl angewachsen, und es deckte zugleich der neue Stadttheil in quadran-
gulärem Fortschritt den ganzen heute unmittelbar vor der nördlichen Stadtmauer und dem Damascusthor beginnenden Oliven-
wald bis in die Nähe der Königsgräber hin*). Zehn Jahre

---

*) Tacitus' Angabe, daß Jerusalem während der letzten Belagerung
600,000 Menschen jedes Alters beherbergt habe, ist gar nicht unwahrschein-
lich: multitudinem obsessorum omnis aetatis . . . . sexcenta millia fuisse
accepimus. Hist. V, 13.
Fabelhaft klingt es neben dieser mäßigen Angabe des römischen Ge-

nach dem Tode des Heilands ſchuf ein Vierfürſt Herodes dieſen
dritten Anwuchs der „Πόλις" durch eine beiderſeits ſich an die alte

ſchichtſchreibers, wenn Flav. Joſephus unkritiſch und ganz im Style des
Orients von 2,700,000 bloß geſunden, reinen Individuen jüdiſchen Blutes
ſpricht, die wegen des großen Nationalfeſtes gewöhnlich in der Hauptſtadt
geweſen ſein ſollen.

Streng genommen ſagt Flav. Joſephus freilich nirgends ausdrücklich,
daß Jeruſalem auch zur Zeit der Belagerung durch Titus die vorgenannte
Zahl von 2,700,000 Menſchen eingeſchloſſen habe. Wenn nach gänzlicher
Bezwingung der Stadt 97,000 Gefangene in die Hand der Sieger fielen und
eilfmal hunderttauſend während der fünfmonatlichen Einſchließung todt geblieben ſind, gibt es im Ganzen nur 1,197,000 Individuen jedes Alters und
Geſchlechtes für den Zeitpunct des letzten Kampfes, was wohl vielleicht übertrieben, aber doch nicht unmöglich ſcheinen kann.

Das Ausſchweifende der erſteren Angabe läßt ſich außer dem allen Orien-
talen angebornen Hange zur Maßloſigkeit und Unkritik großentheils aus der
Veranlaſſung erklären, durch welche ſie zu Stande kam. Um Cäſar Nero,
welcher Judäa verachtete, über die Bedeutung des jüdiſchen Volkes aufzuklären, ließ Geſtius, Statthalter von Syrien, durch die Hohenprieſter eine
möglichſt genaue Bevölkerungsliſte der Hauptſtadt Jeruſalem während des
Paſchafeſtes herſtellen. Die Berechnung wurde nach der Zahl der im Tempel
geſchlachteten Opferlämmer angelegt, deren man in jenem Jahre 256,500
zählte. An jedem Oſterlamme aber zehrten, wie Joſephus ſagt, wenigſtens
zehn, häufig aber bis zu zwanzig Menſchen, was in runder Summe und im
geringſten Anſchlage zwei Millionen, fünfmalhundertfünfundſechzigtauſend
menſchliche Individuen gäbe. Mit Einrechnung der Ausſätzigen und aller
jener, welche der Levit mit „γοναδζύσιος" und „γυναικιν επεμμενοις" bezeichnet, ſtellen die Commentatoren die Oſterbevölkerung der Hauptſtadt
vollends auf 3,000,000 Seelen.

Dieſe ungemeſſenen Angaben, vorausgeſetzt, daß ſie wirklich von Flav.
Joſephus ſelbſt herrühren und nicht etwa auf Rechnung ſpäterer Abſchreiber
und Ausleger zu ſetzen ſind, thun der hiſtoriſchen Glaubwürdigkeit des jü-
diſchen Leviten, wie wir mit Recht beſorgen, vielleicht auch in anderen Dingen bedeutenden Abbruch. Mehr als wahrſcheinlich hat aber der Grundtext
in dieſen Zahlenverhältniſſen keine weſentliche Veranſtaltung erfahren und iſt
Flav. Joſephus als ächter Orientale auch von der Erbſünde des Orients —
Maßloſigkeit und Unkritik — wenigſtens in dieſem Puncte nicht freizuſprechen.
Man vergleiche nur was Joſephus' Landsleute und Standesgenoſſen, die
Rabbiner der unmittelbar auf die Veröduug Paläſtina's folgenden Jahrhunderte, von den Greuelſcenen des letzten Kampfes unter Hadrian bei Erſtür-
mung der Feſtung Bither (Beit-er oder Bitter) erzählen. Ils diſent que
la tuerie fut ſi grande dans Bitter, lorsque les Romains s'en furent

erste anschließende dritte Mauer in riesigem Viereck zu einer dritten Festung um, so daß sich die zweite Mauer wie ein schmales
Bogensegment innerhalb dieses neuen Quadrates, von irgend
einem Puncte der nördlichen Zionsmauer auslaufend, zur west-

---

rendus les maitres après un siège de trois ans et demi, que les che-
vaux marchoient dans le sang jusqu'à la bouche. Le sang, continuent
ils, rouloit avec tant de force, qu'il entrainoit des pierres de la pesan-
teur de quatre livres, et qu'il entroit dans la mer l'espace de quatre
milles. Hadrien avoit un vignoble long de dix-huit milles et large
d'autant; il y fit une haie ou une cloison des corps de ceux qui furent
tués dans Bitter; car il ne voulut pas permettre qu'on les enterrât; ils
ne furent enterrés que sous le regne de son successeur. Il y avait
deux rivières dans la ville de Jadaim, desquelles l'une coulait d'un
côté, l'autre de l'autre: les Rabins supputèrent que l'eau ne faisoit que
les deux tiers de ces rivières; le sang faisoit l'autre tiers. Les gentils
n'eurent nul besoin pendant sept ans de fumer leurs vignes: elles
étoient assez fertiles, ayant été abreuvées du sang des Juifs. Le sang
entraina des pierres d'une grosseur demesurée par la distance de qua-
rante milles jusque dans la mer. On trouva sur une seule pierre jusqu'à 300 cranes de petits enfants. Il y avoit dans cette ville de Bitter
400 Colleges et dans chaque College 400 Régens, qui avoient chacun
dans sa classe 400 disciples. Aux premières attaques, les Ecoliers se
servirent de leurs poinçons pour tuer les ennemis; mais après la prise
de la ville, ils furent empaquetés avec leurs livres et jettés au feu.
Les Juifs prétendent qu'Hadrien fit périr deux fois plus de gens de leur
Nation, que Moïse n'en retira du Pais d'Egypte, et ils le tiennent pour
un plus grand déstructeur à leur égard, que ne le furent Nabuchodo-
nosor et Titus. Un de leurs meilleurs Chronologues assûre que la perte
que fit leur Nation du temps de Nebusaraddan, ou au temps de Titus,
n'égala point celle qu'Hadrien lui fit souffrir; car le Talmud porte qu'il
périt à Bitter quatre millions de Personnes, *quadringentas myriadas.*

P. Bayle, art. Barcochebas.

Größeres und Erstaunungswürdigeres als Hadrians Feldherrn vor Bitter in Palästina haben weder Rabelais' Helden Gargantua und Pantagruel,
noch der ritterliche Vertheidiger der Prinzessin Micomicona verrichtet! Wir
sagen nicht, daß Flavius Josephus, der Levite, mit den Rabbinern des
sechsten Jahrhunderts und mit Rabelais und Cervantes ganz und gar auf eine
Linie zu stellen sei; nur kann man nicht umhin zu bemerken, daß Ewlia's
Beschreibung von Stambul und das Gerede türkischer Ciceroni von achtzig-
tausend Stadtvierteln Konstantinopels (es sind deren nur vierundvierzig) mit
dem Style des Flav. Josephus einige Verwandtschaft zu haben scheinen.

lichen Tempelecke hinüberbog. Den Anſchluß der dritten oder
ſogenannten Agrippa-Mauer an die erſte hat man ſich genau,
wie den Anſchluß des neuen Münchener Kirchhofes an den alten,
jedoch ohne die innere Viereckſeite, vorzuſtellen.

Das alles ſcheint ſo einfach und ſo deutlich, daß ſich Jeder
das zerriſſene Vorgebirge, auf welchem Alt-Jeruſalem gelegen
iſt, beſonders aber den Schattenriß der drei Feſtungsmauern, die
in der Heilig-Grab-Theſis ſo viel zu reden geben und mitunter
ſo abenteuerliche Combinationen zu Tage fördern, aus dem bisher Geſagten beinahe ohne Mühe ſelber vorzeichnen kann. Aber
warum iſt Sieg und Niederlage der hadernden Parteien an ein
Problem geknüpft, das nicht mehr zu löſen iſt, und deſſen Löſung man gar nicht mehr braucht?

Der Lauf der kurzen zweiten Mauer, von welcher nach der
bisher üblichen Streitmethode alles abhängt, iſt unglücklicher
Weiſe nicht mehr zu ermitteln, weil die ganze heutige Stadt auf
der Stelle dieſer nämlichen zweiten alten Mauer liegt und Flavius Joſephus gerade in dieſem Puncte nur unvollkommene Auskunft gibt. Was aber für die Vorgänger im Streite Hauptpunct und gleichſam Lebensfrage iſt, das hat für uns keine
Bedeutung mehr und wir ſind zugleich der läſtigen Mühe über-
hoben, dieſe unfruchtbaren, ſeit zehn Jahren ohne Förderung
und Nutzen in immer gleicher Langweile wiederholten Tiraden
über Akrahügel, Gennaththor, Thyropöonſchlucht und zweite
Stadtmauer hier noch einmal vorzutragen. Wer aber deſſenungeachtet den Stand der Frage in voller Ausdehnung kennen,
die ermüdende Verhandlung ſelbſt aber bei Robinſon, Williams,
Schultz und Krafft doch nicht in Extenſo leſen will, dem kann
der Kürze und Klarheit wegen, mit der ſie geſchrieben iſt, die
obenberührte vortreffliche Arbeit des gelehrten Berner Geiſtlichen,
Albert Schaffter, empfohlen werden.

Dieser junge Literat hat seinen Aufenthalt in der Heiligen Stadt vortrefflich benützt und zugleich gezeigt, wie weit man es ohne den Faden der Ariadne selbst zu besitzen, durch bloße Verstandesschärfe im Labyrinth der Argumente bringen kann. Doch den Grundirrthum und das Erbübel aller Streiter in dieser Sache hat auch A. Schaffter noch nicht völlig abgestreift. Er glaubt, so scheint es, noch immer wie seine Vorgänger, die Chateaubriand, die Williams, die Schultz, die Krafft und im Grunde selbst der unbefangene Robinson mit dem scharfsinnigen Tobler und dem ganzen Heer ihrer Nachfolger, es habe in Jerusalem, wie z. B. in Deutschland und einst im ganzen Occident, ein stehendes Hochgericht gegeben, wo jedesmal an den verurtheilten Verbrechern die Todesstrafe vollzogen wurde. Und diese einsame, von den Menschen gemiedene, grausenvolle Stätte suchen sie, wie oben bemerkt, gerade in jener Gegend von Jerusalem, wo nach der Natur des Terrains und nach dem unaustilgbaren Zuge städtischer Gesellschaften der belebteste, üppigste und schönste Theil der Vorstädte, wo die Haine und Gartenhäuser der reichen Stadtbewohner in unmittelbarer Nähe des königlichen Palastes mit den übrigen Prachtbauten vornehmer Juden zu suchen sind.

Wer selbst in Jerusalem gewesen ist und in solchen Dingen den nöthigen Tact besitzt, wird beim ersten Ueberblick der Heiligen Stadt die ganze Unzulässigkeit dieses Gedankens fühlen und zugleich die unnatürlich verschobene Gestalt der hierosolymitanischen Festungsmauer erkennen, wenn es mit dem Stadtplan der Vertheidiger der kirchlichen Tradition in allen Dingen seine Richtigkeit haben sollte. Herr Licentiat Krafft in Bonn soll, wenn er etwa diese Zeilen liest, ja nicht besorgen, daß wir über sein Bemühen und über seine Kämpfe für Aufrechthaltung der kirchlichen Ueberlieferungen geringschätzig urtheilen. Im Gegentheil, wir ehren sein Talent, seinen guten Willen, seine umfassende Gelehrsamkeit, bedauern aber aufrichtig, daß ihm trotz seines großen Wissens das rechte Licht in dieser Sache doch nicht aufgegangen ist. Allen Auslegern der heiligen Schrift, allen Reisenden und Pilgern nach Jerusalem alter und neuester Zeit, überhaupt allen, die je in diesem Streit ihre Stimme abgegeben haben, welcher kirchlichen oder theologischen Richtung sie auch folgen, legen wir zur Last, daß sie in der Heilig=Grab=Fehde bisher gegen Luftgebilde gestritten und in ihrer Befangenheit die Lebenssitte und das Vorurtheil ihrer europäischen Heimat auf die Sitten und Gebräuche des Orients übertragen haben. Wir machen, um den Hauptgedanken der Diatribe unter eine greifbare Formel zu bringen, wir machen der abendländischen Controverse über diese Frage zwei Dinge zum Vorwurf: einmal, daß sie noch immer nicht beachten will, wie in Alt=Jerusalem und im Orient überhaupt seit den ältesten Zeiten Todesurtheile vollzogen wurden und noch heute vollzogen werden; zweitens, daß man in der Leidensgeschichte Christi den evangelischen Ausdruck „Πόλις" und „Golgatha" bisher nicht richtig auszulegen verstanden habe.

Schlagende Argumente, wie bekannt, sind allzeit kurz, und den gelehrten Beweisgründen des verdienstvollen Licentiaten W. Krafft, dem Msc. regium aus dem eilften Jahrhundert, dem Codex E, dem Jeremias=Citat, dem γναθ, dem Missethäter= und Seufzerhügel von Jerusalem stellen wir eine einzige, kurze und, wie wir hoffen, durchschlagende Bemerkung entgegen: In Jerusalem und im ganzen Orient gab es niemals und gibt es auch heute nirgends einen „Seufzer= und Missethäterhügel", nirgends ein sogenanntes Hochgericht, einen Galgenberg, eine „Schädelstätte" nach den Begriffen des Abendlandes*). Wie im Orient auf jedem Puncte des Landes Gut und Leben des Menschen der Gewalt

---

*) „Schädelstätte" ist ein von den europäischen Bibelübersetzern erfundenes Wort, welches dem Urtext geradezu widerspricht.

verfallen ist, ebenso war und ist im Orient auch jeder Punct des Landes heute noch wie im Alterthum zur tödtlichen Rache des zornigen Machthabers ohne Unterschied bestimmt. Nicht belehren, nicht sühnen will die Gewalt im Morgenlande, sie will Schrecken verbreiten und durch Blutvergießen Jedermann an ihr Dasein und an ihre Stärke mahnen. Der Platz am Tribunal, der Herrscherpalast, der Lustgarten, die Quelle, die reizenden Flußufer, die öffentlichen Vergnügungsorte, die belebtesten Kreuzstraßen, das schönste Stadtviertel, das besuchteste Thor, der volle Markt, ja der Tempel und das Heiligthum selbst waren nach Laune, Zufall oder Calcül im Orient von jeher die Richtstätten und sind es heute noch. Obscure Verbrecher wurden und werden zur Hinrichtung dem Belieben der Kriegsknechte überlassen, um sie nach Gefallen irgendwo abzuthun; für bedeutendere „Missethäter" aber und für auserlesene Racheopfer der Gewalt ward und wird die Hinrichtungsstätte jedesmal mit sorgfältiger Berechnung ausgewählt. Beispiele in Menge aus alter, neuer und neuester Zeit haben wir aus Büchern gesammelt und auf den Wanderungen im Orient theils selbst mit angesehen, theils nach mündlichen Berichten aufgezeichnet. Man prüfe z. B. nur die Hinrichtungen, wie sie vom Zeitpuncte der Einnahme Jerusalems durch die Juden bis zum Untergang der Stadt in der heiligen Schrift angegeben sind und man wird unsere Auslegung in allen ihren Einzelheiten bestätigt finden. Wo wurden in Jerusalem, um nur einige der bekanntesten Fälle anzudeuten, z. B. der Kronfeldherr Joab, der Kronprätendent Adonai, die Königin Athalia und der Prophet Jesaia, der lästige Mahner an göttliche Gerechtigkeit, nach ihrer Verurtheilung hingerichtet[*)]?

[*)] Nach einer bei den Kirchenvätern Justinus Martyr, Origenes, Epiphanius und Lactantius aufbewahrten Ueberlieferung ward der Prophet Jesaia durch den grausamen König Manasse zur Strafe des Zersägens zwischen

Oder wurden nicht etwa nur wenige Decennien vor Christus auf Befehl des Makkabäischen Priesterkönigs Alexander achthundert Gefangene der politischen Gegenpartei an einem und demselben Tage „mitten in der Stadt" an das Kreuz geschlagen? Wäre es also ein Wunder, wenn Jesus Christus, der „Judenkönig", der „Volksaufwiegler", wie ihn die Widersacher nannten, der „Feind der Staatsreligion" zur Sühnung priesterlicher Rache auf dem belebtesten Puncte der Vor- oder Neustadt von Jerusalem, sei es nun diesseits oder jenseits der vielbestrittenen zweiten Mauer, das Schicksal der achthundert politischen Gegner Alexanders und der vielen von Josua besiegten Fürsten Canaans erlitten hätte *)?

Nach jüdischer Landessitte konnte der tödtliche Act ebenso gut an irgend einem andern Puncte der Stadt vollzogen werden. Und wenn es geschah, wo man heute glaubt, daß es geschehen sei, so hatten die jüdischen Autoritäten ohne Zweifel triftige Gründe, zur Schaustellung ihres gehässigen Triumphes diese Stätte jeder andern vorzuziehen. Die geheime Neigung des Joseph von Arimathia an die neue Lehre war dem Synedrion wohl bekannt, und das war Grundes genug die Execution nahe am Besitzthum dieses Rathsherrn anzuordnen. Ohne die Art und den Charakter unserer Beweisführung mit der traditionellen Methode in Vergleich zu bringen, ist das Endergebniß doch der kirchlichen Ueberlieferung günstiger als ihren Gegnern, der Partei Robinson-Tobler, die zwar bis jetzt im Heilig-Grab-

_____

zwei Brettern verurtheilt und der Act der Hinrichtung selbst unter den Augen des Monarchen innerhalb der königlichen Gärten bei Siloam vollzogen.

*) Golgatha, Gabbatha, Bezetha sind nur Localnamen des vielgestaltigen Stadtterrains von Jerusalem, wie z. B. Lebel, Einschütt, Anger, Bohl, Hohenmarkt ꝛc. in europäischen Städten. St. Lucas sagt deutlich genug, der Ort, wohin sie Christus zur Kreuzigung führten, habe „Schädel" (κρανίον) geheißen.

Streite das meiste Ansehen erworben und die gründlichsten Kenntnisse mit dem schärfsten Talent der Discussion entwickelt hat, die
aber nebenher durchaus nicht dulden will, daß Kreuzigungsort
und Grab dort zu suchen seien, wo seit Konstantin und Helena
die Auferstehungskirche steht. Bei allem Talente und bei allem
Erfolge, mit welchem diese Partei die unwissenschaftlichen Argumente ihrer Gegner zermalmt hat, ist sie für sich selbst der Wahrheit doch nicht näher gekommen, wenn man etwa das Nieder-
reißen schadhaften Gezimmers und die Wegräumung des Schuttes
nicht schon als ersten Schritt zur Wiederherstellung des alten und
ächten Baues gelten lassen will. Für diesen herzustellenden Um-
bau der Heilig-Grab-Thesis nach so vielen gescheiterten Versuchen
endlich eine feste Unterlage zu gewinnen, haben wir uns als
Ziel vorgesetzt. Selbst für den Fall, daß beide sich unterein-
ander befehdende Parteien gegenwärtigem Versuche, die Streitfrage zu entscheiden, mit vereinten Kräften entgegentreten, wäre
für unsere Auslegung noch nichts zu fürchten, weil sie gegen den
einzig möglichen Einwurf der Gegner schon im voraus gesichert
ist. Diese nämlich werden vielleicht sagen: im Allgemeinen möge
unsere Thesis über die in Jerusalem gebräuchliche Art Verbrecher
hinzurichten ihre beglaubigte Geltung haben; allein für den hier
in Frage stehenden Fall sei sie entschieden falsch, weil, wie oben
gesagt, beim Evangelisten in dürren Worten geschrieben steht,
der Heiland sei außerhalb des Thores und nahe bei der Stadt
gekreuziget worden. In der bisher üblichen Auffassungsweise des
Thatbestandes könnte der Einwurf allerdings bedenklich sein, weil
die Phrase zu deutlich und zu unwiderruflich auf eine von der
Stadt gänzlich ausgeschlossene Räumlichkeit hinzudeuten scheint,
so daß man entweder mit den Anhängern der Tradition die un-
natürlichen Windungen der hierosolymitanischen Ringmauer anzunehmen, oder mit Robinson geradezu die Landstraße außerhalb

des heutigen Jafathores als Todtenplatz gelten zu lassen genöthigt wäre. Die Adelsvorstadt, das „St. Germain“ von Jerusalem, wo die Execution Statt fand, hatte zu Christi Zeiten
noch keine Ringmauer und lag wirklich „außerhalb des Thores“,
wie wir gleich zeigen wollen.

Wäre der Streit über diesen Gegenstand nicht schon seit
langer Zeit im Gang, wir hätten ihn aus Aengstlichkeit zarte
Gemüther zu beunruhigen wahrlich nicht begonnen. Und wenn
wir von der Sache nun dennoch reden, so hat uns lediglich das
Bestreben eine unerquickliche und wenig erbauliche Logomachie
schnell und gründlich zu beseitigen zur Einsprache ermuntert. Zu
weiterer Beruhigung mag noch insbesondere die Erinnerung
dienen, daß es sich hier nicht um das Dogma handelt und daß
hier nur von topographischen Bestimmungen, von Sitte und
Philologie des Orients die Rede ist, wo der unbefangenen, red-
lichen Kritik und dem bessern Einsehen überall allein das
Wort gebührt.

Spitze und Lösung der Schwierigkeit liegt ausschließlich in
dem Worte „Πόλις“. Und wäre im Text, wie man es bisher
allgemein verstanden, mit diesem Worte „Πόλις“ wirklich die
ganze, zu Christi Zeiten bewohnte und noch vor Aufschreibung der Evangelien schon von der dritten oder sogenannten
Agrippamauer umfriedigte Räumlichkeit gemeint, die sich den
kaiserlichen Legionen als Stadt und Festung Jerusalem entgegen-
stellte, so hätten wir nichts zu sagen und die Frage bliebe
vorerst noch im Zustande der Unentschiedenheit, welchen ihr die
ungenügenden und ausgangslosen Argumente zweier feindlicher
Parteien bereitet haben. Unter dem Worte „Πόλις“ ist aber
in der bezeichneten Stelle und nach dem herrschenden Sprachgebrauch jenes Zeitalters nicht der ganze, dem ursprünglichen
Zionskern nach und nach angefügte Häusercomplex, sondern bloß

jener ursprüngliche Kern selbst, die eigentliche „Stadt", das alte, den ganzen Zionhügel bedeckende, von Abgründen umschlossene und durch die furchtbaren Werke des Königs Herodes verwahrte, allen Nebenbauten, Vorstädten, Neustädten und Kunstanlagen vorausgehende, eigentliche alte Jerusalem gemeint. Was die Athenäer an ihrer großen Stadt dem wandernden Herodot noch als Ἄστυ, d. i. als eigentliche „Stadt", als Alt-Athen bezeichneten, und was in unseren Tagen zu Paris die Cité, City zu London heißt, in Wien aber vorzugsweise die „Stadt" genannt wird, das ist die „Πόλις" von Jerusalem. Größe, Reichthum, Volkszahl, alter Brauch, architektonische Pracht und endlich die furchtbare Majestät der Vertheidigungswerke, wie sie Flavius Josephus beschreibt, rechtfertigen Ausdruck und Erklärung mit gleicher Kraft*). Innere Wahrscheinlichkeitsgründe, wie die besagten, genügen indessen ebensowenig als zufällige Aehnlichkeiten, um den dem Worte vindicirten Begriff festzusetzen. Von den Verfassern des Neuen Testaments ist für unsern Satz keine weitere Hülfe zu erwarten und von den übrigen Schriftstellern, welche den bezeichneten Gegenstand des nähern berühren, ist Flavius Josephus, der Zeitgenosse und Landsmann der Evangelisten, allein noch übrig. Sprachgebrauch und Schreibart dieses gelehrten Leviten im Allgemeinen zu würdigen und sämmtliche Stellen zu prüfen, in welchen von der hierosolymitanischen „Πόλις" die Rede geht, wird nicht nöthig

---

*) Ueber die Vertheidigungswerke, mit welchen Herodes der Aeltere das eigentliche alte Jerusalem umgab, siehe Flavius Josephus de Bello Jud. lib. V, cc. 4, 5 und 6. edit. Hav., wo von den drei Hauptmauerthürmen Hippicus, Phasaël und Mariamne, sowie über die Tempelfestung und die Burg Antonia umständliche Beschreibungen erhalten sind. Man denke sich den furchtbaren Anblick dieser drei kolossalen Thürme auf der ihrerseits noch dreißig Ellen hohen Nordmauer des Zionberges, welcher selbst wieder als

ſein. Man findet die einſchlägigen Stellen theils in den Büchern
über die jüdiſchen Alterthümer, theils in der Beſchreibung des

Steilrand an einer tiefeingeriſſenen Schlucht vom heutigen Jafathore (Hip-
ricus) bis an das Tyropöon hinüberſtrich.

Die ausdrückliche Bemerkung des Flav. Joſephus, die alte Mauer, auf
welcher die drei genannten Thürme ſtanden, babe einen hohen Hügelkamm
gekrönt, iſt die beſte Rechtfertigung der viel beſtrittenen Annahme Robin-
ſen's, daß die flache Mulde, wie ſie im modernen Jeruſalem vom Jafather
zum Baſar hinabzieht, weiland eine Tiefſchlucht geweſen ſei. Elle iſt das
im Orient noch heute übliche Längenmaß und bezeichnet die Entfernung
zwiſchen dem Ellenbogen und der Mittelfingerſpitze am menſchlichen Arm.
Das Baumaterial der Thürme ſelbſt beſtand aus behauenen weißen Mar-
morblöcken, von welchen jeder zwanzig Ellen in der Länge, zehn in der
Breite und fünf in der Tiefe hatte, und mit ſolcher Kunſt eingefügt war,
daß der ganze Thurm wie aus Einem Stück gemeißelt ſchien.
Zunächſt an dieſen Prachtthürmen und innerhalb der großen Nordmauer genau auf der Stelle, wo man heute das weitläufige armeniſche Kloſter
mit ſeinen Gärten und die neuanglicaniſche Kathedrale ſieht, ſtand ein
gleichfalls von Herodes I. erbauter Reſidenzpalaſt, der für ſich ſelbſt wieder eine
ſtarke Feſtung bildete und eine dreißig Ellen hohe Ringmauer mit Thürmen
hatte. Von der innern Ausſchmückung, von dem Reichthum und von der
Pracht dieſer weiten Räumlichkeiten, von ihren Marmorhallen, Luſtgärten,
Säulengängen, Bächlein, Waſſerfällen, Schattengängen und Labyrinthen entwirft Joſephus ein ſo anziehendes Bild, daß man die muthwillige Vernichtung ſolcher Herrlichkeiten mit dem jüdiſchen Verf. gleichſam noch heute
beklagen muß. Die vornehmſte Rolle unter den Befeſtigungswerken der
hieroſolymitaniſchen Πόλις ſpielen aber die Tempelcitadelle und die Burg
Antonia, zu deren Bewältigung alles, was das weltherrſchende Rom an
militäriſchem Genie und an offenſiver Kraft beſaß, aufgeboten werden mußte.
Ob man zur Tempelmauer wirklich behauene Steinblöcke von vierzig Ellen
Größe herbeigeſchafft und übereinander geſchichtet habe, wie Joſephus ſchreibt,
weiß man heute freilich nicht mehr. Jedenfalls aber war der vom König
Herodes für Gewinnung der nöthigen Tempelfläche aus der Tiefſchlucht
heraufgeführte Unterbau ſo maſſenhaft und feſt, daß ihn weder die Wuth der
Legionen noch der zerſtörende Einfluß von achtzehn Jahrhunderten ganz
vernichten konnte. Von Süd und Oſt durch tiefe Schluchten geſchirmt und
im Weſten durch die Πόλις gedeckt, war die Tempelfeſtung nur auf der Nordſeite feindlichen Angriffen ausgeſetzt. Eine Säulenhalle in koloſſalem Maße
lief am Saum des Abgrundes um die Tempelfläche, und im Nordweſtwinkel
dieſes Prachtbaues ſtand auf einem fünfzig Ellen hohen ſteilen Felſen die
Burg Antonia, das glanzvollſte Denkmal des, wie Joſephus ſagt, genialen

jüdischen Krieges selbst. Es sei aber erlaubt, mit Umgehung der größeren Zahl uns auf die nähere Beachtung der vorzüglichsten und beweiskräftigsten zu beschränken, den Beweis selbst aber zunächst mit Antiq. Judaic. lib. XIV, c. 4 zu beginnen. Im Kampfe gegen Pompejus, heißt es hier, warfen sich die jüdischen Patrioten nach Verlust sämmtlicher Außenwerke, der Neustadt und auch des ganzen von der zweiten Mauer geschützten Stadttheiles erst in die Tempelveste und rissen die Brücke ab, die vom Tempel nach der jüdischer Seite noch besetzten „Πόλις" hinüberführte. Die Besatzung aber, fährt die Stelle fort, habe in der Folge noch vor Erstürmung des Tempels die „Πόλις" mit der königlichen Burg dem Pompejus übergeben. Es ist wohl schon aus dieser einzigen Stelle entschieden, was nach Sitte und Sprachgebrauch des Evangelisten die hierosolymitanische „Πόλις" war, vor deren Mauern und Thoren der Herr gekreuzigt wurde. Daß aber unser heutiges Golgatha, d. h. die Gegend weiland unmittelbar vor den großen Mauerthürmen Hippicus, Phasaël und Mariamne, damals nicht „Stadt", sondern „Vorstadt", nicht Πόλις, sondern Προάστειον war, zeigt zum Ueberfluß eine Stelle lib. XIV, c. 13. pag. 723 desselben Buches, wo über einen Ausfall des von den Parthern und

---

und hochherzigen Königs Herodes. Zuerst ließ er den steilen Grundfelsen von unten bis oben mit schönen glattgeschliffenen Steinplatten überziehen, um das Hinaufklimmen wie das Herabsteigen unmöglich zu machen. Die Höhe des ganzen Baues betrug nur vierzig Ellen und war von einer drei Ellen hohen Mauer umringt. Der Bau selbst glich an Räumlichkeit, innerer Einrichtung und Gestalt einer Kriegsburg mit Säulengängen, Bädern und großen Hallen, um Krieger einzulagern. Die Gestalt des Thurmes war ein Viereck, auf dessen vier Winkeln vier andere Thürme standen, von welchen drei je fünfzig Ellen, der vierte im Südostwinkel aber deren siebenzig hatte, und der Besatzung einen Ueberblick über den ganzen Tempel gab. Eine ganze römische Legion, sagt Josephus, hatte innerhalb dieses Prachtthurmes ihr Standquartier.

ihren jüdiſchen Parteigenoſſen in Jeruſalem ſelbſt belagerten
Königs Herodes berichtet wird. Der Ausfall geſchah vom Thurme
Phaſaël, „durch die Vorſtadt", d. i. gerade in der Gegend unſerer Heilig-Grabkirche, gegen das feindliche Heer. Eben dieſer
Herodes, meldet Joſephus weiter, hat bei ſeinem Angriff auf
das rebelliſche Jeruſalem nach dem Fall der Vorſtädte, der
„zweiten Mauer" und ſogar des Tempels ſelbſt zuletzt erſt noch
„die Stadt" mit ſtürmender Hand genommen. Ferner bei einem
der zahlreichen Vorſpiele des großen Aufſtandes, ſagt Joſephus,
flohen die Rebellen, vom Prätor Cumanus aus allen Stellun-
gen und ſogar aus der Tempelfeſtung hinausgeſchlagen, „in die
Stadt" hinüber. Endlich unter Titus, beim letzten Act der
furchtbaren Tragödie, als die dritte und zweite Mauer mit allem,
was dazwiſchen lag, gefallen und zerſtört, die Felſenburg Antonia geſchleift und die Tempelfeſtung ſelbſt nach verzweifelter
Gegenwehr eine rauchende Ruine war, zog ſich die Beſatzung
ungebrochenen Muthes erſt „in die Stadt" zurück, wo ſie der
Geſammtmacht des Imperators, obgleich beinahe ohne Lebensmittel, noch einen vollen Monat widerſtand. Titus, von Natur
menſchenfreundlich und prachtliebend, wollte nach dieſen grauenvollen Scenen doch noch die „Stadt" verſchonen, mußte ſie aber
nach Verwerfung aller ſeiner Anträge durch die bethörten, auf
die Stärke ihrer Πόλις-Mauern trotzenden Aufrührer endlich
ihrem Verhängniß überlaſſen. Zuletzt freilich, wie unter den
zermalmenden Stößen der Helepolis die rieſigen Mauern fielen
und ſelbſt die unbezwinglich ſcheinenden Thürme wankten, gaben
die Raſenden endlich auch die „Πόλις" verloren und ſtiegen verzagt von den letzten Vertheidigungswerken herab, um in wilder
Flucht nach unterirdiſchen Höhlen dem Zorn der Sieger zu
entrinnen.

Hoffentlich wird auf dieſe wiſſenſchaftliche Vorlage hin der

Heilig-Grabstreit künftig von beiden Seiten mit größerer Mäßigung und Umsicht geführt werden, als es bisher üblich war. Denn fortgehen wird der Streit in jedem Fall, weil alteingewurzelte und mit dem geistigen Leben gleichsam zusammengewachsene Vorstellungsweisen im Herzen der Zeitgenossen plötzlich und vollständig auszulöschen Niemand Kraft und Ansehen genug besitzt. Wir haben in das Eintönige und Ermüdende der Discussion bloß einen frischen Gedanken hineingeschleudert, von dem man noch nicht wissen kann, ob er sich auch im Streit erproben und für alle Zukunft geltend machen wird. Nebenbei haben wir aber nicht die alte Heilig-Grablegende mit unserem Argument in allen ihren Theilen gestützt; wir haben bloß nachgewiesen, daß die Gegner der Tradition auf falschen Wegen sind, und daß vom Gesichtspunct der heutigen Oertlichkeiten allein gegen das Golgatha der Tradition nicht nur nichts einzuwenden sei, sondern daß Sitte und Umstände, was die Executionsgegend im weitesten und allgemeinsten Sinn betrifft, dieses Mal offenbar zu Gunsten der Legende sprechen. Mit alle dem ist indessen bloß die Walstatt geebnet und sind die Kämpfer beiderseits in die rechten Schranken und auf das rechte Maß zurückgedrängt.

Daß Flavius Josephus in den beiden angeführten Hauptwerken den Ausdruck „Πόλις" nicht überall mit Strenge au das eigentliche Alt-Jerusalem allein beschränke, sondern mit diesen Worten verschiedene Male den ganzen Stadtcomplex bezeichne, muß ohne Widerrede eingestanden werden. Ueblich indessen ist diese Redeweise nur, so oft weder eine nähere Bezeichnung hervorspringt, noch ein innerer Gegensatz der einzelnen Stadttheile anzudeuten ist. Die Evangelisten dagegen, wie Jedermann begreifen muß, hatten keinen Grund in ihren Schriften von der landesüblichen, zähen und althergebrachten Benennung abzuweichen. Die Möglichkeit also, um es deutlich zu sagen, nicht die Wirklichkeit, daß hier Golgatha sei, ist jetzt hergestellt, was in einer solchen Sache schon etwas zu bedeuten hat, wenn auch die genaue Bezeichnung der Hinrichtungs- und der Begräbniß- stelle auf ewig unmöglich ist. Die Untersuchung über die nach Zoll und Linien ausgemessenen Puncte, auf welchen die drei Kreuze gestanden haben sollen, liegt ebenso wie die Meldung bei Eusebius, daß die Beauftragten des neubekehrten Impera- tors Konstantin dreihundert Jahre nach der Execution sogar diese nämlichen drei Kreuzgalgen*) im Schutte des hierosolymitanischen Stadtgrabens noch unversehrt gefunden haben, als Mythe und leeres Volksgerede völlig außerhalb dem Bereiche der Wissenschaft.

Das Todesurtheil wurde, wie St. Marcus sagt, Morgens früh gefällt, die Stelle der Vollziehung natürlich in demselben Momente festgesetzt und um neun Uhr Vormittag, nach unserer Art zu reden, waren die drei Verurtheilten nach Landessitte und Sprachgebrauch der Juden auch schon an das Kreuz geschlagen **). Die Justiz im Orient war von jeher prompter als im Abend- land, und in der Hauptsache wird es dort heute noch ebenso gehalten, wie im Alterthum. Die improvisirten Spuren aber, worin die drei Kreuze standen, weit entfernt bis 1850 offen zu bleiben, waren am vielbetretenen und belebten Orte natürlich

---

*) „Patibulum crucis" ist ein stehender Ausdruck der ältesten Kirchen- väter.

**) Der technische Sprachgebrauch für „kreuzigen" lautet im Urtext der heiligen Schrift bekanntlich thalah al ha aez, d. i. „an den Pfahl (an das Holz) hängen." Deswegen heißt der Heiland im Talmud Thalui, d. i. der „Gehängte". Des Ausdruckes „hängen" bedienen sich übrigens etwa nicht bloß die Feinde des christlichen Namens; er hat auch in der katholischen Liturgie seine volle Geltung, wie aus dem bekannten Kirchenhymnus der Heiligen Woche zu ersehen ist:

Stabat Mater dolorosa
Juxta crucem lachrymosa,
Dum pendebat filius. . .

am Tage nach der Hinrichtung schon verschwunden und zugedeckt, das Holz selbst aber, an welchem die „Verbrecher" hingen, vermuthlich am nämlichen Abend noch von der heidnischen Grabhut als Brennstoff aufgezehrt. Denn die Todeswerkzeuge zugleich mit den Leichen der Hingerichteten zu begraben, war in Jerusalem ebenso wenig als sonst irgendwo im Orient jemals Sitte.

Aber — könnte hier strenge Kritik entgegnen — sagt Eusebius etwa nicht ausdrücklich, man habe auf einen Traum des hierosolymitanischen Bischofs St. Macarius hin drei Kreuze innerhalb der spätern Auferstehungskirche wirklich aufgefunden und durch ein ungewöhnliches Ereigniß das ächte gleich erkannt? Gefunden hat man die drei Kreuzholze gewiß und der Bericht des kaiserlichen Bevollmächtigten ist ganz; der Wahrheit angemessen; nur muß man nicht gar zu genau erfahren wollen, wie und wann die drei Instrumente an den Ort des Fundes hingekommen sind. Die Erinnerung an Golgatha und Christi Grab war in der heidnischen Stadt Aelia Capitolina (Jerusalem) selbst bei den Christen so vollständig erloschen, daß der kaiserliche Befehl, die heiligen Oertlichkeiten mit Prachtgebäuden zu schmücken, den frommen Bischof Macarius in große Bedrängniß versetzte, weil bei der allgemeinen Umfrage, wie Eusebius ausdrücklich bemerkt, Niemand in der Stadt über die Lage dieser Oertlichkeiten Auskunft zu geben wußte. Gebet, Träume und ein alter armer Jude, welcher von seinen Vorältern her noch Kenntniß von der Sache haben wollte, führten endlich auf die gewünschte Spur. — Nebenher vergesse man aber nicht, daß die alte jüdische Bevölkerung der Heiligen Stadt unter Titus und Hadrianus vollständig vertilgt worden ist und in der neuerbauten Aelia den Juden unter Todesstrafe der Eintritt verboten war. Aber was sollte St. Macarius thun? Die Noth drängte und die Antwort: ne mi danem, „ich weiß es nicht", war einem

unterthänigen Höfling im Prätorium des Imperators Konſtantin
ebenſowenig erlaubt, als an der Hohen Pforte des Jran-Schah.
Man hat ja auch beim erſten Kreuzzuge vor der Entſcheidungs-
ſchlacht bei Antiochia im bedenklichſten Augenblick noch die Lan-
zenſpitze des römiſchen Centurio Longinus aus der Erde her-
vorgegraben und in der Begeiſterung dieſes Fundes über die
Feinde des chriſtlichen Namens einen großen Sieg erfochten.

Ward dagegen nicht aber auch in unſern Tagen am Tabor
und bei Heliopolis chriſtlicher Seits, ohne irgend ein mittelalter-
liches Erregungsmittel ins Spiel zu bringen, ebenſo glänzend
und ebenſo wundervoll geſiegt, wie einſt im Streite gegen Kerboga und ſeine islamitiſchen Reiterſchaaren?

Das Todte Meer.

(1853.)

Palästina mit Waffengewalt zu unterjochen und den zertrümmerten Thron auf Zion wieder aufzurichten, war das gesammte christliche Abendland selbst in seiner mythischen Heldenperiode und auf dem Höhepunct kirchlicher Begeisterung nicht stark genug. Die wilden Magyaren, die heidnischen Prutenen, die Berserker und die Kaledonier bändigte und zähmte die lateinische Hierarchie; nur vor dem Islam im „Lande der Verheißung" siegreich zu bestehen und das verwaiste Erbtheil der Söhne Jakobs in Besitz zu nehmen, hat sie nie vermocht. Vor mehr als einem halben Jahrtausend ward das bewaffnete Europa durch überlegene Kräfte zwar aus Palästina vertrieben, aber das Bild des verlornen Guts ist den Gemüthern unaustilgbar eingedrückt, und mit sehnsuchtsvollem Verlangen streckt das müde Abendland noch heute seine Hände nach der beglückten Küste hin. Wie die verbannten Moslimen in den Schluchten des Atlas die reizenden Gärten am andalusischen Wadi el-Kebir nicht vergessen wollen und noch heute die Schlüssel der verlassenen Granada-Hütten ihren Kindern als Erbtheil überliefern, ebenso wenig will die Erinnerung an die thauigen Morgenlüfte und an den bunten Anemonenteppich auf Saron selbst mitten in Tumult und Bewegung des Occidents erlöschen. Was aber dem christlich-ritterlichen Sinn des Mittelalters auf Wegen der Gewalt nicht gelingen wollte, dasselbe versucht jetzt in unermüdeter Strebsamkeit das zähe Geschlecht des Occidents mit dem Hebel der Wissenschaft. Kenntniß ist Macht. Und wenn wir auch im steingebauten wohlbewohnten Sichem nicht Steuer nehmen und auf dem Fettboden Esdrälons nicht Garben binden können, so denken wir doch durch Einsicht in die Natur des Landes, seiner Bewohner und seiner Vergangenheit die brutalen Eigenthümer zu beschämen und gleichsam außer Besitz zu stellen.

Auf die wegebahnenden hispanischen Glaubensboten und Mönche des siebzehnten Jahrhunderts kamen zwar, nach der Bemerkung frommer aber unbehutsamer Adepten auf Japan, gewöhnlich hispanische Kriegsschaaren, um das geistig begonnene Eroberungswerk auch materiell zu vollenden und zu befestigen. Aber wahres Wissen lehrt überall Mäßigung, humane Sitte, Schonung und Gerechtigkeit, und wir zweifeln auch mit Grund, ob selbst fanatische Moslimen in den friedlichen Palästinawanderern der letzten fünf Decennien, von Seetzen und Burckhardt bis Schubert, Russegger, Tobler, Lynch und Saulcy herab, überall nur Vorläufer und Kundschafter nachrückender Christenheere sehen möchten.

Zwischen St. Hieronymus und Chateaubriand sind mehr als vierzehn Jahrhunderte verflossen und ebenso lange hat das kirchliche Wissen und die bloß theologische Erforschung des heiligen Landes gedauert. Ohne dieses ursprüngliche und überall zuerst berechtigte Element zu verdrängen und zu lähmen, ist hauptsächlich nach Begründung der Naturwissenschaften im Occident ein zweites, weiter greifendes, neue Ideen und neue Sättigung schaffendes Element ergänzend und gleichberechtigt hinzugetreten.

Wie zu jeder geistigen Bewegung des Occidents ist der erste Anstoß, gewissermaßen Theorie und Vorversuch, auch in dieser

Sache — versteht sich nicht ungestraft — von den Deutschen
ausgegangen. Aber nicht bloß einem Seetzen (1806) und einem
Burckhardt (1812) haben die Verhängnisse das Erschließen neuer
Erkenntnißwege des Orients nicht verziehen, sie haben auch die
nähere Begründung der aufgestellten Lehrsätze, das Ausebnen
der Pfade, den nächsten Fortschritt, den Nutzen und die Ehre
der Entdeckung, wie gewöhnlich, von den Deutschen weggenommen und hauptsächlich dem „audax genus" der angelsächsischen
Race zugetheilt.

Wie die Sachen heute stehen, gebührt der eigentliche Con-
quistadorenruhm Palästina's im Allgemeinen und des Todten
Meeres insbesondere vorzugsweise den transatlantischen Yankee-
Gelehrten als wohlerworbenes Eigenthum. Den nachhaltigen und
epochemachenden Entdeckungen eines Eduard Robinson und eines
W. F. Lynch haben wir in der neuesten Zeit nur die zwar wesentlichen, aber doch weniger glänzenden, weniger umfassenden
und auch weniger angepriesenen Funde unserer Schubert, unserer Russegger und Tobler entgegenzustellen. Dagegen sind wir
freilich in der Kunst das Chaos fremder That- und Schöpfungs-
kraft zu ordnen, herbeigeschwemmte Polygone künstlich auszu-
meißeln und in geschmackvoller Fügung übereinander zu legen,
Lückenhaftes durch geistreiche Conjecturen auszufüllen und am
Ende den kolossalen Bau mit einer romantisch-anheimelnden
Tünche zu bekleiden, unübertroffene Meister geblieben.

Die Bewegung der europäischen Gemüther für Palästina,
für seine Durchwanderung, seine allseitige Aufhellung und öffentliche Besprechung ist gegenwärtig — wenigstens in dem wissenschaftlich belebten Theile des Abendlandes — so lebhaft und
allgemein, daß selbst die früheren Besitzer des Landes, die seit
Flavius Josephus entweder ganz geschwiegen oder nur schmollend
und in unverständlichen Hieroglyphentönen unter sich selbst ge-

redet haben, ihre Stimme erheben, und an den öffentlichen Verhandlungen über Paläſtina nach Art der „Gojim“ theilzuneh-
men genöthigt ſind.

Es bedarf nicht bloß keiner Entſchuldigung, es iſt ſogar nützlich und vielen Leſern angenehm, wenn nach allen dieſen Vorgängen auch wir uns an dem Gegenſtand betheiligen und für
Sicherſtellung correcter Vorbegriffe über das Land der uns allen
unvergeßlichſten und früheſten Jugenderinnerungen einen, wenn
auch nur unbedeutenden und ſchwachen, ſo doch überſichtlichen
und umfaſſenden Beitrag liefern. Außer dieſem allen gemeinſamen Grunde geben uns eine zweimalige Fahrt nach Jeruſalem
und wiederholte Wanderungen durch die merkwürdigſten Gegenden des gelobten Landes noch einen beſondern Titel, in der Sache
nach Kraft und Vermögen mitzureden.

Im Lande der Islambekenner warnt man zwar die Leute
ſchon vor der Nachbarſchaft eines Mannes, wenn er die Pilger-
fahrt nach Mekka einmal beſtanden hat; iſt er aber zweimal
beim Grabe des „Propheten“ geweſen, ſagen ſie, ſo verkaufe
Haus und Hof und entferne dich aus dem Bereich des Doppel-
Hadſchi, ſo weit du kannſt. Hoffentlich ſtehen wir in dieſem
Puncte mit dem Hochmuth El-Islams im ſchroffſten Gegenſaß.

Der Ausdruck „Todtes Meer“ wird in der älteſten Urkunde
nicht gefunden. Die Geneſis redet nur von der waſſerreichen
Jordangegend und von' den üppigen, durch eine Erdrevolution
zerſtörten Städten im waldigen Thale Siddim, wo der „Salzſee“ liege. Daß bei der Kataſtrophe die Thalſohle von Siddim
eingeſunken und der Salzſee jetzt erſt entſtanden ſei, ſagt der
Urtext ebenfalls nicht. Das Wörtchen „jetzt“ hat die lateiniſche
Vulgata hinzugeſetzt, obgleich Naturereigniſſe ähnlicher Art zu
allen Zeiten vorgekommen ſind. Eigentlich erfahren wir aus jener
älteſten Notiz ſowie aus den jüdiſchen Schriften überhaupt nur:

erstens daß der Jordan damals schon in der Erdvertiefung rann, wo er heute rinnt, und daß folglich die Periode schon vorüber war, in welcher er nach Master Allen's neuestem Concept mit den drei See'n Merom, Tiberias und Sodom eine unausgeschiedene, nördlich mit dem Mittelmeere und südlich über Wüste, Berg und Schlucht mit dem Golf von Aila-Akaba am Rothen Meere zusammenwogende Wasserfläche bildete, über die sich insularisch die Gebirge Palästina's hoben; zweitens daß die an den Salzsee grenzende Landschaft der fünf Städte einst ein blühendes, jetzt aber ein versengtes Ansehen habe.

Im classischen Alterthum dagegen waren außer dem Dasein des Todten Meeres auch seine Eigenschaften so wie die Zustände der nächsten Umgegend von Jedermann gekannt. Der See lag ja neben der großen Handelsstraße, auf welcher vom Rothen Meere herauf die indischen Handelsgegenstände nach Jerusalem und weiter nordwärts gegen Phönizien gingen. Städte mit verlassenen Kunstwerken, Tempeln, Wasserleitungen und Baumoasen im Süden des Todten Meeres zeugen in ihren Ruinen noch heute von der alten Lebendigkeit und Pracht. Strabo's Beschreibung, wie er sie nach seinem eigenen Geständniß aus dem Munde der Anwohner des Todten Meeres gesammelt hat, ist in den Hauptzügen noch jetzt in voller Gültigkeit. Man glaubt wahrhaft Lynch und Robinson zu hören, wenn der alte Wanderhellene von ausgedehnten Herden unterirdischen Feuers, von ausgebranntem Gestein um Masada, von schluchtigem Geklüfte und aschenartigem Erdreich, von flüssigem Erdharz und übelriechendem Wassersprudel, von zerstreuten Trümmern menschlichen Aufenthalts, ja von dreizehn durch Erdbeben umgeworfenen und durch glühende Lavaströme und siedende Schwefelwogen, wie später Pompeji und Herculanum verschütteten, oder von den Einwohnern verlassenen Städten redet, deren größte und vornehmste Sodom mit ihrem

drei Wegſtunden umſchließenden öden Mauerumfang damals noch
vollſtändig zu erkennen geweſen ſei.

Selbſt die geologiſche Streitfrage unſerer Zeit: „ob das Todte
Meer allzeit dageweſen und durch die bibliſche Kataſtrophe ſich
nur vergrößert habe und über die urſprünglichen Schranken getreten ſei; oder ob es erſt in Folge eines Naturereigniſſes durch
Einſinken des Thalbodens aus der Tiefe heraufgehoben und das
blühende Gartenland ſammt den Städten verſchlungen habe",
findet ſich in ihren grellſten Gegenſätzen rein und klar bei Strabo
dargeſtellt.

Strabo erklärt ſich unbedingt für die erſtere Anſicht: der See
ſei ausgetreten, ſei weiter vorgerückt (προπέσοι) und habe die
reizende Landſchaft der Städte zugedeckt*). Dagegen nimmt Eratoſthenes die zweite Erklärungsweiſe in ſeinen Schutz und behauptet im Widerſpruche mit ſeinen Zeitgenoſſen und mit den
Umwohnern des Todten Meeres ſelbſt, die Gegend um den See
ſei von Natur ſumpfreich und voll unterirdiſcher Waſſerbehälter
geweſen, deren gewaltiger Durchbruch endlich den größten Theil
des Tieflandes bedeckt und ein früher nicht da geweſenes tiefes
Meer gebildet habe.

Getrübt und endlich ganz verfinſtert ward die naturgemäße klare
Localkenntniß des Todten Meeres zuerſt durch die Vernichtung
der jüdiſchen Nationalität und durch die in Folge wiederholter
Empörungen auf Befehl der Cäſaren planmäßig betriebene und
jahrelang anhaltende Veröbung des heiligen Landes. Am ver-
derblichſten war dieſe grauſame Maßregel der zu Joſephus' Zeiten
vorzugsweiſe „Idumäa" genannten und ohnehin nur oaſenartig

---

*) Die Phraſe: ἡ λίμνη προπέσοι heißt nicht: „der See ſei entſtanden,
lacum exſtitiſſe", wie es die lateiniſche Ueberſetzung des Xylander gibt,
ſondern: der See ſei vorgerückt.
[Vgl. Neue Pariſer Ausgabe S. 649. 650.   d. H.]

bewohnten Landschaft um das Todte Meer, wo sich bekanntlich
der jüdische Freiheitssinn, selbst nach dem Fall der Hauptstadt
und des Jehovahtempels, in hartnäckigster und verzweiflungs-
vollster Widersetzlichkeit zusammendrängte und in der furchtbaren
Blutscene auf Masada am Rande des See's endlich seinen Ausgang fand.

Handel und Verkehr aber, weil er überall nur festen Bestand,
Friede, Ordnung, Sicherheit, reiche Städte und wohlhabende
gute Märkte liebt, verließ augenblicklich das verheerte, verarmte,
öde und unsichere Land, um günstigere Canäle aufzusuchen; und
von der alten Glückseligkeitsblüthe, dem Oasengrün, den Säulen-
tempeln, den Waarenzügen und den belebten Marktversammlungen
ist im Gedächtniß der gräco-romanischen Welt bald nur noch der
Eindruck zweier furchtbaren Strafgerichte zurückgeblieben, welche
die Gottheit über die Städte und Landschaften des geheimnißvollen
Salzsee's, einmal durch vom Himmel gesandtes Feuer, das anderemal durch die Knechte und Handlanger ihres Grimmes —
durch die Legionen herabgeschleudert hat. Große und unwieder-
bringliche Unglücksfälle erfüllen das menschliche Gemüth mit
Furcht und Aberglauben, gegen die es kein Heilmittel als bür-
gerliche Glückseligkeit mit wahrhafter Einsicht und lichtvollem
Erkennen gibt.

Am Schlusse des zweiten Jahrhunderts christlicher Zeit waren
die hellenischen Vorstellungen und selbst die jüdisch-gemäßigte
Ansicht über die Naturzustände des Asphalt- oder Salzsee's schon
so weit erloschen, daß die märchenhafte, alles gesunde und correcte Einsehen abstreifende Erzählung des frommen Kirchenvaters
Irenäus über die in der Nähe der Brandstätte Sodoms noch zu
seiner Zeit aufrechtstehende, menschlich gegliederte und organisch
belebte Lot-Salzsäule bei seinen Zeitgenossen schon keinen Widerspruch mehr fand. Von dieser Salzsäule, in welche zur Strafe

12 *

weiblicher Neugier und Unbotmäßigkeit, nach der frommen Sage,
Lot's Eheweib verwandelt wurde, hat der jüdiſche Prieſter, Feld-
herr und Hiſtoriograph Flavius Joſephus am Schluſſe der alten
Culturwelt als letzter Augenzeuge Bericht gethan. Nach dem
Wiedererwachen des geiſtigen Lebens, der naturgemäßen For-
ſchung und des kritiſchen Wiſſens zum erſtenmal wiedergeſehen
und gleichſam von neuem entdeckt hat dieſe Naturerſcheinung
der nordamerikaniſche Seecapitain F. W. Lynch erſt im Jahre
des Heils 1848. — Während der dazwiſchen liegenden achtzehn
Jahrhunderte hatten Skepſis und ſtrenge Gläubigkeit, Phantaſie,
Sage und Furcht der Menſchen freies Spiel.

Aus derſelben jüdiſchen Quelle hat ſich das ganze Mittelalter hindurch und bis auf die neueſte Zeit herab die abenteuerliche Sage erhalten: man könne bei heiterem Himmel und ſommerlicher Windſtille tief unter dem Waſſerſpiegel des Todten
Meeres noch heute die angeſchwärzten Mauern der verſunkenen
Städte ſehen. Dieſe Sage iſt bis zu einem gewiſſen Punct
auch nicht ganz unrichtig: die Schattenbilder, die inhaltleeren,
rauch- und alterangeſchwärzten Umriſſe, die Trümmer, das cyklo-
piſche Gemäuer von Sodom und Gomorrha ſollen wirklich heute
noch beſtehen und durch die beiden neueſten Augenzeugen Lynch
und Saulcy (1848—1850) aus der achtzehnhundertjährigen Nacht
wieder an das Licht gekommen ſein. Aber nicht unter dem Waſſerſpiegel, ſondern auf dem Uferſtrich, in den Deltaeinſchnitten am
Südende des Salzmeeres habe man ſie gefunden, gerade wie ſie
Flavius Joſephus am Ende des erſten Jahrhunderts aus eigener
Localanſicht beſchrieben hat.

Neugierigen Leſern macht es vielleicht Vergnügen die Anſichten und Meinungen zu erfahren, welche über das verrufene Salzmeer unter den gebildeten Bekennern des Islam in Umlauf ſind.
Mit dem Mufti von Lariſſa (1841), mit dem Ober-Kadi von

Prusa (1847) und mit verschiedenen gelehrten Ulema in Stambul selbst ist das Thema wiederholt zur Sprache gekommen. So verschieden auch Gemüthsart und Bildungsstufe der Zwischenredner immer sein mochten, so war doch die Antwort auf unsere Fragen jederzeit und bei allen genau dieselbe: „Vor Alters sind auf der Stelle des Lot-See's fünf Städte gewesen." Nebenher waren diese ehrenwerthen und gelehrten Moslimen der festen Ueberzeugung, Unzucht und Liederlichkeit — früher auf der Erde unbekannt — seien erst von den Bewohnern des Hauptortes der Pentapolis erfunden und von ihrer Mitte aus über die Welt verbreitet worden. Und eben weil diese Unseligen in ihrer Verblendung auf die Strafpredigten des „heiligen Lut", der ihnen den liederlichen Lebenswandel strengstens untersagte, nicht hören wollten, habe Allah die besagten Städte „obenuntengekehrt."

Diese Vorstellungen haben sich nicht etwa bloß des semitischen Orients bemächtigt; sie sind bei dem Verfall geistiger Bildung und bürgerlicher Glückseligkeit nach und nach mit derselben Uebermacht auch in den Glaubens- und Ideenkreis des Abendlandes eingedrungen.

Abergläubisch-religiöse Eindrücke, die sich unserer Jugendzeit bemächtigen, sagt man, seien bei dem einzelnen Menschen so lebhaft und tief, daß keine Erfahrung des reifern Alters, ja nicht einmal die spätere Ueberzeugung, daß sie falsch und trügerisch seien, diese ersten Jugendeindrücke in der Seele ganz auszulöschen und zu verwischen überall die Kraft besitzen. Ein auffallender Beweis dieser Wahrheit ist der eben genannte W. F. Lynch, der junge, vorurtheilsfreie und strenggeschulte Yankee-Seeofficier, der unter allen Sterblichen zuerst aus dem See Tiberias zu Schiffe auf dem Jordan in das Todte Meer herabgekommen ist, der den Jordanspalt in seiner ganzen Länge und die Salzseefläche in ihrer ganzen Ausdehnung rundumher wissenschaftlich untersucht, mit

Sextant und Aſtrolab die Oertlichkeiten am Geſtade beſtimmt und in Folge dieſer umfaſſenden Localprüfungen die Naturnoth-wendigkeit einer in dieſer Vertiefung zu allen Zeiten ſtehenden Waſſerſammlung deutlich erkannt hat, ſich aber deſſenungeachtet der geheimnißvollen Schrecken angeerbter Vorſtellungen doch nicht zu erwehren vermochte.

Ausdrücke wie „ſchauererfüllt, geſpenſterhafte und unnatürliche Wolken-, Berg- und Seegeſtalt; grauenhafter Anblick wie Dante's Höllenthor; Glutſturmluft, rothe ſtrahlenloſe Sonnenſcheibe, wie es über Sodom geweſen ſein mag juſt bevor der Allmächtige in ſeinem Zorn Feuer herabregnete auf die Städte der Ebene; ge-heimnißvolles Waſſerelement, einziges Werk des Schöpfers, welches nichts lebendes ernährt," ſolche Ausdrücke, ſagen wir, mitten in geometriſch-genaue Berechnungen eingeſtreut, beweiſen hinläng-lich, daß bei Maſter Lynch der Verſtand das Gemüth nicht über-wunden hat, und daß die Furcht vor einer übernatürlichen und unwiderſtehlichen Macht dem ſterblichen Menſchen ein Bedürf-niß iſt.

Zum tiefliegenden ſittlichen Gefühle des jungen Forſchers ge-ſellten ſich auch noch die überwältigenden Eindrücke eines raſchen Scenenwechſels. Aus der dunkelbewaldeten Neuen Welt, aus einer Landſchaft voll düſtern Schattengrüns, von meergleichen Süßwaſſerſee'n und rieſigen Strömen durchflutet, aus dem Ge-wühle und dem wogenden Getümmel einer koloſſalen Weltſtadt ſich ohne vermittelnden Uebergang und gleichſam wie durch Zau-berſchlag in die glühende, lichthelle, ſchweigſame, baum- und waſſerloſe Wildniß am Todten Meere verſetzt zu ſehen, könnte das ſtärkſte Nervenſyſtem erſchüttern, könnte wie einſt die aus-gebrannte Oede der Trojanerſtadt den frömmſten und muthvoll-ſten Aeneas verzagt und melancholiſch machen,

horror ubique animos atque alta silentia terrent!

Zeit und Gewohnheit werden freilich die Macht des ersten Eindrucks bald auch in diesem Falle schwächen und endlich die Gemüthsbewegung und das Gefühl mit der Wirklichkeit in das
rechte Verhältniß bringen. Bei M. Lynch genügten wenige Tage
angestrengter Thätigkeit und heiterer Luftscenen den aufgeregten
Gemüthssturm einigermaßen zu beruhigen und dem zur Durch-
führung seines Auftrags nöthigen Grade von Besonnenheit und
nüchternem Urtheil, wenigstens zeitweise das Uebergewicht zu ver-
schaffen.   Bei der ersten Veranlassung sind aber die besiegt ge-
glaubten Schrecken und das unheimliche Gefühl der grauenvollen
Oertlichkeit, besonders am früher undurchforschten Südende des
See's, noch einmal, und zwar in verstärkter Kraft und Ein-
dringlichkeit in der Seele des neuen Charon aufgewacht.

Die Aufrichtigkeit, mit welcher Hr. Lynch seine psychischen
Täuschungen eingesteht, und das leidenschaftlich warme Colorit,
mit dem er uns seine Gemüthszustände in der Glutatmosphäre
einer Samum-Abendsonne malt, halten wir für eine der wesentlichsten Zierden seiner an neuen Anschauungen und frischen Sce-
nenbildern reichen Berichterstattung.

Es vermag ja auch nur vorzugsweise das Leidenschaftliche
einer Schrift den Leser dauernd zu fesseln und anzuziehen.

Allmählich hatte das Interesse am Unternehmen, wie Hr. L.
meinte, die ersten Anwandlungen der Furcht und Aengstlichkeit
unterjocht. „Allein jetzt", erzählt er fort, „wie ich allein saß
und nicht wie die übrigen in der Segelbarke schlummern konnte,
sind diese Gefühle auf einmal wieder aus den Tiefen des Gemüthes heraufgetaucht; und wie ich auf die in Schlaf versun-
kenen Fährleute blickte, fühlte ich, „daß sich die Haare meines
Fleisches aufrichteten", wie es dem Hiob geschah, als „ein Geist
an ihm vorüberzog"; denn nach den Eingebungen meiner aufgeregten Phantasie lag in ihren entzündeten und aufgedunsenen

Geſichtern ein furchterregender Ausdruck. Der grauenvolle Engel
des Unheils ſchien über ihnen zu ſchweben und ich erkannte die
Wahrzeichen ſeiner Gegenwart in ihrem fieberhaft erhitzten Schlaf.
Die einen mit gebogenen Leibern und mit über die losgelaſſenen
Ruder ſchlenkernden Armen, die Hände von der ätzenden Salz-
fluth geſchunden, lagen in tiefen Schlaf verſunken; andere mit
zurückliegendem Kopfe und ſchrundigen Lippen und ſcharlachge-
fleckten Backen, waren ſelbſt im Schlummer noch wie von Hitze
und Ermattung niedergedrückt, während etliche, auf deren Antlitz
der blaſſe Tag vom Waſſerſpiegel widerblitzte, Geiſtern glichen
und mit nervöſem Lippenzucken wie betäubt hintaumelten, zeit-
weiſe ſich aufrafften und tiefe Züge aus dem Waſſerbecher thaten,
um wieder in lethargiſchen Schlummer zurückzuſinken.“

„Die Einſamkeit, die Scene ſelbſt und das eigene Gedanken-
ſpiel erdrückten mich; ich fühlte, wie ich da ſaß und der Kahn
ſchläfrig matt unter meiner Hand ſich fortbewegte, als wäre ich
ein anderer Charon, nicht die Seelen, ſondern die Leiber der
Abgeſchiedenen und Verdammten über den unterweltlichen Cocy-
tus hinüberführend.“

Läſe Jemand aus Lynch’s Todten-Meer-Berichte nichts als
dieſe Scirocco-Scene, müßte er ſelbſt die jüdiſchen Rigoriſten
mit St. Irenäus noch des Leichtſinnes beſchuldigen; vor allem
aber müßte er die ſträfliche Wißbegier verdammen, welche gefühl-
voll angethane menſchliche Weſen ſolchen Prüfungen entgegenwirft.

Wäre aber Hr. L., ſtatt aus dem Urwald Amerika’s aus der
libyſchen Sandwüſte, von der ſchauerlichen Oede des einſt ſo
prachtvollen Möris-See’s, oder auch nur von dem ſamumgepeitſch-
ten Ufer des oberägyptiſchen Nilſtroms an das Todte Meer gekommen, gewiß, die ſommerlich vorüberſtreichende Sodomsglut
hätte ſeine Phantaſie nicht erhitzt.

Aegypten kurz vor oder kurz nach der befruchtenden Ueberschwemmung gesehen und das Todte Meer während der versengenden Sommerglut oder zur Zeit der üppigsten Anemonenpracht besucht, sind die beiden sich selbst unähnlichsten Erscheinungen, welche je ein Mensch gesehen hat.

Die Lynch-Expedition erschien erst im letzten April-Drittel auf dem Asphaltsee und dauerte bis gegen die Mitte des nächsten Monats, wo die Winterfeuchtigkeit schon überall aufgezehrt, die Flora vom Samumhauch versengt und nur in den perennen Bächen noch Grün und Wasser war.

Dagegen hat Capitain de Saulcy diesen nämlichen Schauplatz Lynch'scher Melancholie — das Südende des Todten Meeres — so viel bekannt unter allen wissenschaftlichen Erforschern jenes Himmelsstriches zuerst in der günstigsten Jahreszeit, Januar 1851, hin und zurück umwandert und eine Beschreibung aufgestellt, die nicht bloß den Leser über den „Lynch-Horror" beruhigt; die auch den Wasserreichthum und die ägyptische Landschaftspracht der alten Thalebene Siddim begreiflich macht, nebenher aber auch dem schwanken Gerede abendländischer Gelehrsamkeit endlich eine feste Unterlage gibt.

Das uranfängliche, naturnothwendige Dasein des Kaspi-See's z. B. und des Medischen „Todten Meeres" (Urmia) auf den Grund hin zu bestreiten, daß sie rund abgeschlossen sind und doch große Zuflüsse in ihrem Schooße aufnehmen, ist der abendländischen Wissenschaft noch nirgend in den Sinn gekommen, sintemal der Satz, „daß sich alles convergirend rinnende Gewässer im tiefliegendsten Puncte seines Gebietes sammeln muß", nicht umzustoßen ist.

Kann man also nachweisen, das Becken des Asphaltsee's sei ebenfalls eine solche Centraltiefe, ein solcher naturnothwendiger Sammelplatz für alle aus einem streng abgegrenzten, nach allen Richtungen höher gelegenen und sich gegen das Todte Meer überall

abdachenden Ländergebiete zuſammenrinnende Flüſſigkeit, ſo iſt
wenigſtens ſo viel entſchieden, daß ſeit der noch jetzt beſtehenden
letzten Geſtaltung der Erdrinde die Umgegend unſeres Todten
Meeres ohne eine ſtehende, ſeeartige, mehr oder weniger aus-
gedehnte und mehr oder weniger tiefe Anſammlung von Waſſer
nicht zu denken iſt.

Daß dieſe Anſammlung und Centraltiefe alle den Oſt- und
Weſtuferbergen perenn und periodiſch entſtürzenden Bäche auf-
nimmt, und daß beſonders vom ſchneereichen Antilibanon herab
ein waſſerreicher nie verſiegender Strom ſeine Fluth in den Aſphaltſee wälze, weiß man im Allgemeinen ſeit Urbeginn. Daß
aber dieſer dunkelfarbige reißende Jordanſtrom für ſich allein
täglich gegen ſechs Millionen und neunzigtauſend Tonnen Süßwaſſer in das langgeſtreckte und engeingekeilte Todte Meer ſchütte,
hat man erſt in der neuern Zeit ausgerechnet.

Das Todte Meer iſt nicht, wie es ſich etwa die Phantaſie
des Leſers gern vormalen möchte, eine unüberſehbare, matt und
niedrig eingerandete Waſſerfläche; auch ein oval ausgebauchter
und mit einem Ausfluß verſehener Bergſee, wie z. B. das „Meer
von Tiberias“, iſt es nicht.

Vom Fuß des Antilibanon, wo die Jordanquellen ſind, zieht
ſich zwiſchen zwei parallel ſtreichenden Felsgebirgen, anfangs enge
und in mäßiger Flachſenkung, vom See Tiberias an gerechnet
aber entſchiedener und tiefer eingedrückt, ein vier bis fünf Stunden breiter Thalſpalt — el-Ghor der arabiſchen und ὁ Αὐλών
der griechiſchen Erdbeſchreiber — mit dem Jordanſtrom in der
Mitte, ſüdwärts abfallend und ohne weſentliche Unterbrechung,
wie man vorausſetzte, durch die Steinwüſte Arabiens, ſtellen-
weiſe mit lieblichen Daſen ausgeſchmückt, bis zum Ailanitiſchen
Golf am Rothen Meere fort, in welches Rothe Meer — dieſem
Thalſpalt folgend — nach einer noch heute nicht ganz über-

wundenen Auslegung, sich vor der Lot-Katastrophe, oder wenigstens in der vorhistorischen Zeit der Jordan ausgemündet habe.

Das Dasein der beiden Durchgangsee'n Merom und Tiberias
wird nicht angefochten, von einem „Todten Meere" aber will
diese Hypothese zu jener Zeit noch nichts wissen.

Aber eine kurze Strecke unterhalb Jericho erscheint dieser verhältnißmäßig schmale Jordan-Thalspalt in einer Länge von etwas
über zwanzig Wegstunden, gerade wo die Uferberge am höchsten
sind, wie plötzlich eingesunken und in ein gleichsam unausfüll-
bares Grab des vorher lustig vorüberrauschenden Jordanstromes
umgewandelt.

Das ist das Todte Meer — ein schmaler Langsee, ein plötzlich im Lauf erstarrter Fluß.

Ob nun dieser Bodeneinbruch, dieses bis zum Ueberströmen
nicht ausfüllbare Jordangrab von Anbeginn der Erde dagewesen,
oder ob es mit völliger Umkehr aller natürlichen Terrainverhält-
nisse der umliegenden Landschaft erst im Dämmerlicht der historischen Zeit und unmittelbar durch höhere Einwirkung entstanden
sei, ist eine Frage, mit welcher sich diese Darstellung nicht zu
befassen hat. Genug, daß diese letztere Voraussetzung, wie schon
oben gezeigt worden, in der ehrwürdigsten und ältesten geschicht-
lichen Urkunde keine Bestätigung findet.

Man begreift daher aber auch wirklich nicht, was der wissenschaftlich so gut ausgebildete M. Lynch mit seinen schwärmerischen,
gemüthskranken, verzagten und immer wiederkehrenden Betrach-
tungen und „Exclamationen" über Natur und Vergangenheit,
nicht etwa bloß der finstern Wassertiefe, „welche die schuldbelade-
nen Städte verschlungen", sondern der ganzen Jordaneinsenkung
oder des sogenannten „Ghor" selbst eigentlich sagen will.

Von dem Gedanken an etwas Außerordentliches, Unerhörtes,
Plötzliches, Uebernatürliches, vorher und nachher nie und nirgend

Dagewesenes beherrscht, betäubt und überwältigt, begnügt er sich sogar am Schlusse seiner mit seemännischer Schärfe geführten Untersuchung nicht mehr mit dem geologisch constatirten Dasein einer plötzlichen Senkung der Ghor-Sohle, wo jetzt das Todte Meer; auch dieses Ghor selbst, dieser ganze Jordanspalt, möchte er glauben, sei durch dieselbe außerordentliche vulcanische Erschütterung erst in Folge göttlichen Feuerausbruches und Erdbrandes eingesunken und demnach das Kalkufergebirge zu beiden Seiten des Spalts älter als der See selbst.

Auf diesen etwas eigenthümlichen Gedanken brachte ihn die mit Hülfe der Sonde gewonnene Erkenntniß, daß zwischen der „Jabokmündung" (nördlich oberhalb Jericho) und dem Todten Meere auch schon das Jordanbett selbst unerwartet rasch einsinke und daß auf der ganzen Nordhälfte der Seegegend die Nebenzuflüsse, statt sich gleichmäßig und sanft ihr Bett durch den „bituminösen" und reichen Kalkstein auszugraben, auf beiden Ufern mehrere hundert Fuß in jähem Absturze kataraktenmäßig niederrauschen.

Zur Begründung der Hypothese sei nur noch ein gleich rasches Abfallen der Stromrinnen auch am Südende des See's nöthig. Dieses letztere sei nun aber nicht der Fall, weil sich am Südende des See's die Gießbachschluchten — so viel er zu beobachten Gelegenheit hatte — ohne raschen Steilabfall und gleichsam sanft in das Ghor herabsenken, obgleich z. B. schon die Schlucht des vom moabitischen Kerak herabrinnenden perennen Baches um mehr als tausend Fuß höher als das Ghoweirawasserthal unweit der Jordanmündung liege.

Durch diesen geologischen Beisatz wird der Hauptschluß in seiner Wesenheit wieder aufgehoben.

Mit dieser Selbstwiderlegung nicht zufrieden, hat Hr. L. den guten Sinn für weitere Entkräftung seiner Thesis auch noch einzubekennen, daß Steilwasserstürze für ein höheres Alter der Todten-Meer-Uferberge eigentlich nichts beweisen können, „weil die Nebenbäche, wie die Ströme überhaupt, von Natur überall und ohne Rücksicht auf spitze oder stumpfe Mündungswinkel, die steilsten Abstürze als Bahn- und Ausgangspuncte suchen."

Jedoch seine wiederholt eingestandene, auf das Ansehen der heiligen Schrift gestützte Ueberzeugung, daß diese ganze Jordan-Ghor- und Meerverschluchtung die eingesunkene und durch göttlichen Zorn in den finstern Abgrund geschleuderte Siddim-Ebene sei, läßt sich Hr. L. nun einmal nicht mehr rauben, was natürlich auch nicht im entferntesten unsere Absicht ist. Wenn aber Hr. L. als Hauptbeweis für diese strenge Auslegung der heiligen Urkunden die „außerordentlichen" Ergebnisse seiner Seetiefen-Messungen durch die Bleisonde angesehen wissen will, so wird seine Logik nicht von allen Lesern als scharf und schlagend gepriesen sein.

Hr. L. hat während seines dreiwöchentlichen Aufenthalts auf dem Todten Meere an 163 verschiedenen Puncten der Wasserfläche seine Sonde in die Tiefe hinabgelassen und den Befund jedesmal mit strengster Gewissenhaftigkeit in der seinem gedruckten Berichte beigelegten Karte des Todten Meeres eingetragen.

„Der Boden des Todten Meeres", sagt er, „besteht aus zwei ungleichen, vom Wasser verschlungenen Ebenen, — einer kleinern erhöhten, und einer größern niedriger eingedrückten; erstere sei im Durchschnitt nicht mehr als dreizehn Fuß, die andere aber dreizehnhundert Fuß unter dem Wasserspiegel."

Aus dem zufälligen Umstande, daß vom Boden des Todten Meeres die größere oder nördliche Hälfte dreizehnhundert Fuß, die kleinere oder südliche aber nur dreizehn Fuß unter dem Wasserspiegel liege, zieht Hr. L. den Schluß, „that this entire chasm was a plain sunk and „overwhelmed" by the wrath of God."

Der Syllogismus iſt mehr fromm als bündig. Jedoch hat Hr.
L., wie er am Schluſſe ſeiner Unterſuchung anſpruchlos und be-
ſcheiden anmerkt, auf dem Todten Meere nur Thatſachen geſam-
melt, nur Wirklichkeiten aufgezeichnet, will aber Verhandlung
und wiſſenſchaftliche Auseinanderſetzung, Begründung und An-
wendung ſeiner phyſikaliſchen Beobachtungen den „Gelehrten‟ überlaſſen. Er ſelbſt iſt mit ſich im Reinen und ſcheut ſich auch nicht
im Geringſten auf den Grund ſeiner gemachten Erfahrungen hin
ſeine Gläubigkeit offen und unumwunden einzugeſtehen: „Als
wir auf dieſen See kamen‟, ſagt er, „waren unſere Meinungen
voll Widerſpruch. Einer von der Geſellſchaft war ein Skeptiker,
und ein anderer trug ſeinen Unglauben an die Moſaiſche Erzählung offen zur Schau. Nach zweiundzwanzigtägiger gewiſſen-
haft unternommener Prüfung ſind wir, wenn ich mich nicht
täuſche, in der Ueberzeugung von der Wahrheit der bibliſchen
Angabe über den Untergang der Städte der Jordanebene alle
insgeſammt Eines Sinnes.‟ Nebenher iſt Hr. L. billig genug,
nicht etwa an eine Unfehlbarkeit und abſolut bindende Kraft ſeiner Anſchauungen zu glauben. Nur der innere Drang gegen
die „ſchalen‟ Argumente ungläubig „Sein-Wollender‟ einfach Ver-
wahrung einzulegen, habe ihn zum lauten Bekenntniß ſeiner
Meinung über den Urſprung des Todten Meeres bewogen.

Im Ganzen genommen hat Lynch's Bericht über das Todte
Meer einen vollſtändig rückſchlagenden Charakter; er iſt aber zu
gleicher Zeit vom Geiſte der reinſten Sittlichkeit und der unge-
ſchminkteſten Gottesfurcht durchwebt, wie er einem nicht aus
allen Werken über dieſes Naturgebilde entgegenweht.

Sonderbar; daß die ſtärkſten Rückſchläge gegen die „Would-
he-unbelievers‟ des Occidents von der angelſächſiſchen Race, und
zwar aus dem Munde des „Rieſen der Zukunft‟ kommen müſſen!
Iſt Wiſſenſchaft nicht mehr „Macht‟, wie bei Verulam? Iſt ſie

nicht „Versöhnung", wie bei Schelling? Wäre sie wirklich „Umkehr", wie bei Stahl? Wundern aber soll sich Niemand, wenn bei Lynch und seinen Scenerien hier länger verweilt und sorglicher verhandelt wird, als es bei den Reisebüchern der übrigen Palästinawanderer zusammengenommen nöthig scheint. Nicht bloß Vorkehrung und Umsicht, geistige und materielle Hülfsmittel, Zeit, Rückhalt und Glück heben ihn über alle seine Vorgänger und Nebenbuhler weit empor. Für uns hat über alle diese Vorzüge hinaus sein weiches und empfindsames Gemüth, seine Eindrucksfähigkeit für Naturbilder und selbst seine schwärmerische Melancholie noch einen eigenthümlichen, schwer zu beschreibenden Reiz.

Schon die erste Strandnachtscene nach dem Einlaufen aus der Jordansfluth in das schwer aufwogende Todte Meer schildert Gemüth und Empfindsamkeit des Mannes. „Um Mitternacht, während die Mondscheibe über den Gebirgsrand im Osten heraufstieg und die Wolken in phantastisch-wilden Schatten auf der Fläche des düstern Wassers spielten; während alles, Berge, See und Wolken, geisterhaft und unnatürlich schien, schlug der Kloster-Glockenklang von Mar-Saba lieblich tönend an das Ohr; es war der Schall, der die Christen zum Gebete rief und Zeugniß gab wie von den Bedürfnissen des Menschen, so von seiner Sympathie für die Wanderer am Strande des Todten See's. Es lag eine große Beruhigung im Bewußtsein, daß es in einer zwar wilden und traurigen Oede, aber nicht weit von uns, Mitchristen gebe, die ihre Stimme flehend zu dem großen und guten Wesen erhoben, vor welchem, zwar verschieden in der Form, aber ungetheilt im Glauben, auch wir uns neigten." — Der Abstand vom Kloster St. Saba bis zur Strandquelle Ain-Feschchah, wo die Amerikaner lagerten, kann in gerader Linie nicht geringer als zwei Stunden sein; und man denke selbst, wie rasch die

Senkung des Terrains, wie rein und dünn die Atmoſphäre und
wie ſchweigſam-öde Nacht und Lagerſtätte waren, um in ſolcher
Entfernung noch die zaubervolle Melodie des Glockentones zu
hören.

Die eine und die andere, wo nicht gar die meiſten der vor-
gefaßten Meinungen, mit welchen Hr. Lynch vom grünumran-
deten Ontario-See und den dunkeln Miſſiſſippi-Wäldern in das
abgeholzte Paläſtina und die vulcaniſche Oede des Aſphaltſee's
gekommen war, mußten gleich in den erſten Tagen ſeiner nau-
tiſchen Experimente als unbegründet aufgegeben werden. Die
Phantaſiegebilde von einem „immenſen", meerähnlichen See, von
der Unbeweglichkeit und dem übeln Geruch des Waſſers, von
der troſtloſen Oede des erſten Anblicks, vom Mangel alles Pflan-
zengrüns an einem humus- und ſüßwaſſerloſen Strande rundumher, von der Unmöglichkeit des thieriſchen Lebens am See,
über dem See und im See mußten mit vielen anderen nacheinander ſchwinden und — wo nicht gar ganz in das Gegentheil
umſchlagen, ſo doch der Ueberzeugung Platz machen, daß ſich dem
gewiſſenhaften und ruhigen Beobachter am Todten Meere überall
nur die gewöhnlichen und naturgeſetzmäßigen Erſcheinungen des
Vulcanismus darbieten, wie ſie unter ähnlichen Verhältniſſen
und Vorgängen auch auf jedem andern Puncte der Erdrinde
hervortreten.

Daß aber das Todte Meer mit ſeiner Umgebung beim erſten
Anblick nichts befremdendes oder gar abſchreckendes habe, ja im
Gegentheil ſelbſt zur Zeit der größten Hitze und der in ganz
Judäa verſengten Vegetation noch überraſchend liebliche Scenen
biete, einen durchſichtigen, klaren Waſſerſpiegel, ſchön geſchwun-
gene Uferhöhen, Schluchtengrün, perenne Bäche und eine Bran-
dung, die ſich im Hauch der Morgenluft idylliſch murmelnd am
Ufer bricht, hat man für ſich und im Stillen, zu nicht geringer

Ueberraschung, schon vor mehr als zwanzig Jahren bemerkt und im noch bis heute ungedruckten Tagebuch jener ersten Wanderschaft im Orient (3. August 1832) niedergelegt*). Oeffentlich ausgesprochen ward dieser neue Gedanke, so viel man weiß, zuerst in Hrn. v. Schubert's Reise in den Orient. Die Umrisse der Klippenberge am Ost- und Westufer des Todten Meeres rechnet Hr. v. Schubert zu den schönsten und herrlichsten, die er je gesehen, und er will sie auch nicht öder, wohl aber auf vielen Puncten grüner und schattiger finden als die Ufer des Rothen Meeres. Ebenso machte auf den vielgewanderten Hrn. Russegger z. B. Suez und sogar die Umgegend von Alexandria und der Mareotis-See einen noch viel trostlosern Eindruck, als das Todte Meer mit allen Schrecknissen seiner Dürre und Verlassenheit.

Hr. Russegger spricht von Ammenmärchen und Fabelwerk zur Erschütterung der Einbildungskraft verzagter Menschen,

quid styga, quid tenebras, quid nomina vana timetis?
materiem vatum, falsique piacula mundi!

Selbst die Ausdrücke „ungeheurer, tiefer Kessel, hoher Klippen- und nackter Kalksteinrand", deren sich Robinson und Lynch in blinder Nachbetung des Alterthums häufig und gleichmäßig

---

*) Diese Stelle lautet: „Morgens vier Uhr zu der Jordans-Furth, zwei Stunden von Jericho, mit vermehrter Bedeckung abgegangen. Laulichtes Wasser des Flusses, verborgen zwischen zwei Reihen lieblich beschatteten Gebüsches. Oede des Thales, kein Fußtritt, keine menschliche Stimme; der Strom rauscht nicht. Sodoms Aepfel zur Erinnerung von einem Strauche gepflückt. Weg zum Todten Meer über die mit Gebüsch überwachsene Sandfläche. Wellen, salzgeschwängertes Wasser. Weg durch eine steile Gießbachschlucht auf die Alpenwüste und herrliche Aussicht von der obersten Bergspitze über die Wüste und einen großen Theil des Todten Meeres. Hitze, Windsbraut, Ermattung. Cedrons-Schlucht und befestigtes Kloster St. Saba um zwei Uhr Nachmittags erreicht. ...." Anm. d. H.

bedienen, halten die nähere Prüfung nicht überall aus. Redet
aber Hr. Lynch von „rauhen, eiſengleichen Gebirgen im Südoſt des Todten Meeres; von vulcaniſcher Bildung und von
Lavatrümmern der Oſtſeite; von aſchbraunen, purpurfarbigen,
wetterzerſchlagenen, ſenkrechten, verbrannten, terraſſig wie von
Menſchenhand kunſtrecht aufgebauten, in der Form bald einem
Wartthurm, bald einem Caſtell ähnelnden Uferfelſen im Weſten
des See's", ſo hat er ein correctes und naturgetreues Bild
gegeben.

Vergleicht Hr. L. dagegen bei ſeinem Einlaufen in das ſtür-
miſch aufgeregte und einer ſchäumenden Salzlacke gleichende Todte
Meer das an die Kahnwände hinprallende Waſſergewoge, wegen
ſeiner Dichtigkeit, nicht mit gewöhnlichen Wellenſchlägen einer
empörten See, ſondern mit „den Schmiedehämmern der Titanen",
ſo weiß der Leſer ebenfalls, was ſolche Redefiguren in ruhiger
Proſa zu bedeuten haben.

Der höhere Salzgehalt und folglich auch die größere Dichtigkeit des Todtenmeerwaſſers im Gegenſatze zur Flüſſigkeit der
Atlantis und des Mittelmeeres wird durch die chemiſche Analyſe
beider ſowie durch die Berechnung, daß die Barken bei gleicher
Ladung auf dem Aſphaltſee um einen Zoll weniger tief gehen
als im Süßwaſſer des Jordanſtroms, viel ſchärfer bewieſen, als
durch den zufälligen Umſtand, daß der vom Wellenſturm pfeil-
ſchnell fortgeſchleuderte Kahn nach plötzlich eingetretener Windſtille in Zeit von zwanzig Minuten wie auf geebnetem Waſſerſpiegel ſanft und milde hinglitt. Auf der ſpecifiſch leichtern
Propontis hat man dieſe nämliche Erfahrung in einem noch
auffallenderen Grade, aber auch bei einer höchſt peinlichen und
gefahrvollen Veranlaſſung zu machen ſchon vor mehr als zwanzig
Jahren Gelegenheit gehabt. Dem Geſchmacke nach ſchien Herrn
L. das Waſſer gleich an der Jordanmündung, wie ſpäter in der

Mitte und am Südende, herbe und unangenehm, ein widerliches
Compositum von Salz und Bitter; auf Hand, Gesicht und
Kleidern ließ es eine fett-ölige Kruste zurück, erregte aber zugleich
ein ätzend-prickelndes Gefühl, wo der Gischt mit der Haut in
Berührung kam; ein besonders peinliches Brennen erzeugte es
im Auge; aber gegen alle Erwartung fand Hr. L. das Wasser
überall völlig geruchlos. Vom ekeligen, besonders im frischen
Windhauche dem Wanderer am Todten Meere stellenweise äußerst
lästigen Schwefelgeruche glaubte noch Lynch's unmittelbarer Vorgänger Molineaux, er steige vom Meere selber auf. Hr. L.
erkannte aber, daß diese widerlichen und schädlichen Dünste von
den faulen Quellen und Versumpfungen längs dem Seeufer
kommen und durch den Hauch stehender Wasserpfützen an der
Jordanmündung noch schärfer werden.

Nach Maßgabe des einfallenden Lichtes, der laufenden Tageszeit und des eingenommenen Standpunctes ist die Wasserfläche
bald wie ein reiner Spiegel, bald wie geschmolzen Blei; bald
wie eine phosphorleuchtende Schaumfläche; im Vollmondscheine
einer stillen, hellen Sommernacht gar wie Absinth, wie verdünn-
ter Absinth oder wie die Färbung eines persischen Opal. Wilson
fand das Wasser dicht am Ufer bouteillengrün, den allgemeinen
Spiegel der Oberfläche aber sehr dunkelblau oder bleifarbig;
Robinson nennt es grün, grünlich, ölicht, nicht ganz durchsichtig;
erfrischend, aber juckend, und in der Dunkelheit wirft die Wellenbrandung einen matten Grabesschimmer auf das erstorbene
Buschwerk und auf das wirre Felsgetrümmer des Küstenstrichs.
Besonders düster war der Anblick einmal bei vollkommener
Windstille. Glatt und bewegungslos wie ein Binnenpfuhl lag
der See in der Mittagsglut, von dünner, durchsichtiger, purpur-
gleicher, mit der ungewöhnlichen Farbe des Wassers wunderbar

13 *

abstechender Dunsthülle zugedeckt — von weitem wie der Rauch eines entflammten Schwefelfeldes, wie ein gewaltiger Kessel geschmolzenen aber bewegungslosen Metalls. Um so lieblicher war die Scene in heiterschöner Sommernacht, wenn der Lichtschimmer der schwindenden Mondscheibe auf den regungslosen sanften Wasserspiegel fiel und laue Lüfte um die im Blüthenduft des stillen Tamariskenhains am Strande schlummernden oder in der Morgenkühle zechenden Yankees fächelten. Blickt aber der Wanderer aus der dunkeln tiefen Engschlucht El-Zoweireh (etwas nördlich von Sodom), der über die Ostberge heraufleuchtenden Morgensonne entgegen, so schimmert die glasigtrübe Wasserfläche wie flüssig Gold.

Salzgehalt und Dichtigkeit des Wassers sind zwar nicht zu allen Jahreszeiten und auf allen Stellen des Todten Meeres gleich, jedoch immer so bedeutend, daß sich der thierische Körper hier leichter als anderswo im Gleichgewichte hält. Pferde und Maulthiere schwammen zwar ohne umzuschlagen, jedoch ein wenig auf die Seite gelehnt, tief in den See hinein, und ein muskulöser, starker Mann blieb ohne Anstrengung bis an die Brust über Wasser. Robinson will aus eigener Erfahrung wissen, wie es auch schon Tacitus angedeutet hat, daß Leute, die weder in süßem noch in salzigem Wasser zu schwimmen verstehen, im Todten Meere ohne Anstrengung sitzen, stehen, liegen oder schwimmen können wegen der außerordentlichen Leichtigkeit, mit welcher es fremde Körper flott erhält. Noch weiter als die vorgenannten geht Flavius Josephus, der selbst die specifisch schwersten Gegenstände (Steine und Metalle?) auf der Oberfläche schwimmen läßt und das Untersinken geradezu für unmöglich erklärt, wenn sich auch Jemand absichtlich ertränken wollte. Zur Probe habe Vespasian des Schwimmens unkundige Gefangene, mit auf den Rücken gebundenen Händen, wo es am tiefsten ist, in das Todte Meer werfen lassen; alle seien aber, wie von einer höheren Gewalt gehoben, auf der Oberfläche geblieben. Indessen sollen, wie Seetzen bei der Serkamündung auf der Ostseite des Todten Meeres vernahm, schon öfter Beduinen beim unvorsichtigen Baden im Salzwasser ertrunken sein.

Daß aber auch die Sage von der tödtlichen Atmosphäre des Salzmeeres nicht gar zu strenge gedeutet werden dürfe, und daß am See, über dem See und sogar auf dem See Lebendiges athmen und gedeihen könne, hat sich im Allgemeinen schon bei der ersten Umwanderung des Todten Meeres durch Seetzen (1806) herausgestellt, ist aber erst durch Lynch (1848) mit der gewissenhaftesten Genauigkeit für den ganzen Umfang der Asphaltis bestätigt worden. Theils die Zähigkeit, mit der man alte Meinungen, selbst den tüchtigsten Gegenbeweisen zum Trotz, festzuhalten pflegt, theils die Vereinzelung und Accentlosigkeit dieser zerstreuten Gegenangaben machen es räthlich, das Zusammenhängende und Nachhaltige der Lynchbeobachtungen in diesem Puncte in möglichster Vollkommenheit hervorzuheben, um auch die letzten Anhalte des Irrthums zu demoliren.

Wildenten, Schnepfen, Reiher, Schwalben und weiße Möven, die er, wie mancher Andere vor ihm, gleich am Norduser des See's, bei der Jordanmündung, vorüberrauschen und tiefer hinein über dem Wasserspiegel schweben sah, kündigten ununterbrochen frisches Leben an. Am Vorgebirge El-Feschchah, in grauenvoller Oede, schreckte Lynch zwei schöne steinfarbige Rebhühner auf und hörte im Röhricht den Sang eines einsamen Vogels, den er nicht zu classificiren wußte. Diese wenigen Erfahrungen genügten schon, um den Glauben an die Tödtlichkeit der Asphaltseeluft zu erschüttern.

Einen großen braunen Hafen, ein anderes Rebhuhn, einen im Schilfe zwitschernden kleinen Vogel, eine Schnepfe, einen schönen weiß und braun gesprenkelten Schmetterling sah er unweit der Quelle El-Feschchah, und eine (engl.) Meile vom Ufer schwamm eine Ente auf der Wasserfläche.

Bei der Strandquelle Terabeh, zwölf engl. Meilen (vier Stunden) von der Jordanmündung, ward auf eine Ente — Leib dunkelgrau, Kopf und Flügel schwarz — auf kurze Entfernung geschossen. Beim Schuß flog sie eine Strecke in den See hinein und dann wieder zurück auf das Ufer, wo sie im Röhricht nahe bei der Quelle ihr Nest hatte. Ein Falke und einige Tauben flatterten am Strande unterhalb Engaddi um das Zelt. In der Oede bei Masada flog ein schöner kleiner Vogel, mit gelber Brust, längs dem Ufer. Während einer glühenden Samumnacht, unfern der Ruinen von Sodom, flüchtete sich eine junge Wachtel in den Schooß des am offenen Strande schlummernden Capitains. Selbst in der heißen Region am Südostende des See's sah L. bei Tagesanbruch einen großen schwarzen Vogel hoch in der Luft zwischen dem bunten Gewölke und der Lagerstätte schweben, während am Strande eine zahlreiche Schaar anderer Vögel vorüberstrich, und eine Menge Störche mit Geklapper im zweifelhaften Morgengrau ihrer Wege zogen.

Auf der ausgedorrten, die Südhälfte des See's einengenden Halbinsel sahen sie einen Reiher, eine Kitte Enten und in einer Höhle sogar die Fährte eines Panthers *). Selbst „Bülbül", den Vogel mit braunblauem Gefieder und scharlachrothem Schnabel, hörten sie im Dickicht der Ghoweirquelle singen.

Auch Vierfüßer größerer Art, zahme und wilde, finden in den

*) In a cave he saw tracks of a panther.

Schluchten und Bergöden, im Quellenröhricht wie in den schattigen Deltabuschhainen am Todten Meere Nahrung und Aufenthalt. Gazellen, Hasen, Kaninchen, Stachel- und Wildschweine sieht man häufig; selbst Panther, Hyänen, Wölfe und Tiger fehlen nicht. Schon gleich im Beginn des Periplus, in der westlichen Einöde von El-Feschchah, zeigte sich Futter für Raubthiere; eine weit größere Menge aber birgt, wegen der Süßwasserfülle und des Grasreichthums, die Ostseite des Todten Meeres. Aus den Fährten an der Wabi-Modschebmündung (Arnon) erkannte Lynch, daß außer der leichten Gazelle auch Tiger und andere Raubthiere dort zur Tränke gehen. Ein großer brauner Geier mit einem doppelt gekerbten starken Schnabel war ebenfalls niedergeschwebt, und in der einsamsten Gegend der reizevollen Cascadenschlucht Kallirrhoë (Zerka) stiegen ein Finkenfalk und ein weißer Schmetterling mit einigen Schnepfen und braunen Habichten vor seinen Füßen in die Höhe. Seine eigentliche Heimat aber, scheint es, hat in den Berggegenden rund um das Todte Meer das in unsern Alpen einst so zahlreiche, jetzt aber großentheils ausgerottete Geschlecht des Steinbocks (Ibex, arab. Beden), den die neueren Reisenden Seetzen, Burckhardt, Irby, Mangles und Robinson im Felsenrevier des Asphaltsee's nicht etwa einzeln und verkümmert, sondern in ganzen Heerden, und zwar Exemplare von der Mächtigkeit eines Esels, gesehen haben.

Diese Beobachtungen mögen als vollständiger Beweis gelten, daß die Luft am Wasser und über dem Wasser des Todten Meeres überall gesund und dem animalischen Leben förderlich ist. Das unwiderleglichste Argument für die Richtigkeit des Satzes ist außer der uralten Strandbevölkerung ja die Mannschaft der beiden amerikanischen Schiffe selbst, da sie, obgleich aus einem frischen Himmelsstriche kommend, doch ohne wesentlichen Nachtheil an der Geſundheit zu leiden, in ungünſtiger Jahreszeit zwei und zwanzig Tage und ebenſo viele Nächte auf dem See und an dem See beſchäftigt war.

Robinſon, der nur auf einer und der andern Strecke des weſtlichen Seeufers wanderte und nicht, wie Lynch, mitten auf dem See geweſen iſt, hat deswegen doch nicht Unrecht, wenn er die alten Sagen von der verpeſteten Luft des Todten Meeres überhaupt, und vom Erſticken aller über den See fliegenden Vögel mit merklicher Entſchiedenheit in das Gebiet der Fabelwelt verweiſt. Indeſſen ganz ohne alle Veranlaſſung iſt dieſe letztgenannte Sage doch nicht in Umlauf gekommen. Lynch fand wirklich dreimal während ſeines dreiwöchentlichen Verweilens auf dem Salzmeere todte Wachteln inmitten auf der Waſſerfläche treiben. Aber man erkannte bald, daß ſie nicht durch die „Malaria" des geruchloſen und ſtark mit Salz geſchwängerten und folglich geſundhauchenden See's, ſondern durch Erſchöpfung und den Glutwind getödtet worden ſind, der ſie auf ihrem Fluge überfallen hat. Daß aber im Waſſer des Todten Meeres ſelbſt weder Fiſche, noch andere ſogenannte „frutti di mare", noch auch Pflanzen leben können, iſt heute eine unbeſtrittene Thatſache, ganz ſo wie man, außer dem indirecten Zeugniß beim Propheten Ezechiel, ſie ſchon bei Tacitus, Galenus und St. Hieronymus als uralte Ueberlieferung deutlich aufgezeichnet findet, und wie ſie durch die neueſten Forſchungen eines Schubert, Robinſon und Lynch in vollſtem Maße beſtätigt wird.

Der Fiſchreichthum des Jordanfluſſes iſt allbekannt; daß es aber auch im romantiſch-lieblichen Arnonſtrome (Modſcheb auf der Oſtſeite des Todten Meeres) bis dicht an die Mündung von Fiſchen wimmle, hat als Augenzeuge Seetzen zuerſt berichtet. Geräth nun durch Zufall, oder von der Schwellung fortgeriſſen, irgend ein harmloſer Bewohner des ſüßen Waſſers in die Salzflut hinein, so verwelkt er nach und nach, bis er endlich „seine Wanderliebe vollends mit dem Leben bezahlt" und todt auf der Oberfläche schwimmt. Das Schicksal, keine Fische, ja nicht einmal Mollusken in seiner Flut zu nähren, theilt übrigens das Todte Meer mit dem Urmiasee in Aderbeidschan, dessen Salz- und Jodgehalt selbst den des Todten Meeres weit übertrifft und deswegen in Beziehung auf die Körperschwebe ganz ähnliche Erscheinungen bietet *). Die Kraft thierisches Leben hervorzubringen und zu erhalten, wird deswegen dem einen wie dem andern in gleicher Weise abgesprochen; aber, wie es scheint, in beiden Fällen mit Unrecht. Von dem Urmiasee wenigstens weiß man jetzt aus den allerneuesten Berichten, daß er kleine Krustenthierchen von höchst eigenthümlicher Bildung in ungeheurer Zahl erzeugt **).

---

*) „Wäre der Urmiasee im Mittelpuncte Europa's gelegen, unsere Heilkünstler würden wahrscheinlich tausende ihrer Patienten und Convalescenten, welchen die ganze pharmaceutische Vorrathskammer nicht wieder zur verlornen Kraft und Gesundheit verhelfen konnte, an seine Ufer schicken und wer weiß, ob es an irgend einem Badeorte der Welt erfolgreichere Kuren gäbe. Wenigstens kann ich aus persönlicher Erfahrung versichern, daß zehn Nordseebäder bei Dieppe oder Helgoland noch lange keine ähnlich erregende Wirkung, keinen gleichkräftigen Reiz auf die Haut üben als das Wasser dieses See's, dessen Salz- und Jodgehalt selbst den des Todten Meeres so weit noch übertrifft. Der Urmiasee hätte als Kurort vor der Nordsee auch den Vortheil, daß die Bäder hier selbst bei Sturm völlig gefahrlos sind. Denn abgesehen von seiner Seichtigkeit — bis eine halbe Stunde vom Ufer hat der See noch nicht die Tiefe von sechs Fuß — reicht bei der Schwere des Wassers die geringste Bewegung mit Hand oder Fuß hin sich an der Oberfläche zu erhalten. Beleibte Menschen, die sich der Länge nach ausstrecken, schwimmen selbst ohne Bewegung und werden durch das schwere Solwasser getragen."

Moritz Wagner, Reise nach Persien und dem Lande der Kurden, Br. 2. S. 136. Leipzig 1852.

**) „Was man von der völligen Unbelebtheit des Urmiasee's gesagt und geschrieben, ist irrig. Allerdings leben weder Fische noch Mollusken in seinem salzreichen Wasser, dagegen kleine Crustaceen von höchst eigenthümlicher

Aehnliche Verſuche, wie mit dem Urmiawaſſer, hat man in den letzten Jahren auch mit der Flüſſigkeit des Todten Meeres angeſtellt; aber, nach Lynch's Behauptung, hätte man darin ſelbſt mit Hülfe des ſchärfſten Mikroſkops auch nicht die geringſte Spur animaliſchen Lebens zu entdecken vermocht.

Alexander v. Humboldt erzählt uns dagegen in einer An- merkung zur jüngſten Ausgabe ſeiner „Anſichten aus der Natur", C. Botta, franzöſiſcher Conſul in Jeruſalem, habe ihm ſchöne Exemplare zelliger Corallenſtöcke (Porites elongata), Aſträen, Madreporen und Mäandern — Pflanzencorallen, welche große zellige Kalkmauern bauen, aus dem Todten Meere geſchickt, und gerade dieſe nämliche Species Porites fehle dem Mittellän- diſchen, finde ſich aber im Rothen Meere.

Die widerlichſte Empfindung für die Freunde und Verthei- diger des altjüdiſchen Rigorismus wäre es ſicherlich, wenn ſie genöthigt wären, den traditionellen Glauben an das „ἄγονος" des Flav. Joſephus aufzugeben und im Todten Meere Leben anzuerkennen. Unter allen Enttäuſchungen und Gedankenſäcu- lariſationen wäre dieſe noch die bitterſte und gewiß auch die letzte, die man ſich durch das unerbittliche Argument thatſächli- cher Erſcheinungen entwinden ließe. Es iſt daher auch wohl zweifelhaft, ob das wiſſenſchaftliche Anſehen ſelbſt eines A. v. Hum- boldt durch den iſolirten, eben angeführten Gegenbeweis eine uralte und mit den ſittlichen Begriffen des Occidents innigſt

---

Bildung in ungeheurer Zahl. — Dieſe ſehr kleinen und feinen geſchwänzten Geſchöpfe gingen mir leider trotz der ſorgfältigſten Verpackung zwiſchen ſpiritusgetränkter Baumwolle zu Grunde. Sie bilden wahrſcheinlich eine ganz neue Familie der Kruſtenthiere und dienen wahrſcheinlich den Schaaren von Waſſervögeln, die man auf dieſem See erblickt, zur einzigen Nahrung. Auffallend iſt, daß keiner der engliſchen Reiſenden, welche am Urmiaſee geweſen, von dieſen Thierchen Erwähnung macht."

Moriz Wagner, a. a. O. S. 137.

verwebte Vorstellung in unsern Gemüthern zu verschütten hinlängliche Kraft besitze. Es ist schon schlimm genug, daß man
am Strande des Todten Meeres schattige Süßwasser-Oasen finden
muß, und daß der Lufthauch die Wachtelschaaren nicht erstickt,
wenn sie hoch ober dem Wasserspiegel zu den Cascaden der
Kallirrhoë hinüberfliegen.

Bis Jedermann an die Porites elongata und an die Madreporen C. Botta's glaubt und die mikroskopischen Lynchanalysen
allenthalben überwunden sind, wird es noch weiterer Sendungen
und unanfechtbarerer Lebenszeichen bedürfen als des isolirten
Fundes des französischen Consuls in Jerusalem. Der Anfang
ward schon früher gemacht und in geradem Gegensatz der Lynch-
analysis hat der berühmte Ehrenberg auf den Grund mikrosko-
pisch untersuchten Wassers und Bodenschlammes, welche ihm
Lepsius vom Nordende des Todten Meeres brachte, ebenfalls das
Dasein thierischen Lebens innerhalb und am Grunde des See-
beckens schon vor der Bottasendung auf das unzweideutigste anerkannt. An Polygastern hat Ehrenberg in den Schlamm- und
Wasserproben eilf, an Philolitharien fünf und an Polythalamien
zwei Arten entdeckt und aus dem Umstande, daß er aus den
im Jordanmündungswasser schwebenden Lebensformen auch einige
Meeresthierchen hervortreten sah und darunter noch ein paar
lebende Exemplare, den Schluß gezogen, daß es zahlreiche,
athmende und fortpflanzungsfähige Meeresthierchen im Todten
Meere selber geben müsse, weil lebendige Meeresformen auch
anderwo (Elbe und Themse) durch Flut und Sturm aus dem
Salzwasser weit in die Flußmündungen hinaufgetrieben werden.
Von diesem Bestand animalischen Lebens in den Sodomswellen
hatte man etwa nicht bloß im dunkeln Alterthum, man hatte
selbst im Licht der neuesten Zeit und bis auf das gegenwärtige
Lustrum herab auch nicht die leiseste Ahnung.

Aber auch über andere, viel näher liegende Dinge, z. B. über die Höhenverhältniſſe der Jordanthalſohle und des See- ſpiegels, ſowie über die Tiefe des Todten Meeres ſelbſt, hat uns das Alterthum, ſo viel bekannt, nur allgemeine Phraſen, aber keine wiſſenſchaftlich beglaubigten Nachweiſe hinterlaſſen. Das „lacus immenso ambitu" des Tacitus, und das ἡ δὲ Σιρβωνὶς λίμνη πολλὴ μέν ἐστι des Strabo kennt Jedermann *).

Der Schluß indeſſen, daß eine Landſchaft, wo die Myrte, die Balſamſtaude und die Dattelpalme wachſen, und welche überall mit den üppigſten Gegenden Aegyptens verglichen wird, eine verhältnißmäßig tiefe Lage und ein indiſch-tropiſches Klima haben müſſe, iſt freilich nicht anzufechten.

Die Oaſe von Jericho, wie ſie Flavius Joſephus ſchildert, war ein Paradies, von welchem heute nur noch die Wärme, das Waſſer und der fette Humus übrig geblieben, alles übrige aber, Schatten, Pracht und Glückſeligkeit mit dem Menſchen ſelber verſchwunden iſt **).

Dieſer Jericho-Oaſe mit ihrer ſüdlichen Pflanzenglut und ihrer nun überall verſchwundenen Städteüppigkeit am Nordende des Todten Meeres, lag und mußte — das iſt der Hauptgedanke dieſer Diatribe — am entgegenſtehenden Südende des See's ſchon nach unwandelbaren Erdbildungsgeſetzen eine Landſchafts- ſcene von ähnlichem Reichthum und gleicher Naturfülle gegenüber liegen. Und das ſind, oder waren vielmehr die „Fünfſtädte der

---

*) Daß bei Strabo eine gewiſſe Verwechslung des Asphaltſee's mit dem Sirbonifchen See (in Unterägypten) unterläuft, wußte Fallmerayer natürlich ſo gut als andere, hat aber hier das Wie weit? mit Recht bei Seite gelaſſen. Man bemerkt dies auch wegen der Maßverhältniſſe, von denen nachher die Rede iſt.   d. H.

**) Dieſe waſſerreiche, winterwarme Baum-Oaſe von Jericho war gegen vier Stunden lang und nur etwa eine Stunde breit, hatte aber — was Dichtheit der Schatten und Kühle des Quellenſprudels betrifft — eine auf- fallende Aehnlichkeit mit dem paradieſiſchen Obſtwalde von Damascus.

Ebene", die Pentapolis von Sodom, welche durch ihre „Zoan-
frische" und durch das sträfliche Uebermaß irdischer Glückseligkeit
den Zorn des Allmächtigen gereizt und die gebundenen Kräfte
des Abgrundes entfesselt haben.

In der That liegt auch Jericho (El-Riha) sechshundert vierzig
Pariser Fuß unter dem Wasserspiegel des Mittelmeeres. Die
Entfernung aber von dieser selbst in ihrer Verödung noch heute
lieblichen Oase bis hinab zum Saum des Todten Meeres beträgt
in gerader Linie kaum zwei Stunden Weges, und doch fanden
schon die noch mit ungenügenden Mitteln angestellten Messungen von Russegger, Wildenbruch und Symonds den Wasserspiegel zwischen 1231 und 1970 Pariser Fuß tief unter dem
Mittelmeere, bis endlich der neueste und besteingerichtete Erfor-
scher des Todten Meeres, W. F. Lynch, 218 Fathoms, d. i.
1308 Fuß englisch, oder 1227 Fuß Pariser Maß als die wahre
Tiefe vom Wasserspiegel bis zum weichen, braunschlammigen und
mit rechtwinkligen Salzkrystallen belegten Seegrund hinab durch
wiederholte Messungen — wenigstens bis jetzt — feststellte.
Was aber Länge und Breite des Todten Meeres betrifft, so hat,
so viel man weiß, die erste gründliche und nach allen Regeln
der Geometrie angestellte Messung Edw. Robinson, im Jahre
1838, bei Engaddi und auf verschiedenen andern Puncten der
Westseite vorgenommen, und in gewissenhafter Angabe neun
geographische englische Meilen für die Breite und neun und
dreißig geographische englische Meilen für die Länge herausge-
bracht, was in üblicher Redeweise vier und eine halbe Stunde für
die eine, und nicht ganz zwanzig Stunden für die andere Entfernung gäbe. Ungefähr dasselbe Ergebniß findet sich bei Lynch *).

―――――――――

*) Lynch fand bei seiner ersten Breitemessung zwischen Ain Feschchah
und dem gegenüberliegenden arabischen Ufer sieben Seemeilen, oder nahezu
acht „statute miles".

Flavius Joſephus, der Landsmann und Augenzeuge, griff
zu weit und berechnet die Länge des See's auf 580 Stadien,
d. h. nach unſerer Art zu rechnen, auf 24—25 Stunden; die
Breite aber gar auf 150 Stadien, was in gewöhnlicher Rechnung von 45 Stadien auf die deutſche oder geographiſche Meile
ebenfalls 6—7 Stunden gibt. Strabo dagegen bliebe am wei-
teſten hinter der Wahrheit zurück, wenn er die Länge wirklich
nur zu 200 Stadien, ungefähr neun Stunden angenommen
hätte, wie es jetzt in den Ausgaben dieſes alten Geographen zu
leſen iſt. Der Umkreis von 1000 Stadien, d. h. von 45—46
Stunden, ſcheint aber wo nicht völlig genau zu ſein, doch jedenfalls der Wahrheit ganz nahe zu ſtehen, wenn er auch das
„lacus immenso ambitu, specie maris‟ des Tacitus als eine
arge Uebertreibung erſcheinen läßt. Eine ganz eigenthümliche
Unbeſtimmtheit liegt in den Maßen des türkiſchen Geographen,
wenn er die Länge des „Lotſee's‟ auf zehn Mil, die Breite auf
ſechs Mil, den Umfang aber auf zwei Tagreiſen ſetzt.

Indeſſen iſt nicht etwa bloß an das Todte Meer ſelbſt, es
iſt auch an die übrigen Beſtände der Umgegend überall nur der
verjüngteſte Maßſtab anzulegen. Der vielbeſprochene „Thalſpalt‟
z. B. beträgt in ſeiner ganzen Länge vom See Tiberias, wo er
eigentlich zuerſt dieſe Benennung erhält, bis zur Jordanmündung kaum 30 Stunden Wegs, und der Gebirgscontinent, das
Hochland oder das eigentliche Judäa, zwiſchen dem Asphaltſee
und dem Mittelmeer, zählt in ſeiner Breite mit Inbegriff der
Tiefebene Philiſtim auch nicht mehr als 20 Stunden.

Blickt man aber an einem hellen Tage vom hohen und ſteil-
abfallenden Weſtufer des Todten Meeres auf den ſcheinbar noch
höhern und noch ſteiler abfallenden Oſtrand hinüber, ſo ſinkt
die ohnehin nur geringe Breite der tief unten liegenden Waſſerfläche in ſcheinbar noch engere Grenzen zuſammen, und man

meint, wegen der unglaublichen Durchsichtigkeit der Luft, selbst
kleinere Gegenstände am gegenüberliegenden Uferstrich noch deutlich
zu unterscheiden. Nur die Länge des in der Frühsonne wieder-
blitzenden Wasserspiegels reicht über die Tragweite des menschlichen Auges hinaus und rinnt, vom flachen Norbufer aus
gesehen, mit dem südlichen Horizont zusammen.

Der Zeitpunct wann, und die Ursache warum sich auf die
weiland so viel besuchte Landschaft zwischen dem Südende des
Todten Meeres und dem ailanitischen Golf von Akaba am
Rothen Meere eine dunkle Wolke niedergelassen hat, die man
erst in den beiden letztverwichenen Decennien wieder allmählich
zu verscheuchen Mittel fand, hat man schon oben angedeutet.

Es ist dieser Erdstrich das alte Land Edom mit dem Seir-
gebirge der heiligen Schrift; — das Idumäa, der Sitz der Naba-
täer, das Arabia Peträa der griechisch-römischen Erdbeschreiber,
und hat seine in der europäischen Literatur noch jetzt gültige
Benennung „das Peträische Arabien" von der alten Nabatäischen
Hauptstadt Selah, d. i. „Fels, Stein", griech. „Πέτρα", erhalten, deren prachtvolle Ruinen erst im Jahre 1812 durch Burckhardt, inmitten des Wadi-Musa, wieder aufgefunden, und seit
jener Epoche wiederholt besucht, beschrieben, gezeichnet und gepriesen worden sind. Es ist diese Landschaft eine in der Regenzeit vom Himmel reichlich getränkte, von unzähligen Gießbach-
rinnsälen durchfurchte, im Sommer ausgebrannte, im Winter
empfindlich kalte, und auf den höher liegenden Theilen mit
tiefem Schnee bedeckte, allzeit aber gesunde und luftreine und
nur sporadisch, heute wie im Alterthum, mit immergrünen Baum-
Oasen und mit Buschwerk bedeckte Steinwüste, welche im Kara-
vanenschritt zu durchreiten, von Sodom an der Südspitze des
Todten Meeres bis zum Castell Akaba am Rothen Meere, nur
39 Stunden nöthig sind. Als erster wissenschaftlich ausgebildeter

Wanderer auf dieſem unbekannten Plan durchgeſchlichen hat ſich
der obengenannte Wadi-Muſa-Entdecker J. L. Burckhardt von
Baſel. Neben der Kunde alter Säulenpracht in Wadi-Muſa iſt
hauptſächlich durch dieſen viel verdienten Mann die neue, früher
gänzlich unbekannte Idee eines in beſtändiger Senkung vom Südende des Aſphaltſee's bis zum Golf von Akaba fortlaufenden
Erdſpalts (El-Ghor) zuerſt nach Europa gekommen. Der Gedanke, es habe ſich in einer Epoche, die dem Einſinken der Feldebene Siddim und der Entſtehung des Todten Meeres voranging,
der Jordanſtrom, wie ein anderer Nil durch die Sahara, längs
dieſer Wüſtenmulde in das Rothe Meer ergoſſen, lag zu nahe,
und war zu verlockend, als daß er im Abendlande nicht allgemein Anklang gefunden haben ſollte. Ein romantiſch-andächtiges
Intereſſe knüpfte ſich an dieſe neue, ſo viel man weiß, zuerſt
von M. Leake in ſeiner Vorrede zu Burckhardt's Reiſen öffentlich vertheidigte Hypotheſe, welche in ihrem ganzen Umfang
geologiſch zu begründen Hr. Leon de Laborde im Jahre 1828
den nur halb geglückten Verſuch unternommen hat.

Eine muldige Eintiefung von Akaba bis in die Umgegend
von Wadi-Muſa hinauf ward damals auch wirklich außer Zweifel
geſtellt; und wenn Hr. de Laborde auch die Nordhälfte der ver-
mutheten Einſenkung, von Wadi-Muſa bis zur Südſpitze des
Todten Meeres, nicht zu beſeitigender Localhinderniſſe wegen,
zu prüfen nicht vermochte, ſo ward doch am Beſtand des Ganzen in frommer Gläubigkeit nicht gezweifelt. Daß der Spiegel
des Rothen Meeres bei Akaba um dreißig Fuß und ſechs Zoll
höher liege als das Mittelmeer, wußte man freilich ſchon ſeit
der Expedition von 1799; daß er aber die Jordanmündung und
den Spiegel des Aſphaltſee's an Höhe noch um wenigſtens
1300 Fuß weiter überrage, und daß auf der wüſten Hochebene zwiſchen beiden Meerſee'n ein Querhügelzug mit deutlich

ausgesprochener Wasserscheide hindurchstreiche, ward im Jahre 1833 noch von Niemanden geahnt.

Das Mangelhafte der de Laborde'schen Forschung zu ergänzen und von Jerusalem her in das südlich vom Todten Meere fortlaufende El-Ghor hinabzusteigen, um bis Wadi-Musa vorzudringen, wollte auch dem scharfsinnigen Callier (1834) nicht gelingen. Doch hat Herr Callier den ersten Anflug eines Widerspruches nach Europa zurückgebracht und das Dasein eines ausgedehnten, selbst südlich gegen den Golf von Akaba abgeschlossenen, dem Asphaltsee zugeneigten Wasserbeckens, sammt einer Unzahl aus der Wüste nordwärts gegen das Todte Meer ausmündender Strombetten, freilich mehr aus mündlichen Berichten der Beduinen als nach eigener Anschauung, in einem offenen Schreiben (1836) zuerst vernehmlich ausgesprochen und, nicht ohne leidenschaftlichen Widerspruch von allen Seiten, der Leake-Laborde'schen Burckhardt-These als eine Möglichkeit schüchtern entgegengestellt. Beide Ansichten machten sich nun in gleicher Weise geltend. Entschiedener, aber noch immer ohne sichere und unanfechtbare Unterlage, ward die Callier'sche Wendung in demselben Jahre noch durch den berühmten Letronne verfochten. Gewißheit aber über das Dasein eines auch südlich abgeschlossenen Asphaltbassins erst im nächstfolgenden Jahre (1837) durch den vom Institut beauftragten Comte de Bertou erlangt.

Das Ghor am Südende des Todten Meeres gesehen und selbst von der Ostseite zur Westseite herüber quer durchwandert, hatten allerdings Seetzen und Irby, Mangles mit Co. schon früher. Aber alle diese Wanderungen brachten für die Wissenschaft im Allgemeinen und für Lösung der schwebenden Frage insbesondere nicht den erwarteten Gewinn, weil die Züge, wie es in jener Gegend meistens auch jetzt noch der Fall ist, eilenden Schrittes und in beständiger Furcht feindlicher Ueberfälle unter raſtloſem Treiben und Drängen der arabiſchen Bedeckung zu verrichten waren, ſo daß den Wanderern kaum den Blick, viel weniger die Schritte nach der ſüdlich fortlaufenden Ghorſchlucht zu wenden geſtattet war.

Glücklicher als alle ſeine Vorgänger iſt Hr. von Bertou geweſen. Ihm ward es gegönnt, für ſein gelehrtes Unternehmen vollſtändig ausgerüſtet, in anſtändiger und fruchtbarer Fortbewegung vom Südende des Asphaltſee's und im Thale fortziehend über die Höhen von Wadi-Muſa nach Akaba am Rothen Meere hinabzukommen, auf dem Rückwege das Terrain in allen Richtungen links und rechts zu unterſuchen und Thatſachen von ſolchem Gewicht in die Wagſchale zu legen, daß der Streit auf immer entſchieden wäre, wenn ſich hadernde Parteien jemals redlich vergleichen möchten. Vom ganzen Reichthum ſeiner Beobachtungen ſoll nur das allernöthigſte kurz und ſchmucklos angedeutet werden. Die Breite des Ghorthales vom Salzberge bei Sodom bis zur Bergwand von Moab beträgt nur zwei bis drei franzöſiſche Meilen; aber gleich beim Eintritt entdeckte Hr. v. Bertou ſchon in der Ferne eine von der weſtlichen Thalwand zur öſtlichen quer über das Ghor ſich hinziehende Hügelkette, die einer Mauer glich und das Flußthal auf der Mittagsſeite zu ſchließen ſchien. Den Abſtand von der Südſpitze des Todten Meeres bis zu dieſer Querwand gibt Herr v. Bertou, genau gerechnet, auf drei Glockenſtunden an, und zahlreiche Bäche, die von der Bergſeite hervorſprudelten, oder von Süd her in gerader Richtung entgegenkamen, um nordwärts in das Todte Meer zu rinnen, ſagten ihm gleich vorläufig, was es mit der Hypotheſe einer Jordanergießung in das Rothe Meer für eine Bewandtniß haben könne. Dieſe, aus weißem und zerreiblichem Sandſtein beſtehende Querhügelkette, an deren Fuß Hr. v. Bertou von der weſtlichen Thalwand zur öſtlichen

hinüberzog, ist ebenfalls von einer großen Menge in das Ghor
herabrauschender Winterbäche eingeschnitten und 60—70 Fuß
hoch. Nahe an der arabischen Seite aber fand Hr. v. B. einen
700—1000 Fuß breiten Durchbruch, dessen Sandsteinwände zu
beiden Seiten eine Höhe von 150—200 Fuß haben mochten.
Es war wie der Rinnsal eines gewaltigen Flusses, der aber seine
Neigung ebenfalls von Süd nach Nord gegen den Asphaltsee
hatte. Der Winterstrom im Hauptcanal sowie in den Nebenwadi's war (3. April) schon abgelaufen und die Oberfläche ausgetrocknet, aber dagegen die ganze Rinnsalbreite, der inneren
Feuchtigkeit wegen, mit Tamariskengrün dicht bewachsen —
lieblich-erquickender Ruhepunct des Auges in der wasserlosen
todten Steinwüste rund umher.

Dieser canalartige und bis zur völligen Verflachung der Seitenwände ebenfalls drei Wegstunden lang sich fortziehende Durchbruch heißt in der Landessprache nicht mehr „Wadi-el-Ghor" —
ein Name, welcher bei der Quermauer endet, — sondern „Wadi-
el-Arabah", d. i. „reißende Strömung", wenn das Wort arabisch
ist; oder „Wüstenebene", „Steppe", wenn sich in ihm, wie Robinson will, das althebräische Arabah erhalten hat.

Als leichtkenntliche Strommulde zieht sich der „El-Arabah"
genannte Wadi auch nach Verflachung der Seitenwände —
aber beständig ansteigend und nordwärts gegen das Todte Meer
abfallend — noch neun volle Stunden bis zu einer langgedehnten
Höhe fort, die im Munde der Eingebornen „El-Sathh", d. i.
das Dach, heißt, und die natürliche Wasserscheide zwischen den
nordwärts in den Asphaltsee, und südwärts in das Rothe Meer
rinnenden Winterströmen bildet. Jenseits dieses Wendepunctes
fand Hr. v. Bertou den Wadi wieder etwas deutlicher eingerahmt und mit abermals veränderter Benennung als Wadi
Akaba rasch zum Golf dieses Namens abfallend.

14 *

Die Weglänge von der Südſpitze des Todten Meeres, an der Quermauer vorüber, bis „El-Sathh“ und an der Waſſerſcheide hinauf beträgt chronometriſch genau berechnet 23 Stunden und 25 Minuten; von „El-Sathh“, oder von der Waſſerſcheide bis Akaba hinab aber nur noch 15 Stunden und 35 Minuten.

Stellt man das Ganze unter einen Blick zuſammen, ſo heißt der Erdſpalt vom See Tiberias bis zur Querhügelkette oder dem Serravalle, im Süden des Todten Meeres, 53 Stunden lang Wadi-el-Ghor; dann vom Serravalle bis El-Sathh hinauf durch 20 Stunden und 25 Minuten Wadi-el-Arabah, und von El-Sathh bis zum Rothen Meere hinab eine Strecke von 15 Stunden und 35 Minuten endlich Wadi-Akaba, welche dritte und letzte Benennung von Robinſon angefochten und mit „Arabah“ verſchmolzen wird.

Das Daſein einer den Asphaltſee vom Rothen Meere tren- nenden Waſſerſcheide und der ſelbſt ohne künſtliche Höhenmeſſung herzuſtellende Localbeweis, daß Wadi-el-Arabah mit ſeinen zahl- reichen Nebenwadi's einen nordwärts abfallenden und die Quer- hügelmauer durchbrechenden großen Waſſerzufluß des Todten Meeres bildet, nöthigten Hrn. von Bertou

1) der früher eifrig verfochtenen Theſis: „der Jordan habe ſich einſt durch Arabia Peträa ſtrömend in das Rothe Meer ergoſſen“, als einer phyſiſchen Unmöglichkeit zu entſagen;

2) im Todten Meere den Tiefpunct eines großen Waſſerbeckens zu erkennen, deſſen Randgrenzen nördlich der Antilibanon mit den Jordanquellen, öſtlich die vom Hauran herab- ſtreichende arabiſche Gebirgskette, weſtlich das Hochland Judäa mit Hebron und Jeruſalem, tief im Süden aber die Waſſerſcheide El-Sathh mit den „El-Yemen“ genann- ten Querbergen bilden; und folglich

3) an die vorhistorische Existenz des Todten Meeres als einer geologischen Nothwendigkeit, hauptsächlich aus dem weiteren Grunde zu glauben, weil die unermeßliche, selbst die Jordaneinströmung noch übertreffende Wassermasse, welche zum Theil perenn, meistens aber nur periodisch in der Regenzeit durch das Haupt-Wadi El-Arabah und eine Unzahl von Seitenthalungen, oft von weitester Dimension, noch jetzt in das Ghor herausströmt, keinen andern Ausgangspunct als den Asphaltsee haben konnte.

Nur wenige Wochen später als Bertou kam Edward Robinson denselben Weg von Hebron über Sodom und Wadi-El-Arabah zu den Säulenruinen von Petra herauf, Schubert aber mit seinen Gefährten in entgegengesetzter Richtung ·von Akaba über Petra nach Hebron und Jerusalem. Hr. von Schubert ließ zwar das Südghor, ohne es nur zu sehen, seitwärts liegen; aber sein indirectes Zeugniß über die auffallend rasche Senkung des Bodens von Wadi-Musa (Petra) gegen das Südende des Todten Meeres herab legt zu Gunsten der Bertou'schen Entdeckung ein um so schwereres Gewicht in die Wagschale des Streites, als es noch unentschieden ist, ob der Ruhm die auffallende, „beispiellose", bis dahin von Niemanden auch nur im mindesten geahnte, ja beinahe unglaubliche „Depression" des Asphaltsee's unter dem Wasserspiegel des Mittelmeeres zuerst entdeckt zu haben, Herrn von Schubert allein gebühre, oder ob er ihn mit den beiden Britten Moore und Beke zu theilen habe.

Jedenfalls treffen Bertou's, Robinson's, Schubert's, Moore's und Beke's Bemühungen, das Asphaltseeproblem zu lösen, in wundervoller Weise auf den engen Zeitraum weniger Frühlingswochen des Jahres 1837 zusammen.

Die Gemüther und die Einbildungskraft des Occidents erschreckt hat die unerwartete Nachricht von der Tieflage des Todten

Meeres allerdings, die Rothemeer-Theſis erſchüttert aber hat ſie
nicht. Seht nur, hieß es, wie groß muß die Sünde der Pentapolis geweſen ſein, da Gott zu einem ſo ungewöhnlichen und
in ſeiner Wirkung ſo ſchauerlichen Strafgericht ſchreiten mußte!
Die Barometerſcala und Oltmann's Logarithmen gaben das
Sündenmaß von Sodom wie den Völlegrad der göttlichen
Zornſchale.

Den erſten merklichen Bruch in das feſtgedrängte Jordan-
Rothemeer-Argument hat eigentlich Hr. v. Bertou gebracht,
und der Ruin der Theſis wird und muß vollſtändig ſein, wenn
man die Waſſerſcheide El-Sathh mit der großen nordwärts ge-
neigten Schiefebene von Arabia Peträa auf Wegen der Erfahrung und ·der Wiſſenſchaft nicht bald und gründlich wegbiſpu-
tiren kann.

Anfechtungen der Bertou'ſchen Befunde haben natürlich gleich
anfangs nicht gefehlt. An erſten Entdeckungen zeigt ſich bei
näherer Prüfung immer etwas unausgefeiltes, ſchiefes und man-
gelhaftes, was ein ſpäter Kommender auszubeuten und geltend
zu machen meiſtens nicht unterläßt. Aber ſelbſt Robinſon, der
gelehrte, ſtrenge und kritiſch-kühle Nachtreter Bertou's, wußte,
ſo weit er denſelben Weg verfolgte, außer einer vollſtändigeren
Aufzählung der Seitenwadi ſammt den links und rechts in das
Südghor herausquirlenden Waſſerbächen, an ſeinem Vorgänger
in der Hauptſache nichts auszuſtellen, als daß er Begriff und
Namen „Wadi-el-Arabah“ zu allgemein genommen und die Bezeichnung des breiten, tiefen, romantiſch-wilden, inmitten dieſer
Arabah gelegenen Wüſtenthales El-Dſcheib aus der allgemeinen
Benennung nicht ausdrücklich als Nomen proprium hervorgehoben habe, da es doch die Hauptwaſſerſtraße der ganzen Arabah
ſei und, weit im Süden von Petra entſpringend, neben der
eigenen Winterſtrömung auch die Fluten großer Seitenwadi zur

Regenzeit nordwärts in das Todte Meer sende. — Die Boden-
erhöhung von der Ausflachung der (El-Dscheib) Arabah bis zu
dem eine Tagreise entfernten Nimlapaß in der Nähe von Wadi-
Musa (Petra) schätzt Robinson auf nicht weniger als 2000 Fuß.
Diese Angabe stimmt beinahe völlig mit v. Schubert's Baro-
metermessungen auf seiner Lagerstätte in Wadi-Musa überein,
da die Senkung bis zum nächsten Ruhepunct, etwas nordwest-
lich von der Asphaltseerichtung, nicht weniger als 2137 Fuß
betrug.

Jedermann weiß, daß auf die Stichhaltigkeit solcher Bestimmungen nicht gleich beim ersten Wurf zu rechnen ist; auch mag
Oberst Callier immerhin die durch kochendes Wasser und mangelhafte Instrumente gewonnene El-Sathh-Höhenmessungen Bertou's
für unzuverlässig und ungenau erklären; die Hauptsache — das
Dasein einer Wasserscheide auf dem Peträischen Isthmus — bleibt
doch gesichert, und Niemand wird fromme Skepsis hindern, sich mit
dem Plus oder Minus solcher Wandelscalen gelehrt abzumühen.

Daß sich bei der gegenwärtigen Configuration des Peträischen
Isthmus der Jordan unmöglich habe jemals in das Rothe Meer
ergießen können, wird von allen Parteien gleichmäßig eingestanden. Ebenso wenig wird von irgend Jemand in Abrede
gestellt, daß Terrainbestand und Dasein des Todten Meeres der
Zeit nach so weit hinaufreichen als man Geschichte kennt.

Aber literarische Autoritäten, deren Gewicht man respectiren
muß, können sich bei diesen einfachen Thatsachen nicht beruhigen.
Sie sagen nicht bloß mit gläubigem Gemüthe, sie suchen auch
auf Wegen der Wissenschaft und der besseren Forschung den
Satz zu demonstriren: was heute eine physische Unmöglichkeit
ist, sei es nicht allzeit gewesen und es habe sich durch unmittel-
bares Dazwischentreten höherer Gewalten einerseits der tiefe
Kessel des Asphaltsee's eingesenkt, andererseits aber die ungeheure,

durch Bertou auf 90 geographische Meilen Länge und 20 Meilen
Breite geschätzte Peträische Isthmus-Schwellung mit der Wasserscheide in vorhistorischen Zeiten, von denen selbst die heil. Schrift
nichts wisse, in Folge einer vulcanischen Erderschütterung gehoben
und den primitiven Neigungen der Strombetten überall die entgegengesetzte Richtung nach dem Todten Meere angewiesen, in
welcher man sie noch heute trifft.

Was man für Begründung dieser Ansicht bisher in Local-
forschungen aufgefunden hat und einzulegen weiß, genügt aber
noch nicht, um aus dem Bereich der Hypothese herauszutreten,
der man übrigens nichts schlimmeres nachsagen kann, als daß
sie das Ansehen und den Textlaut der heil. Schrift nicht für
sich hat und deswegen als offene Frage der Zukunft anheimzu-
stellen ist.

Besser dagegen, als es noch vor kurzem räthlich war, läßt
sich jetzt sagen, was das südliche oder, wie es C. Ritter nennt,
das Peträische Ghor sei.

Was ist also das Peträische Ghor am Südende des Todten
Meeres?

Das Ghor am Südende des Todten Meeres ist eine drei
Stunden lange, nicht überall ebenso breite, in Ost, West und
Süd durch Berghöhen geschlossene, flache, deltaförmige Niederung,
in die sich eine Menge Thäler, theils mit perennen, theils mit
periodischen Wasserströmen — sämmtlich gegen das Todte Meer
geneigt — hereinmünden und in der Regenzeit, der Jordanmündung gerade gegenüber, in wildem Getöse eine Wassermasse in
den Asphaltsee wälzen, deren Reichthum die vorgenannten Som-
merwanderer nur schlußweise erkannt, deren tiefe und reißende
Strömung aber Hr. von Saulcy, der neueste und letzte Beschrei-
ber dieser Terra incognita, mit eigenen Augen gesehen und
nicht ohne persönliche Gefahr (1851) durchwandert hat.

Der Westrand des Ghor, an welchem der ganz aus Salz und Lava bestehende, aber helle quirlende Salzbächlein spendende Sodomsberg hinstreicht, ist ohne alle Vegetation; der Ostrand dagegen am Fuß der Moabhügelkette, wo der perenne Karahy-strom vorüberrinnt und in mehreren Armen in den Asphaltsee fällt, ist alles mit Gehölze, Canälen, hochwipfligen Bäumen, mit Weizen-, Gerste-, Durra- und Tabakfeldern, mit üppigem Buschwerk und lieblichem, selbst die Sommerglut überdauerndem Grün erfüllt. Auch Indigo vorzüglicher Qualität und beson-ders der frisch-süße, Beiruk genannte Baumhonig fehlen diesem heißen Thale nicht.

Während auf der Nordseite des Todten Meeres ein einziger Fluß, der schnellfließende, tiefe und schweigsame Jordan, den Wassertribut des Antilibanon und seiner Ausläufer lautlos, ohne Brandung und Gemurmel in den Asphaltsee gießt, sah Robin-son, außer dem lieblichen und perennen Karahystrom, auf der Südseite inmitten der sumpfigen Deltaniederung (Ende Mai 1837) mehrere breite Strombetten in trägen Windungen zum Todten Meere hinabschleichen. Irby und Mangles hatten deren sechs gezählt, aber nicht allen sechs war in der Sommerglut ihre Flüssigkeit geblieben.

De Saulcy wanderte im Januar vorüber, wo alles voll und rauschend ging, Nahr-Fekrah aber an Wasserfülle für sich allein schon dem Jordan nahe kam.

Robinson behauptet, daß selbst heute noch eine größere An-zahl lebendiger Ströme von der östlichen Bergseite in das Ghor am Südende des Todten Meeres rinne, als man im ganzen übrigen Palästina auf so schmalem Raum beisammen finde, und folglich dieser, wenn auch großentheils unangebaute District durch Quellen und Bäche besser bewässert sei, als irgend eine Gegend im ganzen Lande.

Von der reißenden Wildheit der Südghorſtröme zeugt die
Menge Triftholz, welches — von waldigen Höhen herabgeflößt
— nach Verlauf des Wintergewäſſers dürr und kruſtig auf dem
Trockenen der ſalzgeſchwängerten Weſtſeite liegen bleibt, wie man
es auch am Nordghorſtrande unweit der Jordanmündung zu jeder
Jahreszeit ſehen kann.

Dieſes Südghor iſt jene waſſerreiche, weiland überſchwänglich
fruchtbare Aue Siddim, an deren Randhöhen die in Reichthum,
Ueppigkeit und Sünde ſchwelgenden Städte Sodom und Gomorrha
lagen, von welchen noch heute, wie zu Joſephus' Zeiten, die
Ruinen zu ſehen ſind, und die im Munde der Anwohner zum
Theil ſelbſt die alten Namen noch unverändert behalten haben.

Wo ſind nun die Ruinen von Sodom, und wie iſt heute
die Oertlichkeit dieſer einſt ſo mächtigen und glücklichen Stadt
beſtellt?

Den ſteilen, hohen, baumloſen, beinahe geradlinicht auf der
Oſt-, wie auf der Weſtſeite des Todten Meeres hinſtreichenden
Klippenrand kennt im Allgemeinen Jedermann. Daß aber dieſe
— wenigſtens ſcheinbar öden Klippenwände in regelmäßigen
Diſtanzen von tiefeingeſchnittenen, dunkelſchattigen Engthälern
mit oder ohne rinnend Waſſer durchbrochen ſind, ſo wie daß
dieſe Tiefſchluchten an ihrer Mündung ebenſo regelmäßig ein
breites Delta bilden, von denen nur im Nordweſten des Aſphaltſee's einige völlig öde liegen, mehrere dagegen perenne Ströme
nähren, die meiſten aber ſelbſt in der Wärmezeit mit einer un-
terirdiſche Feuchtigkeit verrathenden Vegetation bekleidet ſind, —
dieſe Eigenthümlichkeit, ſagen wir, iſt erſt durch den neueſten
Lynch-Periplus für den ganzen Umfang des Todten Meeres zum
gemeinſamen Verſtändniß gekommen.

Ein ſolches Delta, breit, flach, ſumpfig, an der Nordſpitze
grün und waſſerreich, an der Südecke mit Erdharz und Salz

geschwängert und durch einen drei Stunden langen, eine Stunde
breiten, 400—600 Fuß hohen, über den Seeschluß hinauslau-
fenden, aber ganz isolirt stehenden Asche-Salz-Lavaberg geschlossen, fanden die neuesten Entdecker am äußersten Südwestende
des Todten Meeres.

Das ist „Dschebel-el-Milhh" (der Salzberg); „Hadschr Sedom",
„Dschebel Sedom", „Chaschm Sedom" (Stein, Berg, Nasenknor-
pel von Sodom) im Munde der Beduinen.

Dicht an diesem „isolirten Salzberge" oder „Dschebel S'dom"
sah Hr. de Saulcy die Ueberbleibsel einer großen Stadt, „Cher-
bet S'dom", die Ruine von Sodom, genannt*).

Nach der Meinung des Hrn. de Saulcy ist kein Zweifel,
daß Sodom und Umgegend in Folge eines vulcanischen Aus-
bruches, welcher den „isolirten Salzberg" in die Höhe trieb, vom
Grunde aus zerstört oder, wie die Schrift sagt, „umgekehrt"
worden ist. Die unermeßlichen Schichten von Asche und Schla-
ken an diesem Sodom'schen Turullo sprechen allerdings für vulcanische Gewalten, und inmitten der Zerstörung, sagt Hr. de
Saulcy, haben sich sogar Reste cyklopischen Gemäuers erhalten**).

---

*) Djebel-Esdoum (la Montagne de Sodome), appelée aussi Djebel
el-Melhh (la Montagne de Sel); non loin de là, les restes d'une grande
ville, Kherbet-Esdoum (ruines de Sodome). Merkwürdig genug wird
der Name dieses Salzberges und der anliegenden Ruinen von den Beduinen
heute noch ganz ebenso ausgesprochen, wie ihn der Text des Alten Testa-
mentes accentuirt. Das Arabische سدوم S'dom, Sedom, ist genau das
סדם der heiligen Schrift. Französische Orthographie fordert in diesem Falle
Esdoum, auch Ousdonne, und die brittische gar Usdum; werden aber diese
beiden Wortformen richtig ausgesprochen, lauten sie ebenso wie das arabische
und hebräische Urwort von jeher gelautet hat. Was dagegen occidentalische
Gelehrsamkeit über die verschiedenen Schreibeformen dieses einen und desselben Namens commentirt, vermuthet und zusammenstellt, ist ganz überflüssig und verdient keine weitere Berichtigung.

**) Sodome, selon notre voyageur, a dû être renversée de fond en
comble par l'effet du soulèvement qui a fait surgir la Montagne de Sel....
à la suite d'une éruption volcanique, qui a laissé pour traces d'immen-

Von Lava, Schlacken und Asche thut Robinson keine ausdrückliche Meldung; auch die cyklopischen Mauerreste hat er im
Vorübereilen nicht bemerkt; wohl aber hat er sich durch den
Augenschein überzeugt, daß reines lebendiges Steinsalz Haupt-
bestandtheil des ganzen, vulcanisch gehobenen und nur durch
einen schmalen Küstenstreif vom See getrennten Berges ist. Den
Strandboden am Fuße des „Salt mountain“ mit Salz und Erdharz bekleidet hat, wie schon oben angedeutet, auch W. Lynch
gefunden.   W. Lynch hat aber auch von der Barke aus an diesem Salzberge ein „Phänomen“ entdeckt, welches den übrigen
Forschern vor und nach ihm in gleicher Weise entgangen ist.
Wir meinen die Salzsäule, in welche der Sage nach Lot's Weib
verwandelt wurde, und die man bisher als eine Schöpfung der
Einbildung und des Aberglaubens in das Fabelreich verwiesen
hat.   Die „Salzsäule“ existirt aber wirklich, wenn sich auch die
ihr von St. Irenäus zuerkannten Sexualfunctionen an derselben
nicht mehr zeigen sollten.

Lynch's Entdeckungsmannschaft sah, zu nicht geringem Erstaunen, auf der Ostseite des Sodomberges, etwa ein Drittel
Abstand von der Nordspitze desselben, am Eingang einer engen,
tiefen, steilen Schlucht eine runde, hohe, von der Bergmasse,
wie es schien, losgeschälte Säule von reinem Salz, cylinderförmig
auf der Stirn- und pyramidal von der Rückseite.   Der runde
Säulenschaft mag vierzig Fuß Höhe haben und ruht auf einer
ovalen Unterlage — im Ganzen vierzig bis sechzig Fuß über
dem Spiegel des Todten Meeres.   Die Dicke der Säule scheint
mit der Höhe zu schwinden, die Spitze ist zerbröckelt und die
ganze Masse reine Krystallisation.   Ein Strebepfeiler verbindet

ses dépôts de scories et de cendres; on trouve, dit Mr. de Saulcy,
parmis les décombres, des restes de murs cyclopécns.
    Jomard's Bericht im Bulletin de la Soc. de Géogr. t.2 pag. 52. 1851.

sie mit dem Berge im Hintergrunde, der Ueberzug ist von heller Steinfarbe und das Gebilde selbst, nach Lynch's Dafürhalten, eine Schöpfung der Winterregen*).

Diese Gründe zusammengefaßt heben alle Bedenken, daß hier Sodom, die alte, große, prachtvolle, vulcanisch zerstörte Hauptstadt der zaubervollen „Wasseraue" des Patriarchen Lot gewesen ist.

Die Lage von Gomorrha und den übrigen, durch die Katastrophe verheerten Orten der alten Siddimebene ist weniger leicht mit Bestimmtheit nachzuweisen, weil an der Südseite des Todten Meeres, an und auf den beiden Ghor-Einrandungen allerdings Ruinen vom höchsten Alterthume übrig geblieben sind, aber im Munde der Eingebornen sich keine alten Namen lebendig erhalten haben.

Sechs Seemeilen (drei Stunden) nördlich von dem „Salt mountain", am Ausgang einer tiefen Schlucht, ist ein anderes Delta, in welchem Robinson und Lynch, selbst in der heißen Jahreszeit, rinnendes Wasser, frische Bäume und grünes Strauch-

---

*) Soon after, to our astonishment, we saw on the eastern side of Usdum, one third the distance from its north extreme, a lofty, round pillar, standing apparently detached from the general mass, at the head of a deep, narrow, and abrupt chasm. We immediately pulled in for the shore, and Dr. Anderson and I went up and examined it. The beach was a soft, sliny and encrusted with salt, and a short distance from the water, covered with saline fragments and flakes of bitumen. We found the pillar to be of solid salt, capped with carbonate of lime, cylindrical in front and pyramidal behind. The upper or rounded part is about forty feet heigh, resting on a kind of oval pedestal, from forty to sixty feet above the level of the sea. It slightly decreases in size upwards, crumbles at the top, and is one entire mass of crystallization. A prop, or buttress, connects it with the mountain behind, and the whole is covered with debris of a light stone colour. Its peculiar shape is doubtless attributable to the action of the winter rains.

Lynch, Narrative, p. 307.

werk in Fülle ſahen, de Saulcy aber in der Winterperiode liebliche Thalfriſche mit „tropiſch-üppiger Vegetation“ gefunden hat,
und deswegen es auch von ſeinen Beduinen Wadi Mojet-Em-
barek, Bach des geſegneten Waſſers nennen hörte. Auf einer
Erhöhung am Eingang in die Schlucht entdeckte Lynch die Ueberbleibſel eines Bauwerks von behauenen Quaderſteinen; die Grundlagen und ein niederes in die Schlucht hinabſtreichendes Gemäuer
waren allein noch übrig. Auch Spuren von künſtlichen Ter-
raſſen waren noch da, und ein roh gearbeiteter Canal zur Seite,
meint Lynch, war vielleicht eine Waſſerleitung, die anliegende
Deltaebene zu befruchten. Coſtigan, auf einem früheren Verſuch das Todte Meer mit Barken zu befahren, war von Nord
herab bis zu dieſem Delta vorgedrungen und glaubte, es könnte
hier wohl Gomorrha, die Schweſterſtadt von Sodom geweſen
ſein. Vulcaniſche Schlünde und erſtarrte Lavaſtröme, welche de
Saulcy in der Umgegend bemerkte, ſcheinen die Vorausſetzung
eher zu beſtätigen als zu widerlegen. Mit welchem Rechte dagegen Hr. de Saulcy Gomorrha auf der Oſtſeite des Ghor gefunden haben will, kann beim Mangel aller kritiſchen Unterlage
Niemand ſagen.

Hätte man aber dem unerſchrockenen Wanderer in jener Gegend des ſchattenreichen Wadi Kerek wirklich eine Ruine „Cher-
bet Sabâan“ genannt, ſo wäre das allerdings auf das bibliſche
„Seboim“, ſo wie auf das „Sabaah“ des Türken Hadſchi Chalfa
auszudeuten. Indeſſen geräth der vielleicht zu eifrige Pentapolis-
Ruinenauffinder de Saulcy nebenher doch auch in ſtarken Widerſpruch mit ſeinen eigenen Behauptungen, wenn er im Ergän-
zungsbericht zur Umwanderung des Todten Meeres auf der Weſtſeite deſſelben, ſüdlich von Ain-Feſchchah, „einen Krater mit
großen Ruinen, Cherbet-Gumrân genannt“, gefunden und in
ihnen die Ueberbleibſel von Gomorrha entdeckt zu haben glaubt.

Sodom ausgenommen, ist von den Ruinen der übrigen Fünf-
städte, wenn sie ja noch existiren, noch keiner die unanfechtbar
richtige Stelle angewiesen, und muß man diesfalls erst noch ge-
naueren, an Ort und Stelle selbst, mit Griffel und Meßruthe
in der Hand und arabischer Sitte und Rede kundig, anzustellenden
Forschungen entgegensehen, was natürlich erst bei veränderten
und verbesserten politischen Zuständen des Peträischen Isthmus
erwartet werden könnte.

Nur ein e Bemerkung kann man hier nicht unterdrücken. Vergleicht man die Lage der von Lynch wieder aufgefundenen Salzsäule mit der Lage der von de Saulcy ebenfalls erst entdeckten
Ruinen von Sodom, so wäre Lot's Flucht aus benannter Stadt
offenbar nordwärts zu einem nahe gelegenen Sicherheitsort gegangen, und nicht ostwärts über das vielgenannte Ghor, an der
heutigen Ghowarineh-Ortschaft Es-Safieh vorüber, und das Baum-
revier hinauf zum Hüttendorf El-Mesraah, in dessen Umgegend
— wohl zehn gute Stunden von Sodom — man die Ruinen
des biblischen Zoar erkennen will. Ein befestigter Ort Zoar
oder Seghor mag allerdings bis auf die spätesten Zeiten in der
Gegend am perennen Kerekstrom gewesen sein; aber ein anderes
Städtchen dieses Namens, das kleine Belah oder Zoar des Patriarchen Lot, muß, aller von Robinson wegen Ajin und Ghajin
mit großem Aufwande linguistischer Gelahrtheit zusammengestell-
ten Gegengründe ungeachtet, am Ende doch in dem El-Zoeirah
unserer Tage verborgen sein. Dieser Name haftet an der Nordspitze des Sodom-Delta und ist von den cyklopischen Mauerresten
nicht viel über eine Stunde Wegs entfernt.

Wie in der ganzen Argumentation überhaupt, so haben wir
in diesem einzelnen, die Lage von Zoar betreffenden Puncte insbesondere Text und Ansehen der heil. Schrift für uns. Wie
sich am östlichen Himmel der erste Schimmer der Morgenröthe

zeigte, heißt es, begann Lot zögernd ſeine Flucht aus Sodom;
und beim erſten Strahl der Morgenſonne ging er durch das
Thor von Zoar ein.

Wie hätte der Patriarch, mit drei weiblichen Begleitern zu
Fuße davoneilend, in der kurzen Friſt zwiſchen Morgenröthe
und Sonnenaufgang in das weit entlegene Zoar am Wadi
Kerek jenſeits des Todten Meeres gelangen können?

Gar ſo Unrecht hätten alſo MM. de Bertou und de Saulcy
mit ihren Berichterſtattern am Ende vielleicht doch nicht, wenn
ſie ohne Scheu vor der ſchwer gerüſteten Yankee-Gelehrſamkeit
im „Ouad-ez-Zouëra" der Neuzeit Lot's alten Zufluchtsort beim
Brande von Sodom erkennen wollen.

Burckhardt ſucht einen Mittelweg und verlegt das Lot-Zoar
in die Nähe der heutigen Ghowareneh-Ortſchaft Es-Safieh
(Ghor Es-Safieh) am Karahyſtrom, etwa drei Wegſtunden öſtlich von Sodoma; er vermag jedoch das Willkürliche dieſer Annahme weder durch irgend eine in der Ghorbevölkerung fortlebende
Ueberlieferung, noch durch das Daſein alterthümlicher Ruinen zu
beſeitigen, und er hat deswegen auch nicht viel größern Anſpruch
auf unſern Beifall als Robinſon und Comp.

Selbſt die höchſt wahrſcheinliche, ja kaum zu beſeitigende
Annahme, der ſüdliche Theil des Todten Meeres, zwiſchen der
großen, auf der Oſtſeite wenigſtens zu drei Viertheilen, wo nicht
gar zu Fünfſechſtheilen der Seebreite hereinragenden Halbinſel
und dem Salzberg von Sodom, ſei urſprünglich trockenes Land
der Ebene Siddim geweſen und erſt in Folge einer Kataſtrophe
unter Waſſer gekommen, kann an der Zoarſache, ſo wie wir ſie
deuten, wenig oder gar nichts ändern, weil die Entfernung von
Lot's Wohnſitz zu Sodom in gerader Linie zur Kerekflußmün-
dung hinüber auch bei dieſer Vorausſetzung noch ſieben gute
Stunden betrüge, welche Strecke keine menſchliche Beweglichkeit

zwischen Morgenröthe und Sonnenaufgang zu durcheilen vermöchte.

Die eigenthümlichste Erscheinung in der Gestaltung des Todten
Meeres ist sicher diese rauhe, öde, vierzig bis sechzig Fuß hohe
Halbinsel, welche, wie die Südspitze Italiens, in Form des
menschlichen Fußes, beim Knöchel angefangen bis zur äußersten
Zehenspitze, vom baumreichen Moabstrande so nahe an das
Westufer des Asphaltsee's herüberreicht, daß nur ein verhältnißmäßig schmaler Wassercanal in Bosporuswindungen offen bleibt,
und selbst die gegen Süd hinab sich wieder ausbreitende seichte
Wasserfläche, nach Robinson's Ausdruck, einem breiten amerikanischen Strome gleicht, wenn Ebbe ist und die Untiefen trocken
liegen.

Die dem Westufer zugekehrte Sohle dieser Halbinsel und natürlich auch die schmale, auf der engsten Stelle, nach Lynch nur
achtzehn Fuß tiefe Canalwindung ist — um bei dem Gleichniß
zu bleiben — von der Zehenspitze zu der Ferse gerechnet, zwei
Stunden vierzig Minuten lang; die Breite aber von der Ferse
zur Kerek- (el-Draah-) Mündung hinüber gaben schon Irby
und Mangles auf zwei Stunden an. Die vorbenannte engste
Stelle zwischen dem neuerlich „Cap Molyneux" benannten Fersen-
promontorium dieser Peninsula und dem gegenüberliegenden Ufer-
vorsprung des jüdischen Continents beträgt kaum mehr als eine
englische Meile, d. i. den dritten Theil einer Glockenstunde, was
ganz der Dardanellenenge zwischen Sestos und Abydos, oder
dem Bosporusschluß bei den Castellen von Anadol und Rum-
Ili nahe käme, wenn nicht ganz gleich zu setzen wäre.

Hier sind die Dardanellen des Todten Meeres und zugleich
die Grenzen zwischen dem ureigentlichen alten Asphaltsee und
der in der Zeit entstandenen „Zuydersee" der Pentapolis von
Sodom.

Die plötzliche Hebung des Seegrundes von tauſend bis dreizehnhundert Fuß Tiefe zu einer Tiefe von nur durchſchnittlich
ſechs bis achtzehn Fuß verkündet deutlich genug, daß im „προπέσοι" des Eratoſthenes, wie es unter den Gelehrten ſeines
Zeitalters in Umlauf war, die Löſung des Aſphaltſeeproblems
zu ſuchen ſei.

Das alte Todte Meer iſt vorgerückt und hat Erdſtriche vul-
caniſch bezwungen, welche früher außerhalb ſeines Bereiches im
freien Genuſſe der Sonne lagen.

Wo heute die Halbinſel und die bleierne Dardanellenſtrömung,
dort war einſt Schluß und Südgrenze des Todten Meeres. Und
von dieſem natürlichen Clauſtrum bis zur Querhügelmauer am
Wadi Arabah war die weiland blühende, reichbewäſſerte, von
Erdharzquellen geſchwängerte Siddim-Aue — das „Lectonien" von
Canaan —, von welchem heute außer ſeinen höchſt ungleichen
Randeinfaſſungen in Oſt und Weſt nur das große, oben bezeich-
nete Delta im Südghor übrig geblieben iſt.

Trümmer alten Mauerwerks hat die amerikaniſche Bleiſonde
in der „Zuyderſee" von Sodom nirgend entdeckt. Die ganze
Ebene ſcheint Weide- und Gartenland voll Baumſchatten geweſen
zu ſein; und die Sitze der Menſchen hingen, wie es im Orient
— beſonders in Paläſtina und Syrien — noch jetzt überall Sitte
iſt, zu beiden Thalſeiten am Hügelrande.

Von der alten Siddim-Glückſeligkeit des Patriarchen Lot iſt
auf· der Abendſeite des „Neuſee's" nichts mehr übrig. Es iſt
dieſe Abendſeite eine völlig verlaſſene, menſchenleere Oede mit
kleinen Buſch-Daſen zwiſchen Aſchen-, Salz- und Lavaklippen.
Nur die Uferſtrecken im Südoſt des See's, unmittelbar am Fuße
der ſchluchtigen Moabberge, zwiſchen den beiden perennen Strömen Wadi Karahy (Es-Safieh) und Wadi Kerek haben ſich mit
den beiden einzigen, ſommerlicher Glutofenhitze ungeachtet, nahe

am Seerande von Menschen bewohnten Niederlassungen Spuren alter Naturpracht bis auf den heutigen Tag erhalten.

Das sind die beiden Ghorortschaften Es · Safieh und El · Mezrâah*).

Von dem ersten dieser beiden Dörfer und seinem dreinamigen, voll · und perennrinnenden Strom war schon oben die Rede. El·Mezrâah, im Gesträuche versteckt, liegt eine halbe Stunde vom See und wird eigentlich vom zweiarmigen Wadi·Hamed bewässert, mit welchem, nach Lynch, der nur periodisch wasserreiche Wadi Kerek zusammenrinnt. Das Oleanderbuschwerk am Ufer des unversiegbaren Stromes war achtzehn Fuß hoch, in voller Blüthe und von angenehmem Duft. Ueppiges Gehölze, Akazienhaine und „Oescherbäume" mit der trügerischen Frucht des Sodom·Apfels, künstlich bewässerte Durra·, Gersten·, Weizen· und Melonenfelder mit Tabakpflanzungen und zuckerrohrähnlichem Stängelwerk bedeckten in schwelgerischer Fruchtbarkeit die Deltaebene, und in der tiefen Zoarschlucht des Wadi Kerek rauschte unter diluvianischen Regengüssen und furchtbar wiederhallendem Donnergeroll ein Waldstrom nieder, dessen Tosen mit der schauerlichen Gewitterpracht der umliegenden Scenerie nur der Majestät und den erhabenen Schrecknissen des Niagara zu vergleichen war.

Außer den beiden nun hinlänglich besprochenen Ghor·Deltabächen Es·Safieh und El·Mezrâah rinnen — um sechs bis sieben kleinere Bächlein unerwähnt zu lassen — auf der Ostseite des Todten Meeres nur noch zwei reichlich und immer fließende Wasserströme bald an Palmgruppen, an Pappeln· und Tama-

---

*) Die ständigen Bewohner dieser beiden Schlamm· und Hüttendörfer am heißesten Theile des Todten=Meerufers, oder die sogenannten dunkelfarbigen und sonnenverbrannten Ghorleute heißen in Lynch's Bericht „Ghauräriveb", bei Robinson aber, wie uns scheint, sprachrichtiger „El· Ghawârineb", was der Pluralis von el·Ghawri ist und Ghorbewohner bedeutet.

riskenwäldchen in ſchleichenden Mäandern vorüberziehend, bald
in geſchwätzigen Caſcaden vom Felſen rauſchend, aus den hier
abenteuerlich geſtalteten, hier in liebliche Formen gegoſſenen,
überall ſteil zerklüfteten und baumloſen Sandſtein-, Baſalt- und
Lavabergen Moabs herab. Wir meinen Wadi Zerka-Mâin und
Wadi el-Modſcheb, welch letzterer in der Bibel den Namen
„Arnon" trägt.

Die idyllenhafte Einſamkeit und reizend fruchtbare Wildniß
an der Arnonmündung hat Seetzen zuerſt entdeckt, und weniger
als vier Stunden Ruderfahrt haben auch die Yankee-Barken vom
Landungsplatz bei El-Mezrâah zu dieſer ſtillen, dem einſt dattel-
und traubenreichen Engaddi gegenüber liegenden Tempeſchlucht
des Todten Meeres gebracht.

Aus einer ſiebenundneunzig Fuß weiten, von ſenkrechten, roth-,
braun- und gelbfarbigen Sandſteinklippen ſchattig eingekeilten
Klamm wälzt der Arnon ſeine fiſchreiche, zweiundachtzig Fuß
breite und vier bis zehn Fuß tiefe milde Fluth langſam durch
ein rieſig hohes, maleriſches Felſenthor heraus. Vor dem Rie-
ſenthor hat ſich ein, jetzt freilich nur von Weiden, Tamariſken,
Röhricht, Immergrün und anderem Geſchlinge wild und dicht
bebuſchtes, durch Kunſt und Bewäſſerung aber leicht in ein rei-
zendes Paradies von Dattel-, Bananen-, Limonien-, Zuckerrohr-,
Weizen- und Gemüſeanlagen zu verwandelndes Delta angelegt.
Weithin durch die dunkelgewundene Felſenſchlucht hallt das Echo
wieder; hoch oben in den Lüften kreiſt der Aar und von En-
gaddi herüber wirft die hinter das Judäagebirge ſinkende Sonne
auf die einſam im Gebüſch ſchleichenden Arnonwellen ihren melancholiſch glitzernden Abendſtrahl.

Iſt es ein Wunder, wenn der Zauber dieſer romantiſch-ſtillen
Oede mit ihren ſchattigumbuſchten Kalypſogrotten, ihrem ewigen

Frühling, ihren Bächen und ihrem Immergrün den gefühlvollen deutschen Seetzen überwältigt hat?

Ist aber die anmuthig gewundene Arnonschlucht das „Tempe", so sind die heißen Quellen der Kallirrhoë und ihr Abfluß, der Wadi Zerka-Mâin, das Prusa, das Carlsbad, das „Schönbrunn" des Todten Meeres.

Etwa fünf Stunden gemächlicher Barkenfahrt vom Arnon nordwärts mündet das laulicht-frische Geströme des „Zerka-Mâin" zum Todten Meer heraus. Im Zwischenraume strich die Barke an einem grüneingerandeten, in langem weißen Faden von der Felsenhöhe herabstürzenden Kataraktenbach vorüber, dessen plätscherndes Getöse man im Vorüberrudern deutlich hören konnte. Uebrigens sind Busch-Delta, Grotten, achtzig Fuß hohes und hundertundzweiundzwanzig Fuß weites Felsenthor und in das Strandgebirge hinein gewundene Engschlucht mit senkrechten, bis hundertundfünfzig Fuß hohen, röthlich-gelben Sandsteinwänden am Zerka-Mâin wie am Arnonbach. Nur war der Strom, der in der Regenzeit eine einzige volle und überwältigende Wassermasse bildet, des Sommers, als Lynch erschien, innerhalb des Thores in drei Rinnsale verschiedener Weite und Tiefe gespalten, die erst im Delta zu einem selbst dicht an der Ausmündung ins Todte Meer nicht mehr als zwölf Fuß breiten und kaum einen Fuß tiefen Volumen zusammenflossen.

Die Strömung selbst geht reißend, und kaum eine (engl.) Meile innerhalb des Felsthores beginnt eine Reihe Schnellen (rapids) mit kleinen Cascaden, wo das Wasser vier, fünf, sechs Fuß hoch niederrauscht. Etwa eine und eine halbe Stunde tiefer schluchteinwärts sprudeln in Zwischenräumen die schon im Alterthum berühmten und viel besuchten, jetzt in der Oede, wo nicht ganz nutzlos verdampfenden, so doch nur an wenige be-

nachbarte Beduinen ihre Heilkraft verschwendenden heißen Quellen
links und rechts aus der Felsenwand hervor.

Ob nun das „Schönbrunn", die Kallirrhoë der gräco-romanischen Welt, im Hauptflußthale selbst oder eine halbe Stunde
südlich in einer Nebenverzweigung lag, ist für unsere Zwecke
völlig unerheblich, weil die Luxusbauten und künstlichen Bade-
einrichtungen doch überall gleichmäßig verschwunden sind und
übrigens aller Quellensprudel der Umgegend mittels des Zerka-
strombettes seinen Abfluß in den Asphaltsee hat.

Reizend, wie nur die kolchische Scenerie im epheu-umrankten
Indschir-Liman-Spalt, ist der Durchblick, wenn er von inner-
halb des hohen, dunkeln, engen Zerka-Felsthores über den
Silberspiegel des Todten Meeres auf den gegenüber liegenden
„Dschebel el-Fareidis", d. i. Paradies- (oder Franken-) Berg in
der Nähe von Bethlehem fällt.

Keine der Vorbedingungen irdisch-frohen Daseins, weder gesunde reine Luft — sogar dicht am Strande des Todten Meeres,
noch Fülle ewig rinnenden süßen Wassers, und in den Tieflagen
ein üppiger, hohe Bäume und tropische Nahrungspflanzen tragender Humusboden fehlen am Arnon wie am Zerka irgendwo;
selbst die holzlosen, im Sommer kahlen Berghöhen überzieht in
der Regenzeit ein Grasteppich mit buntfarbigem Blumenschmuck.
Und doch ist seit Titus Vespasianus, mit geringen Ausnahmen,
der Mensch aus der nächsten Umgebung des Todten Meeres
verschwunden und hat die uralte Oasenlebendigkeit überall dem
Stillschweigen und der Verödung Platz gemacht!

Am Südrande des nämlichen Zerkathales, nahe bei der lieblichen Kallirrhoë, deren heißer Sprudel weiland so vielen Leidenden Frische und Gesundheit wiedergab, jetzt aber, wie schon oben
gesagt, so gut als unbenützt in das Salzmeer rinnt, fand Seetzen
(1806) die Ruinen der in den letzten Zeiten des jüdischen Staa-

tes vielbesprochenen, durch Herodes I. prachtvoll erbauten Felsen-
stadt und Festung Machärus. Die Trümmer liegen weithin
sichtbar auf der Plattform eines isolirten, steilabgeglätteten, von
drei Seiten durch unausfüllbare Schluchten geschirmten, auf der
vierten durch einen schwer überschreitbaren, einhundert Ellenbogen
tiefen Spalt von der nächsten Anhöhe getrennten Steinkegels,
dergleichen die Natur hauptsächlich im Orient zur Sicherstellung
des Schwachen gegen Vergewaltigung des Starken mit Absicht
geschaffen, die Kunst häufig nachgeahmt, die erfindungsreiche Kraft
der Herrsch- und Habsucht aber doch jederzeit überwunden und
erstiegen hat.

Der Ort, von den umwohnenden Beduinen heute „Mkaur"
und „Mschaur" ausgesprochen, ist wie Jericho nur gegen drei
Wegstunden vom Strande des Todten Meeres entfernt, und wir
hätten ein gutes Recht, die malerische Schilderung, die uns Flavius Josephus über Lage und Schicksal dieses Palästina-„Aornos"
(zugleich fürstliches Schatzhaus, Staatsgefängniß und Todesstätte
des Vorläufers Christi) hinterlassen hat, in den Bereich unseres
Asphaltsee-Panorama's hereinzuziehen. Wir wollen und müssen
aber des beschränkten Raumes wegen auf den beneidenswerthen
Vortheil, dieses abenteuerliche, aber romantisch-prachtvolle Naturgebilde mit dem abgeplatteten Taborkegel auf der Ebene Esdrälon, mit den waldeinsamen Felscastellen in Trapezunt, in Ma-
sanderan, in El-Soghd und in Kurdistan, und mit den kegel-
förmigen Kunsthügeln von Haleb und Homs zu vergleichen, für
dieses Mal verzichten.

Auch über die Oase Jericho soll die oben angedeutete kurze
Erinnerung aus demselben Grunde vorderhand genügen.

Dagegen wäre es ein wesentlicher Mangel, ja eine unver-
zeihliche Fahrlässigkeit und ein sträfliches Versäumniß, wenn wir
ohne die beiden berühmten, dicht am westlichen Strande des

Todten Meeres haftenden Namen Engaddi und Masada auch nur zu berühren und durch die Lieblichkeit des einen, wie durch die Melancholie des andern das Gemälde gleichsam abzurunden und auszufüllen, sofort zum Schlusse eilen wollten.

Nach vulcanischer Versengung des am Südende des Asphalt-see's gelegenen Gartenlandes der Pentapolis um Sodoma war die deltaförmige Oase von Engaddi die wonnevollste und beleb-teste Oertlichkeit am Westufer des Todten Meeres. Fülle süßen rinnenden Wassers, Baumschatten, weiche Lüfte, buntfarbiger Blumenschmuck und Schweigsamkeit sind ja nach den Begriffen des Morgenlandes überall die Elemente irdischer Seligkeit.

Die wohlschmeckendsten Datteln und den kostbarsten Balsam, wie ihn nur Jericho, Arabia Felix und Babel kennen, sagt Flav. Josephus, liefern die Palmen und die Balsamstauden von En-gaddi, wo König Salomo seine Weinberge, seine Terrassengärten und seine versiegelten Brunnen hatte.

Diese Engaddi-Herrlichkeiten, wenn sie auch nicht in ihrer ganzen Fülle unvermindert bis auf unsere Zeiten herabgekommen sind, haben im wesentlichen doch wenigstens die Stürme des großen jüdischen Aufstandes sammt Hadrians Verödungsedicten siegreich überlebt. Noch St. Hieronymus (400 n. Chr.) nennt die alte Palmenstadt En-Gaddi — zur Zeit des letzten National-kampfes Districts-Hauptort und Sitz eines der eilf Revolutions-comités von Judäa — einen vornehmen und sehr großen Flecken am Todten Meere.

Mit St. Hieronymus verschwindet En-Gaddi gleichsam aus dem Gedächtniß der Menschen, und was immer vom Beginn des fünften bis gegen die Mitte des neunzehnten Jahrhunderts über diese Balsam-Palmen-Oase ergangen ist, findet sich nirgend auf-gezeichnet.

Nach einem Stillschweigen von mehr als vierzehn Jahrhunderten hat im Frühling des Jahres 1838 der gelehrte Amerikaner Edw. Robinson gegen die Mitte des westlichen Asphaltsee-Ufers Quellbach und Oase „Ain-Dschedi" entdeckt und nach den flüchtigen Eindrücken ephemeren Aufenthalts seit Flav. Josephus wieder die erste Beschreibung der zaubervollen Oertlichkeit in das Abendland zurückgebracht.

Das Neueste und Beste hat aber auch hier, zehn Jahre später, Robinson's Landsmann W. F. Lynch gethan, welcher drei gute Wochen Rast und Haupt-Zeltstation in dieser lieblichen Oede hatte.

Zwischen beide Epochen ungefähr in die Mitte hinein fällt Semilasso's berühmter „Gang" und anakreontisch weiches Lob der Ain-Dschediquelle, deren „merveilleuse végétation" und buntfarbigen Blumenteppich Mr. de Saulcy vor noch kaum drei Jahren (1851) zuletzt gepriesen hat.

Ist aber auch die heute von den Eingebornen wie von den bedeutendsten neueren Palästinawanderern „Ain-Dschedi" benannte Oertlichkeit wirklich das „En-Gaddi" der heiligen Schrift?

Wo sind die Palmen, wo Salomo's Weinberge, wo die Balsamstauden und die vielen Menschen der großen Stadt?

Das alles ist verschwunden! Nur was der Mensch nicht zerstören konnte, die weichen Tinten der Luft, der nie versiegende Quellstrom, das Röhricht, der Schatten, das unvertilgbare Baum- und Buschwerk, die Terrassen, das zarte Grün und die menschenleeren Troglodytenwohnungen mit dem alten Namen sind geblieben.

Das hebräische „Ain-Gedi" oder „En-gedi", wie der Urtext überall accentuirt, haben die Uebersetzer der Septuaginta in correcter Nachahmung morgenländischer Vocalisation durch Ἐγγαδδι ausgedrückt, und durch Zuthun St. Hieronymi ist diese Form für den ganzen Occident bis auf den heutigen Tag Styl und Maß

geblieben. Das jüdiſche עין [En] und das arabiſche عين [Ain]
„die Quelle", iſt wie גדי [Gedi] und جدى [Dſchedi] „das Böck-
lein" ganz und gar daſſelbe Wort; denn daß aus dem hebr. ג
bei den Arabiſchredenden überall ج geworden iſt, weiß ohnehin
Jedermann, ſo daß Ain-Dſchedi und Engaddi in gleicher Weiſe
mit „Böckleinsbrunn" zu überſetzen ſind*).

Wie hat ſich aber das weiland geprieſene Engaddi den neueſten europäiſchen Beſuchern heute dargeſtellt?

Die am Weſtufer des Todten Meeres ſteil und geradlinicht
von Nord nach Süd ſtreichende hohe und öde Klippenwand mit
ihren „unzähligen", enge und tief eingebrochenen Gießbachſchluchten (Wadi) kennt der Leſer zur Genüge aus dem, was wir bereits früher angedeutet haben. Und ein vom Strande des Todten
Meeres zwiſchen zwei ſolchen tiefdunkeln Gießbachſchluchten ſanft
anſteigendes, terraſſig abgeſtuftes, deltaförmiges Planum inclina-
tum mit einer fettleibigen, unten und in der Mitte abenteuerlich
zerriſſenen und künſtlich ausgehöhlten, oben aber plattgedrückten,
fünfzehnhundert Fuß hohen Felspyramide im Hintergrunde denkt
ſich ſelbſt die matteſte Phantaſie ohne Schwierigkeit.

Die Quelle aber ſprudelt nicht, wie weiter nördlich die ſchöne
Ain-Terabeh, am Fuße des Berges aus dem flachen Boden der
Schiefebene herauf; ſie ſtürzt tief im Innern der Schlucht und
hoch oberhalb der Deltaſpitze aus dem Spinachriſti-Schattenbuſch

*) Der Beduinendiſtrict um Ain-Dſchedi heißt wie in den Tagen Joſua's
noch heute „Haſaſa"; und man begreift leicht, wie vor Alters Engaddi von
dem Reichthum ſeiner Palmen auch als „Haſaſon-Thamar" (Palmen-Haſaſa)
erſcheinen konnte. Hatten nicht in der Homeriſchen Welt Götter und Menſchen für ein und daſſelbe Ding ebenfalls zwei verſchiedene Benennungen?
Mehr als wahrſcheinlich iſt auch das „Sebbeh" der heutigen Anwohner des
Asphaltſee's nur der uralte Name des ſchwer zugänglichen Tafelſelſens, auf
deſſen Plattform die Hasmonäiſchen Prieſterkönige die Feſtung Maſada —
das Trapezunt des Todten Meeres — errichtet haben.

einer fünfhundert Fuß hohen Steilterrasse mit Stromesmacht hervor, wird aber des Wasserreichthums ungeachtet, wenigstens in der
heißen Jahreszeit, ohne ganz das Todte Meer zu erreichen, vom
glühenden Deltaboden so vollständig aufgetrunken, daß sie die
kleine, nach de Saulcy, während der Regenzeit mit tropisch-üppi-
ger Vegetation überzogene untere Deltaebene bis auf einen dunkeln grünen Doppelstreifen und zerstreut stehende Gummiakazien
und Tamariskenbäume, wo nicht öde und ausgebrannt, doch
lange nicht so fett und grasreich erscheinen läßt, wie sie Lynch's
Vorgänger Robinson geschildert hat.

Robinson war vom Juddagebirge zum Quellensprudel und
seinem dunkeln Schattendickicht in noch feuchter Jahreszeit herabgekommen; Lynch dagegen hat sich der Scene unterhalb vom
Meere her genähert, bei schon übermächtiger Trockenheit und
Sonnenglut, ohne beim ersten Vorüberfahren die hoch oben spru-
delnde Stromquelle und ihr Buschdickicht selbst zu sehen. Daher
die Ungleichheit des ersten Eindrucks und die im Grunde einander widersprechenden Schilderungen der Ain-Dschedi-Herrlichkeiten.
Zum Unglück fand Lynch die zu Robinson's Zeiten von Arabern
der Nachbarschaft mit Getreide und verschiedenen Gartengewäch-
sen reichbepflanzten Delta-Terrassen kurz vorher durch einen feindlichen Beduinenhaufen geplündert und verheert.

Unter den Sträuchern und Bäumen des undurchdringlichen
Strombett-Dickichts fanden sich die Tamariske und der Nelken-
Oleander in überwiegender Zahl. Auf der „staubigen Deltaebene"
dagegen machten der Lotus und der Sodomsapfelbaum (Oescher)
mit seinen zarten, schmalen, glockenförmigen Purpurblüthentrau-
ben neben der Felsenrose, der gemeinen Nelke, dem Eibisch, der
Aleppo-Senna und der geruchlosen gelben Reseda den ganzen
Schmuck.

Dieses Engaddi-Delta, an der Basis wenig über eine

Viertelstunde breit und von der Spitze bis zum Strand herab
auch nur etwa eine halbe Stunde lang, schien den lagernden
Amerikanern im Ganzen ein dürrer und trauriger Aufenthalt, bis
endlich gegen das Ende der ersten Woche ihrer nautischen Untersuchung durch eine einzige Abendscene die verborgene Quellen-
pracht zum Vorschein kam, und die staubige Engaddi-Wildniß
in der Einbildung der versengten Yankee's wie durch plötzlichen
Zauberschlag in ein reizvolles Paradies verwandelt wurde.

Erhitzt durch die Glut des Tages und im Gemüthe tief erschüttert durch die sturmvollen Frühlingsberichte aus dem Occident (1848)
ging Kapitän Lynch mit seinen Gefährten das Strombett hinauf
gegen den schattigen Felsenspalt, um in der Kühle der noch un-
besuchten Schlucht das Labsal eines frischen Bades zu genießen.
Am Fuße des Kegelberges fesselte der Anblick einer in der Fels-
wand mit Marmorschwellen und gewölbten Fensterbogen kunstreich
ausgemeißelten, jetzt unzugänglichen Höhlenstadt zuerst den Schritt
der Wanderer; aber das von Ferne aus der Schlucht herbrum-
mende Gemurmel des Cascadenstromes und die Sehnsucht nach
dem Schatten der engen Schlucht trieb sie fort unter Tamarisken, Oleander und Röhricht zur „Egeria aller Brunnen" hinein.

Weit im Rohrdickicht, von Buschwerk gleichsam eingewölbt
und tief versteckt im Schatten der Purpurfelsen und im milden
Grün schwellender Vegetation, rauscht mit lieblichem Gemurmel
über, unter und neben dem Gestein, von Becken zu Becken
hüpfend und mit seinen Krystallarmen das Felsenrevier breit umspannend, der Wunderbrunn von der buschigen Steilhöhe in die
Dunkelschlucht herab. So strotzend und blumensaftig ist am Strom-
rande der Pflanzenwuchs, daß sich das Buschwerk durch die eigene
Schwere niederbeugt und bogenförmig über dem Geströme wölbt.
Diana selbst, die jungfräuliche Waldgöttin, mit ihren jagenden
Najaden hätte keine verborgenere Badestelle finden können:

hic dea silvarum venatu fessa solebat
virgineos artus liquido perfundere rore *).

Des lauwarmen, in der Luft sich bald kühlenden Wassersprudels war eine solche Fülle, daß von Lynch's Gefährten jeder sein abgesondertes busch-umschlossenes Becken zur Erfrischung wählen konnte.

Der Contrast zwischen dem Schattendunkel tief unten in der Schlucht und dem hoch oben im Buschwerk sonnig funkelnden Geglitzer der krystallhellen Cascadenfluth war wundervoll!

Erfrischt und neugestärkt gingen die Wanderer nach dem Grottenbade wieder in ihr Lager zurück, saßen bei Ueberfluß an süßem Wasser, Zucker und frisch indessen von Jerusalem hergebrachten Limonien im Schatten der offenen Zeltdächer und freuten sich — von der kühlen Luftströmung abendlich angefächelt — ihres Daseins in Fröhlichkeit und Lust, während in Europa die Grundfesten der alternden Gesellschaft wankten und alle Lebensfreudigkeit aus den verzagenden Herzen der Menschen entflohen war.

Das Andenken an diese Engaddi-Scene hat die Heimkehrenden selbst in das entlegene Amerika zurückbegleitet, und es ist nicht wenig eigenthümlich, daß einer der glücklichsten und wonnevollsten Lebenstage dieser Fremdlinge mit jener Oertlichkeit zusammenhängt, die wir bisher nur als Aufenthalt der Veröbung und des Greuels und als Landschaft zu denken pflegten, wo „umbra mortis et nullus ordo, sed sempiternus horror inhabitat."

Von der nur etwa ein paar Stunden weiter nördlich nahe an dem See aus dem Boden hervorsprudelnden Quelle Ain-Terabeh kann nach En-Gaddi kaum mehr viel zu sagen übrig bleiben, obgleich ein schmales, von dem Quirl genährtes, saftig und dunkelgrünes Rohrdickicht mit einer nicht zu verachtenden Salzwüstenvegetation im Gegensatze zur schauerlichen Oede der Umgebung auf die Phantasie des Wanderers auch hier seine Wirkung nicht verfehlt.

*) Ovid. Metamorph. III, 163.

Hätte Masada oder Sebbeh, wie es die Beduinen gegenwärtig nennen, niemals eine höhere politische Bedeutung und eine
kunstvollere Gestaltung gehabt, als heut zu Tage in seiner Oede
und Verlassenheit, so dürfte dieses einsam am schluchtigen Rande
des Todten Meeres stehenden, mit Trümmern bedeckten, sonnenverbrannten und bis gegen zwölfhundert Fuß hohen Tafelfelsens
selbst in einem ersten Periplus des Asphaltsee's kaum mehr als
flüchtig und im Vorübergehen zu gedenken sein.   Es ist ja nur
ein Glied der abenteuerlich gezimmerten, wild-romantischen und
langgestreckten westlichen Uferkette des Todten Meeres.

Seit wenig mehr als einem Decennium weiß man nun zwar,
daß die Schaubühne des letzten blutigen Actes der jüdischen Na-
· tionaltragödie auf Masada gewesen ist und dieses weiland berühmte
Felsencastell an natürlicher Unbezwingbarkeit nur mit Gibraltar,
an Todesmuth seiner letzten Vertheidiger aber nur mit Numantia
verglichen werden kann.

Dieser Kunde ungeachtet wäre uns über das Masada-Trauer-
spiel und seine Oertlichkeit hier umständlich zu verhandeln doch
auch nur erst dann gestattet, wenn nach Robinson's und Semilasso's Fernschau von En-Gaddi auf die von halbweg nach Sodom herüberleuchtende Plattform-Ruine nicht Wollcott und Tip-
ping, Lynch und de Saulcy durch erschöpfende Localberichte alles,
was Flav. Josephus über die Vergangenheit geschrieben, und sie
selbst mit eigenen Augen über die Zustände der Gegenwart beobachtet haben, aufs beste zusammengestellt und durch ihre Arbeiten allen weiteren Commentatoren gleichsam den Redestoff vorweg
entzogen hätten.

Das von anderen gut und vollständig Gesagte aber, ohne
dem Gegenstande einen neuen Gesichtspunct abzugewinnen, noch
einmal zu sagen und die eben genannten Forscher geradefort zu
copiren, erlaubt der Ernst und die Strenge unserer Arbeit nicht.

Titus Toblers dritte Wanderung nach Paläſtina im Jahre 1857.

Mit einer Karte. Gotha 1859. *)

Wenn die Paläſtinagläubigen im Occident heute die Stadt Jeruſalem und den Landſtrich zwiſchen Joppe, Hebron und dem Todten Meer nicht ebenſo gut, ja noch beſſer als die eigene Heimat mit der nächſten Umgebung kennen, — wenn ſie ſich, ohne die Studirſtube zu verlaſſen, nicht jeden Fußſteig, jede Thalwindung, jede Straßenecke, jede Hebung und Senkung des heiligen Terrains und das verborgenſte Bächlein mit dem ſaftigen Raſengrün, mit den Pomeranzenbäumen und mit den alten Mauerreſten ſeiner lieblichen Oaſen nach Fuß und Zoll auf das Reißbret zeichnen können, ſo iſt es gewiß nicht Dr. Toblers Schuld. Selbſt die Wolken, ihre Schatten, ihre flüchtigen Contouren ſehen wir vom Meere aufſteigen und labend über Jeruſalem in die Wüſte am Jordan ziehen. Das Maß der herabträufelnden Flüſſigkeit iſt vor die Augen des Leſers hingeſtellt.

Daß in einem ſolchen Bilde das Conterfei der Bewohner, ihre Phyſis, ihre Rede und Sitte, ihre Abendkoſt und ihr Lager

---

*) Dieſer Auffaß gehört zwar in die Abtheilung der „Kritiſchen Verſuche“, wir haben ihn aber ſeines Inhalts wegen unter die Fragmente geſtellt in der Vorausſetzung, er werde, obleich in der Hauptſache das Nämliche ſagend, zur Verdeutlichung unſerer durchaus neuen, auf beſſerer Kenntniß des Orients geſtützten, aber manchem Abendländer doch ſchwer zugänglichen Anſchauungen über Jeruſalem vielleicht etwas beitragen.

Anm. des Verf.

mit der Architektur der Hütte nicht fehlen darf, ist selbstverständ-
lich. Ebenso wenig kann es in einer minutiösen, unzählige
Mal seit Menschenaltern mit ungleichem Geschick entworfenen
Portraitirung Judäa's an Verbesserung, Berichtigung und Tadel
der Vor- und Nebengänger mangeln. Und will sich Jemand
von der Langsamkeit des wissenschaftlichen Fortschrittes überhaupt, sowie insbesondere von der unsäglichen Mühe und von
der aufreibenden Thätigkeit überzeugen, deren es bedarf, um nur
ein schmales Areale des heiligen Landes in geographisch-histori-
scher Vollendung darzustellen, so braucht er nur Toblers Palästina-
schriften der letzten zehn Jahre mit den gleichzeitigen Lucubra-
tionen seiner Concurrenten neben einander hinzustellen. Fürwahr,
ohne die hartnäckigste Zähigkeit und ohne blinde, die ganze
Seele erfassende Hingebung an den Gegenstand ist das vorge-
steckte Ziel hier, wie anderswo, nicht zu erreichen. Dr. Tobler
ist Judäaenthusiast, und verfolgt, unbekümmert um die Nöthen
des Occidents, seit länger als zwei Decennien mit dem frommen
Eifer eines Petrus Eremita und mit der wissenschaftlichen Nach-
haltigkeit eines Franklinkatastrophen- und Nordpoldurchfahrts-
aufsuchers sein geliebtes Kanaanitenthema, von dem er wahrscheinlich glaubt, daß es die ganze abendländische Culturwelt
mit ebenso warmer Erkenntniß-, Streit- und Wissenslust, wie
ihn selber fülle. Hat aber Hr. Tobler niemals ausgerechnet,
bei wie vielen seiner Zeitgenossen und vorauszusetzenden Leser
der incurable Jammer der deutschen Zustände, der Frankfurter
Bundestag, Mac Mahons „Käpi" und Solferino mit Gyulai's
Strategie tiefer im Gemüthe haften, als die einsame Dattelpalme
von Katanneh, tiefer als der idyllische Thalgrund zu Ras Abu
Ammar, tiefer als die Citronenwälder von Ain el-Dib und die
melancholischen Trümmer von Chörbet el-Jehud? Zwei Pa-
lästinafahrten hat mehr als ein Occidentale unserer Zeit gemacht,

der Ruhm einer dritten Forschungstour in das heilige Land
bleibt, Johannes Roth ausgenommen, bis jetzt vermuthlich dem
Verfasser ganz allein. Und wer bürgt uns dafür, daß ihn der
Raptus nicht zum vierten Male erfaßt, und eines leichten Zwei-
fels wegen über Land und Meer an den Jordan schleudert?

Der Weg ist heute ebenso kurz als gefahrlos und bequem. Am
13. October 1857 verließ der Verfasser die Ufer des Bodensee's,
stieg, von Marseille nach Alexandria segelnd, am 29. desselben
Monats bei Jafa ans Land, und trat am 18. December auf
derselben Rhede schon wieder die Heimfahrt nach Europa an.
Die kurze Frist von fünfzig Tagen genügte dem zeitkargen, un-
ermüdet rüstigen Wanderer durch einen Theil von Philistäa zu
reiten, dann in einer Fußwanderung den Gebirgstriangel zwischen
Jerusalem, Hebron und Askalon am Mittelmeere bis ins einzelne zu erforschen, in Jerusalem strenge Nachlese zu halten, und
im Ganzen das Material für einen elegant ausgestatteten Octav-
band von 514 Seiten zusammen zu bringen. Und doch, meint
der Verfasser, gebe die Bodengestalt der heiligen Stadt allein
selbst nach diesem dritten Examen noch eine Menge Stoff für
Erörterung, Bestätigung, Anfechtung und Widerlegung von Ansichten und Meinungen, welche bisher in Deutschland Credit
und Geltung hatten.

Ist es aber auch gewiß, daß die Europäer gar so detail-
wüthig sind und über Schutt und Schmutz der Davidsstadt noch
mehr wissen wollen, als uns der Verfasser schon gesagt? Ganz
ohne Sorgen ist Hr. Tobler in diesem Punct selber nicht, und
es beschleicht ihn inmitten seiner Mühsale häufig die Furcht, vom
Pilgerschlendrian nicht einmal gelesen, noch viel weniger „studirt“
zu werden; man wolle keine Mühe aufwenden etwas Gründliches
zu wissen, — trübes Privatinteresse, sündhafte Parteileidenschaft,
Streitsucht, Gewissenlosigkeit, hochmüthiges Absprechen, Gleich-

gültigkeit für Wahrheit und eitel boshafte Rechthaberei, meint er, ſtehen der wahren Erkenntniß der Thatſachen, wie überall, ſo auch hier entgegen. Klagen über Unzugänglichkeit der Gegner für die einfachſten und unwiderlegbarſten Befunde kehren in dieſem Wanderbuche mehr als einmal wieder, und nicht am wenigſten übel vermerkt es der Verfaſſer unter anderm, daß ſeine hiſtoriſch-kritiſchen Berechnungen über den Schneefall in Paläſtina in Europa theilweiſe unbeachtet geblieben ſeien. Vollends zur Entrüſtung aber treibt ihn die boshafte und willkürliche Verſtocktheit der Opponenten, allem wahren Textverſtändniß zum Trotz, noch immer zu glauben, Juſtinians Marienkirche ſei die heutige Akſamoſchee auf der Tempelarea, was doch aller erprobten Schriftauslegung entgegen ſei.

Warum aber, fragen wir, der Welt Wahrheiten aufnöthigen, von welchen ſie nichts wiſſen will? Fontenelle's Anſichten waren hierin ganz verſchieden. Wer reizbar iſt und ſich gern über die Unvollkommenheiten ſeiner Nebenmenſchen ärgert, nebenher aber doch an die ſiegreiche Macht der Wahrheit über den Geiſt des Widerſpruches glaubt und im gelehrten Streit auf die Ehrlichkeit der Gegner rechnet, der ſchreibe überhaupt kein Buch, und gehe insbeſondere nicht nach Jeruſalem. Muß man nicht in der That ein wenig Schwärmer ſein, um ſich über Nebendinge in ſchweren Worten und in lautem Hader zu ergehen? In Dſchibrin z. B. ärgert ſich Hr. Tobler über die Zerſtreutheit der „guten Mohammedaner" im Gebet, und nach dem fruchtloſen Verſuch, Salomons Tempelarea zu betreten, kehrt er mit „unnennbarem, durch das ganze Leben an ſeinem Herzen nagendem Schmerz" und mit „gründlicher Verachtung" der „türkiſch-mohammedaniſchen Mißwirthſchaft" in ſeine Wohnung zurück.

Seit dieſem unglückſeligen Tage iſt für Abdül-Medſchid und ſeine Weſire bei Dr. Tobler nichts mehr zu hoffen. Die Katakomben, die Tunnel und die Wasserbehälter unter dem Boden des Tempelraums wären für einen so determinirten, neugierigen und gelehrten Forscher allerdings ein gewichtvoller Gegenstand. Indessen hat uns erst wieder Max Busch, à la Suite des Großfürsten Konstantin, diese giaur-verpönte Fläche und das prachtvolle Octogon mit einer plastischen Durchsichtigkeit geschildert, die bis auf bessere Zeiten selbst einem Dr. Tobler genügen soll.

Daß der Verfasser auf seiner dritten Reise die Kenntniß der Configuration des Palästinabodens innerhalb des vorbezeichneten Dreiecks wesentlich gefördert, selbst Robinsons Mappe mehr als einmal berichtigt, und überhaupt allerlei feine und interessante Beobachtungen über Luft, Land und Leute eingeflochten, und folglich ein nützliches Buch geschrieben habe, muß ihm selbst die strengste Kritik zugestehen, wenn auch der Leser an dem ohnehin äußerst bescheidenen Kärtchen seiner Kreuz- und Querzüge die Nichtausdehnung desselben auf das durchwanderte Philistäasegment ungern vermißt. Das originellste indessen bleibt immer die Fußreise des Verfassers, zuerst vom Landungsplatz in berittener Gesellschaft nach Jerusalem hinauf, dann allein und mit dem Tornister auf dem Rücken nach Bethlehem hinüber, und von dort mit Dragoman, Führer und Lastthiertreiber durch das verschlungene Hügelrevier und die Baum-Oasen westlich von Bethlehem, bis wo sich das schluchtige Bergland zur Philistäebene niedersenkt unterhalb Dschibrin. Solange Europäer Palästina besuchen, hat, so viel man weiß, eine solche Strecke dieses Landes, bloß von Wißbegierde getrieben, noch kein Pilger zu Fuß durchwandert. Und auch nur aus dieser neuen und ungewöhnlichen Praxis ist die im Tagebuche niedergelegte, wahrhaft militärische Terrainkenntniß zu begreifen, um welche den Verfasser mancher europäische Generalstabsofficier des letzten Krieges (1859) beneiden könnte.

16*

Auch iſt ſich Hr. Tobler dieſer Errungenſchaft nicht ohne lebhaftes Selbſtgefühl bewußt, und glaubt er insbeſondere auf ſeine Ausmittelung: daß ein die Gewäſſer vom Bezirke Bet Dſchibrin bis Terkumieh daherführender Nebenbach öſtlich von Esdud (Azotus) ſich mit dem Hauptbach Es-Sant vereinigt, und dieſer Es-Sant unweit Esdud unmittelbar mit dem Meere verkehre, einigen Werth legen zu dürfen. Wir wünſchen, daß Jedermann das Gewicht dieſer Entdeckung ebenſo lebhaft wie der Verfaſſer ſelbſt empfinde. Neben dem Bodenrelief von Judäa und den mathematiſch genauen Meſſungen der Schutt-tiefen der wiederholt zerſtörten Stadt Jeruſalem gilt dem Ver-faſſer ein ſiegreich durchgekämpfter Nachweis über Lage, Stellung und Conſtruction der Bauten aus dem chriſtlichen Mittelalter für beſonders wichtig und intereſſevoll, und ſein Wunſch: die Kritik möchte ſich vorzugsweiſe in dieſem Punct auf ſeine Leiſtun-gen werfen, trat ſchon einige Mal deutlich genug hervor. Das mag für eine bibliſch-geographiſche Zeitſchrift gut ſein, hier wäre für Specialiſſima dieſer Art nicht der rechte Platz, und Hr. Tobler ſoll ſich nur zufrieden geben, wenn man ſeiner Mühſeligkeiten nur im Allgemeinen hin gedenkt. Von einer Conteſtation ſeiner Terrainbefunde kann ohnehin keine Rede ſein, weil alle ſeine Aufſtellungen das Gepräge der Wahrheit in ſich ſelber tragen, und nur das Nachmeſſen und Nachtreten auf dem gleichen Wege die Möglichkeit einer Anfechtung bieten könnte.

Was der Verfaſſer von der Durchſichtigkeit des Luftmeeres in Paläſtina und von dem weitreichenden bis auf Diſtanzen einer halben Wegſtunde deutlich vernehmbaren Schall der menſchlichen Stimme erzählt, iſt keine Uebertreibung und findet in der heil. Schrift ſelbſt die vollſte Beſtätigung.

Von der Spitze des Berges Garizim bis zur unten in der Thalſohle liegenden Stadt Sichem iſt die Entfernung noch viel bedeutender als eine halbe Stunde, und doch hielt Gideons jüngster Sohn von diesem Standpunct herab seine bekannte Unterredung mit den Sichemiten (Richter 9, 7), zwar mit einiger Anstrengung, aber in articulirter und voller Deutlichkeit. Allerdings wohnt in der Brust des Morgenländers überhaupt ein heller tönendes Metall, als in den meistens böotisch-dicke Lüfte athmenden Lungen des Occidents. Welchem Europäer wäre etwa nicht der volle melodische Glockenton der in den Frühstunden „lebben! lebben!" ausrufenden Sauermilchverkäufer in den Straßen Kairo's aufgefallen?

Für Leser, die aus Schriften über Palästina nur Motive der Erbauung und des andächtigen Gefühlschwelgens schöpfen wollen, haben Sondernotizen dieser Art allzeit ungleichen Werth. Merkwürdiger scheint ihnen die kurze Schlafzeit der Palästinabewohner, und doppelt behaglich müssen sie sich in ihrer behäbigen Häuslichkeit fühlen, wenn sie von dem preißhohen und doch comfortlosen Wandern des Pilgers durch die Dörfer und Flecken Judäa's hören, wo es oft an den unentbehrlichsten Nahrungsstoffen gebricht, und wo für einen schmutzigen Lagerplatz auf hartgestampfter Erde häufig derselbe Preis gefordert wird, wie für ein weichliches Prunkgemach im Occident.

Mit vollem Recht aber darf sich ein Europäer der socialen Tugenden, der bürgerlichen Glückseligkeit, des wachsenden Wohlstandes, der Sauberkeit, der steigenden Pflege des Schönen und Verständigen im Abendlande bei der Kunde erfreuen, daß man in Palästina noch heute von Fortschritt und Verbesserung überhaupt nichts weiß, daß der Wanderer noch heute an denselben Unbequemlichkeiten und Mängeln zu leiden hat, wie vor dreißig Jahren, und daß — sollte es heißen — seit den Zeiten der Erzväter, die Verödung ausgenommen, in Palästina Alles beim Alten geblieben ist. Viele unserer Zeitgenossen haben Jericho

geſehen, und wiſſen nur zu gut, daß man in jener ausgedorrten
Kalkgrube, ich will nicht ſagen von den Balſamgärten, ſelbſt
von den Palmenwäldern mit den „einpfündigen Datteln", wie
ſie Antonius von Placentia noch im Jahre 600 nach Chr. fand,
heute nichts mehr ſieht. Dagegen wird es ſelbſt bei dem gedul-
digſten Leſer nicht ohne gerechten Verdruß und frommen „Hor-
reur" hingehen, wenn er vernehmen muß, daß es in der Heiligen
Stadt auch bei den Chriſten mit dem Sittengeſeß nicht allzu
ſtreng genommen wird, und daß man in denſelben gebenedeiten
Straßen von Jeruſalem, durch welche einſt der Herr mit ſeinen
Jüngern wanderte, von frechen Dirnen ſogar bei hellem Tage
angeſprochen wird. Ebenſo wenig ſoll auch der (orthodoxe) Klerus
jenen Grad einſiedleriſcher Vollkommenheit und Strenge ſchon
erſtiegen haben, den er der ſündigen Welt ſo eindringlich und
ſalbungsvoll empfiehlt. Es iſt jedoch eine alte Wahrheit, daß
die Heiligkeit eines Ortes mit der Moralität ſeiner Bewohner
meiſtens in umgekehrtem Verhältniß ſteht. Vergleicht man aber
die allgemeine Charakteriſtik, wie ſie der Verfaſſer in ſeinem
Tagebuche und früher in ſeinen „Denkblättern" von der Bevölkerung Jeruſalems entwirft, mit dem, was St. Gregorius von
Nazianz in ſeinen Briefen aus dem Ende des vierten Jahrhunderts über die Sitten der Heiligen Stadt berichtet, ſo könnte
ſelbſt ein ſtrenger Philoſoph und Splitterrichter mit den Jeru-
ſalemern unſerer Zeit noch zufrieden ſein. Freilich iſt die Stadt
heute klein und arm, die Bevölkerung verhältnißmäßig dünn
geſäet, und die türkiſche Polizei weniger duldſam als die orthodoxe Kaiſerwirthſchaft im vierten Säculum.

Sind die Reiſebemerkungen des Verfaſſers im Allgemeinen
vielſeitiger, hie und da ſelbſt feiner und gründlicher als bei Manchen ſeiner Concurrenten, ſo theilt er doch mit allen ſeinen Vor-
und Nebengängern die ſonderbare Eigenſchaft, um nicht zu ſagen

engherzige Beschränktheit, niemals und nirgend etwas zu Ehre
und Nutzen, zu Preis und Lob der früheren Besitzer Palästina's,
der Kinder Israel vorzubringen. Und doch hätten die Christen,
besonders die Deutschen, viele Sünden gegen das merkwürdige
und hochbegabte weiland kriegerische Bauernvolk der Juden gut zu
machen. Oder erlaubt etwa unser Jahrhundert nicht Jedermann
gegen jede Ueberzeugung und gegen jede nachhaltige Krafterschei-
nung gerecht zu sein? Vergleicht man die jedesmalige Weltlage
und die zermalmende Uebermacht des feindlichen Angriffs auf
der einen Seite mit der Kleinheit des Landes und mit der
Schwäche der Hülfsmittel der jüdischen Abwehr auf der andern
Seite, so darf man ohne Scheu behaupten: kein Volk des Alterthums habe mit so viel Muth, Standhaftigkeit und Todesverachtung Freiheit und Gesetz vertheidigt wie Israel.

Wie ärmlich und lahm hat Hellas gegen die Legionen Stand
gehalten! Und man weiß in der That nicht, ob, außer den gepriesenen Hellenen, noch irgendwo auf der civilisirten Erde ein
zweiter Nationalcomplex so aufgelöst und innerlich verkommen
war, um nach der ersten Unterjochung keine allgemeine Insurrection zu wagen. Selbst das streitbare Gallien glaubte nach
der Niederlage des Vercingetorix und der Uebergabe von Alesia
das Joch der römischen Dienstbarkeit ohne weitere Protestation
in Geduld tragen zu müssen.

Hingegen die Juden erhoben sich, durch das unglückliche
Ende des ersten großen Aufstandes unter Nero und Vespasianus
und durch die furchtbaren Scenen von Masada und Jerusalem
ungebeugt, sechs und sechzig Jahre nach dem Brande der Hauptstadt und des Tempels unter Führung ihrer Schriftgelehrten
zum zweiten Mal in allgemeinem, verzweiflungsvollem Kampf
gegen die Tyrannei von Rom. Nur mit Mühe und nach ent-
setzlichen Greueln vermochte die Gesammtmacht der Legionen

Hadrians die ausgebrochene Bewegung wieder zu erſticken und durch Ueberwältigung des neuen Centralpunctes der Inſurrection in Bet-tir der beſorgten Welt vor dem verzweifelten Freiheits- ſinne der Kinder Iſrael endlich Ruhe zu ſchaffen. Schade daß der letzte „Schmerzensſchrei" Judäa's nicht gleich dem erſten ſei- nen Flavius Joſephus gefunden hat, und daß er nur in den mangelhaften Bruchſtücken eines Dio Caſſius oder im Bilde phantaſtiſcher Ungeheuerlichkeit der Talmudiſten auf unſere Zeit gekommen iſt. Die Grabſtätte der jüdiſchen Nationalunabhän- gigkeit iſt indeſſen heute noch wohl bekannt. Sie liegt in einer fruchtbaren und waſſerreichen Gegend, etwa vier Wegſtunden weſtwärts von Jeruſalem, auf einem mit modernen Ruinen be- deckten Hügel, im Munde der Umwohner „Judenruine, Choerbet el-Jehud" genannt. Auch ein Dorf Bet-tir iſt in nächſter Nähe noch jetzt bewohnt.

Alle dieſe Oertlichkeiten hat der Verfaſſer wiederholt beſucht, die Namen Bet-tir, Bether und Bither mit gewohnter Schärfe kritiſch abgewogen, den „entzückenden" Waſſerreichthum und die ſtrategiſche Opportunität der Lage nicht überſehen, auch die krie- geriſchen Ereigniſſe nach Robinſon kurz berührt, ſie aber nirgend mit gehöriger Wärme und mit gebührendem Nachdruck heraus- geſtellt und anerkannt. Vielleicht unterſagte ihm die ganze An- lage ſeines Wanderbuches und ſein helvetiſches Chriſtenphlegma in gleicher Weiſe der jüdiſchen Freiheitsbeſtrebungen mit beſon- derer Gunſt zu gedenken. Tadeln will man dieſe Richtung nicht, aber ſie beweiſt, daß der berühmte Lagunenſpruch: prima siamo Veneziani, e poi Cristiani, nicht Bekenntnißwort Dr. Tobler's iſt. Aus demſelben Grunde mag ihm auch der Umſtand nicht aufgefallen ſein, daß ſich vorzüglich in der Runde um Bet-tir der Beiſatz „Choerbet" (desertus vastusque locus) an eine Un- zahl von Dörfern hängt — ein nicht ganz ſchwaches Argument, daß der Sitz des großen Kampfes wirklich um Choerbet el-Jehud gewesen ist. Bekanntlich wurden nach Erstürmung des Haupt-quartiers der jüdischen Insurrection die Häupter der Patrioten militärisch hingerichtet und zugleich alle Ortschaften des rebelli-schen Landes verbrannt und demolirt, was bei dem vorherrschen-den Steinbau selbst für ein zornentbranntes Heer keine leichte Aufgabe war, und innerhalb der heutigen Choerbetdörfer im Wesentlichen seine Grenze gefunden haben mag.

Die Nachkommen der Insurgenten von Bet-tir leben aber heute noch, zwar gruppenweise zerstreut über den ganzen Erd-boden, aber ungebrochenen Muthes und im Geiste ihres helden-müthig vertheidigten Gesetzes doch vereint zu einer unzerstörbaren compacten Nationalität. Vielleicht ist dieses Volk heute sogar zahlreicher, und trotz seines confiscirten Landes in der Wagschale der menschlichen Dinge schwerer wiegend, als es selbst in der Blüthezeit seines Staates war. Es ist ein alter Streitsatz der Philosophen, ob der Mensch oder das Uebel — die uns überall verfolgende ultio des Tacitus — stärker sei. Die Juden haben das Problem entschieden und den Beweis hergestellt, daß der willensstarke Mensch der feindlichen Natur, ja dem Fatum selber überlegen sei. Das Argument war freilich lang, und es bedurfte achtzehnhundert Jahre voller Kampf, Widerstand, Leiden und Geduld, bis die bösartige Gewalt den ganzen Vorrath ihrer Kraft erschöpft und den letzten Pfeil verschossen hatte. Das war gewiß der längste Krieg, von welchem die Geschichte zu erzählen weiß. Jetzt ist der Streit zu Ende, und wenigstens Eine Un-gerechtigkeit weniger in der Welt. Israel hat das Spiel gewon-nen, und beginnt nun die Ernte säculärer Arbeit und Noth ein-zuthun. Von den Sueven sagten die alten Deutschen: sie seien so stark, daß ihnen ne dii quidem immortales pares esse pos-sint. Auf die Frage: ob nach der langen Gefahr das Gefühl

der Sicherheit und des unbeſtrittenen Genuſſes am Ende etwa
nicht das diamantene Gefüge des Moſaismus lockern müſſe,
kann nur die Zukunft Antwort geben. Gewiß iſt nur, daß die
Künſte der Ueberredung und des Syllogismus theologicus heute
noch ebenſo machtlos ſind, als es früher der rohe Zwang geweſen iſt, und daß vorerſt noch auf lange Zeit hinaus Marc.
6, 3—6 volle Geltung haben wird. Die Thatſachen ſprechen
ſo laut und eindringlich, daß man ſie hoffentlich ohne Verletzung
des europäiſchen Chriſtengefühls ausſprechen und anerkennen
darf. Iſt übrigens die Angabe des Verfaſſers richtig, und hat
die römiſche Propaganda, obgleich ſie nur vom Jahre 1821 an
gerechnet nahe an neun und ſechzig Millionen Franken für
Miſſionszwecke eingenommen, in ſieben und achtzig Jahren trotz
aller Mühe und Opfer wirklich nicht mehr als ſiebzehn Juden
zum Katholicismus herübergebracht, ſo hätte man auf das Unternehmen Iſrael zu chriſtianiſiren ſchon längſt als deſperat verzichten ſollen. Vielleicht wäre Schweigen und Gehenlaſſen wirk-
ſamer als Reden und Thun. Ebenſo wenig ſtehen der Machtbeſitz des
Katholicismus und der Credit, den er bei Andersgläubigen in
Paläſtina genießt, in richtigem Verhältniß zu der enormen
Summe von 240 Millionen Realen, welche, ohne die Privatopfer
zu zählen, die römiſch-katholiſchen Nationen Europa's von Anno
1650 bis Anno 1850 zur Aufrechthaltung und Verſchönerung
ihres Cultus publice dem Heiligen Lande geſpendet haben.

Wie Sie ſehen, bringt Dr. Tobler dieſes Mal allerlei gute
und brauchbare Notizen über die Wiege des Chriſtenthums, und
ob ſich gleich nach der Meinung eines großen Styliſten der
Débats (La Boulaye oder Cuvillier-Fleury) ſelbſt die geiſtreich-
ſten Tagebücher vom Erdübel der Langeweile ſelten frei erhalten,
ſo trifft dieſer ſchlimme Vorwurf die „dritte Wanderung nach
Paläſtina“ unendlich weniger, als der Leſer bei der erſten Anſicht

des Titels vielleicht besorgt. In Sachen über Palästina ist
Dr. Tobler eine Instanz, die man nicht mehr umgehen kann.
Von den sieben, zum Theil dickleibigen Werken, die er seit 1849
über Jerusalem und Judäa propria bekannt gemacht, hat man
der Reihe nach kurz und wohlmeinend alles in der Allgemeinen
Zeitung angemeldet. Nur die Besprechung über eine Plano-
graphie der Heiligen Stadt wurde verwichenen Jahres dem
Publicum vorenthalten, obwohl es sich um das Beste und Exacteste
handelte, was in dieser Art bei den Deutschen existirt. Und
weil man dieser endlosen Diatribe über das gelobte Land endlich
selber müde ist, muß man doch zum Schluß die Freunde bibli-
scher Alterthumskunde auf ein scheinbar geringes und unbedeu-
tendes, in seinen Folgen aber nicht wenig nachtheiliges und
sinnverwirrendes Uebersehen aufmerksam machen, das sich, so viel
man weiß, auf alle seit dem Erwachen der wissenschaftlichen
Kritik über Jerusalem verfaßten Schriften aller Parteien —
Tobler nicht ausgenommen — mechanisch fortgeerbt, und selbst
bei den scharfsinnigsten Topographen der Heiligen Stadt ein
unentwirrbares Labyrinth von Irrthum und Unzukömmlichkeiten
zu Tage gefördert hat, aus welchem Labyrinth die bisher verfolgte Methode keinen Ausweg hoffen läßt — wir meinen die
grundfalsche Vorstellung, die man sich bis zu dieser Stunde noch
in Europa über die Art und Weise macht, wie man einst in
Jerusalem und im Orient überhaupt die Todesurtheile vollzogen
hat und heute noch vollzieht. Im christlichen Abendland hatte
und hat bekanntlich bis auf die neueste Zeit jede Stadt ihren
gesetzlich bestimmten Platz, ihre Richtstätte, ihren „Galgenberg",
wo das Verbrechen seine Strafe und die irdische Gerechtigkeit
ihre Versöhnung findet. Diese Vorstellung eines einzigen bestimmten Richtplatzes, wie es noch immer geschieht, auf Palästina
übertragen, heißt die ersten Anfangsgründe der morgenländischen

Archäologie verkennen. Die Sache wie das Wort fehlen dem Orient in gleicher Weise. In Jeruſalem — wie überall im Morgenlande — iſt jeder beliebige Punct der Stadt geeignet und wählbar für das Hochgericht und wird die Stelle der Execution, hat ſie nicht unmittelbar bei der Urtheilsfällung der Richter ſelbſt angeordnet, von jeher der Vollſtreckungsbehörde überlaſſen, ohne Berufung wie ohne Friſt. Alles hängt von der Qualität des Verurtheilten und von dem Grad der ihn verfolgenden Rache ab. Eine belebte Kreuzſtraße, die Nähe eines frequenten Stadtthors, der Platz vor dem Tribunal, die landesherrlichen Gärten, der Palaſthof des Despoten, ja ſelbſt die Tempelarea ſind und waren von jeher die beliebten Executionsplätze im Orient. Nur abgelegen, unbeſucht und einſam darf der Ort nicht ſein, denn im Orient iſt das Todesurtheil weit weniger ein Gebot der Geſellſchaftsrettung und der traurigen Nothwendigkeit, als ein Act der Rache und eine Schauſtellung despotiſcher Allgewalt. Schrecken, nicht Beſſerung iſt das Ziel. Der einzige und natürliche Feind des Machthabers iſt im Morgenlande das eigene Volk, und umgekehrt. Der Spruch des Pontius Pilatus wurde nicht in der Altſtadt (πόλις, cité) von Jeruſalem, wo das Prätorium, er wurde draußen in der Vorſtadt, wo die Vornehmen und Reichen ihre Gärten und Paläſte hatten, an einem Ort vollzogen, der im Volksmunde „Golgatha‟, d. i. *κρανίον*, Schädel, Capitolium hieß. Hier, meinte die jüdiſche Prieſterſchaft, wäre die Rache an ihrem Todfeind in wohlgewählter und gehöriger Evidenz. Ob die Oertlichkeit wegen der Configuration des Bodens oder aus irgend einem andern Grunde den Namen „Schädel‟ trug, iſt einerlei. In dieſem Styl war der freie Platz vor dem Prätorium bei Jedermann in Jeruſalem unter dem Namen „Gabbatha‟, d. i. *λιθόστρωτος*, Hochpflaſter, Terraſſe bekannt, wie z. B. Einſchütt, Lehel, Kreuz

Römerberg, Zeil, Terrasse, Freiung, Tratten, Hohebruck beliebte
Localitäten deutscher Städte sind.

Hätte man die einschlägigen Texte der Evangelisten, besonders Lucas 23, 33 besser angesehen, den Begriff πόλις richtiger gestellt, und überhaupt die Criminalpraxis des Occidents
nicht blind und unverständig dem Morgenlande aufgeladen, so
wären wir von dem unerquicklichen Gezänke über Lage und
Aechtheit des Heiligen Grabes, wie von gewissen naturwidrigen
Planographieen der alten Stadmauern von Jerusalem verschont
geblieben. Der Text sagt nicht und konnte nicht sagen, das
κρανίον sei gewöhnlicher Platz für solche Acte der Justiz gewesen.
Vielleicht hat man, so lange das nachbabylonische Jerusalem
stand, weder vor noch nach der Execution des Propheten von
Nazareth an derselben Stadtörtlichkeit je ein Urtheil dieser Art
vollzogen. Bewiesen ist indessen mit all dem nur die Möglichkeit, daß die traditionellen Andachtstätten der Heiligen Stadt
wenigstens in diesem Hauptpunct nicht anzufechten seien, die Gegengründe aber jedenfalls und ohne Ausnahme in sich selbst
zerfallen. Das ist schon ein wesentlicher Gewinn, es beruhigt
viele Gewissen, und ist zugleich eine der wenigen Controversen,
in welchen Tradition und Wissenschaft sich gegenseitig unterstützen.
Kann man sich in Europa auch über nichts verständigen, so
mag doch wenigstens in diesem Punct von jetzt an Ruhe sein.

Anatolische Reisebilder.

.

Anatolische Reisebilder.

I.

Es hat mich wieder aus Deutschland fortgetrieben, aber weniger unbesonnen als zur Zeit der thessalischen Wanderschaft (1842) horchte ich diesesmal mit mehr Bedacht auf Freundesrath und wollte wirklich, ohne Athen zu berühren, geraden Weges von Triest nach Konstantinopel eilen. Bei der leidenschaftlichen Aufregung, die jetzt in Griechenland überall an der Tagesordnung sei, sagte man mir, könne sich ein so schwer angeklagter Mann in der Hauptstadt der Hellenen kaum mit Sicherheit erblicken lassen. Nicht ohne peinliche Ueberraschung für das eingeschüchterte Gemüth ging aber das Lloyd-Dampfschiff vom 18. Mai — für welche Frist ich nach Triest gekommen war — nicht direct über Syra in den Bosporus, wie man es irrig angegeben hatte; die Bestimmung war nach Patras und Lutraki am Isthmus von Korinth, und dann von Kalamaki in den Hafen von Athen.

Um noch acht weitere Tage im schönen, aber heißen Triest zu bleiben und das nächste Fahrzeug abzuwarten, wie es etwa die Klugheit rieth, war die Furcht vor hellenischem Zorn doch nicht stark genug. Der eitle Gedanke, das griechische Volk, seine Art, seine Richtung und seine Sitte, so wie die Kunst mit ihm umzugehen gründlicher als andere zu verstehen, ist ja bekanntlich des Fragmentisten noch heute nicht überall verziehene Leidenschaft.

Besorgt zwar, aber doch vertrauend auf Zufall und auf Glück, trug uns die „Maria Dorotea" (18. Mai Abends) vom Triester Molo in den weiten Golf hinaus. Auf den rauhen germanischen Winter hin in der schönsten Blüthezeit des Jahres —

„in gentle breezes, smooth seas and agreeable sunshine" — über die spiegelglatte Meeresfläche schiffen, war eine lange nicht mehr gefühlte Lust. Auf der Höhe von Parenzo warf die Abendsonne den letzten milden Strahl auf die saftig grünen Küstenhügel und verschwand vom Horizont. „Ecco la città del Papa", sagten zwei italienische Mönche trocken und schneidend, als „Maria Dorotea" am andern Morgen (19. Mai) bei Sinigaglia vorüberstrich. Freundliche Mienen und Euphemismen reicher Mönche auf Pius IX. sind ebenso wenig zu verlangen, als Janitscharenlob und Derwisch-Hymnen auf Sultan Abd-ül-Medschid-Chan. Als weltlicher Regent hat das Haupt der Gläubigen in Alt-Rom mit dem Haupt der Gläubigen in Neu-Rom dasselbe Spiel, dieselben Feinde und dieselbe Noth.

In Ancona, wo man von acht Uhr früh bis vier Uhr Abends (19. Mai) vor Anker lag, verließ mit andern Fremden ein Conte Mastai Ferretti, Neffe des Pontifex, das Schiff, und rief die über die Stadt hinaufragende Citadelle die kluge Heuchelei des Julius-Königs und Despans-Cubières' Waffenruhm und heutiges Mißgeschick zurück.

In Mondsichelglanz und abendlicher Kühle ging es von Ancona auf ungetrübtem Wasserspiegel an Pelagosa und der traurigwilden Albanierküste vorüber in achtundvierzig Stunden Tag und Nacht ohne Aufenthalt zum öl- und pomeranzenreichen Strande von Corfu. Die zwanzigstündige Rast (21. Mai Nachmittag bis gegen Mittag 22.) ward zu einem Besuch in der Stadt benützt.

Mehr als viele andere Orte regt Corfu die Gedanken an. Wer aber hätte vom alten Corcyra und von den Gärten des Alcinous, wer von Ulysses und der Königstochter Nausikaa, von den Scenen des peloponnesischen Bürgerkrieges, und erst neulich durch Ludwig Roß von den herrlichen Wirkungen der Freiheitsgabe unter Rom nicht etwa zur Genüge schon gehört? Leider ist auch über die schöne Baumallee und über die langen Gesichter der Sieger von Aliwal, über den Landesheiligen Spiridon und über den argen Blick der „braunen Amyntas" der modernen Stadt nach so vielen Berichten nicht leicht etwas pikantes aufzubringen. Nur das Baumparadies der Insel und ihre Schatten lobt man nie zu viel. Das heimatliche „Ora pro nobis", mit südlicher Metallstimme und mit Orgelspiel durch mondhellte Fenster eines katholischen Tempels tönend, sprach wundervoll zum Gemüth. Die mildklare Mondnacht und die unglaubliche Lindigkeit des Morgenhauches mit den stolzen Siegeshoffnungen der deutschen Philologen waren noch im Sinn, und „Maria Dorotea" schwamm, um das Vorgebirg der Festung beugend, schon auf der hellen Fluth nach Paxos fort *).

Links am steinigen Oelwald der albanischen Küste blickte das verkaufte Parga aus dem Grün hervor, und Abends strich das Fahrzeug eilend am langen Santa-Maura hin; am steilen Ithaka sank die Nacht, und Pfingstsonntag (23. Mai) Morgens früh ward vor der ersten bedeutenden Ortschaft des freien Griechenlands auf der Rhede von Patras zu sechsstündiger Rast der Anker ausgelegt. Die wohnliche und wohlhäbige Außenseite der seit 1842 bedeutend vergrößerten Stadt, das frische Grün und die neuen Baumpflanzungen der fruchtbaren und wohlangebauten

*) Die deutschen Philologen, wie Greverus meint, denken vor allem Byzanz zu nehmen, und dann erst das stark befestigte Corfu mit Waffengewalt den Hellenen einzuräumen.

17*

Umgegend, die Rührigkeit und die feinen Gesichtszüge der f r e i
gebornen Patrasser Jugend standen mit Elend, Schmutz und ver-
zerrtem Blick der Vergangenheit im lieblichsten Contrast. Tugend
und christliche Sittsamkeit, von denen man an der Isar wie an
der Eisak so gerne redet, werden in Patras so heimlich und
unbemerkt geübt, daß in sechsstündigem Aufenthalt von dieser
herrlichen Frucht nicht viel zu entdecken war. Korinthen dagegen,
Gärbe-Eicheln und Wolle aus Arkadien, hohe Disconto, Han-
delsbetrug und Advocatenkniffe wären im Ueberfluß zu haben.

Um Mittag schifften wir wieder fort, und drangen durch die
kleinen Dardanellen (Rhion und Anti-Rhion) steuernd in den
lieblichen Golf von Korinth hinein. Bis Vostizza, wo wir um
drei Uhr Nachmittags eine Stunde Anker hielten, schienen beide
Ufer unbebaut und menschenleer; die Schattenseite, d. i. die
rasch anlaufende Moreaküste grün und buschbewachsen, die Sonn-
seite aber (Rumelien) steinig und ausgebrannt.

Erst um Vostizza that sich eine neue und überraschende Scene
auf — eine liebliche Oase an die dunkle Berghalde von Achaja
hingelehnt. Fluren mit europäischer Sorgfalt angebaut, Wiesengrün, Gebüsch, Obstgärten, Heckenzäune im Maiflor, perenne
Wasserbäche und reizende Naturterrassen mit riesigen Platanen;
Stadt, Dorf und Einödhöfe neu und zum Theil in besserm Styl
aufgeführt, malen dem Vorüberschiffenden ein Bild, welches durch
Neuheit und Farbenpracht selbst den aus Europa Kommenden
freudig überraschen muß. Nur die Kirche mit Thurm und weit-
hinschallendem Glockenton fehlt noch überall dem wiedergebornen
Griechenland. Vermuthlich soll auch hier das fromme und nüch-
terne Bauernvolk dem reichen und üppigen Städter als Vorbild
und Muster dienen. In Athen, wo sie dreißig vom Hundert
nehmen und sich ihres orthodoxen Sinnes rühmen, wird noch
mit Kuhschellen zum Pontificalgottesdienst geläutet, während unser

Dampfboot eine bedeutend große Thurmglocke für die slavisch genannte Berggemeinde „Bresténi" aus Triest nach Vostizza brachte.
Die am Strand unserer Ankunft harrende dichtgedrängte Men-
schenmasse in blendend weißen Sonntagsfustanellen und rothem
Fes festlich angethan, gewährte einen schönen malerischen Blick.

Vom platanenreichen Vostizza bis in den innersten Winkel
des Golfes dauerte die Fahrt noch sechs volle Stunden; dunkle
Bergschatten stiegen auf die Gegend um Sicyon nieder, und erst
um zehn Uhr Abends waren wir dicht vor dem Lloydhaus in Lutraki glücklich am Ziel. Der Mond schien so freundlich, die
Abendlüfte fächelten so kühl und weich, und so magisch spielte
der Schatten von Lentiscusstrauch und Lorbeerrose am Strand,
daß ich in schwärmender Vergessenheit erst um ein Uhr Morgens das Deck verließ und zur Ruhe kam.

Lutraki, das Baden-Baden von Hellas — fünf ärmliche
am Fuß des ausgebrannten Steinberges hingestreute Albaneser-
hütten — hat seinen Namen von der warmen Quelle, welche
dicht über dem Wasserspiegel heimlich und verlassen aus dem Ge-
schiebe bricht und in der traurigen Oede unbenützt verrinnt.
Blühende Lorbeerrosen, Oleander, Lentiscusstrauch und Ginster
sind die spärliche Vegetation dieser Einsamkeit, die nur durch
den neugebauten und weißgetünchten Lloydsaal mit Säulenhalle,
Nebenzimmer, Schreibstube und Magazin in eingefriedigtem Hofraum für Aufnahme der Güter und Passagiere einen Anstrich
menschlichen Aufenthalts gewinnt.

Von hier nach Kalamaki am andern Rand der Erdzunge hat
der Triestiner Lloyd eine bequeme Fahrstraße angelegt, auf der
man uns (24. Mai nach acht Uhr Morgens) auf zweispännigen
Reisewagen in weniger als einer Stunde zum Dampfboot von
Athen hinüberbrachte. Kein Haus, kein Feld, kein Mensch, kein
Lebenszeichen, nicht einmal Ruinen auf dem einst so dicht be-

völkerten Verbindungspunct! Wie auf dem Strand des Todten
Meeres ruht der Fluch der Veröbung auf dem Isthmus von
Korinth. Auch in Kalamaki sind außer dem schönen Lloydsaal
mit Nebengemächern und Säulenhalle Hütten und Häuser ge-
blieben, wie sie vor dreizehn Jahren waren. Das Umladen der
Fahrzeuge dauerte von Morgens sieben Uhr bis nach drei Uhr
Nachmittags, und am steinigen Salamis vorübereilend liefen
wir nach Sonnenuntergang im Hafen von Piräens ein.

Die ersten Werbeposten, um die Fremden aufzufangen, hatten die sorgsamen Gastwirthe Athens bis Lutraki vorgeschoben.
In Kalamaki waren sie selbst, um sich in gegenseitiger Schmähung
und Verkleinerung der Gäste zu bemächtigen. Aus Vorsicht und
größern Credits wegen entschied ich für „Hôtel d'Angleterre", das
vornehmste Einkehrhaus, wo die Zeche zwar etwas höher, aber
das Unterkommen vortrefflich ist. Verwirrung und Tumult eines
mit Gut und Passagieren überladenen, von Barken schreiender
Gondoliere umschwärmten Dampfbootes im Augenblick des Anker-
werfens kennt Jedermann. Dazu gesellte sich in Griechenland,
wenigstens für den Unkundigen, die Sorge vor der hellenischen
Usermauth, dann der Piräeus-Vetturin, die fremde Sprache,
die sinkende Nacht, die Furcht vor Betrug, und das Bestreben
in allem weise und klug zu sein, als Quelle peinlicher Gefühle
am Landungsplatz. Allen diesen Uebeln ward aber in Kalamaki
klüglich vorgebaut. Nach getroffener Wahl des Gasthofes nahm
der Eigenthümer sämmtliche Effecten der Angeworbenen gleich
auf dem Fahrzeug schon unter seine Hut, bestellte im Hafen die
Landungsbarke, besorgte Mauth und Vetturin, und ohne Auf-
wand eines einzigen Wortes unsererseits rollte der Wagen nach
acht Uhr Abends im Mondschein auf bekannter Straße durch den
Oelwald nach Athen hinauf. „Piräeus-Spesen" kamen dann

freilich, aber doch zu beiderseitiger Zufriedenheit, auf die Wirths-
hausrechnung.

Der matte Blick des Nachtgestirns auf die abgeschälte Cephis-
susebene, das dürre Kalkgestein am Straßenrand, selbst die
Schatten der verkrüppelten Oelbäume, und nicht am wenigsten
die Sorge, wie es weiter gehe, drückten auf dem Balcon des
prachtvollen Einkehrhauses noch ängstlich das Gemüth. Wie
traurig doch der Mond über Athen, über den Cypressen, über
dem marmornen Palast und den Ruinen hing!

II.

Daß Athen eigentlich in einer staubigen Kiesmulde ohne
Baum und ohne fließendes Wasser liege, und Ende Mai's auf
dem steinigen Acker am Theseustempel bereits die Gerstenernte
eingethan und alle Grasung in der Runde braun und erstorben
sei, sind Dinge, die Jedermann weiß und jetzt selbst in Deutschland Niemand mehr hören will. Hat indessen Athen auch keinen
Bach und ist der Ilissus ausgetrocknet, so haben doch die neuen
Cekropiden in der Zwischenzeit, wie die Knechte des Erzvaters in
der Wüste Gerar, zur Befruchtung ihrer classischen Steinöde Brunnen gegraben, neben den Häusern hohe Cypressen gepflanzt und
außer dem jungen Baumparadies mit Schattenbusch und Wasserbecken an der marmornen Königsburg Gartenvierecke mit südlicher
Farbenpracht innerhalb der Neustadt selbst angelegt. Dunkles
Sevengrün mit rother Oleanderblüthe auf weißem Hintergrund
ist auch kein schlechtes Spiel. Den ausgebrannten Kalkfelsen
der Akropolis wird freilich keine menschliche Kunst mit Ranken
von Immergrün umschlingen, wie die Schloßmauer von Trapezunt, und nach der Meinung Kundiger ist auch vom Hymettus
das dunkle Waldgewand auf immer abgestreift. Liebliche Schat-
tenscenen, wie sie die Cephalusmythe bei Ovidius malt, können
niedrige Myrtenstauden und Lentiscussträucher der Höhenzüge im
Ilissuspanorama nie mehr sehen. Glück und Hoffnung Attika's

sind von den Bergen auf die Ebene herabgestiegen, und die frisch-
sprossenden Wein- und Gemüsegärten zwischen Stadt und Oliven-
wald zeigen klar, wo Schätze und Wassersprudel von Neu-Athen
vergraben sind. Fürchten Sie ja nicht, ich möchte nach Vorgang
erlauchter Levantefahrer hier noch einmal den zersprengten Mi-
nervatempel auf der Akropolis und die vergilbten Karyatiden des
Erechtheums beschreiben, als hätte vor mir noch Niemand ihre
alte Pracht und ihre heutige Melancholie gefühlt. Daß die Burg
oben auf dem Felsen, die Stadt aber unten in der Ebene liege,
hat uns Greverus schon als Neuigkeit gesagt. Selbst die sinne-
schwellenden, frischen Abendlüfte mit den im Mondschein nicken-
den Cypressenwipfeln entlocken nach der Glut des athenischen
Sommertages aus Scheu vor dem Wiener Publicum kein Lob.
Oder sind etwa Prater-Linden und Hügel's indischer Blumenflor
nicht der Inbegriff irdischer Pracht und Seligkeit? Doch beschleicht es wundervoll die Brust, wenn sich in attischer Voll-
mondnacht die Lichtscheibe über den Rand des Hymettus hebt,
und schweigend, aber freundlich und mild, durch die heiteren
Säulen der Parthenonsruine auf den Fremdling schaut. Eine
Festjahressitzung der griechischen Alterthumsfreunde am Maivoll-
mondabend, in Beisein des Königs auf der Akropolis gehalten,
wäre doch ein willkommenes Thema, um in stereotyper Form die
Lenker Griechenlands und das „unvergleichliche Genie" der hellenischen Menschenrace zu loben. Aber auch diese Gelegenheit Verdienst zu sammeln und mißliebige Erinnerungen einzuschläfern
bleibt unbenützt. Nur die Zustände des Volkes im Allgemeinen
und die Richtung der Geister Griechenlands in der verwickelten
Lage der Gegenwart zu kennen, hat in Europa noch einigen
Werth. In vielen Dingen sind die Bewohner der griechischen
Hauptstadt einsichtsvoller und verständiger als die Leute im Occident. Einen harmlosen Fremdling zu beunruhigen, weil er über

das griechische Volk andere Thesen vertheidigte .als die Enthusia=
sten im Abendland, kam früherer Aufreizungen ungeachtet hier
Niemanden in den Sinn.   Wie vor Jahren das Geschrei um
ein „Syntagma" und jetzt der Parteieifer gegen Kolettis und den
König selbst, war auch das erste Aufwallen gegen die neue histo=
rische Ansicht eine von fremder Erde eingepflanzte Frucht, die auf
griechischem Boden keine Nahrung fand und bald verdorren wird.

Ein achttägiger Aufenthalt zwischen Patras und Syra genügte
den gänzlichen Umschwung der öffentlichen Meinung in diesem
Puncte wie in andern und wichtigeren herzustellen.   Bei der
idealen, zu Zeiten doch noch schulphantastischen Färbung Ihrer
Correspondenzen aus und über Griechenland, können Nachrichten,
wie ich sie gebe, kaum willkommen sein.   Oder dürfte man
Ihren Lesern trocken und unverhohlen sagen: der Zustand arger
Selbsttäuschung und künstlicher Berauschung, in welchem übel=
berechnete Schmeichelei philhellenischer Enthusiasten, versteht sich
in bester und redlichster Absicht, bisher die Bewohner Griechen=
lands eingewiegt und festgehalten, beginne allmählich einer nüch=
ternen Stimmung Platz zu machen, und durch die Erfahrungen
der letzten Zeit erschreckt, ist das Land zur Ueberzeugung gekom=
men, harte Wahrheit bringe am Ende mehr Gewinn als unver=
dientes Lob, und eigene Tüchtigkeit mit entschlossener Selbsthülfe
durch Arbeit und freie Entwicklung der im Boden und Volk
schlummernden Kraft verleihe höhere Würde und bilde eine festere
Grundlage öffentlicher Glückseligkeit, als der Enthusiasmus der
Europäer für die untergegangene classische Welt.   Wir wollen
Niemand anklagen, meinen aber, alle Irrwege der öffentlichen
Meinung in Hellas, alle falschen Schritte der griechischen Regie=
rung, besonders die Gefahren und Verlegenheiten der letzten Zeit
seien die natürlichen Früchte der schwärmerischen Zärtlichkeit und
Verblendung des Abendlandes über Natur und Ursprung des

Aufstandes, über den Charakter des griechischen Volkes, über seine Bestandtheile, seine moralischen Zustände, seine Antecedentien und seine künftigen Möglichkeiten. Wenn sich das kleine arme Hellas der Meinung überließ: es habe durch eigene Kraft die Befreiung aus osmanischem Staatsverband errungen, es könne und müsse sofort die Stelle des auszutreibenden Padischah am Bosporus übernehmen, und es vermöge durch sein Genie und seine nachhaltige Stärke als Schlußstein europäischer Politik Orient und Occident im Gleichgewicht zu halten, so mögen es jene verantworten, die das demüthige, uneinige, schwache Christenvolk von Rumelien und Morea mit der Einbildung einer weltgebietenden Macht erfüllten. Oder könnte man wirklich das aus dem Boden der oströmischen Monarchie herausgewachsene und festgewurzelte Osmanli-Sultanat in Konstantinopel ohne Vorbereitung und langsam gährenden Uebergang plötzlich, wie man einen Wachtposten mit Ueberlieferung der Parole durch den andern ablöst, und sogleich denselben Dienst erhält, durch ein hellenisches Regiment ersetzen? Das ist doch eine Sünde gegen die ersten Elemente der Politik! Das Schlimme für die Ueberschwänglichen liegt in der Bemerkung, daß man in Athen zum Theil das Unpraktische und Unmögliche dieses Gedankens bereits erkennt, und daß sich in Folge vermehrter Einsicht und reiferer Erfahrung gewissermaßen eine Reaction gegen die „germanische Thorheit", wie sie es nennen, in Griechenland selbst gebildet hat.

Sogar über den Optimismus der Franzosen — so nützlich er scheinbar ist — lächelt man im nüchternen Augenblick. Bequem wäre es freilich, brauchte man nur mit Protocollen und Dithyramben ausgerüstet über die Alpen zu gehen, um Cäsar des Orients zu sein. Sagt man den Griechen: Eroberungen haben nur dann Bestand, wenn sie nach natürlichem Gesetz aus der Fülle physischer und geistiger Ueberlegenheit entspringen, und

hellenisches Regiment, sollten es fränkische Beschlüsse in Konstantinopel unmittelbar installiren, könnte sich nicht sechs Monate
lang aus eigener Kraft erhalten, so erkennen und fühlen sie jetzt
etwas von der Wahrheit dieses früher so verhaßten Spruches.
Daß man sich in Europa getäuscht und die alte Monarchie der
Osmanli für schwächer, den jungen christlichen Staat von Hellas
aber für stärker gehalten habe, als sie beide an sich sind, ist jetzt
eine ausgemachte Sache und, wie jeder große Irrthum, eine
Quelle neuer Verlegenheit.

Wie die römische Kirche nach ihrem Kampf mit dem Geist
der Reformation innerlich kräftiger, gereinigter und lebensfähiger
dastand, als sie vor der Probe war, ebenso hat auch der vom
Aufstand überraschte und bei wiederkehrender Besinnung nur
durch das intervenirende Europa zum Frieden und Nachgeben
gezwungene Türkenstaat in der letzten Zeit zum Erstaunen des
Occidents ein so zähes, so nachhaltiges und so lebenskräftiges
Element herausgekehrt, daß ihm mit der Achtung der abendländischen Politik auch ihre Sympathie neuerdings gesichert ist.
Daß aber im Staatenverkehr nur Brauchbarkeit und Stärke,
nicht idealer Preis Vertrauen und Credit verleihen, hätte man
nie vergessen sollen. Der Gedanke, durch das islamitische Sultanat am Bosporus seien die großen Interessen der gegenwärtigen Weltordnung leichter und durchgreifender zu schirmen und
sicherzustellen, als durch eine Ex-Abrupto-Restauration der illyrischen Christenheit, hat — wenn man es nicht übel nimmt —
vorläufig allen Hellenenträumen diesseits wie jenseits der Alpen
die Hoffnung abgeschnitten. Daß aber unter den „großen Interessen der gegenwärtigen Weltordnung“ vorzugsweise Dämmung
und Zügelung moskowitischen Uebergewichts zu verstehen sei,
weiß man ohnehin. Nicht weil sie mit den halbjährigen Zah-
lungsraten im Rückstand sind und ihren ersten Geschäftsführer

lieber Johannes Kolettis als Alexander Mavrokordatos nennen, sind die Hellenen von der ersten Weltmacht angefeindet. Ebenso wenig hat Eifersucht über die vielen kleinen Fahrzeuge, die sie jährlich bauen, und über das reiche Frachtgeld, das sie monatlich verdienen, Albions Zorn auf das arme Griechenvolk herabgezogen, wie man neulich in Ihren Spalten las. Motive so geringer Art sind mit der Größe und der Rechtlichkeit des englischen Volks in gleichem Widerspruch. Piscatory mit seiner gräco-gallischen Harmonik mag allerdings lästig sein. Aber das Hauptverbrechen der Hellenen ist ihre politische Unzulänglichkeit, ihre Ohnmacht und die in England klarer als anderswo erkannte Unmöglichkeit, aus hellenischen Elementen je einen haltbaren Damm wider den vorgreifenden Ehrgeiz, der den Occident bedrohenden Slavenvölker aufzuthürmen. Wenn aber die Griechen unter solchen Umständen doch, wie jener Phaëthon der Fabelwelt, mit Hartnäckigkeit nach einer Rolle langen, der sie nicht gewachsen sind, so wundere sich Niemand über Sir Edmund Lyons Tücken und die üblen Launen Lord Palmerstons. Wäre es nebenher noch richtig, was wir natürlich nicht behaupten, daß man in der Finanzverwaltung zu Athen Lug und Trug zur Revenue erhebe, und absichtlich falsche Listen führe, um lästigen Verbindlichkeiten auszuweichen, so wären beim englischen Volk, das mit allen Germanen noch an die Wahrheitsliebe im Menschen glaubt, Verachtung und Unwillen über diese wälsche Handlungsweise eher zu entschuldigen und zu loben, als vor ganz Europa als brutal und übermüthig anzuklagen. Ist einer aber schwach und unredlich zugleich, so wäre es doppelte Thorheit sich mit Gegnern einzulassen, bei denen sich zur Stärke auch noch die Ehrlichkeit gesellt. Rechtssinn und unverbrüchliche Treue in Erfüllung eingegangener Verbindlichkeiten muß aber dem türkischen Volk und seiner Regierung selbst der entschiedenste Gegner zugestehen. Die

Frage, ob ohne eine vernünftige Philosophie, d. i. ohne alle Grundlage von Wahrheit, Ehrlichkeit und Recht eine freie und gedeihliche Politik in die Länge möglich sei, wäre in der That der Beachtung einer neugestifteten Académie des sciences morales et politiques würdig, und wird eben jetzt zur Ehre der europäischen Christenheit in Paris aufs erbaulichste abgehandelt.

Der alten Gewohnheit Moral zu predigen, die Dinge überall auf das rechte Maß zu bringen, kluge Demuth und Selbsterkenntniß als nothwendige Bedingungen des öffentlichen Lebens aufzustellen, sind wir, wie Sie sehen, auch in Athen treu geblieben, und haben durch diese philosophische Haltung in der Gunst der Gewaltigen und ihrer Wesire, wie sich von selbst versteht, bedeutende Schritte gemacht und früher Versäumtes nachgeholt. Die Guizot, die Salamanca und die Cabral der Zeit haben uns wiederholt ihren Beifall ausgedrückt, und Monsignore X... in der ersten Wärme sogar ein Memento zugesagt.

Die Lösung der Musurusfrage bildet jedenfalls im Leben des neugriechischen Staats den Wendepunct, und wird im illyrischen Delta überhaupt die Dinge auf den wahren Gehalt und in die rechte Stellung drängen. Ihre Haltung in der Streitsache bleibt hier unangefochten, und man will auch nicht lange untersuchen, ob Sie die Verhandlung mit dem nöthigen Maß von Unabhängigkeit führen, oder eine Ansicht vertheidigen, die im Grunde nicht die eigene ist. Daß aber durch den Spruch des europäischen Areopags einer heillosen Umwälzung der Süddonauländer vorgebeugt und der allgemeine Friede neue Bürgschaften erhalten würde, darf man nicht bezweifeln. Befestigung der gegenwärtigen Ordnung des Türkenstaats ist eine Lebensfrage für Europa, und daß sich Reschid Pascha's Reformverwaltung im Fall verweigerter Gerechtigkeit und bei officieller Demüthigung des Padischah der Reactionspartei und dem starken nationalislamitischen

Element gegenüber nicht halten könnte, weiß und fühlt Jedermann. Die Folge nochmaligen Rückschritts in der Türkei wäre Unordnung und Aufruhr auf allen Seiten und im Gefolge beider fremde Intervention. Intervention in der Türkei aber führt die Russen nach Konstantinopel, was man um jeden Preis verhindern will. Von den streitenden Parteien hätten durch das Wiener Austrägalgericht im Grunde beide guten Gewinn: die Türken mit ihrem Recht gesteigertes Vertrauen auf christliche Billigkeit; die Griechen aber, von thörichter Verblendung geheilt, würden wissen, was und wie viel sie von Europa überhaupt und vom Romanticismus ihrer Schirmvögte insbesondere zu erwarten haben. Wer den Griechen sagt wie weit ihre Kräfte reichen, was sie eigentlich vermögen und können, hat ihnen den größten Dienst gethan. Nicht völlig aufgeben und neuerdings dem Islam zur Beute überlassen, wie es verzagte Seelen schon besorgten, will man das junge Königreich. Griechenland ist durch den unzerstörbaren Kitt von Thränen, Blut, Gold und Mitgefühl auf immer mit Europa zusammengewachsen und wird bestehen und leben. Nur findet man es der Natur der Sache und dem Vortheil Europa's angemessener, daß die Griechen vorerst mehr an ihre Korinthengärten, an ihre Maulbeerbäume und wallenden Weizenäcker, an ihre künftigen Straßen, Brunnen, Glockenthürme und Pomeranzenwälder, als an die Eroberung von Konstantinopel und St. Sophia denken. Die Griechen sind keine Soldaten, kein eroberndes Volk; sie sind Bauern, Schafzüchter, Krämer und Matrosen, wollen und brauchen nichts als Frieden mit festem, ehrlichem, unabhängigem und wohlfeilem Regiment.

Wer ihnen von Thessalien, Epirus und Macedonien redet als unerläßlichen Elementen und Lebenspulsen hellenischen Königthums, ist ein Feind der öffentlichen Ordnung und übt selbst an Griechenland Verrath. Weder Ruhe noch inneres Gedeihen, noch

wahre Gesundheit, noch Credit, noch Ehrlichkeit ist in Hellas
möglich, bis es nicht den letzten Rest des verderblichen, dünkel-
haften, aus dem enthusiastischen Europa einfiltrirten Hellenen-
tandes von sich gestoßen und ausgewiesen hat. Statt die Mächtigen zu reizen, wäre im Gefühl äußerer Sicherheit still, heimlich
und vergessen leben, arbeiten und nichts von Europa, Alles von
sich selbst und von der Zukunft hoffen, die einzig gute Politik
für Griechenland. Ist Hellas erst an Bevölkerung, Reichthum,
Intelligenz und Kraft von innen organisch herausgewachsen, dann
treten mit vermehrter politischer Thätigkeit Credit und Bedeutung
von selber ein. So wenig man Feige durch Worte muthvoll
machen, ebenso wenig kann man Schwache vor der Zeit durch
bloße Ordonnanzen zur Macht erheben. An Krieg und Gewalt
gegen die Türken dachte aber bei aller Prahlerei der öffentlichen
Organe selbst vor dem Wiener Spruch Niemand ernstlich in
Griechenland. „Diesmal", lauten die Provincialberichte, „bringe
man eine Deputirtenwahl noch mit Noth zu Stande; im Wie-
derholungsfall hätte es vermuthlich große Schwierigkeit; es küm-
mere sich Niemand um das Treiben der Kammern in Athen;
Ordnung und Sicherheit bei täglichem Geschäft und Erwerb sei
allein gesucht." Einige Müßiggänger und Intriganten ausgenommen will von Krieg und von spitzfindigen Reden über Metaphysik der Staatsgewalt hier Niemand etwas hören. Ja die
Gleichgültigkeit der Massen sogar für die Form der Staatsverwaltung geht so weit, daß die Hellenen um den Preis von Frieden und innerer Ordnung, wie einst die müden Quiriten, alle
Volksrechte mit der ganzen vis tribunicia am liebsten in der
Person des Staatsoberhaupts concentriren möchten. Odilon Bar-
rot und ** werden mit dieser Haltung ihrer Helden vielleicht nicht
zufrieden sein.

Der Widerspruch in den Nachrichten der Presse über die

öffentlichen Zustände Griechenlands und über die Stellung des
Königs Otto zum Volke war eigentlich der Hauptbeweggrund,
nach Athen zu kommen. Daß in den griechischen Provinzen überall
Ruhe herrsche, und der König beim Volk geliebt und geachtet sei,
hat man im Gegensatz gehässiger Parteischilderungen englischer
Organe zwar in Deutschland schon wiederholt versichert, hat aber
aus natürlichem Mißtrauen, es möchten Stimmen erkaufter und
eigennütziger Berichterstatter sein, bei den Lesern nicht allemal
den nöthigen Glauben gefunden. Die Sache indessen ist nicht
mehr zu leugnen. Trotz aller Aufreizungen zu Mord und Bür-
gerkrieg herrscht im Lande die tiefste Ruhe, und der giftigsten
Lästerungen ungeachtet sieht das Volk im König seinen natürlichen Beschützer, seinen treuesten Rathgeber und seinen besten
Freund. Der gesunde und rechtliche Sinn des Königs — man
muß es gestehen — verdient dieses Zutrauen und diese Liebe des
griechischen Volkes in vollem Maße. Das Volk huldigt indessen
Otto I. nicht etwa seines Namens und seiner erlauchten Herkunft
wegen; es huldiget, ehrt und liebt, weil es in ihm den König,
d. i. den Schlußstein der öffentlichen Ordnung und die einzige
Garantie für Sicherheit der Person, des Eigenthums und der
Zukunft sieht. Von abergläubischer Verehrung und nordisch-ge-
müthlicher Schwärmerei für die Fürsten, wodurch das Regieren
anderswo so ungemein erleichtert wird, wissen die südlichen Völker nichts. Nur die Stärke erzeugt hier Respect, und Gehorsam
wird nur gegen überwiegenden Vortheil eingetauscht. Dieser Beisatz schien uns nöthig, damit wir etwa nicht als gemeiner Schmeichler und Speculant à la .... verdächtig werden. Die Gewaltigen
loben ist so wenig in unserer Gewohnheit, daß wir uns diesesmal billig entschuldigen müssen.

Dafür ist aber doch hoffentlich Johann Kolettis, wie ihn seine
Gegner — versteht sich in der uneigennützigsten Absicht und aus

reiner Liebe für bessere Ordnung und sorglichere Wahrung des
öffentlichen Nutzens — schildern, ein Bösewicht, ein Mörder, ein
Straßenräuber, ein byzantinischer Propagandist, ein Heuchler
und ein Dieb? Einen Mann wie Kolettis, der wie ein zweiter
Aeolus der Fabelwelt Anarchie und Ordnung, Ruhe und Aufruhr, Segen und Fluch seines Landes in Händen hat, gegen
solche Parteivorwürfe im Ernst rechtfertigen könnte nur ein Thor:
Kolettis ist der fähigste Mann, ja der einzige öffentliche Charakter und wahre Staatsmann, den die griechische Revolution auf
die Bühne gebracht. An Büchergelehrsamkeit und Kanzleiacten-
kunde kann ihm mancher überlegen sein; auch ist es noch unentschieden, ob er im Tabellenwesen und „rubricirten Betreffen"
in und außer Griechenland nicht gefährliche Nebenbuhler hat.
In Johann Kolettis aber erkennt das griechische Volk sich selbst
und glaubt den eigenen Willen zu thun, wenn es dem Wort
dieses Mannes folgt. Warum ist aber das griechische Volk bei
gleicher Rechtlichkeit der Competenten gehorsam und zahm, wenn
Johann Kolettis redet, aber aufrührerisch und störrig, so oft
Alexander Mavrokordatos in den Geschäften ist? Vielleicht ist
hier auch ein Geheimniß der Regierungskunst, das man in den
Wirkungen sieht, aber nicht definiren kann! „Aber merkt ihr
denn nichts", ruft ** in ** mit triumphirendem Seitenblick, „die
Sache hat ihren natürlichen Grund: Kolettis ist ächter Hellene
und führt seinen Stammbaum ohne Zweifel in gerader Linie auf
einen jener Helden vor Troja zurück, die in Rath und Waffen-
kampf gleich gewandt und überwältigend sind." Diese Erklärung
ist von bedeutendem Gewicht, und im Grunde, wie man weiß,
bin ich von jeher beiläufig derselben Meinung gewesen. Indessen
fragte ich doch aus Vorsorge für bessere Belehrung den ausgezeichneten Mann, von welchem der Homerischen Heldengeschlech-
ter er sich eigentlich abzustammen rühme? „Ich bin ein Walach

aus Mezovo im Pindus und habe zu Padua Medicin studirt",
sagte mit Gelassenheit und feinem Blick der hellenische Premier-
minister. Einfach und anziehend, wie Ulysses in der Halle des
Alcinous, erzählte Hr. Kolettis tief in die Nacht hinein aus
seinem öffentlichen Leben von der Erhebung seiner Vaterstadt durch
alle Phasen des Aufstandes bis zur Gegenwart herab. Es liegt
etwas Dramatisches in diesem Mann, in seiner Figur und in
seiner Rede, und wer ihn gehört und gesehen hat, begreift die
magische Gewalt, die ein solcher Mann im Lande der Palikaren
üben muß. Aber wer sind die Walachen, und welche Stellung
weis't ihnen das zweite Buch in Homers Iliade unter den hellenischen Stämmen an? In der Iliade, wie man weiß, ist von
Walachen noch keine Rede, sie sind italienischen Ursprungs, und
wurden bekanntlich erst zur Zeit der Legionenherrschaft als Co-
lonisten in die Donauländer und nach Illyricum verpflanzt. Als
Muttersprache reden sie ein corruptes, mit Slavischem und Al-
banesischem ꝛc. gemischtes Latein, gehören großentheils zur grie-
chisch-anatolischen Kirche und haben sich auf der Nordseite der
untern Donau in bedeutenden Massen, in den Gebirgen zwischen
Thessalien und Albanien aber in kleinern Bruchstücken und mit
ungeschwächter Nationalität bis auf diese Zeit erhalten. An Intelligenz, Freiheitsliebe, technischem Geschick und Erwerb stehen
die Walachen hinter keinem der Volksstämme des illyrischen Continents zurück, und sie spielten im oströmischen Reich selbst als
politische Macht eine so bedeutende Rolle, daß man der Provinz
Thessalien mit Inbegriff der Länder um den Aspropotamos in
byzantinischen Schriften Jahrhunderte lang nur unter dem Namen
„Groß-Walachei" gedenkt. Heute ist General Kolettis der tüch-
tigste und beste, Freiherr von Sina aber in Wien der reichste
Mann dieses Volkes.

Wollte Jemand sagen, in Griechenland sei die Regierung

stark und ehrlich, und nur die Administration verderbt und
schlecht, so schien das Urtheil zwar ein Widerspruch, wäre aber
dennoch wahr. Nach der Meinung der Billigsten werden in
Hellas von den öffentlichen Geldern etwa vier bis fünf Millionen Drachmen, das ist ungefähr der vierte Theil des Staats-
einkommens, jährlich unterschlagen. Ebenso weiß in Europa
Jedermann, daß die Stimmenmehrheit beinahe eine currente Han-
delswaare der griechischen Deputirtenkammer ist; aber woher
nähme einer, besonders den Moralbeständen der französischen
Verwaltung gegenüber, den Muth, Dieberei, Aemter- und Stel-
lenverkauf neben feilem Schmutz der Volksvertreter als Klage-
artikel gegen Griechenland aufzustellen und mit Kanonen zu bedrohen? Wenn aber die Verwaltungsleute in Frankreich, wo
man im Namen der öffentlichen Tugend und Freiheit bereits
zwei große Revolutionen machte und wo die Charte endlich eine
„Wahrheit ist“, doch die größte Mühe haben ehrlich und gerecht
zu sein, so ist öffentliche Tugend in der Staatsverwaltung entweder ein völlig unerreichbares Gut, oder man muß auch mit
hellenischer Praxis noch eine Zeit lang Nachsicht haben. Die Frage,
„ob man die Tugend lernen könne“, hat schon Plato in einem
philosophischen Dialog seinen Zeitgenossen vorgelegt; die Antwort scheint aber heute noch ebenso bedenklich als im Alterthum.
Neben dem natürlichen Gefühl für Billigkeit hat der jämmerliche
und beschämende Zustand der europäischen Staatsmoral, wie ihn
die freie Presse zur allgemeinen Kunde bringt, unsere strengen,
zum Theil schon voraus zurechtgelegten Phrasen und Redeübun-
gen über corrupte Handhabung des öffentlichen Pfennigs in
Griechenland wieder abgekühlt und zurückgeschreckt.

Leben und Bestehen um jeden Preis und mit jeder Bedingung ist der einzige Rath, den die ungewisse Zukunft des illyrischen Continents erlaubt. Selbst die kleine Demüthigung, die

euch etwa bevorsteht, schadet nicht; sie wäre sogar heilsam und
brächte wahrscheinlich für die kommende Zeit gute Frucht. Oder
habt ihr etwa nicht schon Schlimmeres ausgehalten und es nicht
zu bereuen gehabt? Die alten Czare von Moskau, die heute
so stolz und empfindlich sind, hatten für Kränkung und Schmach
nicht allezeit so enges Maß. Leset nur im Karamsin nach, was
und wieviel sie in ihrer schlimmen Zeit von der hohen Pforte
zu Sarai persönlich erduldet haben, um nur ihren Posten im
Kremlin nicht aufzugeben. Die Czare rechneten auf die Zukunft
und erriethen, gleichsam vom Instinct belehrt, daß Geduld und
kluge Schmiegsamkeit sicherer zum Ziele führen, als Trotz und
Uebermuth.

III.

Sechs Tage reichten hin das Gemüth mit der classischen Oede
von Athen zu versöhnen, und am Schluß gar noch schön zu finden, was beim ersten Anblick niederschlagend und melancholisch
schien. Oder wären wir etwa der erste Deutsche, der über den
falben Korydallus und über die abendlich blauen Tinten des attischen Horizonts geschwärmt hat? Von den Ehren dagegen, die
man uns angethan, und von der freundlichen Aufnahme, die wir
an bedeutenden Orten der griechischen Hauptstadt fanden, sagen
wir begreiflicherweise nichts, damit Sie etwa nicht glauben, man
wolle in seiner Unbedeutenheit mit Männern wetteifern, deren
Ankunft und Abreise, wie sie selbst erzählen, in drei Welttheilen
zuerst überall das größte Aufsehen machte, und nachher, wie man
weiß, einen nicht unbeträchtlichen Raum in ihrem Reiseberichte
füllt. Ehren-Doctor Bochara-Wolf und besonders der unvergleichliche Doctor „Waue deejib" können in nützlicher Auswahl
des Stoffes und in belehrender Erzählung dieser Art noch lange
als Muster gelten.

Mit Empfindungen merklich verschieden von denjenigen, die
auf der Herfahrt die Brust beengten, kam ich am vorletzten Mai-
tag Abends wieder in den Piräeus hinab. Das Bewußtsein
mit Gegnern, die man achten muß, endlich den langen Streit
friedlich ausgeglichen und das natürliche Verhältniß gegenseitiger

Beziehung hergestellt zu sehen, gab leichtes Blut und ungewöhnlich heitern Sinn. Doch die letzte Probe war noch nicht über-
standen. Im Diamantglanz funkelte der Hesperus, und das
reichgefüllte Boot („Baron Kübeck") rauschte leichten Schwunges
an der attischen Küste fort gegen Sunium. Der Zufall hatte
diesesmal eine ungewöhnliche Menge Griechischredender auf das
Schiff gebracht. Kanaris, der ruhmgekrönte Branderführer; Gen-
näos Kolokotronis, der schmächtige Sohn des alten Klephten
von Karytäna; Dschianetakis, der Maina-Häuptling; der bekannte Koliopulo (Plaputas) mit dem unheimlichen Gesicht, und
verborgen in der Cajüte seine geschiedene, den Rechtsweg verfolgende Gemahlin mit einem Heere beredter Sachwalter und Zeugen beider Parteien, gingen zur gerichtlichen Verhandlung zugleich
nach Syra. Die Figur und die Haltung dieser Männer mit dem
Ruf zu vergleichen, der sich an ihren Namen knüpft, wäre an
unserer Stelle auch einem andern eingefallen. Am alten Dschianetakis, seiner turkomanischen Hammelphysiognomie, seinem Pascha-
Anzug, seiner groben lauten Rede und seinem herrischen Benehmen war der mainotische Gebirgshäuptling, die Brandfackel von
Gythion, nicht zu verkennen. Natürlich fiel die Rede der vornehmen Gräken auf die letzten Auftritte und Parteizerwürfnisse
mit Mavromichalis, seinem Nebenbuhler. „Man hat dem Mavromichalis" — sagte schnarrend und hart im Kreise seiner Freunde
der Archont — „Leute erschossen und ihre Häuser angezündet.
Gut! Hab' ich die Leute erschossen? Hab' ich die Häuser angezündet?" „Ὄχι! Ὄχι! Nein, Nein!" erwiederte Kolokotronis
mit den übrigen Genossen, und somit war Dschianetakis Gewissen
beruhigt und die Schuld vergossenen Bürgerblutes, ohne die Bu-
senbaum und Malagrida unserer Zeit zu consultiren, aufs glück-
lichste abgewälzt. Schweigsam und beinahe vernachlässigt, wo
nicht ganz unbemerkt, stand ein ältlicher wohlgenährter Mann

in fränkischer Kleidung und von kaum mittlerem Wuchs im hellenischen Gedränge des Verdecks. Das graue Auge, das aschfarbige,
breite, wenig sagende Gesicht, und das kleine, oben plattgedrückte,
unten zugespitzte Näschen verkündeten keine ungewöhnliche Persönlichkeit. Frack und Pantalon des Mannes, wenn auch nicht
gerade fadenscheinig, waren von Eleganz und Neuheit doch jedenfalls ebenso weit entfernt als eine abgetragene Schirmmütze, die
das kurzgeschnittene graue Haar bedeckte. Das ist gewiß Kanaris
von Psara, der Besieger Kara-Ali's, der Heros von Chio, das
Schrecken der musulmanischen Flotte! Oft gefällt sich die Natur
ihre köstlichsten Gaben unscheinbaren Hüllen launig einzuweben.
Kanaris, soviel man weiß, besitzt als vaterländisches Xenium nur
seinen unsterblichen Namen und seinen Lorbeerkranz, was für
eigene Beruhigung und, wenn man will, auch für die Zukunft
genügend ist. Wenn aber die alten Hellenen, wie der Dichter
sagt, „praeter laudem nullius avari" waren, so finden dagegen
die Dschianetakis und die Kolokotronis der neueren Zeit, daß
Reichthum, Geld und Gut größere Macht verleihe und die Umgebung aufmerksamer, redseliger und schmiegsamer mache, als arme
Tugend und leerer Ruhm. Selbst ein Europäer, den man mit
Nennung des glorreichen Namens zu Kanaris hinführte, wußte
dem berühmten Seehelden kein Wort des Lobes oder auch nur
der anerkennenden Höflichkeit zu sagen. Ein glänzender Name
und noch das irdische Leben dazu erscheint uns am Nebenmen-
schen häufig als strafbares, impertinentes Glück, wo nicht gar als
persönliche Beleidigung, für die man sich wenigstens durch Kälte
und Schweigen rächen muß. Nur wer Großes thut und an seinem
Ehrentage stirbt, wie Marcus Botzaris, entgeht dem Neid und der
Gleichgültigkeit der Zeitgenossen, die er vertheidigt und gerettet hat.

Während wir uns in glückseliger Unbekanntheit dieser Bemerkung überließen, bildete sich ein Knäuel neugieriger Hellenen in

der Nähe am Verdeck, und ich hörte deutlich die Worte „ο κι-
ρος Φ...... εἶναι ἐδῶ!‘‘). „Welcher ist es? Wo sitzt er?"
riefen mehrere Stimmen zu gleicher Zeit. Einer der Beisammen-
stehenden bezeichnete mit ausgestreckter Hand die Stelle, und Aller
Blicke wandten sich zu merklicher Beschämung auf den Fragmentisten hin. Das war der verdrießlichste Moment der ganzen
Tour. Aergerlich zwar über das verlorne Incognito, ergab ich
mich geduldig dem Geschick und war zugleich auf irgend eine
Scene der peinlichsten Art vorbereitet. Wirklich kamen zwei junge
Männer aus dem Kreise zu mir herüber, begannen aber statt
der Unziemlichkeiten, wie ich es erwartete, voll der theilnehmend-
sten Höflichkeit und im schönsten Deutsch eine Unterredung ohne
alle Anspielung auf eine bekannte Frage oder, wie andere sagen,
historische Häresie, die sich in Deutschland einiger Celebrität erfreut, und ohne nähere Bezeichnung von den meisten Lesern verstanden wird. Doch lasen sie gleichsam zur Strafe meiner Thesen
das Gedicht eines jungen und reichbegabten Archilochus aus Jonien vor, bis endlich die Schatten fielen, und dem Dialog wie
der Besorgniß ein Ende machten. Von diesem Tag angefangen ist
der Krieg als beendet anzusehen, und ein für beide Theile gleich
vortheilhafter Frieden hergestellt, den auch gleich anfangs nur
ein Mißverständniß stören konnte. Am andern Morgen (31. Mai)
früh waren wir auf der Rhede von Syra geankert, wo der prachtvolle Lloyd-Dampfer „Fürst Metternich" unserer Ankunft harrte.
Wind und Strichregen hatten die Lüfte abgekühlt, und nicht
mehr als „Feind des griechischen Volkes", sondern als nützlicher
Freund und Bundesgenosse verließ ich das Piräeusfahrzeug, und
trat in die neue Behausung über. Weil in Europa das Geschriebene von so großer Wirkung sei, meinte zum Abschied ein

---

*) Hr. F....r ist hier.

mitreisender Hellene, so möchte ich vor allem auf sein Heimatland, das heroische aber unglückliche Suli, durch warme Reden das Mitleiden der Könige und der Gewaltträger herabrufen, die jetzt die Welt regieren und dem blutgedüngten Boden so vieler tapfern Männer mit einem einzigen festen Wort die Freiheit geben könnten. Ein ernstes Wort wie zu Navarino, meinte der gute Mann, könnten die Europäer ja noch einmal zum Padischah der Osmanli sprechen. Und fürwahr! betrachtet man den energisch festen Sinn und die strenge Consequenz, mit der man die neueste turko-gräfische Frage gelöst und vermittelt hat, so ist eine zweite Auflage des Navarinotextes zu Gunsten Suli's mit nächstem zu erwarten.

Die Cykladen sind bekanntlich langgezogene, über den Wasserspiegel heraufragende vielzackige Steinbergrücken, zum Theil von höchst abenteuerlicher Gestaltung. Meistens sind sie ohne perennen Bach, und wenn auch nicht ohne Quellen lebendigen Wassers und ohne periodisches Gießstromrauschen, doch auf der Oberfläche entweder völlig kahl, oder doch nur in den Vertiefungen mit einer dünnen Erdkruste und mit seltenen Bäumen ärmlich bedeckt. Häufig ist nur die eine Halde des Bergrückens mit Grün bekleidet, und die andere gänzlich ausgebrannt. Syra, der Knotenpunct der Lloyd'schen Dampfschifffahrt, gehört jedenfalls zu den baumlosesten und ödesten Bestandtheilen dieser steinigen Inselwelt, und besitzt außer dem schönen Hermopolis nicht Einen namenswerthen Ort. Am Fuße des konischen Strandhügels, mit dem alten Syra auf der Spitze, ist während des Aufstandes die neue Stadt erwachsen, und durch Frieden, Reichthum und Glück zu solcher Blüthe gediehen, daß sie amphitheatralisch den ganzen Kegelberg bedeckt, und an Volkszahl wie an Größe wenigstens den zweiten, an Steinbau, Eleganz und Handelsgeist aber gewiß den ersten Rang im Königreich besitzt. Daß oben in Alt-Syra römisch-katholische, unten in Hermopolis aber

anatolisch-katholische Bürger wohnen, die sich beide tödtlich haf-
sen, weiß man in Deutschland ebenso gut, als daß beide Stadttheile ohne Monument, und folglich für europäische Neugierde
ohne Nahrung sind. Abends spät verließen wir die Rhede, hielten nach zehnstündiger Fahrt des andern Tages (1. Juni) um
neun Uhr früh der Stadt Chio gegenüber eine kurze Rast und
trafen mit vermehrter Ladung an schweigsamen Türken, geschwätzi-
gen Gräken und frischen Citronenbäumen sechs Stunden später
auf dem Ankerplatz vor Smyrna ein, wo das Fahrzeug des Verkehrs wegen die Nacht und den andern Tag bis wieder vier Uhr
Abends blieb.

Man denke sich die geräumige, tief im anatolischen Continent eingeschnittene lieblich ausgeschweifte Bucht; das scheinbar
geschlossene ungeheure Gebirgstheater nicht ohne Wald und Früh-
lingsgrün; im Hintergrund an den Hügel hingelehnt die große
Stadt mit der durchsichtig glatten Wasserfläche in weiche jonische
Lüfte eingefächelt; dazu das üppige Gedankenspiel und die ange-
brochene Mondscheibe, wie sie in abendlichem Dunkel langsam hinter dem waldigen Bergrand heraufblickt und das milde Licht in
tausendfach gebrochenem Strahl auf den hellen Spiegel wirft!
Klazomenä und Milet sind Ruinen, aber die jonischen Sommer-
lüfte sind noch heute lind und zaubervoll, wie sie der Bathyll-
betrunkene Anakreon empfand.

> nec, si quid lusit Anacreon,
> delevit aetas; spirat adhuc amor . . .

Was könnte man nicht auch schon nach vierundzwanzigstündigem
Aufenthalt über Smyrna sagen! Der große Brand und der
neue Steinbau mit geraden, im rechten Winkel sich kreuzenden
Straßen des Armenierviertels; der Handel, die Waarenscala, die
Karawanenzüge, die Kamele und die anatolischen Seldschuken-
gesichter; das Sprachen- und Völkerbabel; der treffliche Mihanovich)

und die europäische Consulargewalt; die Belustigungsorte, die Bibelpropaganda und die Chronique scandaleuse gäben reichen Stoff und lange Reden, hätte einer Talent, Gedankenfähigkeit und schnelle Finger, wie der vielgelesene beneidenswerthe Kohl. Was geht es die Leser an, ob das Gesagte auch allemal richtig sei? Fließende Phrasen will ich, leicht hingleitendes Wörterspiel; und wenn A. Dumas, ohne Isle de France zu verlassen, von Groß-Kairo an den Sinai reist oder in dramatischem Schwung das Leben am Hof Cäsar Nero's schildert, lege ich Kochs und Eichwalds kritisch vielleicht unbestreitbare, aber weniger „amüsante" Reiseberichte über den kaukasischen Isthmus ungelesen weg. Besucht einer in Smyrna etwa auch türkische Kunstarithmetiker und armenische Handelsstuben, so fragen sie da nicht um Disraëli's neuesten Roman (Tancred) oder um Thaddens parlamentarischen Redeglanz. Wie die Feldfrüchte in Europa stehen, wollen sie wissen, und ob man dort volle Cassen habe, um in Smyrna Waaren einzutauschen, die in langen Karawanenzügen aus Anatolien kommen und unbegehrt in den Vorrathskammern aufgespeichert sind. Nicht Hungersnoth wie im letzten Jahr, sondern Ueberfluß und Ackersegen des Occidents macht auf der jonischen Scala den Handel blühend und die armenischen Gesichter heiter und faltenlos. „Ismir chastá dir, amma ölmes" (Smyrna ist krank, Smyrna stirbt aber nicht), ist Klage und zugleich Hoffnungsprogramm der jonischen Handelswelt.

Die Vorboten der arktischen feucht-kalten Lüfte, die mit dem Mondwechsel über die Zone der nördlichen Länder zogen, waren am Abend des 2. Junius schon auf der jonischen Küste eingetroffen und mit ihnen die kaum beschwichtigte Sorge, der Erntesegen im Abendland möchte noch einmal zu Schaden kommen und das „kranke" Smyrna an seiner Genesung hindern, neuerdings erwacht. Auf der Herausfahrt durch den Golf warf die Abend-

sonne noch blickweise ihren Schein durch fliehendes Gewölke
auf das Weinlaubgrün der Koressushalde. Bei Mitylene (zehn
Uhr Nachts) blies es schon kälter von Nordwest her, und an
der Küste von Troja, wo wir nach fünf Uhr Morgens (3. Juni)
vorüberstrichen, hing der Himmel doppelt melancholisch über den
Todtenhügeln der Ilias. Die Temperatur war auf + 15° R.
herabgesunken und in der Enge des Hellespont fing es (neun Uhr
Morgens) leise zu regnen an. Der Hellespont, namentlich die
Stelle, wo sich Sestos und Abydos einst gegenüberstanden, und
wo heute die Schiffe halten, ist wie eine Grenzmark zwischen der
Dürre des warmen Süden und einer nördlichen Zone mit Wald
und Wiesengrün. Der Uebergang ist plötzlich, und die wonne-
volle Färbung der Pflanzenwelt Sestos aufwärts an beiden Ufern
auch dem ungeübten Auge klar. Die terrassig hingedehnten, bis
oben gartenmäßig angebauten Strandhöhen des Hellespont mit
ihrem nordischen Dunkelgrün und dem hohen Laubwaldgebirge
im anatolischen Hintergrund haben Andere schon gepriesen. Und
die romantischen Thaleinschnitte zu beiden Seiten der rauschenden
Strömung mit hellem Bach und kühlen Lüften, mit Blüthen-
strauch, Baumschlag und Sommerzelten im Schatten gewähren
doppeltes Entzücken, wenn man aus dem wasserlosen Attika und
den verbrannten Inseln des ägäischen Meeres kommt. Um Mittag begann auf der Höhe von Lampsakus germanisch-kalter Regen;
wagrecht berührten in langer Linie die grauen Nebel den Höhen-
rand; unten wogte die blaue Fluth, und zwischen beiden blitzte
saftig und warmgrün der breite Doppelstreifen der Dardanellen-
halde auf die Schiffenden herüber — ein Landschaftsbild, wie es
am Hellespont nicht oft zu sehen ist. Bei den Marmorinseln legte
sich trübe Regennacht auf die Propontis, und gegen Wind und
Welle steuernd erwachten wir um fünf Uhr Morgens (4. Junius)
der alten Sultansburg gegenüber im goldenen Horn von Byzanz.

IV.

Bujuk-dere, 11. August 1847.

Daß wohlhabende Leute des Sommerlabsals wegen aus den
Vertiefungen der Perahalde auf das Land nach Bujuk-dere ziehen,
wird man begreiflich finden, und Niemand hat noch angestritten,
daß am Thore des Pontus kühlere Lüfte wehen, als im Holz-
häuserqualm von Galata. Wenn sich aber ein nordischer Gast,
der im Orient kein Fremdling ist und die Sonne fürchtet, in
der Glutzeit des Jahres statt der Wälder und Alpen seiner Heimat das Hauptquartier der Levantepolitik an den Krümmungen
des Bosporus als Schattensitz erwählt, so muß er es dulden,
wenn man seiner Wahl Gründe eigenthümlicher Art unterschiebt,
und ihn selbst am Ende für einen Intriganten hält. Was
soll man aber auch ein drittes und viertes Mal in Stambul
thun? Seitdem A. Böckh sein Corpus Inscriptionum angelegt
und Dr. L. Roß das neueste Contingent dazu geliefert hat, geht
lehrreicher Inschriften wegen jetzt doch Niemand mehr von München nach Byzanz. Inschriften sind ja viel näher bei der Hand,
z. B. in Meran, wo man die lateinische Pflanzschule der frommen Stadt publice „Gimnasium" nennt, und mit dieser geistlichen
Orthographie Layards bibelbedrohende Entdeckungen in Assyrien,
zum Trotz aller Reverends von Oxford, zu Schanden macht *).

---

*) Sicherem Vernehmen nach haben die Oxforder Hochwürdigen neuer-
lich an Hrn. Layard das Ansinnen gestellt, er möchte die zu Nimrud in der
assyrischen Königsburg aufgefundenen höchst wichtigen Geschichtstafeln aus
Rücksicht für Autorität und Chronologie des Pentateuchs nicht bekannt machen.

Vielleicht hat auch der Fragmentist, um der Pforte aufzuhelfen
und die Reform des türkischen Reiches zu beschleunigen, dem
Padischah ein giaurisches Buch — etwa die Geschichte von Morea
— submissest überreicht und einen Brillantring davongetragen,
wie es neulich dem gelehrten Horvat aus Pesth begegnet ist.
Oder wissen Sie es etwa nicht? Außer Bedrhan-Beg und
Dschuleka mit Kurden und Albanesen, mit Nischancompetenten
und christlichen Diplomaten hat Abd-ül-Medschid jetzt auch noch
die Literaten des Occidents auf dem Hals. Kein Wunder,
wenn es im* türkischen Haushalt zuweilen Bedenken gibt und
auch in Stambul Papier (Sehim) das Deficit decken muß. Unter
allen Calamitäten, die im Laufe der letzten fünf Decennien die
Türkei verheerten, wäre, unserer Meinung nach, eine der ver-
derblichsten und in ihren Wirkungen zerstörendsten, wenn die
Heuschreckenwolke der zehntausend bücher- und musikalienschrei-
benden Germanen nach völliger Austrocknung und Abweidung
des occidentalischen Mäcenatenthums mit ihren Widmungen,
Sendungen und gelehrten Bettelcien den Flug nach Konstantinopel nähme. Denn wie die Haifische zuerst einzeln und bald
in großen Haufen erscheinen, wo es Beute gibt, ebenso könnte
auch der erste Großmuthsact des menschenfreundlichen Sultans
gegen einen verdienten christlichen Büchergelehrten leicht ein
unübersehbares Unglück zur Folge haben, und in wenigen Jahren vollends verschlingen, was früher Diebitsch und Paskewitsch
und jetzt Abd-ül-Medschids allzeit offene Hand in den türkischen
Cassen noch übrig ließen. Für die Türken ist die reiche Ernte
des letzten Jahres ein großes Glück; denn von Natur hoch-
herzig und geldverachtend, wie die Prinzen des Hauses Osman
alle sind, hätte Abd-ül-Medschid, verführt durch das Exempel
seiner Gewaltscollegen im Occident, ohne diesen unerschöpflichen
Segen vielleicht sämmtliche Hülfsmittel seines weiten Reichs auf

Förderung von Ersch' und Grubers Encyclopädie aufgezehrt.
Bei den großen Vortheilen, welche der Osmanlistaat bisher aus
der Freundschaft des christlichen Abendlandes gezogen hat, ist
es billig, daß die Türken für die Aufnahme in den christlichen
Staatenbund vorerst ihre Taxen zahlen. Daß aber ungarisch
oder deutsch geschriebene Bücher mit Varianten zu irgend einem
alten Grammaticus, in der islamitischen Bibliothek des Großherrn aufgestellt, für Hebung und Stärkung des türkischen
Reichs das beste Mittel wären, ist hoffentlich Jedermann begreiflich und klar.

Aus Mitleid für Abd-ül-Medschids Taschen haben wir die eigene
Medicin im Palast von Beglerbeg noch nicht angeboten. Indessen
werden Beda Webers Gedichte mit Zugaben aus den „katholischen
Blättern für Tirol“ und aus der „Münchener Landbötin“, ihres freisinnigen und eleganten Schwunges wegen, unter Aufsicht und Leitung osmanischer Akademiker so eben ins Türkische übersetzt und,
wie ich höre, als Chrestomathie in den neuen Schulen zu Galata-
Serai eingeführt. Man will den jungen Osmanli, um ihre Herzen
für die neue Ordnung zu erwärmen, das Kräftigste und Nervigste
aus Presse und Literatur des Occidents in die Hände geben. Wer
diese Auswahl hauptsächlich veranlaßt und in dieser Weise zur
Förderung der guten Sache wesentlich beigetragen habe, verbietet
die Bescheidenheit deutlicher auszusprechen. Dagegen wird nicht
ohne Selbstgefühl und inneres Wohlbehagen eingestanden, daß
wir für alle reformatorischen Bestrebungen des Sultans die „Be-
sonderheit der subjectiven Innigkeit“*) mit nachhaltiger Wärme
als Talisman empfohlen haben, und vermuthlich als türkischer
Akademiker (versteht sich ohne Sold) wieder nach Europa kommen
werden. Nützliche Dienste werden in der Türkei ebenso glänzend

---

*) Hegels Aesthetik.

und prompt belohnt wie im Occident. In angestammter Liebe
des wissenschaftlichen Fortschritts hat der Sultan von Stambul,
wie Sie wissen, und sein kaiserlicher Nachbar an der Donau fast
zu gleicher Zeit eine Akademie eingestellt, und durch diesen Act
lichtvoller Anerkennung geistiger Gewalt den eingeschlummerten
Ehrgeiz in unserer Brust, wie man es wohl denken kann, zur
hellsten Flamme angefacht. Randglossen mit neuen Ansichten
über die turko-gräkische Frage wären gewiß der schicklichste Gegenstand einer Inauguralrede am Bosporus. Oxenstierna's Mo-
nitum: „quam parva sapientia mundus regitur" wäre freilich
auch kein schlechtes Thema für eine Vorlesung in Byzanz. Aali-
Efendi meinte aber, für den Augenblick und bei noch schweben-
der Unterhandlung zwischen Wien, Stambul und Athen wäre
letztere Thesis bei aller Wahrheit wenigstens „inopportun", und
folglich auf ruhigere Zeiten aufzusparen, wo Epigramme weniger
schädlich seien als in der Gegenwart. Der geistreiche Osmanli
redete offenbar im Interesse der Gewalt, deren Praxis und
Betrieb wenigstens in Europa sich ohnehin mit jedem Jahre
schwieriger und unerquicklicher gestaltet, und durch die letzten
Ereignisse in Paris einen neuen höchst empfindlichen Stoß erlitt,
so daß man am Ende, um nur der Kritik zu entfliehen, die
Völker noch gratis regieren soll. Oder sehen Sie nicht den
Tumult, die Scenen und das Aergerniß über elende hunderttausend Franken, die ein honneter Regierungsmann pro studio
et labore genommen hat? Parmentier, Teste und Cubières,
meinen sie hier, habe es allerorts und zu jeder Zeit gegeben,
und der Unterschied zwischen heute und ehemals bestehe überall
nur in der Presse und in der Oeffentlichkeit, welche jetzt die
kleinste Unregelmäßigkeit zu Tage fördert und ansehnliche Leute
am Sündigen verhindert.

Für Jemand, der in anatolischen Dingen auch sein bescheiden

Wort mitzureden denkt, ist persönliche Bekanntschaft mit den
Männern an der Spitze der osmanischen Verwaltung nicht ohne
Wichtigkeit. Außer dem Großwesir Reschid-Pascha haben wir
von türkischen Großbeamten bis jetzt nur Aali-Efendi, Minister
der auswärtigen Angelegenheiten, dann den Ex-Großadmiral
Mehemed Aali-Pascha und den alten nach Bosnien ernannten
Tahir-Pascha auf ihrem Landsitz zu Balta-Liman am Bosporus
zu sehen und zu begrüßen die Ehre gehabt. Von Bujuk-dere
nach Balta-Liman, am europäischen Bosporusufer, gelangt man
sechsruderig in weniger als einer Stunde Zeit. „Daha tschikmadi",
„noch ist er nicht herausgekommen", sagte man, als wir um
neun Uhr Morgens, geographischer Ordnung folgend, zuerst in
der reizenden Gartenvilla Aali-Efendi's erschienen. Glauben Sie
indessen ja nicht, ein Minister der auswärtigen Angelegenheiten
in Stambul sei ein Langschläfer und liege um neun Uhr Morgens noch im Bett. In diesem Fall hieße es „kalkmadi" („er
ist noch nicht aufgestanden"), während „tschikmadi" nur sagen
will, er sei noch nicht aus dem Harem in den Empfangsaal
herausgetreten. Obgleich Aali-Efendi nur e i n e Gemahlin hat
und die europäischen Gebräuche kennt, ist Clausur und Sitte
in seinem Hause doch nicht weniger streng und national geblieben.
Die Wohnung besteht aus zwei durch eine hohe Quermauer
getrennten und zierlich angemalten Holzgebäuden, von denen das
eine als eigentlicher Familienherd und Sitz heimischer Freude,
als unverletzliches und Uneingeweihten ewig verschlossenes Heiligthum betrachtet wird, das sich nur dem Gebieter öffnet. *) Das
andere ist bei allzeit offenen Thüren für die Geschäfte des Tages
und für den Verkehr mit der männlichen Außenwelt bestimmt.
In der Fronte sind beide vom blauen Bosporus bespült,

---

*) Diesen Sinn hat das Wort Harem.

rückwärts aber an die aufsteigenden Terrassengärten der Uferhügel malerisch hingelehnt. Der Strand ist mit behauenem Gestein bekleidet, an dem sich die fluthende Welle bricht. Drei, vier Stufen führen aus der Barke durch vergoldetes Gitterwerk zum Thor und über breite matt ansteigende Treppen in die luftigen Säle und weiten Osmanli-Hallen voll Blumenduft und strömender Kühle zu Aali-Efendi hinauf. Auf der einen Seite der Wohnung fächelt und saust die Luftströmung des Bosporus durch die breiten Fensterräume, und auf der andern hebt es sich in kunstreicher Stufenfolge grün und schattig wie die Gärten der Semiramis bis zum Laubdickicht auf der Höhe des schwelligen Randes empor. ·

Zur freigebigen Natur des Himmelsstriches hat sich in Anlage und Schmuck der Gärten überall Kunst und guter Geschmack gesellt. Soll ich etwa aus Gefälligkeit für fremde Leser die Nil-Banane loben mit dem hellgrünen kolossalen Blatt? Rankende Fülle des Immergrün umschlingt auch anderes Gemäuer, und wenn das kaukasische Kolchis seine Schatten und die heiße Zone ihre ganze Farbenpracht in Aali-Efendi's Gärten sendet, könnte man da noch von Pinien, von Weinlaub, von Celtis australis, von Pomeranzen- und Lorbeerbaum, von schmucken Cypressen, rothblühendem Oleander und von Terebinthen reden?

In Anordnung und innerer Verzierung der Säle finden Sie europäische Eleganz mit bequemer Einfachheit des Morgenlandes in schöner Harmonie. Der breite, üppig-volle Divan auf drei Seiten des Zimmervierecks verkündet den Orient, während fränkische Stühle, schmucke Tische, goldene Fensterknäufe und niedliche Gueridons mit goldgezierten Pendeluhren den Sinn nach Europa lenken, und statt der Doppelflügel ein golddurchwirkter Teppich, wie im Palast des Afrasiab, den Eingang schließt. Aali-Efendi ist etwa dreiunddreißig Jahre alt, schmächtig und von kaum mitt-

lerem Wuchs. Schattiges Antlitz und dunkle Augen sind gemein-
samer Typus des Morgenlandes; geistvollen Blick und bei reicher
Fülle der Gedanken doch modeste Rede mit verschämtem Wesen
gibt nur die Wissenschaft. Nicht nur spricht und schreibt Aali-
Efendi das Französische mit Geschmack und Leichtigkeit, Aali-
Efendi weiß auch, um welche Zeit es jetzt in Europa ist und
welche Macht das Wort in unsern Tagen übt. Eine kleine aber
ausgesuchte Sammlung abendländischer Meisterwerke schmückt den
Saal, wo Aali-Efendi die Besuchenden empfängt. Nur die
Neugierde Ihrer europäischen Lesewelt kann es entschuldigen, wenn
wir noch weiter bemerken, daß statt fließender Gewänder und
Saffianpantoffel jetzt weißes Pantalon mit lackirter Fußbekleidung,
dunkelblauer Gehrock mit elegantem Schnitt, mit anliegendem
kurzen Stehkragen und einer Reihe vergoldeter Knöpfe, Hals-
binde und niederes Fes mit blauer Quaste im officiellen Stambul
an der Tagesordnung sind. Aali-Efendi's Diener sind als Musulmanen mit derselben Eleganz gekleidet wie ihr Gebieter, und
den Rang bezeichnet nur die Decoration aus Edelstein. „Livrée"
und andere sociale Abstufungen demüthigender Natur, wie sie
im Occident noch gelten, sind im islamitischen Staat unbekannt.
Daß aber keine Dienerschaft der Welt die brillantbesetzte Ambrapfeife und den unter golddurchwirkter Hülle hereingebrachten Mokka-
trank mit besserem Anstand zu reichen wisse als die türkische, hat
man schon anderswo gesagt. Persönliche Würde mit der Kunst
sich darzustellen ist den Osmanli in der niedersten wie in der
höchsten Rangstufe gleichsam angeboren; und gesellt sich zu dieser natürlichen Gabe noch die Politur des Occidents, so gibt es
ein Bild, das in seiner Art vollendet ist und nicht ohne Wirkung
bleibt. Welche Herrschaft Außenseite, Styl und Form in allen
Dingen über die Menschen üben, weiß man ja ohnehin. Nur
der Unkundige kann den Sultan Mahmud tadeln, wenn er die

Umgestaltung seiner Staaten mit Neuerungen im Kanzleistyl, Kleiderschnitt und geselligen Verkehr begann.

Der Großwesir, zu dem wir nachher kamen, hat vermöge seiner hohen Stellung das Recht im Morgenkleid Besuche anzunehmen. Die oberste Civil- und Militärgewalt der türkischen Monarchie ruht vereint in der Person dieses hohen Würdenträgers, den man mit „Hoheit" anredet und nicht mehr wie die übrigen Minister zu Tische laden kann. „Sadri-Asäm" ist der türkische Ausdruck für Großwesir, und bedeutet wörtlich „der erste Platz" oder „die größte Auszeichnung" im Divanssaal. Die Grundlage staatlichen Lebens im Orient ist der Sitz, die Ruhe, und nicht „wo wohnt er?" wie der fragende Abendländer, sondern „nerede oturur", d. i. „wo sitzt er", will der Osmanli hören. Solche Bemerkungen machen wir etwa nicht für den Klugen und Gelehrten, für Marcus Joseph Müller und Dr. Pruner, sondern für unsere mühevollen und doch neugierigen Landsleute an der Eisak, wo sie St. Leonhard zu Ehren Kühe melken und nicht wissen können, was in Stambul Sadri-Asäm und „nerede oturur" bedeutet.

Reschid-Pascha ist vielleicht zehn Jahre älter, und wenn auch nicht bedeutend höher, doch wenigstens runder und voller als Aali-Efendi, den wir früher sahen. Hat Aali-Efendi das Kinn rasirt, und die Augen im Mandelschnitt, so sind Reschid-Pascha's Augen rund, beweglich und etwas hervorgedrückt, das Antlitz aber von kurz geschnittenem dichten Bart beschattet. Reschid-Pascha weiß jetzt vielleicht besser als früher, was man in seiner Stellung dem Volke und der alten Sitte schuldig ist. Man denke sich das Heer der Diener, der Ordonnanzen, der Bittenden, der Huldigenden, den Glanz, die Pracht in der Umgebung des alter Ego kaiserlicher Größe und Majestät! Reschid-Pascha trug einen Kaftan (weiten Ueberwurf) von rosenrother Seide und mit weißem

Hermelin verbrämt; darunter eine Jacke von leichtem blauen
Stoff, und zunächst auf der Leibwäsche einen blendend weißen,
rothgefleckten Leibrock aus feinstem Gewebe, und durch einen
schmalen Goldfadengürtel von großer Schönheit um die Mitte festgehalten. Goldene Cylinderkettchen, rothes Fes, und zu weißem
Beinkleid goldgestickte Zimmerschuhe fehlten natürlich nicht.

Der stattliche Mehemed Ali Pascha, weiland bei Sultan Mahmud hoch in Gunst, gegenwärtig Schwager des Padischah und
Ex-Großadmiral der türkischen Flotte, saß mit dem alten Aarif
Pascha zum Morgengruß auf der einen, der kaiserliche Internuntius mit seinem Gast auf der andern Seite des Großwe-
sirs, und die Unterredung ward in der Hauptsache französisch
fortgeführt, was Reschid Pascha bekanntlich ebenso correct als
elegant und fließend spricht, die beiden andern Würdenträger aber
noch nicht ganz zu verstehen scheinen. Eine kleine nicht gar zu
schwere Probe im Türkischen nahm Se. Hoheit selber vor, und
stellte mit Beistimmung Mehemed und Aarif Pascha's dem Gast
des Hrn. Grafen ein vielleicht zu günstiges Zeugniß aus. Die
Aufnahme war ungewöhnlich freundlich und ehrenvoll, wie sie
ein giaurischer Journalist bei dem Sadri Asám früherer Decennien kaum gefunden hätte. Die landesüblichen Ehren mit Kaffee
und brillantenbesetzter Ambrapfeife verstehen sich ohnehin, wenn
man durch Graf Stürmer eingeführt und empfohlen wird. Von
der vertraulichen Stellung und vom großen Credit des kaiserlichen Internuntius bei den obersten Behörden des türkischen
Reichs als Augenzeuge öffentlich zu reden verbietet natürlich der
gute Tact. Daß aber die Oesterreicher eine Gunst, die sie meistens den persönlichen Eigenschaften ihres Repräsentanten an der
hohen Pforte verdanken, nur selten und mäßig oder aus christlicher Enthaltsamkeit und Selbstverleugnung eigentlich gar nicht
benützen, gestehen sie hoffentlich selber ein. Daß man dagegen

an der Seine und an der Newa etwas begehrlicher, hinterhälti-
ger und ränkevoller als an der Donau sei, hat man deswegen
noch nicht gesagt. Große Potentaten, die überdies noch Christen
sind, vor ganz Europa anzuschwärzen, sind wir nicht nach Bujuk-
dere gegangen. Wann hätte aber auch ein Franzose in der Politik je eigennützige Gedanken gehabt, und etwa an die Rhein-
grenze, an Tunis, an das Nildelta, an den Escurial und an
den Libanon gedacht? Daß sie Algier mit den Oasen der Wüste
nur aus Zwang an sich gebracht und Port Mahon wiederholt
ausgeschlagen haben, weiß in Europa Jedermann.

Um es nun aber mit Niemand zu verderben, müssen wir
auch die Russen loben, und besonders ihre harmlose Conduite
am Bosporus gegen deutsche Voreingenommenheit sicherstellen.
Wer in der Welt wird aber auch glauben, daß ein Russe irgendwo intriguire oder gar im Stillen an byzantinischem Gelüste
leide? Kann man die frommen Russen tadeln, wenn sie in
Griechenland ohne alle Nebenabsicht und nur aus Andacht Kirchen
und Seminarien stiften? Daß sie aber im ganzen Umfang des
türkischen Reiches überall nur wegen Reinheit des Glaubens und
Wahrung anatolischen Seelenheils sich ihren Glaubensbrüdern
nähern, sie zum Gehorsam gegen die hohe Pforte ermuntern,
und nur um des Himmels willen und um dem Padischah das
Geschäft zu erleichtern, im Vorübergehen hie und da ein Ex-Voto,
ein Kreuz, ein Almosen, ein Jahrgehalt, eine gute Lehre zurücklassen und von Eigennutz überall am weitesten entfernt sind, ist
eine bekannte Sache und zugleich die stärkste Bürgschaft für Er-
haltung europäischen Gleichgewichts und langer Ruhe im Orient.
Glauben Sie mir doch nur, man ist hier entsetzlich tugendhaft
und nur von diplomatischer Besorgniß geängstigt, man könne
sich am Ende doch bei aller Unschuld irgend eines jener kleinen
Profite nicht erwehren, welche bekanntlich das Schicksal politischen

Tugendhelden oft wider Willen und heimlich in die Hände spielt.
Am ehesten, glaubt man, wird es den ehrlichen Oesterreichern
gelingen, das Unglück vermehrten Besitzes von ihrem Land abzu-
wehren. Wenn man dagegen in Albanien die russischen Ord-
nungs- und Unterwürfigkeitspredigten schnöde verachtet, und die
Lage durch Aufruhr und Tumult zu verbessern hofft, so müssen
sich die Russen mit dem Gedanken trösten, daß nicht der Erfolg,
sondern Absicht und Wille die Moralität unserer Handlungen
bedingt. Bei den türkischen Großen wird begreiflicherweise von
solchen Dingen nichts verhandelt, und höchstens der Glückwunsch
zum ruhmvollen Sieg des kaiserlichen Heeres über Bedrhan-Beg
und Kurdistan angebracht. Die Kunst angenehm zu reden, ohne
ein Wort zu viel zu sagen, hat einem türkischen Großwesir
und einem römischen Cardinal noch nie gefehlt.

Ganz verschieden von den beiden genannten Staatsmännern
ist der alte Tahir-Pascha, zu dem wir am Schluß unseres Tage-
werks gekommen sind. Der Name ist in Europa als Sinnbild
gefühlloser Strenge und beinahe alttürkischer Grausamkeit wohl-
bekannt. Tahir-Pascha mag im Herzen ein Feind der Christen,
im Amt hart und unerbittlich sein; aber selbst die Gegner sagen,
er sei ein unbestechlicher und ein gerechter Mann. Tahir-Pascha
ist hochgebaut, knochig und mager, aber nervig, straff und voll
Beweglichkeit, trotz seiner siebenzig Jahre. Sein soldatisches Wesen und seine ganze Art zu sein mahnt an den berühmten Grafen Ostermann. Das langsame und accentlose Wort, das lichte
Gesicht, die großen grauen Augen unter weißer Braue und der
trockene Blick sagen klar genug, daß Tahir-Pascha nicht übermäßig empfindsam ist und die Romane der hochgeborenen Gräfin
Ida Hahn-Hahn noch nicht alle gelesen hat. Zum Glück mil-
dert die knappanschließende neue Kleidung, zierlicher Gehrock und
weißes Pantalon mit Lack am Oberleder das Unheimliche des

Phänomens. Tahir-Pascha, wie er selbst erzählt, sitzt nicht viel, spielt täglich vier Stunden Billard, ißt wenig, trinkt Wasser, und findet, daß Zucht und Ordnung mit pünktlichem Gehorsam bei Untergebenen aufrecht zu erhalten und auf diesem Wege das wahre Glück der anvertrauten Provinzen zu fördern, der schönste und eines Vorstandes würdigste Gedanke ist. Urtheile man, ob Tahir-Pascha früher als Großadmiral unter turkogräkischen Matrosen, dann als Führer zuchtloser Albanesenhaufen in Syrien, endlich als Statthalter von Aidin, von Adrianopel ꝛc. Gelegenheit für praktische Uebung seiner Ideen fand und jetzt bei den turbulenten Bosniaken finden wird! Tahir-Pascha ist des Italienischen und Neugriechischen in merklichem Grade kundig, hält aber als Mann der That, wie es scheint, nicht viel auf Theorie, auf Styl, Wissenschaft, Odilon-Barrot-Gerede und deutsche Metaphysik. Am leichtesten verzeiht man einem Osmanli wie Tahir-Pascha seine laue Liebe und schmale Achtung für die Christenheit. Nicht das Credo, sondern die niedrige Gesinnung und die unbegreifliche Conduite, besonders der Levantechristen, machen uns dem gravitätischen Musulman gegenüber verächtlich und verhaßt. Ob aber Tahir-Pascha's Abneigung gegen die Christenvölker dem Haß gleichkomme, mit welchem diese einander selbst verfolgen, wäre eine andere Frage, auf die wir ohne Aergerniß und peinlichen Anklang nichts zu sagen wüßten. Dagegen hätte ich gar zu gern vernommen, was etwa der bosnische Wesir über die schleswig-holsteinische Streitsache und über die crenellirten Säulen in Dr. L. Roß' griechischer Inselreise denkt, und ob er in Angelegenheiten des Sonderbundes dem Luzerner Pater Simmen oder dem Präsidenten Ochsenbein den Vorzug gibt? Das Schickliche und Zeitgemäße solcher Fragen wird Ihnen nicht entgehen, und ebenso lebhaft können Sie sich die Theilnahme und die Wärme denken, mit welcher sie ein Türke wie Tahir-Pascha aufgenommen hätte. Es schien aber doch vortheilhafter, diese in Europa noch zu wenig besprochene und für türkischen Dialog vorzüglich geeignete Materie bis zu meiner Ankunft in Zwornik aufzusparen, wohin mich der Wesir zum Besuch eingeladen hat.

———

V.

Der schöne Lloyd-Dampfer „Istambul", auf dem ich vor
sieben Jahren um die gleiche Jahreszeit das schwarze Meer durchschnitt und nach längerem Verweilen auf den nordanatolischen
Küsten wieder zurück in den Bosporus kam, bestreicht mit ungeschwächter Kraft und nur mit vermehrter Uebung und Sicherheit noch immer dieselbe Linie. Der Gedanke aus dem weichlichen
Schlummer des Bujuk-dere-Lebens sich mannhaft aufzuraffen und,
wenn auch keinen längern Aufenthalt, doch wenigstens einen
kurzen Besuch in Sinope, Samsun und Trapezunt zu machen,
lag so nahe, daß Sie sich gar nicht verwundern sollen, wenn
ich der Versuchung unterlag und raschen Fluges noch einmal in
die Komnenenstadt gekommen bin. Der Schritt ist um so begreif-
licher, wenn sich zur verführerischen Insolenz, mit welcher „Istambul" Woche für Woche an unserem Sommeraufenthalt vorüberrauschte, noch eine besondere Veranlassung und ein freundliches
Gelage im besten Styl gesellte. Dieser Beisatz ist nicht umsonst.
Denn eine bloße Lustpartie von dreihundert Stunden Entfernung
im schwarzen Meer mit flüchtigem Gruß in Trapezunt wäre doch
etwas so abenteuerliches und ungewöhnliches, daß nur muthwillige Geringachtung von Zeit und Mitteln, oder eine Leidenschaft
eigener Natur die Erklärung geben könnte. Des ersteren wird
uns Niemand beschuldigen, und warmes Gefühl für das Schöne

ist in keiner Lage tadelnswerth. Wenn der treffliche Tschichatscheff
mit Einsatz von Reichthum und Gesundheit wiederholt, aber jedesmal in einer andern Richtung Kleinasien durchstreift, in Kappadocien den erloschenen Vulcan Argäus mißt, die unbekannten
Züge des Taurus und Antitaurus verfolgt, Steine und Pflanzen prüft und an vielen Stellen das Vacuum anatolischer Map-
pen füllt, so ist es für die Wissenschaft allerdings größerer Gewinn,
als wenn ein anderer den tückischen Göttern des Eurinus noch
so reichlichen Tribut entrichtet und in stummer Bewunderung vorübereilend die Gegenstände früheren Entzückens — die Burgruine
Trapezus und die immergrüne Waldnacht der pontischen Küste
grüßt. Was uns diese Landschaft einst gewesen und wie leidenschaftlich die Bilder waren, die uns der kolchische Buschwald, die
Sumelaschlucht und die zaubervolle Scenerie zwischen Tripolis
und Kerasunt eingeflößt, mag zum Theil noch heute im Andenken Ihrer Leser sein. Der Mensch aber liebt und bewundert
nur einmal, und selbst wenn sich der Zauber löf't, blickt er noch
lange ehrfurchtsvoll auf die geheime und unerklärliche Gewalt,
die ihn einst überwunden und gefesselt hat.

Da Hr. von Lutteroth, einer der fünf Directoren des Triestiner Lloyd, mit dem Generalsecretär des Instituts selbst auf
dem Schiffe war, nahm uns Istambul im Vorüberfahren zu
Bujuk-dere an Bord. Bis Sinope, wo auf dem Hinwege zuerst
gelandet wird, brauchten wir vierzig Stunden ununterbrochenen
Maschinenspieles, und während dieser Zeit war von den gepriesenen Annehmlichkeiten einer Sommerseereise eigentlich wenig zu
empfinden. Das Uebel begann dicht vor der Mündung des Bosporus. Und wie soll man guter Laune sein und Gedanken haben,
wenn Wind und Welle mit Kraft entgegen sind? Nach Sinope
war der Pontus freundlicher, und erlaubte das Versäumte bei
Tisch und im Gespräch reichlich nachzuholen. Diese bessere Hälfte

der Fahrt dauerte mit Einrechnung des zweistündigen Anhaltens
in Samsun noch an dreißig Stunden bis zur Rhede von Trapezunt, wo wir ungefähr am Ende des dritten Tages nach der
Ausfahrt von Bujuk-dere die Anker warfen und den wohlbe-
kannten Strand begrüßten. Wir hatten 1500 Colli an Bord,
und das Verdeck war mit Leuten aus verschiedenen Provinzen
der asiatischen Türkei, aus Persien und Kaukasien überfüllt. Die
Tscherkessen führten neben damascirten Klingen und ihrem Kin-
schal noch Flinten eigener Art mit dünnem silberreichen Schaft
und weitem Rohr, die sie in Konstantinopel für 55 bis 60 Franken das Stück erstanden hatten. Munition fehlte natürlich nicht,
um die Moskowiter mit dem Fürsten Woronzow gehörig zu sa-
lutiren. Erst um zwei Uhr, nachdem sich unter Gedränge, Tumult und Geschrei trapezuntischer Gondoliere der Strom verlaufen
hatte, konnten wir mit Anstand und Sicherheit das Land betreten. Als Historicus von Trapezunt mußte ich die Rolle des
Cicerone spielen und die Tagesordnung mit dem Plan der Wanderung bestimmen.

In das Innere zu dringen und im kolchischen Thalgrün her-
umzuschwärmen, wie vor sieben Jahren, gestattete diesesmal die
kurze Frist zwischen Ankunft und Abgang desselben Schiffes nicht.
Die nächste Umgebung der Stadt, St. Sophia auf der einen
und das immergrüne Pyxitesthal (Dejir menderesi) auf der andern Seite, dann die Graukuppe (Bos depe) mit der weiten
Fernsicht, wo einst die Zehntausend des Xenophon campirten,
dann die Basare der ausgedehnten Gartenvorstadt, die Baum-
schluchten der Citadellengräben und die verlassenen Trümmer der
Kaiserburg wurden allein besucht. Daß man jedoch in der Stadt
selbst am Hause des liebenswürdigen Gastfreundes Cavaliere
Ghersi und des in der Zwischenzeit neuernannten österreichischen
Consuls v. Atanaskowitsch bei aller Eile und Kürze des Aufent-

halts nicht vorüberging, versteht sich ohnehin. Ein Derwisch, den ich früher viel gesehen, war auf erhaltene Kunde zu Hrn. v. Gherſi geeilt, um ſich mit dem „türkenfreundlichen Nemtſche" noch einmal gottſelig zu unterhalten, und zugleich das gemeinſame Loos der Sterblichen zu bejammern. Wie zu München und einſt auf der albaniſchen Villa des Horatius, wird auch in Trapezunt über den ſchnellen Flug der Zeit gewimmert. Um wie viele Jahre wir inzwiſchen älter geworden, zählte der fromme Muſulman ganz genau. Wieviel aber Se. Ehrwürden inzwiſchen Wein getrunken, ſagte ſie natürlich nicht.

Leſer der „Fragmente" würden es beinahe übel nehmen, wenn ich über die Kürze der Zeit und über den Derwiſchjammer Marim-Oglu's Haus überſehen hätte. Die alte Frau erkannte noch den Gaſt, und vermochte nur mit Mühe die Thränen zurückzuhalten. Dagegen verſteckte ſich die goldhaarige kleine Lucia, die inzwiſchen vierzehnjährig wurde, geſchämig hinter der Küchenthür, und es bedurfte wiederholter Mahnungen der Mutter, bis ſie, mit Goldmünzen reich behangen und im ſchönſten Schmuck der Jugendlichkeit und des Putztiſches, aus dem Verſteck hervortrat und den Fremdling nach Armenierart begrüßte. Die Nägel an Fingern und Zehen trugen nicht mehr das nubiſche Pflanzenroth wie vor ſieben Jahren — zum Zeichen, daß in der Katholikentoilette zu Trapezunt die Tyrannei des „Pfäffleins" Don Ovanes noch ungeſchwächt beſteht. In der Scene des Wiederſehens mit der guten Frau Marim-Oglu, meinten die Begleiter, ſei etwas rührendes geweſen (natürlich nur für Deutſche), und die ſchöne Lucia von Trapezunt fände gewiß ohne Goldbehänge an Bruſt und Mütze ihren Menelaus. In welchem Zuſtand finde ich etwa Lucia, wenn ich Hrn. v. Gherſi das Verſprechen halte und Trapezunt zum drittenmal beſuche? Die beiden Granaten- und Feigenbäume am Brunnen hatten inzwiſchen an Mächtigkeit und

Schattenfülle bedeutend zugenommen, aber die erwerbsame Familie Marim-Oglu selbst fand ich, durch Emigration geschmolzen, auf das früher leere Nebenhaus beschränkt, und das Hauptgebäude selbst als „Hôtel de France" verzinslich angelassen.

Die befruchtenden Wirkungen des neuerwachten Waarenzuges aus Europa über Trapezunt nach Iran werden in der Komnenenstadt nach langem Widerstreben endlich fühlbar, und eine Scheidewand nach der andern fällt vor der Liebe zum Gewinn. Eine neue Basargasse erwuchs vor nicht langem auf dem großen Platz (Meidan), und Spuren von Verschönerung, Erweiterung und Wiederherstellung vergessener Ruinen zeigen sich an vielen Orten, besonders im Consularviertel und in der Richtung gegen Rhede und Landungsplatz. Selbst in die oberste Citadelle, weiland Mittelpunct des Schmutzes und der Versunkenheit, fiel ein Strahl von Ordnung, Säuberung und Wiederbau. Moscheen und Häuser des früher so verfallenen Quartiers sind wenigstens im Aeußern sauber und wohnlich hergerichtet, und sieht der „milchweiße Kanonierjunge" auch nicht mehr als waffenlose Schildwache gegen die Moskof ins Gebirg hinauf, so ruht doch die einzige Kanone, die früher auf der Erde lag, jetzt zierlich auf Laffetten, und wimpelt vom breiten Epheuthurm des Kalo-Johannes die rothe Osmanlifahne langfaltig über die grünumschlungenen Mauerzinnen in die Luft hinaus.

Das jugendlich schöne Blut und die kaukasische Frische der Trapezuntier bemerkt jeder, der aus Europa und dem verwelkten Stambul kommt. Von den Uebeln, die das schöne warme Blut in Trabosan verübt, gehen freilich allerlei Gerüchte frei und offen im Ort herum; wer aber dürfte es wagen, dem geschämigen, frommen und sittlich strengen Europa solche Skandale aufzutischen? Oede geblieben ist in der Gährung des neuen Trapezunter Lebens nur die Palastruine, der alte Sitz romantischer Lust und Kom-

nenenpracht. Völkern und Himmelsstrichen verzeiht das Fatum
zuweilen ihre Sünden und sendet verlorene Herrlichkeit zurück.
Nur für gefallene Fürstengröße gibt es keine Sühne, und heute
wie vor sieben Jahren sieht die junge Esche noch ungestört durch
die leeren Säulenfenster der Komnenen nickend die Wolken vorüberziehen.

Schon auf der Herfahrt, als das Schiff um das Vorgebirg
Joros beugte und die weite Curve von Trabosan erschien, hatten wir an waldlosen Steilhalden eine im feuchten Kolchis ungewöhnliche Erscheinung, versengtes Gras und ausgebrannte
Flur bemerkt. Die Glutsonne von 1847 und völliger Regen-
mangel zunächst über die Umgegend von Trapezunt hatte das
sonst so üppig grüne und lachende Weichbild der Stadt fast bis
zur Unkenntlichkeit entstellt. Größere Baumgruppen blieben freilich unversehrt und zehrten von der eigenen Kraft, aber der
Quellensprudel um die Stadt, besonders in den schattenvollen
und romantischen Citadellenschluchten war großentheils versiegt,
und von den beiden plätschernden Bächen der eine völlig einge-
trocknet wie der Ilissus bei Athen; der andere war zu dünnem,
kaum bemerkbarem Silberfaden herabgesunken, und verschwand
verschämt in dürrem Gebüsch, wo er früher segenspendend, frisch
und lustig vorüberrauschte.

Besonders traurig war der Ausblick von der Burgruine in
die von der Westschlucht dicht hinter der Burg aufsteigende Berg-
mulde, wo der saftig helle Grasteppich überall versengt, das
strotzende Gebüsch abgedorrt und die lustigen Quellen wie zur
Zeit, als Phaëthon die Welt verbrannte, im zerklüfteten Boden
versunken und aller Reiz verschwunden war. Der Gedanke reich-
licher Herbstregen werde mit den Quellen auch das verlorne
Pflanzenleben, den Asphodill- und Anemonenschmuck der verwelkten St.Sophienaue wiederbringen, tröstete allein über Dürre

nnd Verlassenheit der Gegenwart. Wider die Region des Laub-
waldes, die in wenig mehr als einer Stunde südlich vom Strand
überall beginnt, vermochte wegen des unerschöpflichen Reichthums
an Feuchtigkeit, an lieblich dichtem Unterholz und an Schatten-
blumen diese Frühlingscalamität natürlich überall nichts. Und
verschlösse der Himmel wie einst über Samaria seine Brunnen
auch über Kolchis drei volle Jahre, ich glaube sein Zorn würde
vergeblich sein. So rebellisch, reich und ungebändigt ist im Pontus die Pflanzenwelt!

Weniger glücklich als der Buschwald sind die byzantinischen
Wandmalereien im Innern des Nebenkirchleins von St. Sophia
gewesen, von deren Schönheit, Festigkeit und gutem Stande die
„Fragmente" Erwähnung thun. Vermuthlich aufmerksam gemacht
und zugleich erbost durch regelmäßig wiederholte Besuche Un-
gläubiger aus Firengistan bei diesem Heiligthum verordneten fanatische Ulema von Trabosan inzwischen die gänzliche Vernichtung
der „abgöttischen" Kunstgebilde. Wer wie Fernbach die fast unzerstörbare Härte des Byzantiner Kalkes kennt, wird die Mühe
dieses wahrhaft vandalischen Zerstörungsactes begreifen können.
Zoll für Zoll, wie man es bis zu oberst in die Kuppel hinauf
deutlich sieht, ward der islamitische Spitzhammer eingesetzt, und
die mehr als fünfhundertjährige Kruste herabgeschlagen. Das
Geld der Ungläubigen nehmen die Osmanli von Trapezunt, aber
die Duldsamkeit unserer Sitte verschmähen sie. Ein bereits legal
abgeschlossener Consular-Wohnungsmiethcontract ward im An-
drang der Gemeinde durch den Statthalter für nichtig erklärt
und gegen Ersatz aufgehoben, „weil die Flagge des ungläubigen
Repräsentanten an das Dach einer nahen Moschee streifen könnte."
Noch eine Schlappe von Gümüsch-Chane braucht es, bis die stupiden Trabosanlü begreifen, um welche Stunde es jetzt in Europa
ist. In Stambul sind die Musulmanen schon billiger, wie man

neulich bei den Reparaturen der großen St. Sophienkirche sah.
Statt byzantinische Mosaiken, die plötzlich zum Vorschein kamen,
fanatisch zu vertilgen, wie im unduldsamen Trapezunt, befahl
der kluge und verständige Abd-ül-Medschid den Fund durch frische
Tünche den Augen seiner Gläubigen zu entziehen, und so auf
bessere Zeiten zu bewahren. — So verging die Zeit, und nur
in der Voraussetzung, daß wir die Zusage halten, und wenn
auch nicht für den ganzen Winter, doch zur kolchischen Kirschen-
blüthe wiederkehren, ließ man uns die Anker lichten und weiter
ziehen.

Unter den bedeutenderen Küstenstädten des schwarzen Meeres
ist Samson von europäischen Zeitungslesern vielleicht am wenigsten gekannt; jedenfalls wird in öffentlichen Blättern und
Reisebeschreibungen kaum einmal des Jahres dieser Stadt erwähnt.
Obwohl einst eine griechische Colonie, bietet Samson doch kein
romantisches Interesse wie Trapezunt. Auch der Sinn für alte
Kunst findet hier keine Nahrung, da heute weder Tempel noch
Theater, noch Stadium, noch Antiken, ja nicht einmal Ruinen
zu sehen sind. Man denke sich eine gelblich weiße Festungsmauer,
in Form eines länglichen Vierecks, mit Thürmen und busch-be-
wachsenen Gräben ohne Hebung und Schwung am meerbespülten
Flachstrande hingebreitet und im Innern mit einem unentwirr-
baren Labyrinth von Schmutz, Cloaken und niedrigen Koth- und
Bretterhütten ausgefüllt, und man weiß beiläufig was Samson
im Pontus ist. Nun rechne man zur Ergänzung des Bildes
noch die dicke Sumpfluftschichte, den unerträglichen Qualm und
die mephitischen Dünste der Hundstagperiode, die bleichen Gesichter, die schleichenden Fiebergestalten und die üblen Launen der
türkischen Fastenzeit hinzu, um zu entscheiden, wie reizend das
Leben für einen müßigen Europäer in Samson sei. Außerhalb
der Ringmauer hebt sich der Boden in sanfter Schwellung, und

eine weite Vorstadt, zwar auch meistens zerlumpt, brettern und
verfallen wie die Häuser der Citadelle, aber zwischen Bäumen
und Bächen malerisch hingestreut, gewährt dem Auge schon höhern
Reiz. Wahrhaft schön ist nur die Landschaft, ein weiter Halb-
kreis von mildaufsteigenden Hügelreihen, eine immer die andere
überragend, und im Hintergrunde von schattigen Laubwaldbergen
eingerahmt in lieblicher Theaterform.

Der Strand, in gerader Linie etwa eine geographische Meile
von einem Vorgebirg zum andern laufend, bildet mit der Festung
gleichsam das Proscenium zu der viele Stunden tiefen Bühne,
voll Schatten, Reichthum und Gartenlust. Was sich am Terrain
in der Nähe schluchtig und grünmuldig getrennt und durchbrochen
zeigt, fließt, vom Meere aus gesehen, in lieblich schwellende Contouren ineinander. Der Boden selbst ist fette Gartenerde und
wie ein natürlicher Riesenpark mit Bäumen übersäet. Oel, Mais,
Weizen und Tabak gedeihen in Ueberfluß, Obst und Trauben ungerechnet, die hier ohne Pflege und, wie um Trapezunt, fast
unbeachtet wuchern. Denselben Charakter üppiger Fruchtbarkeit
und reichlichen Ertrages bewahrt das Land rückwärts von Samson in der Richtung gegen Kaisarieh in Kappadocien, wo man
nach Horatius von jeher wohlgenährte Leiber und leere Köpfe
hatte. Nur eichene Dickschädel, wie die Anatolier überhaupt,
konnten zehn Jahre brauchen, um zu begreifen, daß bei einem
solchen Natursegen mittels Dampfschifffahrt der Ungläubigen ein
gewinnreicher Handelsverkehr mit Europa möglich sei. Und wirklich ging die erste große Sendung Tabak (im ganzen 40,000 Bal-
len) eigentlich nur im verwichenen Jahre von Samson abendwärts.
Wie viele und wie reiche Ladungen Weizen und Mais zu gleicher
Zeit ihren Weg nach dem hungrigen Occident genommen, sagen
die Zollregister und die vollen Taschen der Zwischenhändler. Doch
aus der Fülle des Gewinnes einen bequemen Landungsplatz her-

zustellen, fiel in Samson noch Niemand ein. Nicht einmal kleine
Barken können sich dem Strande nähern, und den Molo ersetzen
— oft nicht ohne Gefahr — die derben Schultern der Ruder-
knechte. Ob man indessen zu Samson viel Metaphysik treibe,
bezweifelt ein deutscher Leser nicht ohne Grund. Auch war es
bei unserer Ankunft noch unentschieden, ob Samson dieses Jahr
einen Deputirten zum Philosophencongreß nach Gotha senden
wolle oder nicht.

Auf einer gesunden und lustigen Baumhöhe oberhalb der
Stadt hat das große Handelsvolk mit wahrhaft brittischem Com-
fort sein Consulat gebaut. Die Oesterreicher haben zwar auch
eine Behörde aufgestellt, sind aber in bescheidener Hütte unten
in der Fieberluft am Strand geblieben, und nehmen den Rost-
beef essenden Britten gegenüber das ganze Jahre Chinin.

Daß aber bei Samson (Samsun und Sampson) etwa nicht
an den bekannten Bibelhelden und an die Philister zu denken
sei, versteht sich ohnehin. Die Stadt hieß vor Alters und heißt
im Grunde heute „Amisos". Der Accusativ der classisch-griechi-
schen Ortsnamen erscheint in der Byzantiner Periode gewöhnlich
als Nominativ mit der Vorschlagsylbe S, Is oder Iz, was man
schon bei einer frühern Veranlassung nachgewiesen hat. Wie sie
in Anatolien schon vor Einwanderung der Türken statt Nik (Nicäa) Isnik, statt Chio Schio und statt Atalia Satalia sprachen
und schrieben, hat sich auch das alte Amisos in S'Amison und
mit beliebter Verkürzung in Samson umgewandelt.

Von dem unphilosophischen Samson geht das Dampfboot in
neun Stunden nach Sinope, dem natürlichen Stapelplatz für die
dahinterliegende fette und reiche Landschaft Paphlagonien. Von
der alten Handelsrepublik und Miletus-Colonie Sinope, ihren
prachtvollen Theatern, Rennbahnen und Tempeln, wie sie noch
Strabo zu Anfang der christlichen Aera lobt, ist heute eigentlich

nichts mehr übrig als der Name und die vortheilhafte Lage auf
einer schmal zusammengepreßten Erdenge, die eine breit ange-
schwollene, röthlich ausgebrannte, fast baumlose und etwa eine
Stunde weit in das Meer hinauslaufende Halbinsel an das grüne
Küstenland von Paphlagonien hängt. Die Türkenstadt mit hohen
Mauern und einer verlassenen Citadelle füllt die schmale, aber
schwellige und baumreiche Landzunge von einem Meer zum andern, und da die sonnenverbrannte Halbinsel selbst gleich außerhalb der Festungsmauer sich bergig erhebt und zugleich wie eine
Ruderschaufel zu beiden Seiten bäuchig auseinandergeht, so bildet
sie eine Doppelrhede, die das Reizende der Oertlichkeit noch vermehrt. Der gewöhnliche Ladungsplatz jedoch mit Quarantäne,
Mauth, Werst und langen Basaren ist in der östlichen Hafen-
bucht, gegen welche sich auch die Halde der von Griechen bewohnten Vorstadt mit ihrem ärmlichen Häuserwerk und ihrem Baum-
wald niedersenkt. Am Ende der knorrig angeschwollenen und
steilfelsig in die Fluth abstürzenden Halbinsel hat die Natur zwei
Hügel von wundervoller Rundung hingestellt, die dem arabischen
Lebensbeschreiber Timurs ein eigenthümliches und ganz im Geschmack des Orients gehaltenes Bild entlocken. Die stadttragende
Enge selbst wird in derselben Stelle mit dem Wuchs eines schlanken Jünglings verglichen. Der Cyniker Diogenes und der große
Römerfeind Mithridates waren geborene Sinopiten. Aber die
Philosophie des einen wie die Energie und politische Größe des
andern sind mit Herrlichkeit, Flotte, Heer und rauschendem Leben
der alten Pontusresidenz längst vergessen. Von den Zeiten des
Pompejus (64 vor Christus) bis 1204 unserer Zeit, d. i. 1268
Jahre lang war Sinope römisch-byzantinisches Municipium, und
hatte hinlängliche Frist von seinem Glanz herabzusteigen und
langsam hinzuwelken. Um 1204 besetzte Alexis Komnenus, Stif-
ter des Schatten-Imperiums Trapezunt, die Stadt Sinope, und

baute aus den Trümmern alter Peristyle, Gymnasien und Theater die Mauern der gegen das Festland hin den Zugang hütenden obern Burg, die heute wieder unbewohnt und halb verfallen
ist. Nur sechs Jahre währte das Glück von Trapezus, und
schon um 1218 verlor Alexis Herrschaft, Stadt und Leben gegen
den Sultan von Ikonium. Von diesem Zeitpunct angefangen
blieb Sinope türkisch bis auf diese Stunde. Daß Sinope nach
Auflösung des Sultanats Ikonium dreihundert Jahre lang Sitz
eines seldschukischen Theilfürsten war, und 1463, wie eine türkische Inschrift unweit dem äußeren Festungsthor besagt, durch
Mohammed II. zum osmanischen Reich geschlagen wurde, macht
in der Hauptsache keinen Unterschied. Der Kunst, dem Fortschritt, der Bildung und dem Christenthum gegenüber ist Tür-
kenherrschaft unter allen Verhältnissen von demselben Geist der
Zerstörung, der Hemmung, der Feindschaft und der Indolenz;
beseelt. Nicht bloß der Firniß verschönerten Lebens und unruh-
voller Gesittung, womit die Siege des griechischen Genius den
Orient überzogen, ist in Kleinasien vollständig abgestreift; auch
die geistige Erschütterung und Restauration, die von Nazareth
ausgegangen, mußte in Kleinasien der Reaction des alten Prin-
cips des Orients erliegen. Das Christenthum ist in Anatolien
nicht bloß in der unendlichen Minderzahl, es ist auch Urbild der
Unwissenheit, des Verkommnisses und der Niederträchtigkeit, und
deswegen mit Recht in die Vorstädte und Cloaken zurückgedrängt.

Die ganze Art des Daseins der Anatolier, ihr Häuserbau, ihre
Ackergeräthe, ihre Industrie, ihre Weise das Feld zu bestellen,
den Körper zu pflegen und das öffentliche Leben einzurichten, ist
heute wieder, oder hat vielmehr niemals aufgehört zu sein, was
es zur Zeit des Königs Midas mit den fabelhaften Ohren und
des von den Göttern selbst belobten Ehepaares Philemon und
Baucis war. Auf der Straße neben der Citadelle sahen wir

einen paphlagonischen Bauernkarren von primitiver Einfachheit.
Von irgend einem Metallbeschläge war überall keine Spur, und
statt auf breiten Radfelgen von Eisen, wie im Occident, rollte
das Möbel auf zwei blau angefärbten dünnen Holzscheiben knar-
rend und holpericht auf dem Pflaster fort. Ich zweifle, ob von
König Nimrod und der griechischen Fabelwelt bis auf Abd-ül-
Medschid herab, allen Revolutionen des Orients zum Trotz, im
Ruralleben der Anatolier irgend eine wesentliche Veränderung ein-
getreten sei.

Auf der Hin- und Herfahrt hatten wir eine große Menge
Perser, und zwar aus den verschiedensten Provinzen Irans am
Verdeck. Daß die Perser eine hohe kegelförmige, oben zierlich
ausgeschweifte Mütze als Nationalkopfbedeckung tragen, ist inso-
weit nichts außerordentliches, und mag eben heute bei den Völkern
östlich am Euphrat Sitte sein. Wir bitten aber alle Redacteure
und Leser der Modejournale von London und Paris höflichst um
Vergebung für die monströse Thesis, daß sich an der persischen
Kopfbedeckung weder in Stoff noch in Form noch in Schnitt und
Coketterie seit viertausend Jahren das mindeste geändert habe.
Die Perser des Schehin-Schah Mohammed-Chan von Teheran,
wie sie von Stambul nach Trabisonda reisen, könnten für die
Stein- und Farbenkünstler nicht etwa bloß des Darius Hystaspes-
sohn, sondern Nimrods (2200 v. Chr.) „des gewaltigen Jägers
vor dem Herrn" und umgekehrt noch heute als Modelle dienen.
Die Bilder, welche Rawlinson am Felsen von Bihistan und Layard
in der verschütteten Königsburg zu Alt-Ninive abgezeichnet haben,
sind für das „progressive", wandelbare und unbeständige Abendland wo nicht ein tadelndes, doch ein merkwürdiges und belehrendes Argument. Oder glauben Sie etwa ein Berliner Garde-
officier, wenn er feingeschniegelt, patschuliduftend, in Cravatte
und Glacéhandschuhen Abends unter den Linden geht, gleiche in

Toilette, Miene und Benehmen noch überall einem cheruskischen
Freiheitshelden, der mit Arminius zur Schlacht von Idistaviso
zieht? Meinerseits zögere ich sogar mit der Behauptung, Vercingetorix, des Celtillus Sohn, habe bei Cäsars Sturm auf Ger-
govia ganz und gar Monsieur Adolphe Thiers im Pariser Depu-
tirtenfrack geglichen. Deswegen wird aber nicht gemeint, man
soll für Wiedererweckung deutscher Größe und deutscher Macht zu
Berlin in Thierfellen und mit gähnenden Wolfsrachen auf dem
Kopf, „magna parte corporis nuda“ wie die Streiter des Arminius, auf die Schloßwache ziehen. Eben weil es beweglich ist,
weil es alles prüft und das Beste behält, ist Europa groß geworden. Nur die Idee, daß Asien in allen Dingen, in Denk-
weise, Ausdruck, Sitte, Uebung und Tendenz der nothwendige
und legale Gegensatz des Abendlandes sei und bleibe, möchten
wir bei jeder Veranlassung unsern Landsleuten zu verstehen geben.

Während „Istambul“ diesesmal länger als gewöhnlich auf der
Rhede von Sinope hält, und der Harem des von Castamuni in
Paphlagonien nach Saida am Libanon versetzten Iscedralü Mu-
stapha-Pascha mit einigen und dreißig weiblichen Wesen verschie-
dener Lage und Farbe und einer verhältnißmäßigen Zahl von
Kindern, Sclaven, Caplänen, Schreibern und Dienern Saal
und Nobelverdeck besetzt, der Vollmond glitzert, der Wind lustig
weht, die Kinder schreien und den Damen übel wird, habe ich
Zeit genug, anatolische Sitte zu bedenken und zugleich einige
Notizen über die Pontusfahrt aufs Papier zu bringen.

VI.

Das Diplomatengastmahl auf Haider-Pascha.

Bujuk-bere, 5. October 1847.

Haider-Pascha ist eine schöne Thalebene im Hintergrunde der beiden Städte Chalcedon und Skutari, die bekanntlich dicht am welligen Strand der asiatischen Bosporusseite liegen und noch als Vorstädte von Stambul gelten. Die gegenseitige Entfernung der benannten Orte beträgt nur eine Stunde Weges, und zur dazwischen liegenden Thalebene selbst führt vom Ufer aus eine breitmündige Einsenkung, in welcher Bäume stehen und ein perenner Bach den Ausweg zur Propontis nimmt. Dicht am Landungsplatz steht eine gewaltige, dichtbelaubte, prachtvolle Platane mit Brunn, Ruheplatz und zwei isolirten Hügelschwellungen links und rechts zur Seite. Die Ebene selbst hat auf der Südseite eine sanft geschweifte Langhalde, an deren Abhängen ein unübersehbares Heer grüner Zelte stand, schön geordnet und mit der Mündung den kühlen Sommerlüften des Pontus zugekehrt. Unten auf dem grünen Plan steht ein Sommerhaus des Sultans und nicht weit davon das ungeheure bewegliche Tafelzelt, das der vorige Herrscher zur Feier großer Gelegenheiten um anderthalb Millionen türkischer Piaster (500,000 Franks) in Paris hatte fertigen lassen, zugleich Bundeslade und Stiftshütte der Allianz zwischen Islam und Christenheit.

Wer die Freundschaft der Christen sucht, muß ihnen zum Kitt thätiger Liebe vor Allem gut zu essen und sehr viel zu trinken geben. Eine willkommene Gelegenheit die Bande gegenseitiger Beziehung auf gut occidentalisch zu befestigen und neu zu beleben, war das Tauf- oder Beschneidungsfest der beiden ältesten Prinzen Sr. kaiserlichen Majestät. Uns weiht man mit Geist und Wasser zur beseligenden Lehre ein; der Prophet von Mekka aber hat für die Söhne seiner Gläubigen die alttestamentliche Bluttaufe beibehalten, die nach jüdischem Gebrauch am achten Tage, nach islamitischer Praxis vor den Jahren der Pubertät nach Belieben, meistens aber im siebenten Jahre verrichtet, und als wichtigster Act des Lebens und größtes Familienfest überall nach Kraft und Vermögen verherrlicht wird.

Im Orient gibt es kein beneidenswertheres Glück und keinen höhern Titel der Achtung als einen Sohn zu haben und Musulman zu sein. Wie der Vater des großen Sesostris alle Knaben Aegyptens, die am gleichen Tag mit seinem Sohne entstanden, als künftige Gefährten und Diener des Neugebornen auf seine Kosten nähren und erziehen ließ, so ward die religiöse Ceremonie an allen, während der letzten zehn Jahre gebornen und noch ungetauften Söhnen musulmanischer Eltern von Stambul und der Bosporusgegend auf Rechnung der kaiserlichen Civilliste vorgenommen, und zu würdevoller Begehung der Feierlichkeit die Ebene von Haider-Pascha ausersehen. Achttausend Knaben wurden eingeschrieben, von denen täglich 900 in einem längs der sanften Halde neuerbauten und wohlverwahrten Holztheater mit 900 Betten das islamitische Sacrament erhielten. Außer der Beschneidungstage selbst und dem täglichen Unterhalt waren 200 Piaster (vier Golddukaten) und ein neues Kleid für jeden Knaben das Taufgeschenk. Fünf Dampfboote im Dienst des Sultans waren von früh bis Abend in Thätigkeit, und das Publicum

hatte, verſteht ſich mit Entſchädigung der Gondeliere, freie Ueber-
fahrt. Mit einer Sorgfalt von der man in Europa keine Vor-
ſtellung hat, machten Dampfboote durch das ganze Weichbild
vom Stambul, von San Stefano bis zum ſchwarzen Meer die
Runde, ſammelten die zu beſchneidenden Knaben und deren
Eltern und Anverwandte, und brachten ſie mit den kaiſerlichen
Geſchenken wieder nach Hauſe zurück. Kanonendonner rollt zum
Zeichen öffentlicher Freude dreimal des Tages, und wenn die
Sonne untergeht, beginnt bunter Feuerregen und farbiges Ra-
ketenſpiel mit dem Blinken unzähliger Lampen auf Haider-Paſcha
längs dem lauen Bosporus bis Bujuk-dere herauf. Die ganze
Regierung des türkiſchen Reiches vom Großweſir bis zum letzten
Kanzleibeamten mit Dienerſchaft und Zubehör wohnt unter
Zelten auf Haider-Paſcha und iſt des Sultans Gaſt für die
ganze Dauer des Feſtes. Täglich zweimal iſt großherrliches
Gaſtmahl unter dem Tafelzelt, wozu der Reihe nach die Autoritäten und die mit der hohen Pforte verkehrenden Notabilitäten
aller Nationen und Bekenntniſſe in Konſtantinopel geladen ſind.
Man rechnet, daß mit Einſchluß der kaiſerlichen Dienerſchaft, der
dienſtthuenden Garden und Hellebarbiere an 100,000 Menſchen
innerhalb 12 Tagen von ſeiner kaiſerlichen Majeſtät bewirthet
werden. „Ad quid perditio haec?“ Wozu dieſe Verſchwendung
an Raketen, Pulver, Reis und Mehl? denkt vielleicht irgend ein
Finanz-Iſchariot im Abendland. Der Aerger für uns ſchäbig
und knickeriſch lebende Franken iſt um ſo ſchneidender, da hier
niemand an Erſparung und Erübrigung denkt und Reichthum
mit Ueberfluß und ungewohnter Fülle dem Zuſchauer von allen
Seiten entgegen ſtrömt. Dreißig Millionen Piaſter (ungefähr
ſiebenundeinhalb Millionen Franken) hat Sr. kaiſerliche Majeſtät
auf die Civilliſte für die zwölftägige Feſtlichkeit angewieſen. „Wie
ſchade um das Geld! Was hätte man mit den vergeudeten

Summen nicht alles ſchaffen können! drei Tage Unterhaltung
wären ja auch genug! Welcher Sparpfennig für unvorhergeſehene
Noth!" rief heuchleriſch und habgierig beim Anblick des kaiſerlichen Luxus und der aſiatiſchen Verſchwendung hie und da ein
occidentaliſches Mammonskind.

Auf Donnerſtag den 23. Sept. 2 Uhr Nachmittags war das
erlauchte Corps der fremden Geſandten je mit ihren erſten Sekretären
und Interpreten zum kaiſerlichen Mahl gebeten und zwar — wie es
die Zuſchrift ausdrücklich bemerkte — en grand uniforme. Was
ſinnreiche Eitelkeit zwiſchen Liſſabon und Teheran in der Zierkunſt
je erfand, der Glanz des Goldes und die funkelnde Diamantenpracht,
mit welcher die Majeſtät der Könige die menſchliche Armſeligkeit
ihrer Diener an der hohen Pforte ſchmückt, war hier mit einem
Blick zu überſehen. Dreißig der höchſten türkiſchen Würdenträger
in goldgeſticktem Kleid und in Brillanten ſtrahlend ſollten ſich in
gemeinſchaftlichem Bunde den Gäſten beigeſellen.

Denken Sie ſich die Scene, das bunte Gewühl, wie es durch-
einander wogt, die lauen bithyniſchen Lüfte, wenn ſie über
die Ebene fächeln, und die diamantene Diplomatenherrlichkeit,
wie ſie im Glanz der Sonne wiederſtrahlt! Aber unvermuthet
erhob ſich um Mitternacht ein Gewitterſturm mit Windsbraut
und Wolkenbruch vom Pontus her. Zehn volle Stunden rollte
der Donner, ſauſte der Sturmwind, und fiel der Regen in Strömen mit einer ſelbſt am Bosporus unerhörten Heftigkeit. Aber-
gläubiſche Gemüther zitterten ſchon vor dem Zorn der Gottheit
und dem nahen Weltgericht. Obwohl es gegen Mittag hin
freundlicher ſchien, und in der Ungewißheit die meiſten Geladenen
ſchon nahten, wurde endlich doch abgeſagt, weil das Zelt über-
ſchwemmt, der Speiſevorrath verdorben und die Haider-Paſcha-
Ebene ſelbſt in einen undurchwatbaren Sumpf verwandelt war.
Wir Europäer zu Tiſche geladen, — das mögen ſich die Türken

merken, — erscheinen mit fürchterlicher Genauigkeit. Montag
27. September war schon wieder Staub auf Haider-Pascha und
das auf den folgenden Tag zum zweiten Mal angesagte „Diner
Impérial“ sollte zum Lohn getäuschter Eitelkeit hoffentlich ohne
Störung vorübergehen. Der Morgen war herrlich, die Atmosphäre ungewöhnlich mild und auf der regengetränkten Flur
sproßte herbstlich frisches Grün; vier Dampfschiffe, ein französisches,
ein russisches, ein englisches und ein Lloyd-österreichisches, schwammen mit dem Ausbund europäischer Staatsweisheit geladen fast
zu gleicher Zeit aus der Bucht von Bujuk-dere den fluthenden
Bosporus hinab. Aus Rache für das neulich gestörte Spiel
war die Toilette mit verdoppelter Kunst angethan, und der
Ehrenkram wo möglich noch vollständiger und umfassender ausgelegt als das erste Mal. Einer hoffte den Andern zu über-
strahlen und für prachtliebende Gemüther war der 28. September ein wahrhaft großer Tag! Die Eifersucht zwischen Haus
Bourbon und Haus Habsburg ist bekanntlich älter als 300 Jahre,
und obgleich sie jetzt beide um die Wette friedlich sind, stellt sich
der Wettkampf doch bei der geringsten Veranlassung wie von
selber ein.

Das bourbonische Boot war um die Kraft von mehr als
zweihundert Pferden stärker und wenigstens zehn Minuten früher
ausgezogen. Die Sache war bedenklich. Zum Glück war der
„Imperatore“, auf dem wir schifften, einer der besten Lloydsegler
im Mittelmeer, und der Capitän ein erprobter Mann. Trium-
phirend strichen wir am keuchenden Nebenbuhler vorüber, und
waren bedeutend früher am Ankerplatz. Aber hélas! was nützte
uns der Sieg? Wir lagerten dicht am Strand und sahen durch
die breite Eingangsmulde das grüne Zeltlager auf der Halde,
das Holzamphitheater, die Platanen und die neugierige Menge,
wie sie in breiten Wogen dem Schauspiel europäischen Schimmers

entgegen harrte. Kiamil Bey, der kaiserliche Gesandteneinführer, erwartete am Ufer die Kommenden, zu deren Aufnahme und Weiterbeförderung man Wagen und Reitpferde im Ueberfluß bereit hatte. „Die Gottheit ist auf das Glück der Sterblichen neidisch" heißt es irgendwo bei Herodot. Ein trüber Flor hatte sich zwar schon während der Fahrt über den Gesichtskreis ausgespannt und vom Balkan her wuchs von Minute zu Minute die Dunkelheit. Doch glaubte Niemand an die Nähe der Gefahr. Die Landung begann nach Rang und Etikette. Es wimpelte und glänzte wundervoll, und die Internuntiaturbarke mit zehn Gondolieren in Weiß und Scharlachroth hatte schon die erste Ladung ausgesetzt und wollte uns eben selber nehmen, als das Unheil mit unglaublicher Schnelligkeit heulend und dröhnend von den sieben Thürmen herüberzog. Es rollte fürchterlich, neben uns fuhr der Blitz auf Chalcedon nieder, und aus den Wolken strömte es wie in der Sündfluth auf die goldblinkende Legatenschaar. Wie die schaulustige Menge plötzlich auseinanderfuhr und die gelandeten Dekorationsträger nach bereitgehaltenen Wagen eilten! Türkische Frauen verloren auf der Flucht den Ueberwurf, und weiß und schwarz gefiederte Diplomatenhüte flogen im Sturmwind. Nicht genug! Reiter stürzten, Achsen brachen und o des Greuels! Repräsentanten gottgekrönter Majestät grüßten in ihrem weißen goldverbrämten Kasimiranzug den Haider-Pascha-Schlamm.

Mit dieser unerbetenen Intervention der Elemente war der Hauptglanzpunct der Festlichkeit erbleicht. Wenn der Regen auch Pausen machte und eine wässerige Helle zuweilen Hoffnung gab, so zürnte der Himmel doch immer von neuem wieder, und Sie können sich die betrübten Gesichter und die beschmutzten Toiletten denken, als wir endlich alle im Saalzelte beisammen waren, wo die gesammte türkische Grandezza in feierlicher Ruhe der geladenen

Gäste harrte. Von allen Potentaten, die in der Welt etwas
zu bedeuten haben und mit der hohen Pforte in Berührung
sind, hatte nur Einer seinen Stellvertreter nicht geschickt.

Die Wiesenfläche, auf der das Köschk des Sultans, das
Theaterzelt und die große Tafelhalle neben einander standen, war
auf drei Seiten durch Einrandung abgesperrt und nur gegen
die Zeltstadt auf der Halde offen. Ein Generallieutenant mit
einem in Schlachtordnung aufgestellten Gardebataillon hielt am
Eingang Wache, und musterte mit einer den Türken eigenthümlichen
Grazie und Höflichkeit das zu Wagen und Pferd vorüberziehende
Frankencorps. Das Saalzelt hatte eine hohe lange Säulen-
vorhalle auf der Eingangsseite und ein kleines Theater mit
Orchester im Hintergrund. Der nasse Fußboden war mit Schilf-
matten und Teppichen belegt. Tische, Sopha, Stühle und Divane
standen in Fülle umher, und zu beiden Seiten des Zugangs war
unter vorspringender Bedachung eine Reihe Palastgarden in
scharlachrothem, reich mit Goldlitzen geziertem Waffenrock in
Reihen aufgestellt. Der Tschako war gleichfalls scharlachroth mit
Goldborten und mit einem breitgefiederten, in Form eines Palm-
zweiges rückwärts gebogenen grünen Federbusch geschmückt; in
der Hand hielten sie lange vergoldete Hellebarden, das Ganze
prachtvoll anzusehen. Nicht viel weniger als eine Stunde verging in Gesprächen, vielerlei Gruppirungen, gegenseitigen Hul-
digungen und schönen Phrasen aller Art, bis Kanonendonner
die Ankunft des Sultans verkündete, der vor der Tafel seine
Gäste sehen wollte. Bei Sonnenschein hätte die Ceremonie im
Zeltsaale mit viel größerer Wirkung stattgefunden; diesmal
aber nöthigte uns der regnerische Himmel in das Köschk hinein,
und auf gegebenes Zeichen bewegte sich der lange Zug, Türken
und Europäer in bunter Unordnung, auf dem nassen mit Bretern
belegten Wiesengrund zur Audienz beim Kaiser des Orients.

Auf der Wiese vor dem kleinen Hofraum war eine Compagnie Garden zu Fuß und innerhalb ein Piket Hellebardiere aufgestellt, die, Paar und Paar, beim Eingang ins Köschk und auf der Doppeltreppe bis zur Thür des Audienzsaales standen, und mit ihren braunen Augen stumm und unbeweglich die bunte Schaar vorüberziehen sahen. Der mit leuchtenden Metallblättchen und Silberfransen reich gezierte blauseidene Doppelvorhang der Saalthüre ist vor den Eintretenden aufgeschlagen, und unten am Fuß der Treppe sitzt mit seinen blauen Augen und jetzt noch jugendlich vollem Gesicht der über achtzig Jahre alte, dicke, kleine Chuschrew Pascha auf einem Stuhl und wartet inmitten seiner Clienten, bis die Vorstellung vorüber ist. Chuschrew Pascha ist der Ehren und der Reichthümer wie der Jahre voll, und könnte — wäre nur Bart und Haar nicht grau — einem Künstler noch heute, wie Cellini's Diego, für den Antinouskopf als Muster sitzen. Die Kraft Treppen hinauf und herabzukommen, oder lange aufrecht zu stehen, ist bereits entflohen, und doch fehlt der süßlächelnde Chuschrew Pascha bei keiner Staatshandlung, bei keinem öffentlichen Act, wo Würde, Rang und Credit zu zeigen sind. Dafür hat unter allen Großen des Reichs Chuschrew Pascha allein das Recht im Hause des Sultans und, wie einige wollen, sogar in Gegenwart Sr. kaiserlichen Majestät zu sitzen.

Seit der Reform unter Mahmud II. werden am türkischen Hofe die Audienzen stehend ertheilt, und außer flüchtigen Wand-Arabesken und blauseidenem Fensterschmuck war keinerlei Zier und Möbel im Saale zu sehen. Der Sultan war aus einem Nebenkabinet herausgetreten, und bei der vorspringenden Fensterböschung begann der dichtgedrängte Halbbogen der europäischen Gäste, an die sich bis zur andern Seite der Böschung die türkischen Würdenträger schlossen. Seine kaiserliche Majestät stand im Kreise dicht vor den Großen des Reiches und mit dem Antlitz gegen ihn

gekehrt dolmetschte Aali Efendi, Minister des Aeußern, mit den
Zeichen tiefster Ehrfurcht die übliche kleine Anrede, die bei solchen Veranlassungen im Namen des erlauchten diplomatischen
Körpers der Doyen desselben — diesmal der französische Bot-
schafter — an den Imperator des Orients zu richten pflegt.
Man kann wohl denken, daß der Sultan auch schon seine Antwort voraus fertig hat und auf das stereotype Gerede des
Occidents jederzeit beiläufig dasselbe sagt. Nur die zweimalige
Ungunst der Elemente veranlaßte ein paar verbindliche Phrasen
mehr, als Se. Majestät gewöhnlich sagt. Dessenungeachtet waren
wir begierig zu hören, was und wie der Sultan redet, und
welchen Klang die Stimme des Sohnes der Murad, der Mohammed
und der Suleiman hat. — Während man im persischen Thron-
saal schreit und mit dem Schach auf zehn Schritte redet, sprechen
Kaiser und Minister in Stambul so leise, daß man auf zwei
Schritte Abstand wenig oder gar nichts versteht. Dagegen hatten
wir die Ehre den Gebieter des Morgenlandes nahe und gut
anzusehen, so daß man zur Stillung occidentalischer Neugier
über Gestalt, Wuchs, Haltung, Anzug und Gesichtsbildung Sr.
kaiserlichen Majestät genaue Rechenschaft ablegen kann.

Abd-ül-Medschid ist mehr als mittlerer Größe, breitschulterig
und im schönsten Ebenmaß gebaut. Der frühen Herrschaft und der
vielen Arbeiten ungeachtet zeigen sich überall die üppigen und
jugendlich vollen Formen, auf denen das asiatische Auge mit so
großem Vergnügen ruht. Von der gewöhnlichen Wohlbeleibt-
heit türkischer Großen ist Se. kaiserliche Majestät gerade im
rechten Maß entfernt, und durch das elegant geschnittene, eng-
anliegende, an Rand und Naht reich in Gold gestickte dunkel-
blaue Oberkleid mit weißem Pantalon und europäisch glänzender Fußbekleidung treten die natürlichen Vortheile des Körper-
baues in das schönste Licht. Ein Antlitz mit hoher Stirn,

großen Augen, schöngebogenen Brauen, kleinem Mund, rundem
Kinn und gerader, wohlbestellter Nase von antiker Form ist
männlichschön, wenn auch Spuren von Kinderpocken zu sehen
sind und die Hautfarbe etwas eigenthümlich ist. Der Sultan
ist nicht verlebt und haremblaß, wie man in Europa zuweilen
hört; Niemand wird aber auch sagen, Se. Majestät habe blonde
Haare und sei im Gesicht weiß und roth wie die Leute in
Trapezunt und Lasistan. Abd-ül-Medschid hat kaukasischen
Mutterblutes ungeachtet den Teint seiner turkomanischen Urahn-
herren, die bekanntlich Vettern und Nachbarn des olivenfarbigen
Tatarenvolkes waren. Die Oberfläche des Antlitzes aber ist
glatt, leuchtend, gespannt und vollkommen ausgefüllt, so daß
der Gesammteindruck der kaiserlichen Physiognomie ein angenehmer
ist. Am schönsten war Se. Majestät jedoch im Profil. Der
Schnurrbart ist reichlich und kurz gehalten, und auch um Kinn
und Backen die braune Hülle gezügelt und wohlbestellt. Der
Solitär am Diamanten-Nischan hatte die Größe eines Tauben-
eies und war prachtvoll anzusehen. Der Sultan Abd-ül-Medschid
ist bekanntlich erst 23 Jahre alt und, obgleich dem Vergnügen
nicht abgeneigt, doch der angestrengtesten Arbeit fähig, und gewiß
einer der wohlwollendsten und menschenfreundlichsten Fürsten
unserer Zeit. Am Ende der Ceremonie stellten Baron Bourqueney und Graf Stürmer einige Fremde vor, die im Namen
des Sultans durch den Minister des Aeußern zur Festlichkeit
geladen waren*). In besondern Audienzen redet Se. Majestät
auch mit Privatpersonen, bei öffentlichen Vorstellungen aber
erlaubt es die türkische Etikette nicht. Ohne ein Wort zu sagen,

---

*) Le Ministre des affaires étrangères, par ordre de Sa Majesté
Impériale le Sultan, prie Monsieur ... de vouloir bien assister au diner
qui aura lieu Jeudi prochain 23. Septembre, à Haïder-Pacha à 8 heures
à la turque.

wirft der Herrscher auf das vorgestellte Individuum einen festen
Blick. Das ist des Sultans Gruß und nach asiatischen Begriffen ein beneidenswerthes Glück. Beim Abschied blieb der
Kaiser mit einigen Großen in seiner Stellung so lange unbeweglich stehen, bis die glänzende Schaar der Diplomaten langsam feierlich und mit dem Zeichen tiefster Ehrfurcht durch die
Saalthür verschwunden war.

Inmitten zwischen dem Sultansköschk und dem Theater-
hütten-Saal war auf freiem Wiesenplan die berühmte Zelthalle
aufgeschlagen, die uns den Reichthum des Orients und die
seltene Pracht eines byzantinischen Kaisermahles zeigen sollte.

Wenn an den beiden Langseiten der Tafel bequem und un-
beengt achtzig Personen sitzen und die gegenübersitzenden wegen
der Tischbreite nur durch Zeichen reden können, nebenan aber
auch noch reiche Vorräthe an Getränken, Porzellan und Silbertellern auf eleganten Büffets aufgeschichtet sind, und der
mehr als fünfzig Aufwärter, Schenken und Tafeldecurionen
ungeachtet noch überall leere Räume übrig bleiben, so gibt es
einen Begriff über Umfang, Höhe, Kunst und Macht dieses
tragbaren Saalpalastes. Es ist eine orientalische Behausung
mit ihren vornehmsten Theilen, Vorsaal (Selamlik), Prachtzimmer und Heiligthum (Harem) oder, wenn abendländische Begriffe geläufiger sind, eine aus zwei Abtheilungen zusammen-
gefügte Kreuzbasilica, und im Ganzen nur mit dem Wander-
palast des Perserkönigs bei Issus oder dem Zelt des Kerboga
vor Antiochia zu vergleichen. Der Vorsaal (Selamlik) ist ein
für sich bestehender Bau und wird der großen Zeltmündung
gleichsam als Säulenhalle angefügt. Durch das offene und bei
verhältnißmäßiger Breite vielleicht nicht weniger als dreißig
Fuß hohe Frontquadrat fällt das Licht reichlich und wohlbe-
rechnet gegen den Mittelpunkt, und in matterem Scheine bis

in das innerste Heiligthum. Zwei Reihen gewundener und reich
vergoldeter Broncesäulen, die eine baldachinförmige Zimmerdecke tragen, theilen den Vorsaal in drei Schiffe ein und frucht-
behangene Silberguirlanden en vermeil winden sich in wundervollen Verschlingungen über das Säulengold. — Das Hauptzelt
mit seinen beiden Abtheilungen (Prachtzimmer und Harem) ist
noch etwas höher und breiter als der Vorsaal, und im Nothfalle
durch einen beweglichen Theatervorhang vom erstern abgeschlossen.
Aber statt flacher Baldachindecke, wie im Vorsaal, sind drei luftige
Spitzkuppeln, deren jede auf einer kräftigen Centralsäule von
vergoldetem Bronce ruht, als Bedachung angebracht, und zwei
Seitendome mit Ausgängen in den Hofraum vermehren noch
die Räumlichkeit. Die Wand im Hintergrunde ist nicht flach,
sondern wie eine römische Tempelapsis bogenförmig ausgeschweift
und mit verschwenderischer Pracht geschmückt. Drei leuchtende
Goldsonnen auf den Dachkuppeln deuten schon von fern auf
die Gestaltung des Innerraumes, und der Vorhof selbst ist mit
Ausnahme der Frontseite durch eine sechs Fuß hohe Zeltwand
noch besonders eingefriedigt, so daß die Welt nicht sehen kann,
was sich innerhalb bewegt. — Für die Außenseite dieses unver-
gleichlichen Tafelhauses hat man dichtes hellgrünes Zelttuch gewählt, das Innere aber vom Eingang bis zum Ende ist in
allen Theilen von schönem schweren Seidensammt, gelb in der
Säulenhalle, grün im Mittelpunkt, und wenn man recht gesehen
hat, roth im Hintergrund, überall aber mit Blumen und Rand-
guirlanden aus reinstem Gold so dicht und prachtvoll belegt und
ausgestickt, daß die Grundfarbe nicht allzeit leicht zu erkennen
ist. Wie im fabelhaften Goldpalast der Sonne übertreffen Kunst
und Arbeit auch hier den Stoff.

Der Nässe wegen hatte man den Fußboden mit Breterwerk
bekleidet, darüber Matten aus Rohr gelegt und darüber bunte

Teppiche ausgebreitet, damit vom goldüberſtrömenden Sammt-
palaſt jeder Mißton fern bleibe.

Zweiundachtzig Gäſte ſollten ganz auf Silber tafeln, was
außer den großen ſilbernen Platten und Terrinen wenigſtens
dreihundert ſilberne Beſtecke mit vierhundert Silbertellern fordert.
Neben kleinerem Gepränge aus edlem Metall waren gegen fünfzig ſilberne Henkelziergefäße mit etwa vierzig fünfarmigen Silber-
leuchtern in Email vor den Eſſenden aufgeſtellt. Mitten auf
dem breiten Tiſche aber prangten in gemeſſenen Zwiſchenräumen
drei Paare ſchön geränderte und gegen fünf Fuß hohe vergoldete
Silbervaſen mit prächtigen Blumenſträußen ausgefüllt. Acht-
malhunderttauſend Franken hat Sultan Mahmud II. den Pariſer
Künſtlern für den ganzen Apparat bezahlt. Beim Eſſen ſelbſt
waren die Gäſte ſo geordnet, daß zwiſchen zwei Europäern je
ein Türke und zwiſchen zwei Türken je ein Europäer zu ſitzen
kam. Im Centrum der rechten Langſeite ſaß der Großweſir
Reſchid Paſcha und präſidirte im Namen Sr. kaiſerlichen Majeſtät dem Feſt. Dem Großweſir zur Rechten hatte der franzöſiſche
Botſchafter ſeinen Sitz, zur Linken der kaiſerliche Internuntius,
letzterer vielleicht unter allen Anweſenden am glanzvollſten und
reichſten decorirt.

Auf der andern Langſeite, dem Großweſir gegenüber, ſah
man zwiſchen Blumenvaſen und Silberblink den alten, immer
lächelnden Chusrew Paſcha mit dem ruſſiſchen und dem ſpaniſchen
Miniſter zur Seite als Centralpunct figuriren. So ging es
vom goldblitzenden Grünſammtquartier rechts und links nach
Rang und Etikette in ſtrenger und wohlbedachter Ordnung bis
an die beiden Tafelenden fort. Hier galt nur der Diplomat,
und was einer an Ehren, Rang und Würden bis zu jenem
Tage erſtrebt und errungen hat, ward ihm in dieſem feierlichen
Moment unter aller Augen pünktlichſt zugemeſſen. Weiß Gott

in wie vielen Sitzungen der obersten Reichsbehörden die Rang-
liste der vom Kaiser zu Tisch gebetenen Europäer endlich zu Stande
kam! Aber auch Weh und dreimal Weh dem kaiserlichen Divan,
wenn die leiseste Controverse irrig entschieden und ein vermeint-
licher Vorrang vergessen wäre. Empfindlicher, reizbarer und
entsetzlicher als selbst Dichter und Grammatici ist der kleinste europäische Diplomat an seinem Ehrentag.

Ich bewunderte die Türken, ihre Klugheit und ihren feinen
Takt. Pfortendiener, hoch im Range, standen weit zurück, und
die Karte des Interpreten eines kleinen Staates der iberischen
Halbinsel sah man zwischen die Namen zweier türkischer Excellenzen, Tewfik Efendi und Istefanaki-Bey (Fürst von Samos)
hineingelegt. Obwohl das Essen selbst bei solchen Feierlich-
keiten bloß Nebensache ist, muß man doch bemerken, daß die
Speisen, ihrer Anzahl ungeachtet, mit einer Sorgfalt bereitet,
und trotz der Witterung in einem Zustand auf die Tafel kamen,
dessen man sich in Europa bei ähnlichen Veranlassungen nicht
jederzeit zu rühmen hat. Ungefähr zwei Stunden dauerte das
mit asiatischem Luxus ausgestattete, mit europäischer Eleganz
geordnete und mit wundervoller Disciplin rasch und ruhig auf-
getragene Kaisermahl. Wie in der Politik offenbarte sich auch
in der Tafelkunst das enge Einverständniß der Christenheit mit
dem Morgenland. Die Küchen beider Continente waren in
schönster Harmonie, und von der Tschorba (Suppe) bis zum
Pilaw (orientalisches Reisgericht) kam nach der europäischen
Platte bei den warmen Speisen jedesmal eine türkische und
umgekehrt. Beim Nachtisch jedoch war der Bund vollendet, und
erschienen die beiderseitigen Kräfte vereint und zu gleicherzeit
im Felde:

> compulerantque greges Corydon et Thyrsis in unum.

Des ewigen Rufens „Evviva Pio IX. Evviva l'Italia" ist

die vornehmere Hälfte Ihrer Lesewelt vermuthlich schon lange satt,
und ihr wäre ein türkischer Küchenzettel leicht willkommener,
jedenfalls weniger verfänglich, als die langen Berichte über demo-
kratische Schwierigkeiten in Palermo und Catania.   Aber
was würden die andern sagen, wenn Ihre Spalten, statt lucchesischer
Civica, das türkische Tisch-Menu von Haider-Pascha brächten?
Tekir-Balighi (Rothfedern, Rougets, einer der besten Fische des
Mittelmeers, in Syrien Sultan Ibrahim genannt), Enginar
(Artischocken) und Dolmusch-Hind-Taughu (mit Reis gefüllter
Indian) würden Sie noch ertragen, weil diese Namen lauter
angenehme Empfindungen wecken und, was Gaumenlust betrifft,
Plebejer häufig ebenso naschhaft-tapfer und gierig wie die
Aristokraten sind.   Bedenklicher wäre es schon, wenn man auch
noch von Müdschmer (Klöße aus gehacktem Fleisch), Dolmusch-
Batlidschan (mit Reis gefüllte Melanzanen, Solanum Melanzanes)
und Ekmek-Kataïfi (Brod-Kataïf, dünne von Zucker ganz durch-
drungene Brodschnitten mit gesottenem Milchrahm aufgesulzt) reden
wollte.   Welcher Leser aber würde es ertragen, wenn er außer
dem Besagten noch die Namen Soganli Köfte (Klöße aus gehacktem Fleisch in Zwiebeln aufgetragen), dann Merdschan
(Schellfisch), Dolmusch-Kawak (mit Fleisch und Reis gefüllter
Kürbiß), Lüfer (eine vorzügliche Art Makrelen, ein dem byzantinischen Meer eigenthümlicher Fisch), Tawuk-Göüssü (Sulze aus
Hennenbrüsten, fein geschnitten mit Milch und Reismehl zubereitet) und Kaimak-Baklawasi (Blätterteig mit gesottenem Rahm
gefüllt) verdauen müßte? Und doch wäre es kaum die Hälfte
der türkischen Gerichte, denen, wie schon oben gesagt, eine gleiche
Anzahl fränkischer von ausgesuchtem Wohlgeschmack entsprach.
Von Pasteten (Börek) zu reden und von andern asiatischen
Süßigkeiten, worin die Türken anerkannte Meister sind, fiele
uns beim Ernst der Zeiten und bei der Verstocktheit des Son-

derbundes ohnehin nicht ein. „Noch ist es nicht an der Zeit,
warte bis die Tour an die Trauben kommt", sagte freundlich
belehrend einer der Sultansschwäger zum hochbetagten Chuërew
Pascha, der nach alttürkischer Sitte vor dem rechten Moment
nach der Traubenvase griff. „Pek-eji" (sehr gut), erwiederte
der allezeit lächelnde Wesir, und zog in Geduld die schon aus-
gestreckte Hand zurück. Während der warmen Speisen nach den
aufgestellten Früchten zu langen, gestattet bekanntlich europäische
Sitte nicht. Beim türkischen Mahl vor der Reform griff man
dagegen nach Lust und Verlangen in die Nebenplatten herum,
und namentlich galt die Traube mit ihrem erquickenden kühlen
Saft inmitten stark gewürzter Kost als labendes Mittelspiel.
Daß die Türken bei großen Festessen mit den Trauben nun
auch, wie die Europäer, bis an das Ende der Tafel warten,
ist ein viel schwereres Opfer als man gewöhnlich glaubt. Sollte
dieses christliche Europa mit seiner (wenigstens für Osmanli)
langweiligen Sitte voll Zwang, Katechese, Zügel, Zucht und
unnützer Disciplin der freiern Lebensansicht des Morgenländers
nicht bisweilen lästig sein?

Von den beiden üblichen Toasten brachte Baron Bourqueney
den ersten auf die Gesundheit Sr. kaiserlichen Majestät des
Sultans und den zweiten der Großwesir auf das Wohlergehen
sämmtlicher befreundeter Mächte aus, während jedesmal einund-
zwanzig Kanonen donnerten und die Tafelmusik der kaiserlichen
Garde mit verdoppeltem Enthusiasmus dazwischenfiel. Zufällig
durchbrach, wie es an regnerischen Herbst- und Sommerabenden
häufig auch anderwärts geschieht, die scheidende Sonne in ihrem
letzten Aufstimmern den Wolkenschleier und schüttete gerade im
Augenblick, als der Donner zum Sultanstoast über die Höhen
rollte, nachhaltig und bedeutungsvoll ihr abendliches Licht auf
die goldströmenden Sammetwände der Vorhalle, auf das ver-

goldete Säulenbronce und auf die magiſch ſchimmernde Tafel-
pracht, an welcher ſchweigſam und abergläubiſch aufgeregt des
Sultans Gäſte ſaßen. Es war ein ſchöner und ergreifender
Augenblick, in welchem mancher unter den diamantenfunkeln-
den Tiſchgenoſſen nicht ohne gerechten Stolz zum guten Theil
die Früchte ſeiner Klugheit und Staatskunſt ſehen konnte.

Im Theaterzelt, wohin man von Labung und Ehren ſatt nach
der Tafel ging, ward mit Reden, Rauchen und Kaffeetrinken der
kurze Zwiſchenraum ausgefüllt, bis mit einbrechender Nacht das
Orcheſter hergeſtellt und der Vorhang aufgezogen war. Sing-
ſpiel in aſiatiſcher Tonweiſe, Pantomime und Tours de force
à la Rappo ergötzten der Reihe nach das ſchauluſtige und heiter-
geſtimmte Publikum, während die berühmteſten Arien europäiſcher
Tonkünſtler ihren melodiſchen Schmelz durch die hohen Räume
wälzten. Orcheſter, Sänger, Mimen und Tauſendkünſtler waren
alle Türken aus der Gardemuſik und dem kaiſerlichen Unter-
haltungscorps. Nach muſulmaniſcher Sitte wurden die Frauen-
zimmerrollen verkleideten Jungen übertragen und zu nicht geringer Erluſtigung der erlauchten Zuſchauer mit Anſtand und
genügender Grazie durchgeführt. Frauenzimmer auf der Bühne
und Hut und Frack im Anzuge ſind dem türkiſchen Volke drei
Greueldinge, an deren Anblick es ſich niemals gewöhnen kann.
Allgemeinen Beifall riefen die Tours de force hervor, und ſicher
haben Donizetti und Rappo bei den Türken gelehrigere Schüler
gefunden und größere Bekehrungen gemacht, als die chriſtlichen
Glaubensboten aller Secten mit ihren Katecheſen und Litaneien
ſeit zweihundert Jahren.

Mit unvergleichlichem Takt hatte Se. Hoheit der Großweſir
im Namen ſeines kaiſerlichen Gebieters während der ganzen
Feſtlichkeit die Honneurs gemacht, und für die Hinfahrt zu den
Dampfbooten waren unter Kiamil-Bey's verſtändiger Leitung

dieselben Anstalten, und zwar mit ebenderselben Ordnung, Ruhe und Pünktlichkeit und mit denselben Ehren getroffen, die uns vom Landungsplatze bis an die Zelte begleitet hatten. Geschlossene Wägen für die erlauchten Fremdlinge und gesattelte Reitpferde für ihre Dienerschaft waren in Fülle und in schönster Ordnung aufgestellt, und jedem Gespann neben den Fackelträgern aus Fürsorge noch zwei Wächter an die Seite gegeben. Hohe Stangenroste mit hellloderndem Harzfeuer in großer Menge längs dem Fahrwege im Boden befestigt, vermehrten die Helle der prachtvoll erleuchteten Ebene, und die Schatten neugieriger Menschen, buschiger Platanen und hochwipfliger Cypressen liefen in abenteuerlichen Gestalten neben dem Gespann bis an die Scala fort. Inzwischen hatte sich auch der Himmel aufgeheitert, und eine milde sternhelle Nacht lag über den im Lichtmeer unzähliger Farblampen schwimmenden Höhenzügen und über dem blauen Bosporus.

Wir blieben noch lange vor Anker und sahen mit Entzücken dem herrlichen Schauspiel zu. Das Feuerwerk hatte schon mit einbrechender Nacht, als wir noch im Theater saßen, sein Spiel begonnen; der Glanzpunct aber war bis zum Aufbruch der hohen Gäste, ihrer Einschiffung und ihrer Fahrt auf der spiegelnden Fluth gespart. Die Anlage war in colossalstem Styl und die Wirkung eine unbeschreibliche. Wie sich der Feuerstrudel vom Skutarihügel mächtig in die Lüfte schwingt und in tausend Gebilden farbig und zischend auseinander fährt, strahlt die Fluth wie ein Zauberspiegel das Bild zurück.

Zugleich mit dem großartigen Kunstwerk auf dem Skutaristrande flimmert es wundervoll vom goldenen Horn heraus und sprüht der Feuerregen unablässig aus sechs Flußcastellen, die zwischen Stambul und Bujuk-dere mitten in der Fluth vor Anker liegen. Vermuthlich hat der Sultan an diesem einzigen

Abend zu Ehren seiner hohen Gäste mehr Pulver verpufft, als mancher sparsame Christen-Staat für kriegerische Uebung seiner bewaffneten Macht in zehn Jahren verbraucht. In Europa sparen sie in allen Dingen und katechisiren dafür die Leute das ganze Jahr. Je mehr man aber predigt und sich dabei die Taschen füllt, desto höher steigt das Deficit, die öffentliche Noth und die christliche — Moralität. Die Türken jedoch in Finanz und Moral dem christlichen Occident als Muster hinzustellen, gäbe Schwachen und Gottseligen gar zu großes Aergerniß, und wir wollen des Friedens wegen die Parallele, wo nicht ganz unter-drücken, doch auf ein andermal verschieben. Aber der Türken-staat — das muß man dem bankerottirenden Europa zu Ge-fallen sagen, — hat noch keine Schulden, und obgleich der Sultan oft das Gold mit vollen Händen streut, sind doch die Truhen überall voll und zehrt das hungernde Europa von türkischem Ueberfluß.

Die duftende Nacht, der ruhige Wasserspiegel und die links und rechts im Brillantfeuer schimmernden Bosporuspaläste, welches Zauberspiel! Bei den Schlössern der Enge blickte auch noch der Mond hinter den dunkeln Waldhügeln Anatoliens herauf, und bis wir in die Bucht von Bujuk-dere selber kamen, reichte die glitzernde Garbe seines milden Lichtes von Hunkiar Iskelessi über die eingeschlummerte breite Fluth in ruhiger Majestät bis zu den Marmorstufen des Palastes herüber, wo wir kurz vor elf Uhr Nachts aus der Barke stiegen.

VII.

Nachruf an Bujuk-dere.

Prusa, 20. October 1847.

Vom schattigen und quellenreichen Olymp und von den Maul-
beerbäumen der Prusaebene reden wir ein andermal. Heute
schweift der Blick noch über die Gebirge gegen das schöne Bujuk-
dere zurück. Was ist denn eigentlich dieses B u j u k - d e r e und
seine Lotosfrucht, daß sie eilende Wanderer mitten im Strudel
der Bewegung bannt und wie die Gefährten des Ulysses mit
Pflicht, Vorsatz und Pilgerschaft am Ende gar noch der Heimat
selbst vergessen macht? Diese Frage ist verzeihlich, wenn man
Ihren Lesern mit den letzten Frühlingswochen angefangen bis
in den Herbst herein der Reihe nach über Athen und Stambul,
über Wesire und Diplomaten, über Sinope und Trapezunt,
über das jonische Smyrna, über Franz Lißzt und zuweilen sogar
über sich selbst und seine eigenen Meinungen nachhaltig und emsig,
aber allzeit aus demselben Standpunct in Bujuk-dere vorgeredet
hat. Stellen Sie auch alles zusammen, was Ihnen aus diesem
nur der europäischen Diplomatie bekannten Sommersitz seit fünfzig Jahren zu Handen kam, so wäre es sicher kaum der zehnte
Theil von der Ernte dieses einzigen Jahres. Begreiflich ist hier
nur von der Menge die Rede und vom breiten Segen flüch-
tiger Neuigkeiten, die vielleicht Bedenklicheres auf Augenblicke

vergessen machen und ein kurzes Nachwort selbst in den Augen
ungenügsamer Richter entschuldigen müssen.

Mohammedanische Pilger aus Europa und Mauritanien bleiben auf dem Hinwege nach Mekka viele Wochen in Kahira und
auf der Heimkehr, wie man sagt, oft mehrere Monate im üppigen Damaskus liegen, das einemal um bei den Fleischtöpfen
Aegyptens Kraft zur Büßerfahrt in ihre heilige Stadt zu sammeln; das anderemal aber um die Erinnerung an die Leiden der
sechzig wasserlosen Sandstationen Arabiens in den schwelgerischen
Genüssen damascenischer Seligkeit auszutilgen. In Kahira nach
fetten Wachteln umzusehen und, statt in bestimmten Wochentagen
Laberdan zu essen, wie es an der Eisak Sitte ist, monatelang
in Bujuk-dere mit Diplomaten fröhlich tafeln, wäre nach Begriffen der Isar-Frommen jedenfalls eine sonderbare Vorbereitung
zu heiligem Besuch auf Golgatha. Die Musulmanen überläßt
man füglich ihrem eigenen Gewissen, und versichert nur seinerseits daß Andacht bei dieser dritten Levantetour nur Nebensache
ist. Dem revolutionären Streben, über die Stufen von Zeit und
menschlicher Gebrechlichkeit hinüber plötzlich in das Reich tugend-
hafter Vollendung einzuspringen, hat man seit langem schon ent-
sagt, und steuert nun in gemäßigtem und consequentem Fortschritt, wie ihn eben jetzt den italienischen Potentaten die con-
servative Politik empfiehlt, friedlich und bequem auf dasselbe
Ziel. Hepsi dunjada yalan dür ("ist doch in der Welt
alles Lüge"), rief bei der letzten Finsterniß ein ungelehrter Musulman, als er den Mond plötzlich inmitten der Sonnenscheibe sah.
Anderen im Gegentheil dünkt das Leben mit jedem Jahre schöner
und unser Talisman ist der Wanderstab. Wer überdies noch
mit deutschen Gelehrten leben und seiner friedlichen Natur entgegen seit bald zwanzig Jahren der Hellenen wegen mit diesem
reizbaren Geschlecht hadern muß, hätte selbst am heiligen Grabe

nichts mehr abzubüßen. Wie die Erinnyen an des Orestes Fer-
sen hat sich Byzanz an unseren Lebensfaden eingehängt, und
wenn wir einen unverhältnißmäßigen Theil der Wanderzeit hartnäckig in der Nähe eines Mannes blieben, der unter den Staatsmännern unserer Zeit zu den wenigen gehört, welche die orientalische Frage in ihrer ganzen Tiefe ermessen, in der Kunst mit
Osmanen zu verhandeln und umzugehen aber sicherlich noch von
keinem Diplomaten übertroffen ward, so mögen Sie sich weniger
über die Länge des Aufenthalts als über die Kraft verwundern,
mit der man vom reichfließenden Quell politischer Einsicht und
praktischer Lebensweisheit schon so früh gewichen ist. Im Verkehr mit einem freisinnigen, über alle Stürme und Leidenschaften
der Zeit emporragenden Weltmann liegt ein Reiz, den kein Wissen, kein Können, am wenigsten aber polizeiliche Frömmigkeit
oder Heuchelei ersetzen kann. Eine philosophisch gehaltene Ana-
lyse über absolute Identität des Seins und Denkens hat gewiß
des Lehrreichen und Erheiternden genug, und ist wie **'s Buch
über das äolische Digamma für die menschliche Gesellschaft überhaupt von unbestreitbarer Wichtigkeit. Wie viel aber zwischen
Napoleons Fall und Mastai's Erhebung jene Frömmigkeit auf
dem Continent eingetragen, könnten uns die Wechsel der letzten
zehn Jahre am besten sagen. Wir indessen hören den Grafen
Stürmer, wenn er mit dem ganzen Reichthum seiner Welt- und
Menschenkenntniß auch nur über tägliche Vorkommenheiten des
Lebens ruhig und leicht im Abendsalon spricht, mit hundertmal
größerem Vergnügen zu, als wenn uns Hochwürden Herenäus
Hayd alle seine sieben Bände über christkatholische Lehre citirt.

Graf Stürmer und die durch Geist, vielseitige Bildung, An-
muth und Würde glänzende Gräfin Stürmer bilden den eigentlichen
Mittelpunct der europäischen Diplomatenwelt in Bujuk-dere. Ihr
Salon ist täglich offen, und zugleich Vereinigungspunct für alles

was Anspruch auf sociale Geltung hat oder sich an feiner Sitte laben will. Jedes Talent, jede gangbare Sprache, jede gesellige Eigenschaft, Geist, Witz, Spiel, Musik und Redefluß findet hier reiche Nahrung und freies Feld. In einer solchen Stellung sind geistige und materielle Hülfsmittel im weitesten Umfang nöthig, und besonders Gastfreiheit in der edelsten und schönsten Bedeutung des Wortes ein unerläßliches Angebinde. Diese uralte, in den westlichen Ländern allmählich erlöschende Tugend wird im gräflich Stürmer'schen Hause mit einem Reichthum und einer Fülle geübt, wie sie nur der gastlich-schwelgerische Sinn des Orients im Bunde mit dem elegantesten Luxus des Abendlandes erzeugen kann. Leben ist eine viel größere und, wie es scheint, auch viel seltenere Kunst als man gewöhnlich meint. Fülle irdischen Gutes allein reicht nicht hin, wenn Glanz der Außenseite, Geschmack und Politur der Sitte nicht zugleich mit jenem klugen Maß, das allem menschlichen Verkehr präsidiren soll, in schönster Harmonie verbunden sind.

Die gegenwärtige Sommerresidenz des österreichischen Internuntius in Bujuk-dere ist über die Linie des gewöhnlichen Häusertrosses vorspringend auf künstlichem Grund, wie die Bauwerke in Venedig, leicht und elegant in den fluthenden Bosporus hinausgebaut. Kühlende Lüfte dämpfen durch weite Hallen fächelnd die Sonnenglut, und jonische Säulen schmücken gegen die See, wie gegen das Land ein hohes Portal, an welches sich auf der einen Seite die metallumgitterte Quadratterrasse mit den Landungsstufen, auf der andern ein Ziergarten in geschlossenem Viereck mit immergrünen Bäumen und perennem Flor symmetrisch hängt. Ueber den Garten schweift der Blick des Nahenden durch die beiden entgegengesetzten Säulenthore und das Vestibulum auf den glitzernden Wasserspiegel, und wie man aus der vergoldeten Ruderbarke steigt, blinkt und duftet dem Kommenden

der bunte Gartenschmuck von der andern Seite entgegen. Va-
sen antiker Form aus Maltastein, bald mit fruchtbehangenen
Citronenbäumen, bald mit roth und weiß blühendem Oleander
ausgefüllt, stehen in langen Zeilen außerhalb an den Portalen,
innerhalb an Wänden und Marmorbrunnen des hohen Vestibu-
lums, an den Säulen, Stufen und Plattformen der breiten
Doppeltreppe, und endlich an den Flügelthüren, an den Wand-
spiegeln und Gueridons des riesigen mit geschmackvoller Eleganz
gezierten Saales. Um das Redemaß nicht zu überschreiten, wird
von den lebendigen und ewig frischen Blumenpyramiden im Peri-
styl und von den grünen Schlinggewächsen, die sich bald mit
brennendrother Blüthe, bald mit schmelzendgelber Farbenpracht
um die marmorweißen Treppensäulen winden, lieber ganz geschwiegen. Damit aber mitten unter Glanz, Duft und Flor
der gefährlichste Gegner irdischer Glückseligkeit — Sättigung und
Ueberdruß — nicht etwa Gewalt erlange, wird durch zeitgerech-
ten Wechsel der Blumendecoration sinnig und wählerisch vorgebeugt. Wenn die erlauchte „Iduna" den rechten, der sie täglich mit neuen Gluten liebe, noch immer vergeblich sucht, hat ein
wohlthätiger Genius das Geheimniß unverwelklichen, Blüthen-
spieles im österreichischen Gesandtschaftshotel zu Bujuk-dere hin-
terlegt. Die sicherste Bürgschaft irdischen Glückes ist ja überall
Bewegung und Mannigfaltigkeit. Die ganze Art zu sein des
Grafen Stürmer hat etwas würdevolles, in der Erscheinung wohl-
thuendes und in den Verhältnissen ebenmäßiges, wie es die alte
Schule als vollendeten und letzten Ausdruck des Staats- und
Weltmannes anerkannte. Daß Adel, Reichthum, Macht und
socialer Glanz nicht wünschenswerthe Güter seien, wird kein De-
mokrat und kein Moralprediger den armen Sterblichen einzureden
je die Kraft besitzen. Wer wüßte aber nicht und sähe es nicht
täglich besser ein, wie das neue Europa aller Verderbtheit und

schlimmen Exempel ungeachtet über adeliges Gut und Blut, ja
selbst über die höchsten Positionen den Stab gebrochen, wenn
die wahre Grundlage der Achtung — Adel der Gesinnung und
innerer Werth gebricht? Wer die Macht und die reichen Gaben,
mit welchen das blinde Glück seine Günstlinge überschüttet, wie
Graf Stürmer als Mittel andern nützlich zu sein und Segen
zu verbreiten, sinnvoll und klug benützt, ist in unserer Zeit allein
der adelige, der gepriesene Mann. Wen das Vergnügen im
großen Style wohlzuthun nicht mit Seligkeit erfüllt, der hat
bei aller Größe das wahre Glück und den wahren Ruhm nie gekannt. Nur um diesen Preis verzeiht und ehrt man noch in
unserer Zeit die Macht.

Außer den gelesensten Zeitschriften und Journalen des Occidents, die immer auf dem Tische liegen, erhöht noch die ausgesuchte Büchersammlung des für Bildung warm fühlenden Grafen,
mit dem neuesten Wissenswerthen und mit gelehrten Hülfsmitteln
jeder Art reichlich ausgestattet, die Annehmlichkeiten des Aufent-
haltes in Bujuk-dere. Nicht bloß unversiegbares Labsal der
Wissenslust ist dieser Bücherschatz, er ist zugleich das geistige
Band, das den Levantewanderer mit dem fortschreitenden Europa
zusammenhält. Was Alex. Humboldt schreibt, Mädler in Dorpat
calculirt, und worüber „Tancred" mit Königin Astarte im Libanon verkehrt, lernt man im Internuntiaturhotel am Bosporus
ebenso gut, als was Guizot spricht und Lord Palmerston wider
die hellenischen Finanzen decretirt.

Damit aber auch gar nichts fehle, was dem Leben Reiz
verleiht und die Heimat ersetzen kann, hat der Zufall gerade in
dieser Zeit bei der österreichischen Gesandtschaft einen Kreis reich-
begabter und mit Sorgfalt ausgebildeter junger Leute versammelt und eine Quelle geistigen Wechselspieles aufgethan, deren
Werth in der Einsamkeit am Bosporus doppelt zählt. Während

man bei Ihnen mühevoll das Heiligthum vom Schutte reinigt
und die Spuren zehnjähriger Plage verwischt, feierten wir in
seliger Vergessenheit, bald sorgenlos durch Lorbeerbüsche schwei-
fend, bald die weichen Sommernächte in heiterm Scherz verplau-
dernd, Xenophontische Symposien. Könnten wir trübseligen und
finstern Gemüthern als Muster fröhlichen Sinnes dienen, so
dürfte im Gegentheil mancher reizbare und schroffe Bureaukrat
im Occident aus dem urbanen und rücksichtsvollen Benehmen
des Grafen Stürmer lernen, wie man es anzustellen habe, um
bei seinen Untergebenen geehrt und geliebt zu sein.

Byzantinische Correspondenz.

22 *

Byzantinische Correspondenz.

I.

Das osmanische Reich und Mehemed Ali's Schutzredner.

Konstantinopel, 5. December 1840.

Jetzt ist keine Zeit das Publicum mit romantischen Natur-
scenen vom Ufer des Pyrites, und mit den reizenden Thalschluch-
ten und Alpencascaden des Felsenklosters Sumela zu unterhalten. Wer möchte aber auch im Moment einer großen politischen Krisis die öffentliche Aufmerksamkeit auf Haselgerten und
colossale Rebstäbe um Kerasunt, auf Tripoli und seine Pflanzen-
pracht, auf Münzen, Inschriften, Diplome, und eines trapezun-
tischen Kaisers zierliche Handschrift und eigenthümliche Orthographie
lenken und, statt über die Festung Akke und über den Libanon
zu berichten, lieber von Epheustauden und Lianengeranke der
alten Burg in Trapezunt, von Waldschatten und limpiden Bächlein der kolchischen Amaranthenberge erzählen, und sich um Myrten
und Rhododendron kümmern, während aller Augen nach der
syrischen Küste blicken und das über Mehemed Ali's Tyrannei
verhängte Strafgericht einziger Gegenstand der täglichen Unterhaltung ist? Die Zeit über harmlose Errungenschaft der Wissenschaft zu reden, ist vorläufig verschwunden. Die Gegenwart ist
so schwer, daß Furcht, Hoffnung und Zweifel über die Zukunft
abwechselnd alle Gemüther erfüllen. Jedermann in Europa sieht,

daß unter der Außenhülle des Streites noch etwas Anderes verborgen liege, als die Zerstörung der Herrschaft eines ungerechten Drängers über die Thäler des Libanon. Der Schützling der Pariser Presse, Proselyt und lebendige Frucht der von Frankreich ausströmenden neuen Gesellschaftslehre, muß Kraft und Gehalt im Kampfe gegen die unverwüstlichen Grundlagen der Ordnung und Gerechtigkeit erproben. Es ist der alte Streit, der seit fünfzig Jahren Europa bewegt; nur der Schauplatz hat gewechselt und statt des Meisters tritt auf der einen Seite vorläufig der würdige Zögling in die Schranken. Für Frankreich ist es ein großes Unglück, endlich zur offenen, und auch für die bethörteste Fassungskraft verständlichen Schaustellung seiner Doctrin und ihrer Wirkungen gezwungen zu sein. Wohin französische Patrocinanz, französische Civilisation und Volksherrschaft auswärtige Nationen führen, zeigt uns die Gestalt der von Mehemed Ali verwalteten Länder besser und unwiderleglicher, als die beredtesten Diatriben der Schul- und Staatsgelehrten.

Jahrelang haben die Apostel tyrannischen Uebermuths durch vereintes Wirken die Wahrheit verdeckt und in Europa die öffentliche Meinung über den wahren Stand ägyptischer Glückseligkeit irre geleitet. Außer Paris und Marseille hat Mehemed Ali besonders in Deutschland die standhaftesten Ritter und determinirtesten Versechter seiner Sache gefunden. Sind diese Männer bona fide zu ihrer Meinung gekommen, so muß sie die Blitzesschnelle des in Syrien bewirkten Umschwunges der Dinge über ihren Irrthum belehren. Hätten sie aber, was natürlich Niemand glaubt und behauptet, absichtlich und persönlichen Gewinnes wegen der Falschheit Zeugniß gegeben, so würde sie jetzt ihr eigenes Gewissen richten.

Einem Caracalla gab man den Rath, das Volk für nichts zu achten und nur die Soldaten, als Stütze der Herrschaft, mit

Ehren und Belohnung zu überhäufen. Mehemed Ali ging noch
um einen Schritt weiter und beschränkte die Theilnahme an Raub
und Genuß bloß auf den engen Kreis seiner albanesischen Abenteurer. Der einheimische Krieger wurde mit derselben Barbarei
behandelt, die den Fellah in Aegypten unter das Niveau der
Lastthiere herabdrückt, die Syrer aber zur unstillbaren Wuth
eines Kampfes auf Leben und Tod entflammt. Seit Jahren ließ
man es am Sold gebrechen, versagte das Kleid für den Winter,
und hielt seit Monaten sogar den nöthigen Lebensbedarf zurück.
Das Heer ward auf Wasser und verschimmelten Zwieback gesetzt,
den häufig selbst der Hund verschmähte. Wundert man sich noch,
wenn die ausgehungerten Aegyptier auf dem Wege von Deir-
el-Kamr zur Schlacht von Bethseya (10. October) häufig unter
der Last der eigenen Waffen niedersanken, und nach dem Ueber-
tritt zu den Fahnen des Sultans Freudenthränen über das kräftige schöne Brod des neuen Herrn weinten? Dankbar, wie
Augenzeugen versichern, es an Mund und Stirne drückend, gestanden sie voll Rührung, auf ein so großes Glück in ihrem
Leben nicht mehr gerechnet zu haben. Und doch strotzten die
Magazine in Laodicea und in den übrigen Küstenstädten Syriens
und Palästina's mit verschwenderischer Fülle an Getreide, Reis,
Oel, Butter und Nahrung aller Art, und hatte man zu gleicher
Zeit, was notorisch ist, den Bauern in Palästina die gesammte
Ernte des Jahres, und zuletzt auch noch den ganzen Viehstand
— ohne alle Bezahlung — auf Befehl der Regierung weggenom-
men, und in den Vorrathshäusern zum Verkauf an die fremden
Handelsleute zusammengeschleppt und aufgehäuft.

In der Politik weiß man freilich nichts von menschlicher
Rührung, und die Thränen gemeiner Soldaten sind für die
wenigsten Diplomaten ein Argument. Aber ich frage, wo ist
denn Bürgschaft und Pfand für die Dauer einer Herrschaft, wenn

das Volk in Verzweiflung überall zur Empörung greift, den bewaffneten Banden es aber nicht nur an Willen und Enthusiasmus für die Sache des Gebieters, sondern sogar an physischer
Kraft zu ihrem Schirm gebricht? Hier leuchtet ganz der unersättliche Gelddurst, die Verblendung, die Gefühllosigkeit und
schlimme Natur eines durch französischen Advocatenliberalismus
inspirirten Arnauten aus Macedonien hervor. So weit ist es
gekommen, daß eine Provinz an Mehemed Ali abtreten so viel
bedeutet, als das Ausrottungsdecret gegen den zahlreichsten und
nützlichsten Theil der Bevölkerung unterschreiben. Denn hätte Vor-
sehung und Geduld der Menschen dem Manne Glück und Alter
eines Ben-Taschfin beschieden, so ließ sich nach den Regeln der
politischen Arithmetik beinahe das Jahr bestimmen, in welchem
die gesammte ackerbautreibende Bevölkerung der usurpirten Länder unter der dreifachen Geisel des Hungers, der Arbeit und
der Schläge erlöschen müßte. Das ist der Held der Pariser Volksbeglücker, das ist Semilasso's Antoninus, Musterfürst und
Patron aller mit Nil-Pilaw gefütterten Schmeichler und Abenteurer des Occidents. Merkwürdig, wie sich alles, insbesondere
die Schreiberwelt, vor dem Glücke beugt! So lange Mehemed
Ali's fiscalische Ordonnanzen vorwärts gingen und Ströme von
Gold und Thränen aus den bezwungenen Landschaften ununterbrochen nach Alexandrien rannen, hatte die deutsche Muse kein
Ohr für das Wehklagen und den Hülferuf gepeinigter Völkerschaften. Einige Auserwählte priesen den Moloch und beugten
das Knie, der große Haufe der Gelehrten schwieg, wenige fühlten Drang, den falschen Schimmer zu bekämpfen, den Mehemed
Ali's Gold und „graziöser" Armdruck über die Provinzen legte.
So geringen Reiz hat für die meisten Menschen die Wahrheit,
wenn ihre Schneide gegen einen Gewaltigen und Glücklichen
geht, und folglich mit ihrem Bekenntniß nichts zu verdienen ist.

Wir waren niemals Mehemed Ali's Kostgänger und haben
so gut, oder vielleicht besser als andere, auf der weiten Strecke
von Alexandrien bis Wadi-Halfa, und von Damiate bis an den
cilicischen Taurus oft genug mit angesehen, wie man in seinen
Dörfern rekrutirt, wie man Steuern erhebt, die Felder bewässert
und — nach einem von den Hypokriten an der Seine erborgten
Lieblingsausdruck — für die Prosperität der anvertrauten Länder sorgt. Auch haben wir nicht gewartet, bis der Stern des
Mannes erbleichte und das Uebermaß politischer Sünden endlich
die Donner Großbritanniens auf das schuldige Haupt nieder rief.
Darum hat man auch das Recht schärfer zu reden als andere,
und den einen ihre Schlaffheit und Gleichgültigkeit, den andern ihre Verblendung und ihren Verrath vorzuhalten, insbesondere aber jene Scribenten, die sich selbst als Herolde öffentlichen Heiles, als Guardiane politischer Gerechtigkeit und als
Schirmvögte der beleidigten Menschenrechte constituiren, wegen
sträflicher Hintansetzung ihrer Pflicht zu verklagen. Das öffentliche Aergerniß und die Saturnalien des verletzten Rechtsgefühles
verlangen hervorleuchtende Genugthuung, damit spätere Geschlechter nicht glauben, in unserer Zeit habe man den Unterschied
zwischen Wahrheit und Lüge, mit allgemeiner Zustimmung der
Literatur, auch theoretisch abgeschafft und einem hinterlistigen
Volksbedrücker die Krone fürstlicher Weisheit und Tugend auf
das Haupt gesetzt. Statt in Compendien und auf Kathedern
jungen Leuten von der Tyrannei eines Pisistratus vorzudeclami-
ren, wäre es vielleicht gerathener, unerfahrene Gemüther auf
die unreinen Kunstgriffe gallischer Politik hinzulenken und an
ihrem neuesten Product, dem Tyrannen Mehemed Ali, nachzuweisen, welches Spiel man mit den Worten Civilisation, Volks-
aufklärung, öffentliches Wohl, Fortschritt und Prosperität treibe,
und wie man dem abstracten Begriff der Menschheit in öffent-

lichen Erlassen Weihrauch streue, während man das Individuum
grausam unterdrückt und zum Vortheil seiner angeblichen Beschützer der letzten Habe beraubt. Des Satrapen Herablassung
und huldvolles Lächeln gegen einige vor seiner Plünderung gesicherte Gentlemen aus Europa darf uns nicht mit den Unge-
heuerlichkeiten seiner Wirthschaft versöhnen. Für Sicherstellung
der Grundmaximen, ohne welche geordnete Staatenvereine unmöglich bestehen könnten, wäre es von Wichtigkeit, mit hinlänglicher Localkenntniß, ohne Parteisucht und politische Färbung, ein
nur aus Thatsachen gezeichnetes Bild der ägyptischen Verwaltung und ihrer Folgen zu entwerfen, nicht wie sie in den amtlichen Papieren des Vicekönigs und seiner Parteigänger diesseits
des Mittelmeeres figurirt, sondern wie sie unmittelbar die Fellah
des Nilthales, dann die gutmüthigen Schwarzen in den libyschen
Oasen und den angebauten Uferstrecken Aethiopiens, und seit
den letzten acht Jahren das unter der vorigen Ordnung wohlgenährte, gut gekleidete, mit Hausrath und comfortabeln Wohnungen gesegnete stattliche Bauernvolk in Syrien berührte.

Man hat früher einige Fragmente in diesem Sinne mitgetheilt,
weiß aber nicht, wie viel die schwache Stimme eines Einzelnen
und Unbekannten gegen das Unisono geistreicher und hochadeliger
Lobredner für Läuterung und Rectificirung verkehrter Begriffe
damals zu erwirken vermochte. Heute können und werden die
Officiere des Befreiungsheeres das beste Zeugniß ablegen, ob sie
auf den weiland so reich und sorglich angebauten Halden des
Libanon wirklich jenen Segen, jene Blüthe, Zufriedenheit und
Liebe für ägyptisches Wesen gefunden haben, deren Dasein man
uns im letzten Augenblick noch versicherte, als bereits die Zwing-
burgen ägyptischer Tyrannei zum allgemeinen Jubel unter eng-
lischem und österreichischem Geschosse zusammensanken, in Aegypten aber sich die Elemente selbst zur Rache gegen Mehemed Ali

erhoben hatten. Beinahe sollte man glauben, die ewige Vor-
sehung, so vielen Unrechts endlich müde und der sträflichen Geduld der Menschen überdrüssig, habe in ihrem Zorn den Wassern
des Aethiopenlandes befohlen, sie sollen anschwellen und ihre
Fluth nach Aegypten hinabwälzen, um die Kornhäuser des neuen
Pharao, seine Rüsthütten und Ackerfelder — Magazine der Be-
stechung und Instrumente des Ehrgeizes und der Knechtschaft —
in den Abgrund des Meeres hinabzuspülen. Das Zerstieben der
für unbezwinglich und europäischen Heeren vollkommen ebenbürtig gepriesenen Streitmacht Ibrahims hat den politischen Vor-
hersehungen der französischen Presse und ihrer Adepten diesseits
des Rheines schnell und unwiederbringlich ihr Recht angethan. Für Frankreichs Macht und Credit nach Außen waren
Moskau und Waterloo vielleicht weniger verderblich, als seine
unglückliche und übel berechnete Sympathie für den Zerstörer
und Henker des Orients. Und wenn je, so ist jetzo der Zeitpunct gekommen, dem moralischen Uebergewicht, welches dem
liebenswürdigen französischen Volke bei allen Nationen Freunde
und Bundesgenossen schuf, und es zum Hoffnungsanker der Unzufriedenen aller Länder machte, einen tödtlichen Stoß zu ver-
setzen. Heute ist seine Unmacht, dem verbündeten Europa gegenüber, nicht weniger erprobt als die Thorheit der Völker, nach
so vielen Täuschungen dennoch von dieser Seite in ihren Bedrängnissen Rettung zu hoffen.

Vom Jahrhundert der Kreuzzüge bis auf die letzte Zeit war
der Mann des französischen Volkes im Orient, besonders in
Syrien, mit einem ehrfurchtsvollen, abergläubischen, ja magischen
Schimmer bekleidet; man glaubte es im Decident allein mächtig,
allein kriegerisch, allein politisch klug und hülfreich, ja sogar
allein christlich. Heute ist dieses Vorurtheil erloschen. Viele
bedauern, alle aber bekennen, daß französischer Schutz über die

Christengemeinden des Morgenlandes von nun an machtlos sei,
weil man die große Frage der Zeit und die neue politische Con-
stitution des Erdkreises ohne seine Theilnahme, ja im Widerspruch
mit ihm, gelöst und geordnet habe. Die Aufkündigung des
uralten französischen Protectorats über den Libanon, möchte man
glauben, müßte die unausbleibliche Folge der letzten Begebenheiten sein.

Daß man übrigens bei den Wirren des Orients in Paris
hauptsächlich seinen eigenen Vortheil im Auge habe, kann im
Grund Niemand tadeln; man hat dieses mit allen Nationen
und allen Zeiten gemein. Politischer Tact und wahre Staatsklugheit hat aber von jeher in der Kunst bestanden, specieller
Zwecke ungeachtet, mit Geist und Idee des Jahrhunderts in Harmonie zu sein. Die Massen durch materielles Wohlsein und
billigen Antheil an den irdischen Gütern zu beruhigen und zu
lenken, ist das erste Erforderniß unserer Zeit. Das zweite ist
die Aufstellung einer christlichen Obervormundschaft über den Islam, und die allmähliche Verwandlung und Verschmelzung des
Türkenreiches auf friedlichem Wege mit dem civilisirten Staaten-
complex des Occidents. Mit beiden hat sich die Politik des französischen Kabinets in feierlichen Widerspruch gesetzt, da es einerseits der gesetzlosesten, zerstörendsten und unverständigsten Län-
derverwaltung, die je bestanden, durch seinen Schirm und seine
Billigung Halt und Dauer verschaffte, andrerseits aber seine
Mitwirkung zu gemeinsamer Verfügung über die türkische Ver-
lassenschaft versagte. Die Türkei der Murad, der Bajesid, der
Mohammed und Suleiman ist in bester Form Todes verblichen.

Mahmud II. war der letzte Padischah der Osmanli, und die
Schlacht von Nisib der letzte spontane Lebensact der fünfhundert-
jährigen Monarchie. Vom Tage an gerechnet, an dem Sultan
Abd-ül-Medschid eine Supplik an die Christenheit sandte, und

um Rettung vor den Drohungen seines Dieners bat, hat er als unabhängiger Monarch abdicirt und sein Loos unbedingt in die Hand des Occidents gelegt. Sollte es nun den drei politischen Koryphäen aus dem Occident nich gelingen, die Todten aufzuwecken und durch ihre magischen Künste ein wandelndes Phantom mit Knochen, Nerv und Lebensfülle zu bekleiden, so müßte Stambul, nach den Gesetzen der Natur, in kurzer Frist zu einem zweiten Delhi herabsinken, wenn sich dem einseitigen Pensionirungsact nicht Mißgunst und Politik der Beschützer selbst widersetzen würde.

Die Fäulniß der Körper, man weiß es ja, einmal begonnen, geht viel rascher, als ihr Wachsthum. Im Mittelalter lagen die ritterlichen Heere gesammter Christenheit drei Jahre lang vor den Mauern Akke's, heute brauchte es nur ein Häuflein Abend-länder und drei Stunden Zeit, um das furchtbarste Bollwerk des Islam mit seinen Feuerschlünden, seinen Magazinen und seinen Vertheidigern in die Luft zu sprengen. Der Schlag hat die ganze mohammedanische Welt erschüttert und die ehernen Thore des Morgenlandes aus den Angeln geworfen. Akke hatte Napoleon widerstanden und von dort an als Symbol und Palladium mu-selmännischen Uebergewichtes über die Christenheit gegolten. Im Serai des Großherrn mochte man über seinen Fall frohlocken, und Sultan Mahmuds Manen, wenn sie anders diese Begeben-heit der Oberwelt noch berührt, müssen jetzt Trost und Ruhe finden, allein unter der stocktürkischen Bevölkerung der Hauptstadt war der Schrecken allgemein. Selbst in der nächsten Umgebung Abd-ül-Medschids erblaßte mancher altgläubige Patriot und ge-heime Gegner der Neuerung über die fürchterliche Hülfe der Chri-stenheit. Als Beyrut und Sidon übergingen und die ägyptischen Besatzungen aus den Schluchten des Taurus entwichen, wußte man noch Trost. Den Europäern ließ man keine Ehre, alles hatte die türkische Miliz gethan, und namentlich seien — nach

der Meinung eines Angestellten im Arsenal — gerade diese
„Infelis" ein ganz schlechtes Volk; sie sollten sich nur vor Affe
sehen lassen, um zu erfahren, was Mehemed Ali und der unüber-
windliche Ibrahim vermögen.   Jetzt ist dumpfes Schweigen an
die Stelle der Aufregung und stolzen Zuversicht getreten.

Sie begreifen wohl, daß hier vom großen Haufen die Rede
ist, nicht von der geringen Zahl verständiger Osmanli, die sich
über die Lage ihres Reiches keinen Täuschungen überlassen und
die recht gut wissen, wer jetzt in der Welt zu befehlen hat.
Eitelkeit und Hochmuth sind zu allen Zeiten und überall die
letzte Leidenschaft, die der Mensch verläßt. Diese haftet aber um
so tiefer im Sinn der Türken, da eine undurchdringliche Rinde
von Finsterniß, Weltunkunde und Geistesnacht mit gleicher Dichtigkeit auf den höheren Classen der Bevölkerung wie auf den
untern liegt.   Mit aller pädagogischen Kunst und in wiederholten
Disputationen war es — um nur Einen Fall anzudeuten —
beinahe unmöglich, einem anatolischen Türken von Rang und
administrativer Provincialroutine begreiflich zu machen, daß
Genua nicht eine Landschaft der neuen Welt, sondern in Europa
und so zu sagen in türkischer Nachbarschaft gelegen sei.   Stupiden Blickes, durch frühzeitigen Genuß verwelkt, und von den
Sprüchen seines Koran betäubt, fragte der Osmanli am Ende
immer wieder, ob es denn außer der „Pforte der Glückseligkeit"
und dem Yeni dünja (Amerika) überhaupt in der Welt noch
etwas von Bedeutung gebe?   Der Morgenländer in seinem
eigenen Dickschädel hat kein Organ für Weltkunde und, sei es
Schuld der Natur, der Staatsverfassung oder des Himmelsstriches,
die Quelle alles geistigen Lebens, jene unersättliche Wiß- und
Neugierde der occidentalischen Völker, ist bei ihm niemals erwacht.
Auch ist von Urquharts Thesis die eine Hälfte vollkommen
wahr: es gibt in der Türkei kein Leben außer dem Municipium

und dem Familienherde.   Dagegen ist aber auch für uns im
Allgemeinen nichts ungenießbarer und langweiliger als die Gesellschaft dieser Leute.   Entweder wird geschwiegen, oder man redet
vom Gelde und von Zweideutigkeiten im niedrigsten Style, die
von der Urbanität und von der feinen Sitte des Abendlandes,
besonders unserer Jugend, wie wir alle wissen, so unendlich weit
entfernt sind.   „Was kümmert es uns, wie es da draußen geht;
bakalum, Allah bilir,*)" sind die geistreichen Bemerkungen
anatolischer Efendi's über die gegenwärtige Krisis der Monarchie.

Mit größerem Rechte als auf Frankreich könnte man Lamen-
nais' Definition des Volkes auf die Türkei, besonders auf Anatolien, den eigentlichen Kern des Reiches, anwenden.   Dort
haust wahrhaft eine „Heerde Vieh", dem es indessen heute so
wenig als in Tagen Bajesid Jyldyrym's an roher, undisciplini-
nirter, physischer Kraft gebricht.   Nur der Geist, der mächtige,
um die Elemente auszuscheiden, den gährenden Keim der Fruchtbarkeit einzulegen und das Zerstreute mit kräftiger Faust in die
neue Bahn hineinzureißen, ist aus dem Osmanli-Staat entwichen.   Das nennt man den Tod der Türkei.   Es ist genau
die Epoche der christlichen Komnenen und Paläologen von
Byzanz und Trapezunt, aus deren schimpflich verkommenem
Erbe die ersten Osmanlifürsten die Bestandtheile und die vorzüglichsten Instrumente, ja gewissermaßen Saft und Leben ihrer
Herrschaft gezogen haben.   So viel ist klar, die regierende
Dynastie gibt heute ihr Spiel verloren und flüchtet sich vertrauensvoll in den Kreis der großen Mächte der Christenheit,
wie einst in ihrer Verzweiflung die Paläologen bei den theologischen
Congressen zu Constanz, Basel und Florenz im Geist ihrer Zeit
Stärke und Rettung suchten.   Wird die heutige Civilisation in

---

*) Wir wollen sehen, Gott weiß es.

ihren Bestrebungen glücklicher sein, und an den Osmanli willigere
Schüler finden, als einst die katholische Kirche am verstockten Sinn
der anatolischen Orthodoxen? Niemals vielleicht wurde menschlicher Weisheit ein gewichtvolleres Thema zur Lösung vorgelegt.

Hier ist nicht von Belgien oder Navarra, von Neapel oder
Genf die Rede — Armseligkeiten für diplomatische Principisten;
heute steht die Hälfte des alten Orbis Romanus auf dem Spiel,
und für das Triumvirat am Steuer der Welt ist die Zeit erschienen, die Probe vollendeter Meisterschaft in Behandlung der
menschlichen Dinge abzulegen. In Conjuncturen, wo beim Nicht-
erscheinen des schöpferischen Nationalgenius in Einer Person
das Heil von außen kommt, liegt Leben und Tod in der Hand
der Menge. Wären die Zeiten eines Peter von Amiens, so
würde sich das christliche Europa in wilder Fluth auf die vermeintlich wehrlose Beute werfen, und ein Uebel an die Stelle
des andern setzen. Unsere Epoche verbietet ein solches Heilmittel,
weil nicht mehr Gott und das heilige Grab, sondern Staatengleich-
gewicht, Brutto- und Nettoertrag und Handelsbilanz, Princip und
Losungswort der Politik sind. Indessen ist es immer ein peinliches
Gefühl, wenn man sich vorstellt, wie einst das französische Volk
durch religiöses Feuer, durch Beredsamkeit und romanhaften Heldenmuth ganz Europa aus den Angeln riß und zum heiligen
Kampfe in dasselbe Syrien schleuderte, wo es heute unter den Potentaten der Christenheit allein die Rolle eines unglücklichen Pa-
trons des verabscheutesten aller islamitischen Tyrannen spielt.

Das Bombardement von Akke, die dichte Saat der Blitz-
ströme, das Donnergeroll, und das grausenhafte Zusammensinken
der mohammedanischen Zwingburg schildern Augenzeugen als
eines der furchtbarsten Schauspiele, die seit Erfindung der Feuerwaffen die menschliche Einbildungskraft erschütterten. Es schien,
als wenn selbst das empfindungslose Erz die Kunst seiner Meister

unterstützte und den Zorn der verbündeten Admirale verstände.
Im Innern Anatoliens, im kolchischen Gebirge, und bei den
stupiden Musulmanen auf der Südküste des schwarzen Meeres
wird man sich lange weigern, an dieses große Unglück, an Mehemed Ali's Verzweiflung und an den Ruin seiner Heere zu
glauben.   Dort hat man die Geisel seiner Herrschaft noch nicht
empfunden, man kannte nur sein Gold, und sah in ihm den
einzigen Mann, den Christen zu widerstehen und die alttürkische
Reichspraxis, uncontrolirte Autorität der Obrigkeit und maßlose
Bedrückung des Volkes, aufrecht zu erhalten, während Abd-ül-
Medschid auf Anrathen der Ungläubigen und gegen alles Her-
kommen seinen Dienern fixen Sold bezahlt, den Raub untersagt,
die Willkür durch Gesetze beschränkt, Menschlichkeit befiehlt, und
durch den Drang der Zeit offenbar zur endlichen Gleichstellung
der Islambekenner mit den christlichen Unterthanen, das ist der
Herren mit ihren Knechten, genöthigt wird.   Und in der That,
da sich der Sultan mit seinen Türken weder gegen innere, noch
gegen äußere Feinde eigenkräftig zu schirmen vermag, kann ihm
auch das Recht, die christlichen Urbewohner des Reichs als Knechte
zu behandeln, nicht weiter gestattet werden.   Nicht nur theoretisch,
wie in der Ordnung von Gül-Chane, auch in der Praxis muß
dieser Anachronismus verschwinden, wenn man es mit Wiederbelebung eines östlichen Kaiserthums ernstlich meint und die
Quelle des Aufruhrs und der fremden Intriguen verschütten will.

Das ist eine große Revolution, aber der unerläßlichste
und zugleich der gefährlichste Schritt auf der neuen Bahn.   Der
Hof ist bereit das Aeußerste zu wagen, weil man sich der
Herrschaft willen überall zu Allem versteht; das Volk aber wird
sich zu einer solchen Verletzung natürlicher Ordnung, wie sie es
nennen, auf friedlichem Wege niemals verstehen.   Die Sache
hat Eile, und es wäre eine grobe Selbsttäuschung, sich der Mei-

nung hinzugeben, mit organischen Edicten, mit constitutioneller Belehrung, Schreiberei und Ordonnanz sei unter diesen Leuten eher etwas zu erwirken, als bis Stock und Beil in der Hand genialer Männer, wie Moses und Peter, das Erdreich zur Aufnahme des guten Samens gelockert und geebnet hat. So sehr auch Niedermetzelungen in Masse gegen unsere Begriffe von Reform streiten und vom Menschenfreunde zu beklagen sind, so muß man doch bekennen, daß Sultan Mahmud in seiner Strenge gegen die Janitscharen nur der unerbittlichsten Nothwendigkeit gewichen ist. Das war der erste Vorbereitungsact; der zweite, eben so unerläßlich, aber in der Vollziehung weniger gehässig, ist die vollständige Vernichtung oder doch Demüthigung des usurpatorischen Statthalters von Aegypten. Geschieht das Werk, obgleich mit Hülfe Europa's, doch nur halb, so fehlt es in Europa offenbar an der nöthigen Kenntniß der Türkei, oder an gutem Willen, oder an Muth etwas Vollständiges und Entscheidendes zu thun. Es wäre übrigens nicht das erstemal, daß man vor seinem eigenen Werke in Schrecken geriethe. Unserm Dafürhalten nach wäre vor der Hand Sir Robert Stopford mit seinen Batterien à la Congrève und seinen Achtzigpfündern à la Paixhans der einzige Apostel, dessen Argumente man in der Türkei versteht. Die schnelle und fürchterliche Execution in Syrien hat die gute Sache um zwanzig Jahre befördert und eine Unzahl für alle menschliche Geduld unbesiegbarer Schwierigkeiten mit Einem Schlag vernichtet.

Mehemed Ali hatte unter den Osmanli allenthalben Autorität und Beglaubigung eines zweiten Propheten, ja eines Zauberers und Geisterbezwingers, gegen dessen Künste alle Macht der Christenheit nothwendig scheitern müsse. Als während der Unterhandlungen im verwichenen August zu Trapezunt die Kunde einlief, der Pascha weiche vor den vereinten Drohungen des Sultans

und seiner Verbündeten zurück, war Trauer und Unwillen auf
allen Gesichtern; und trotz dem schärfsten Verbot über politische
Dinge zu reden, hörte man auf allen Seiten lauten Tadel des
zaghaften Mannes mit Verwünschungen Abd-ül-Medschids und
seiner ungläubigen Beschützer. Wie aber das nächste Wochen-
schiff, im Gegensatze, mit der Nachricht kam, der Wesir verwerfe
alle Anträge, gebe in keinem Puncte nach, und rüste sich zur
Wehr gegen das von Europa her drohende Ungewitter, hätte
man die strahlenden Gesichter und das stolze Auftreten dieser
groben und insolenten Leute sehen sollen. Daß Mehemed Ali
unterliegen könne, hielt man allgemein für unmöglich, es müßte
denn das Weltende nahe gekommen und Allah selbst ein Giaur
geworden sein. Schon nach der Schlacht von Koniah, meinten
sie, konnte Ibrahim Konstantinopel besetzen und ganz Europa
das Gesetz vorschreiben, wenn er damals nicht freiwillig auf die
Rolle eines morgenländischen „Bunabarde" verzichtet hätte. Ein
„Sultan Muskof", der nach Misr (Aegypten) gekommen, habe
ja dieses Bekenntniß laut abgelegt und dem Eroberer Syriens
versichert, daß alle Cabinette der Christenheit vor seiner Feld-
herrngröße und vor der furchtbaren Disciplin seiner arabischen
Brigaden erbebten. Heute habe der Wesir zwei große Flotten,
ein dreimal stärkeres Heer, Gold im Ueberfluß und die Herzen
aller ächten Moslim für sich. Die Wahnsinnigen nahmen
die Artigkeiten eines polirten Weltmannes für baare Münze
und redeten unverhohlen von Wiederaufnahme des Kampfes
gegen die Russen, vom triumphirenden Einlaufen der großen
Armada des Islam in das schwarze Meer, von Abschaffung der
Neuerungen und von Wiederbelebung der alten Reichsgesetze gegen
die Ungläubigen in Ost und West. Es war höchste Zeit, dem
Unwesen ein Ende zu machen und den Orient eindringlich zu
belehren, worin die Kraft der Reiche und der wahre Ruhm der

23*

Regenten bestehe. Votirt daher den Engländern den Dank des menschlichen Geschlechts, lobt die Staatsweisheit der Oestreicher und die kluge Mäßigung des Czaren, dem alten Usurpator aber gebt noch einmal, aber gebt sie tüchtig, eine volle Broadside, und macht dann mit der Türkei, was ihr wollt. Zerknickt man das alte Schilfrohr am Nilstrom nicht vollständig und unwiederbringlich, so wird die Reform, man kann es nicht oft genug wiederholen, im Reich der Türken niemals Wurzel fassen. Denn nicht eher als mit dem Zerbrechen der letzten Stütze des alten Systems wird sträfliche Hoffnung und stöckische Widersetzlichkeit in den türkischen Gemüthern erlöschen. Nur verschone man das Land mit der Geisel der modernen Staatstheorieen. Die Menge verlangt hier nichts als Brod, Sicherheit und einen kräftigen Gebieter. Mit der Freiheit wüßten sie heute so wenig was sie machen sollen, als die Kappadocier zur Zeit des Cäsar Tiberius.

Hiermit würde der erste Act im türkischen Drama schließen. Die eigentliche Schürzung des Knotens und das friedliche Feld europäischer Wirkung begänne aber erst im nächsten, wo es sich darum handelt, wie in der Türkei einigermaßen öffentliche Tugend und Sinn für Gerechtigkeit zu schaffen sei. Denn außer gewissen französischen Politikern bildet sich in Europa doch gewiß Niemand ein, daß eine wahre und kräftige Palingenesie ohne dieses Element zu erzielen sei. Mit Ausnahme Reschid Pascha's und Hafis Pascha's von Erzerum, finden sich im ganzen Reiche vielleicht nicht über zwölf Individuen, deren Wille und Geschick mit den Erfordernissen der Gegenwart im Einklang wären. Namentlich ist der endlich abgerufene Izzet Pascha in ganz Anatolien als Christenfeind und entschiedener Gegner der Neuerungen bekannt. Nur die Räthe Abd-ül-Medschid's schienen den Mann nicht zu kennen. Uebrigens drängt sich dem fremden Beobachter gewiß nicht ohne Bedauern die Bemerkung auf, daß im Puncte

bürgerlicher Tugend und Ehrenhaftigkeit die einheimischen Christen
wo möglich noch hinter den Türken zurückstehen, und folglich die
Idee, einem der bisher unterthänigen Stämme die uncontrolirte
Herrschaft der Monarchie im Ganzen oder theilweise zu übergeben, unter allen Auskunftsmitteln das ungeeignetste und ver-
fehlteste wäre. Ich will aber dieses Thema, um der verblendeten
Beschränktheit vieler Abendländer kein Aergerniß zu geben, diesmal nicht weiter verfolgen, da ohnehin seit einer Reihe von
Jahren die lebendige Probe des Satzes vor Augen liegt.

Gewiß ist nur soviel, daß noch an demselben Tage, an welchem
die Großmächte jetzt ihre Hand und ihre Flotten vom türkischen
Strande zurückzögen, das Kartenhaus der neuen Ordnung zu-
sammenfällt, und die Früchte vieljähriger Sorgen und unsterb-
licher Heldenthaten spurlos verrinnen. Ibrahim ist noch nicht
erdrückt und Abd-ül-Medschid ist ein schwankes Rohr, das man
noch lange von allen vier Seiten in seinem Gange unterstützen
muß. Die Unmöglichkeit, mit der Gesammtmacht des Reiches
sich des ägyptischen Statthalters zu erwehren, der seinerseits
durch ein in die entgegengesetzte Wagschale gelegtes Häuflein
Europäer augenblicklich von der Höhe seines Ruhmes herabsank,
schildert türkisches Wesen und sein Verhältniß zur Christenheit
beredter als jede Schrift. Die Türkei ist erobert und die gefährlichste Frage der Zeit könnte in der Weisheit und im politischen Gerechtigkeitssinn der vier Mächte — ohne Gefahr für
den allgemeinen Frieden — ihren Ausgang finden. Jedoch
eingedenk der Gewalt, welche die drei größten Triebfedern
menschlicher Handlungen, Ehrgierde, Furcht und Gewinnsucht,
über die Gemüther der Mächtigen ausüben, wollen wir das
Lob nicht unbedingt bewilligen, und es auch nicht weiter
ausdehnen, als soweit man uneigennützig und kräftig, muthvoll
und gerecht gewesen ist. Verharrt man aber auf dem Pfade

politischer Tugend so lange, bis sich der Strom europäischen
Lebens in vollen Fluthen über die Türkei ergießt, bis ein streit-
fähiges Heer sich bildet und der Kern der neuen Ordnung so
weit erstarkt, um ohne fremde Hülfe den langen Kampf im
Innern zu erdrücken, dann wäre es an der Zeit, Weihrauch auf
die Altäre der Erdengötter zu legen, denn sie hätten den ge-
fährlichsten aller Feinde, die menschliche Natur selbst überwunden
und gegen alle Vorausberechnung das erste staatsrechtliche Axiom
des Alterthums factisch für einen Irrthum erklärt. Zugleich
wäre dieses der sicherste Weg zur sittlichen Wiederherstellung der
Welt, weil das Exempel der Gewaltigen, im Guten wie im
Bösen, jederzeit als Norm und Maßstab für die Handlungen
der Massen gilt. Wenn wir nur nicht wüßten, was nach den
Thaten und Edicten eines Flamininus im alten Hellas geschehen ist!

II.

Ibrahim Pascha's Rückzug aus Syrien.

Konstantinopel, 13. December 1840.

Schonung und Milde, an Mehemed Ali und seiner Familie geübt, wäre ein großer politischer Fehler. Wir erlauben uns zwar nicht den polirten Jargon der Diplomaten zu interpretiren; meint man es aber mit dem Schaffen einer jungen Türkei ernstlich, und sollen wir Andere in den Ereignissen des Orients etwas Ernsthafteres erblicken als Komödie und Kinderspiel, hinter welchem sich Habsucht und Ländergier der Großen verstecken, so muß man nicht aus Imbecillität und unzeitiger Großmuth à la Napier die einzige Vorbedingung zum Erringen des Zieles verscherzen.

Es ist nicht Rath, den man gibt, nicht Meinung, die man hat; es ist Axiom: Grundlage und Piedestal des neuen politischen Baues in Konstantinopel ist der gänzliche und unwiderrufliche Ruin des Usurpators in Aegypten. Jede noch so schlechte Institution wäre in ihrer Wirkung dem Aufrechthalten des Mannes vorzuziehen. Denn am Tage, wo die siegreichen Monarchen den albanesischen Tyrannen durch Verleihung erblicher Herrschaft über Aegypten und Aethiopien als ihres Gleichen anerkennen, schneiden sie der jugendlichen Pflanze am Bosporus auf immer die Lebenswurzel ab. Der gedemüthigte Hof des Sultans würde aus Verzweiflung freilich auch dann noch auf eure Civilisations-Homilieen merken, aber das Volk, aber die Derwische mit dem großen Haufen, aber die Uelema mit der halb erstickten Brut

der Janitscharen und der ganzen Sippschaft des vergifteten Pertew-
Pascha würden, vielleicht nicht mit Unrecht, über die Muster-
reiter der Ungläubigen und über den Halb-Giaur Abd-ül-Medschid,
ihren Discipel, lachen. „Nicht von euch", wird man sich dann
rühmen, „erwartet der Islam sein Heil, unsre Hoffnung ruht
auf Mem-Ali *), auf Ibrahim und der neuen rechtgläubigen
Dynastie von Misr." Im Orient hofft der Mensch wenig,
aber er hofft lange, und nirgend ist Zeit und Rede im Kampfe
gegen Apathie und träges Widerstreben der Menge machtloser
als unter dem Himmelsstrich der Türken-Race. „Seht nur,"
hieß es vorige Woche beim Lautwerden der Pseudo-Convention
Napiers in den patriotischen Regionen von Stambul, „seht nur,
alle K'ral der Ungläubigen zusammen genommen vermögen im
Grunde doch nichts gegen unsern Mem-Ali; aus Furcht vor
den 500 Feuerschlünden und den unbezwinglichen Positionen von
Eskenderun sind sie zurückgewichen, und aus Respect für den Islam
begleiten sie Ibrahims Heer mit militärischen Ehren von Berr
esch-Scham (Land Syrien) an den Nil-Mubarek zurück**);
Mem-Ali ist unabhängig, gewaltig, und die Zeit wird das Uebrige
thun, bakalum!" Denn, argumentiren die türkischen Philosophen von At-Meïdan und Kum-Kapußi weiter, wären die
ungläubigen Inkilis und Nemtsche-Betschlü***) wirklich die Stär-
kern, hätten sie gewiß auch Misr genommen und des Misr-Sul-
tans goldenen Herrschersitz und volle Truhen unter sich getheilt.

Stille halten mitten im Siegeslauf und in der Rache gegen
den überwundenen Feind nicht auf die äußerste Linie hinaus-

---

*) Türkischer Zärtlichkeits-Terminus.
**) Nil-Mubarek — der gesegnete Nil.
***) Nemtsche sind die Deutschen und Betschlü die Oesterreicher, eigent-
lich die Wiener. Betsch, der slavische, magyarische und türkische Name
für Wien.

rücken, sind Dinge, die in diesem Lande Niemand begreift.
Mäßigung und Mitleiden in solchen Fällen gilt hier für Albern-
heit und Schwäche. Ausnahmsweise wären allerdings unter
diesen Umständen, bloß der guten Sache willen, den Verbündeten
einige Züge der vindicativen Natur des Orients zu wünschen.
Günstigere Gelegenheit die schwunghafte Phantasie des Islam zu
dämpfen, wird in tausend Jahren nicht wieder kommen. Gerechtigkeit gegen Unterdrückung und Ordnung gegen Anarchie zu
schaffen, sind ja die schönsten Prärogativen der Herrschaft und
um so leichter zu üben, sobald ihnen auch noch der materielle
Gewinn als Corollar zur Seite geht. Napiers Präsumtion und
diplomatische Tactlosigkeit begreift kein richtiger Beurtheiler der
orientalischen Dinge. Hätte der Usurpator Kraft, Glück und Genie
auf seiner Seite, oder durch Schaffung eines tüchtigen Heeres und
einer — wenn auch strengen — doch gediegenen und menschlichen
Verwaltung der widerrechtlich besetzten Provinzen seine Titel zur
Herrschaft erprobt, so wäre großmüthige Schonung nach dem
Siege, wegen des blinden Vorurtheils der Menschen für geniale
und kräftige Naturen, noch begreiflich. Aber die Nichtigkeit des
Mannes sowohl als seiner Maximen liegt heute beim Verstummen
seiner Schmarotzer und Taglöhner vor ganz Europa zur Schau,
und die Einfältigkeit, mit einem Generalstab ohne Talent, mit
Artillerie ohne Unterricht, mit einem Heer ohne Disciplin, und
mit Soldaten ohne Kleid, ohne Sold, ohne Brod, bei allgemeiner
Verzweiflung der Länder, der geregelten Streitmacht des Occidents
zu widerstehen, verdient ihrer maßlosen Unverschämtheit wegen eine
Zurechtweisung strengster Art. Eigentlich verdienten dieser Mann
und sein ältester Sohn mit den vornehmsten Instrumenten der
Tyrannei, — als Leute, die wiederholt den Landfrieden brachen
und taub gegen alle Mahnung und Warnung hartnäckig in ihrer
Rebellion verharrten, und Sr. kaiserlichen Majestät ehrsames

Volk am Nil, in Arabien und Syrien seit Jahren auf mancherlei
Weise drangsalirten, schädigten, tödteten und zuletzt noch sämmt-
lichen Geldes und aller fahrenden Habe beraubten, — nach den
Vorschriften summarischer Justiz behandelt zu werden. Da aber
auf so viele Energie kaum zu rechnen, so wäre Deportation des
alten Wütherichs mit seiner Familie und dann die Bestrafung
der verrufensten Volkspeiniger auf dem Wege Rechtens alles, was
man bei der Philanthropie unsrer Zeit der hohen Pforte empfehlen
könnte. Etwas muß geschehen zur Sühne des öffentlichen Aer-
gernisses und zur Beschämung autokratischer Niaiserie. Energie
mit Gerechtigkeit findet im Orient selbst bei ihren Schlachtopfern
Anerkennung. Verbrechen solcher Art nicht nur ungestraft lassen,
sondern herwärts noch mit der Fürstenwürde belohnen, wie
Napier wollte, wäre ein großes Unglück, eine unheilbare Wunde
für alle gesetzliche Autorität. Soll man sich noch wundern,
wenn endlich alle Geltung der Obrigkeit erlischt und ein Padischah
nach dem andern schimpflich vom Throne steigt? Es ist höchste
Zeit ein großes Exempel zu statuiren und in der That zu beweisen,
daß für Leute, wie Mehemed Ali und sein Sohn, noch kein
Platz am Tische der Könige sei, und daß Männer, denen Gott
Talent verliehen, übel thun würden, wollten sie es nach Art land-
streichender Parasiten im Dienst und Lohn eines ekelhaften Char-
latans verpfänden. Die hohe Pforte, obwohl ohne Macht, hat
unter den Umständen doch das Gefühl ihrer eigenen Würde bewahrt und feierlich Protest eingelegt gegen die Anmaßung eines
untergeordneten Befehlhabers, ohne Vollmacht und bloß nach
Eingebung der Laune über die wichtigsten Interessen der Monarchie zu verfügen. Eben so verlautet, daß Sir Robert Stopford
seinem Delegaten vor Alexandria das ungeeignete Verfahren mit
Strenge verwiesen, die Convention für ungültig erklärt und
selbst in der ungünstigsten Jahreszeit die Execution des Tyrannen

zu betreiben verordnet habe. Zwar wird das Portafoglio di Malta nicht müde von einer „valida resistenza" und von unbezwinglichen Vertheidigungsanstalten in Alexandria und von der wohlthätigen Herrschaft Mehemed Ali's zu reden, während man doch weiß, daß, nachdem Napiers Dampfboot mit Parlamentärflagge in den Hafen eingelaufen, die arabischen Kanoniere in mehreren Batterien die Stücke vernagelten, und daß beim Erscheinen der verbündeten Flotte die unbezahlte Garnison vielleicht ohne die erste Lage abzuwarten, die Waffen gestreckt hätte und auseinander gestoben wäre. Ueberhaupt kam während des kurzen syrischen Feldzugs bei den ägyptischen Heerführern und ihrem militärischen Treiben eine so dichte Masse Ignoranz, Unfähigkeit und Verkennen der einfachsten Regeln ihrer Kunst zu Tage, daß man sich billig verwundern muß, wie die ägyptisirenden Hochzeitlader noch immer von einer organizzazione intellettuale di primo ordine, oder gar von Europa's Schrecken vor den Soldaten Mehemed Ali's reden mögen.

Die zuverlässigen Nachrichten vom Kriegsschauplatze reichen hier bis incl. 28. November. Drei Tage vorher war Ibrahim, über dessen offensives Vorrücken in Anatolien noch die neuesten Pariser Blätter, in unbekehrbarem Böotismus, als Möglichkeit discutiren, mit den armseligen Trümmern seines Heeres in Damaskus eingetroffen, und wollte von da in drei Colonnen am 1. December den Rückzug nach Gaza beginnen. Man kennt genau die Tage, an welchen die feindlichen Garnisonen Urfa jenseits des Frat, wann sie das Lager von Marasch, die Stellung von Albistan, die Blockhäuser im Taurus, die Städte Adana und Tarsus, Skanderun, Aintab, Antiochia, Tortosa, Tripolis, endlich das große Haleb, die Orte Mara, Hama und zuletzt noch das nahe Hems verließen, um ihre decimirten Reste mit der Hauptcolonne in Balbek zu verschmelzen. Von Balbek führt der Weg über die Thalengen, Schluchten und Steilseiten des Antilibanon, am

schönen Marktflecken Zebdani vorüber, in fünfzehn Stunden nach
Damaskus. Unter beständigen Gefechten, verfolgt und umschwärmt
von allen Seiten durch die aufgestandene Bevölkerung, kam das
fliehende Heer endlich auf die Ebene herab, und schlug bei der
Vorstadt Salahieh am Saume der Waldoase das Lager auf. Mit
Inbegriff der früher im Lager vor Balbek vereinten Heerhaufen
Ibrahims, Osmans und Suleiman-Pascha's und dann sämmtlicher
obengenannten Besatzungen von Norden her, rechnete der Oberfeld-
herr am Tage, wo die Befehle zum Rückzug abliefen, mit Ausschluß
der 7000 zuchtlosen Arnauten und Beduinen, im Ganzen noch
34,000 Mann disciplinirter Soldaten. Zur Oase von Damaskus
aber gelangten nicht mehr als 18,000 reguläre Aegyptier, die übrigen
hatte Desertion, Ungemach, feindliche Neckerei, Hunger, Frost, Noth
und Elend aller Art verzehrt. Ohne regelmäßiges Gefecht sind in
wenig Tagen durch die Thorheit des Führers und die stupiden Maximen ägyptischer Administration nicht weniger als 16,000 Mann
erlegen. Kein Soldat Ibrahims hat ein Hemd, noch weniger
Kapot und andern Bedarf. Eine eng anschließende Jacke von
dünnem Baumwollenzeug, mit detto Pantalon und Leibbinde, ist
die ganze Ausstattung zum Kampf auf den Winterhöhen des
Libanon, oder zum Lagerstand ohne Zelt, wenn das grauliche
Schneegewölke traurig von Hems und der Wüste her durch das
Thor von Cölesyrien zieht und der eisige Octoberwind über die
schönen Nußbäume der Hochebene von Heliopolis saust.

Aber wo sind denn die Millionen alle hingekommen, die man
dem syrischen Volke ausgepreßt? Im Lager von Salahieh, sagt
ein Schreiben aus Damaskus, ist je der zweite Mann krank,
und außer den räuberischen Beduinen und Albanesen, Pferd und
Mensch greulich abgemagert. Was hat etwa Ibrahim gedacht,
während seine Soldaten mit ihren verbrannten libyschen Gesichtern über die Halde des Antilibanon zum Einigungspunct der

drei romantischen Engthäler und ihrer krystallhellen Bächlein
herabstiegen, und er selbst am großen Nußbaum — vor der ägyptischen Eroberung die friedliche Rast des Wanderers — vorüber-
ritt? Mitten im Schiffbruch seines Glückes bemerkte er das
Rauschen der Wasser um die Mittagsstille nicht, sah nicht die
lange Zeile schlanker Silberpappeln, rechts am Wege die Maulbeerbäume, das heimatliche Brombeergesträuch und die trauben-
vollen Ranken, womit die milde Natur das liebliche Thal geschmückt. Zornigen Blickes mußte er vorwärts eilen, um die
Steinbrücke bei Dummar und das Felsenthor zu gewinnen,
welches aus dem geschlossenen Berg-Labyrinth zur damascenischen
Oase führt. Von Balbek war man ohne allen Lebensbedarf
aufgebrochen und im insurgirten Lande war nichts zu finden.
Auch verschmachteten während der Ruhezeit in Damaskus täglich
achtzig bis hundert der beklagenswerthen Schlachtopfer des eben
so unfähigen als barbarischen Führers. Und als wäre dieses
noch nicht hinreichend, sucht dieser rohe Arnaut durch brutale
Behandlung erschöpfter Krieger und unbedingtes Niedermetzeln
aller in seinen Bereich fallenden Landbewohner, ohne Unterschied
des Alters, des Geschlechts, der Schuld oder Unschuld, die
Schmach seiner Niederlage zu rächen.

Bei der Unmöglichkeit auf der kürzern Straße über den Hermon,
die Jordans-Quellen und das Wasser Merom vorbei, die Ebene
Esdrälon zu erreichen, wählt man den Umweg über das Hauran
bis zur großen Wüste, wendet sich dann rechts durch das biblische
Königreich Basan, um an der Südspitze des See's Genesareth und
durch den alten Grenzpaß Scythopolis in Judäa einzubrechen.
Dieß ist genau die Heerstraße der syrischen Feldherren Lysias und
Nikanor während der Machabäischen Insurrection. Jetzt ist aber
Winter, dem fliehenden Heere gebricht es an Allem, und die
Insurgenten, wenn auch schwach, weil ohne Disciplin und Führer,

gönnen keine Rast. Die erste Colonne will man aus den Waffen-
losen, aus transportabeln Kranken, aus der gesammten turba
imbellis und den noch übrigen Effecten des Heeres zusammen-
stellen, — hingeworfenes Futter für feindliche Mord- und Beute-
sucht, um den übrigen die Bahn des Heiles zu ebnen. Aber
Akke ist gefallen, aber Jaffa ist in Feindes Hand, der Weg am
Strande gesperrt, und wie nun mit solchen Streitern durch das
samaritanische Bergrevier auf das Feld von Askalon gelangen?
Zieht nur fort, ihr Räuber, zertretet aber die Anemone auf Saron
nicht; der Lohn für eure Greuelthaten im Gebirge ist nahe! Offenbar bereitet sich eine jener Scenen, die in den Annalen menschlichen
Elends Epoche machen. Nur fehlt es der Tragödie von Basan
an der moralischen Größe eines untergehenden Helden.

Nachschrift am 16. Dec. Vorgestern erhielt die Pforte durch einen
Tatar, der in dreizehn Tagen über Land von Damaskus kam, die
officielle Nachricht von der Räumung des Platzes durch Ibrahim.
Die verlassene Lagerstelle bei Salahieh glich einem Schlachtfelde.
Todte, Sterbende, halbverscharrte Leichen verriethen nur zu deutlich
das Elend, dem das fliehende Heer erliegt. Der Abzug selbst geschah unter den düstersten Vorbedeutungen. Der Sturm vom
2. December war im Anzug, ein kalter Nord rauschte durch den
Obstbaumwald, und es fiel Schnee, während die Colonne, ange-
schwollen durch endlosen Troß der mit ihr abziehenden Civilver-
waltung und beladen mit dem Fluche des ausgeraubten Landes,
schweigend und voll der traurigsten Ahnungen südwärts bog.
Noch laufen nur dunkle Gerüchte in Pera herum; es scheint aber
bereits Kunde von gänzlicher Auflösung des ägyptischen Heer-
haufens, und zwar unter den grausenvollsten Umständen, hier zu
sein. Wie viel an der Sache ist, Grund oder Ungrund, wird
man bis zur nächsten Post erfahren.

III.

Die Dinge in Syrien und Aegypten.

Konstantinopel, 30. December 1840.

Man muß sich schon zufrieden geben. Abd-ül-Medschid hatte nicht den Muth, dem unmaßgeblichen Rathe der Londoner Conferenz und dem Conclusum seiner eigenen Minister entgegen, zum syrischen Drama den rechten Epilog zu schreiben. Nach langem Besinnen entschloß er sich, die demüthige Unterwerfung des usurpatorischen Statthalters anzunehmen, und der alte Mehemed, obgleich von den Türken excommunicirt und von den Christen aufs Haupt geschlagen, darf sein grobkörniges Regiment über Aegypten noch ferner behalten. Officiell sind ihm zwar vor der Hand alle Souveränetätsgelüste ausgetrieben, und er muß — was Sie natürlich schon lange wissen — wenigstens dem Namen nach wieder in die Stellung eines Megas-Domesticus des byzantinischen Monarchen zurück. Von Haus und Hof wird er aber nicht vertrieben, und als Landsmann der Hydrioten und Athenäer weiß er gewiß auch Theokrits Spruch zu deuten: „Dasein gewonnen, Alles gewonnen, ohne Hoffnung sind nur die Todten" — ἐλπίδες ἐν ζωοῖσιν, ἀνέλπιστοι δὲ θανόντες.

Zeit und Lage ändern sich oft schnell, und wer weiß, ob es französischer Thätigkeit nicht glückt, langsam und stückweise wieder zu bringen, was der kurze, aber fürchterliche Moment von Akke,

wie man glaubte, auf immer entriß? Man sieht wohl, jene
ernsten und strengen Charaktere mit dem raschen Blick und der
seltenen Kunst, von einem großen Ereigniß schnell die größtmögliche
Summe von Corollarien zu ziehen, wollten diesmal in Europa nicht hervortreten. Cäsar und Napoleon, sagen die Leute,
hätten dies besser verstanden. Aber Hr. Jochmus, wie es scheint,
ist so wenig Cäsar, als Zacharias-Pascha Napoleon. In Europa
gibt es jetzt eine Menge Leute, die zwar keine Macht, aber
dafür eine gute Kunde des Orients, und so zu sagen, den Instinct morgenländischer Politik besitzen. Von dieser Seite ist
die Kritik des Tractats vorauszusehen, und ohne Prophet zu sein,
wollte ich manches Argument voraus errathen, welches gegen
den Spruch des europäischen Triumvirats (Abd-ül-Medschid und
Hr. v. Königsmark sind nur höflichkeitshalber zu Tisch geladen)
in Broschüren und Zeitungsartikeln figuriren wird. Von hier
ist nichts zu besorgen; denn in Konstantinopel scheut man sich
vor dem Wortschwall und der „Diarrhöa λόγων" abendländischer
Staatsgelehrten noch weit mehr, als vor Mehemed Ali's Finanz-
system oder dem Fasten-Mandate Ibrahims. Politische Dis-
cussionen finden im byzantinischen Publicum wenig, oder eigentlich gar keinen Anklang. Von Musulmanen ist ohnehin keine
Rede, aber auch im Kreise eingeborner Griechen, Armenier und
Levantiner gäbe es keine Kunst, ein Gespräch über die Ereignisse in Syrien, über die Einnahme Akke's, über die Insurrection
des Gebirges, über den Frieden mit Mehemed Ali, nur fünfzehn
Minuten schwebend zu erhalten. In Stambul und durch ganz
Anatolien sieht Sie der Eingeborne mit großen Augen an,
wenn Sie ihm vom Libanon oder von Hellas erzählen. Kein
Mensch kennt hier diese beiden Wörter: „Turschu-Dagh" (Sauer-
krautberg) heißt der eine, und „Ak-Degniß" (Weißmeer) das
andere. König Otho ist K'ral von Ak-Degniß, und Beschir-

Schehab war Sauerkraut-Fürst, Turschu-Dagh Emiri*). Wie
unpoetisch! wie unclassisch! rufen vielleicht Ihre Leser. Fragen
Sie mich aber, was hier, bei so wenig Sinn für Politik, mit
der überflüssigen Zeit geschehe, gebe ich keine Antwort, damit es
nicht heiße, man sei bloß nach Stambul gekommen, um die
Leute zu kritisiren, was ich, wie Sie gern zugestehen, von jeher
mit großer Sorgfalt vermied. Freilich war im Orient früherhin
auch die Censur etwas strenge, und in Kairo ist es heute noch
unvergessen, wie Habib-Efendi, der Gouverneur, fünfzehn Eingebornen, während der Belagerung Akke's durch Ibrahim, auf
der Citadelle den Kopf abgeschnitten, „weil sie ein Wort zu viel
gesprochen hatten." Bei Abd-ül-Medschid geht es schon weit milder
her, und man redet in der Hauptstadt ungescheut was man will
und weiß. Sogar der Turkmane Osman Chasnedar-Oglu,
Seraskier im entlegenen Trapezunt, ließ verwichenen Sommer
durch Districtsvorstände nur fünfhundert auf die Fußsohle bei
zu lautem Tadel der großherrlichen Politik verkünden.

Uebrigens hat die hohe Pforte durch Rehabilitirung des
excommunicirten Mehemed Ali thatsächlich das Maß ihrer
Selbstverleugnung und ihres Gehorsams gegen die Wünsche der
Verbündeten geoffenbart. „Wie soll ich es denn machen," sagt
Abd-ül-Medschid, „um auch so zu sein, wir ihr seid? wo ist eure
Medicin? wo eure Amulete und Zaubersprüche? Gebt mir auch
davon, ich nehme Alles, damit ich auch stark und fürchterlich
werde, wie Lord Palmerston und Erzherzog Friedrichs Congrève'sche
Batterieen!" Zugleich hat man bemerkt, daß nach den glanzvollen
Begebenheiten in Syrien die Musulmanen dahier viel häufiger
als gewöhnlich in die Gotteshäuser der Firingis traten und den
ihnen sonst so greuelvollen Gottesdienst der Ungläubigen an-

---

*) Kukumern, wilder Pfeffer und andere Hülsenfrüchte, in Essig ein-
gemacht, nennt der Türke ebenfalls „Turschu".

sahen; vermuthlich wollten sie etwas von der geheimnißvollen
Macht erlauschen, mit der man starke Festungen in drei Stunden
nimmt und arabische Bauernjungen mit Weibern, Kindern und
Lastthieren bataillonsweise in die Luft sprengt. Daß man solche
Dinge durch langes Studium, durch strenge Disciplin und be-
ständiges Ueben erlerne, glaubt der Türke nicht. Seiner Vorstellung nach hätten wir unmittelbar von Allahs Hand das Re-
cept bekommen, mit dem man solche Mirakel wirkt. Und weil
ihnen die christlichen Rathgeber immerfort in den Ohren liegen,
sie möchten sich auch nach Batterieen und Artilleristen umsehen, haben
sie denn neulich in Tophane Kanonen gegossen, haben aber die
Probe, statt auf dem Kugelfang wie in Firingistan, unmittelbar
am Eingang des Hafens angestellt, und einem katholischen Geistlichen aus Santorin, mit dem ich Abends vorher zu Tische saß,
bei seinem Auslaufen aus dem goldenen Horn die Schenkel
abgeschossen. Ebenso traf verwichenen September, beim stürmen-
den Angriff auf Saïda, das türkische Geschoß, statt der feindlichen Werke, häufig die Landungsbarken der eigenen Leute, und
namentlich ist ein Boot mit fünfzig Rothröcken unter den Augen
des brittischen Commodore's gesunken, was man aber aus christlicher Milde und nachbarlicher Schonung in den amtlichen Berichten weggelassen. Um den Fehlgriff Ibrahims zu vermeiden,
der vorzüglich deßwegen die Armee verlor, weil der Soldat im
Winter kein warmes Kleid und das ganze Jahr kein Brod hatte,
wird von der türkischen Regierung, wenigstens in der Hauptstadt, für Bedeckung und Nahrung des gemeinen Mannes muster-
haft gesorgt. Das rothe Fes ausgenommen, ist die Uniformirung
ganz europäisch und der schwere Wintercapot an Kragen und
Rand sogar mit Pelzwerk ausgeschlagen. Und daß der Soldat
nicht Mangel leide, sieht man am besten bei der Reiterkaserne
in Skutari, wo sich zur Essenszeit, außer dem Rudel Gassen-

hunde, noch eine Menge alter Leute sammelt, um mit dem, was Abd-ül-Medschids Krieger übrig lassen, den Hunger zu stillen. Wie weit die Eifersucht gehe, in diesem Puncte besser als Mehemed Ali zu sein, hat sich vorzüglich bei der letzten Osterparade (Ende November) gezeigt. Unter einem prachtvoll gerüsteten Infanterieregiment, das in großer Parade durch Pera rückte, sah man einen Capitän, den gezogenen Degen in der einen Hand und einen tüchtigen Keil Brod in der andern, in Reih und Glied vorüberstolziren. Unverzeihlich wäre es, hätte man unter diesen Umständen nicht Talent genug, die trefflichen Dispositionen des jungen Großherrn und seines ersten Ministers zum eignen Heil der Türken zu lenken.

Die Komödie des neuesten Unterwerfungsactes ist Ihnen sammt dem Briefwechsel mit Sir Robert Stopford auf dem Seewege vermuthlich schon früher zugekommen. Gott allein kennt die geheime Tendenz der Verbündeten, allein der ehrwürdige Areopag, ich behaupte es hartnäckig, läßt sich dupiren, und in kurzer Zeit wird das Spiel wieder da capo beginnen. Nur wird man später den Feind besser gerüstet und vielleicht in guter Gesellschaft finden; „omnium opinione celerius cum exercitu adfuit", wäre die einzige vernünftige und vollständige Lösung der orientalischen Frage gewesen. Eine Viertelstunde länger entschieden, unerbittlich, ja hart zu sein, um lange Generationen von Milde und Segen zu bereiten, sollten sich kluge Männer in so großen Conjuncturen nicht besinnen. „Tout est fini, faits accomplis" hätte der Telegraph durch Europa gerufen, bevor man in Frankreich nur zur Besinnung, geschweige denn zu kräftiger That gekommen wäre. Sollte aber Mehemed Pascha um jeden Preis für die „Prosperität" irgend eines Landes sorgen, warum versetzt man ihn nicht z. B. nach Kolchis, nach Bosnien, in die Herzegowina? Da gäbe es störrige Geister zu bändigen,

24 *

und zugleich wären auch immer Leute in der Nähe, um dem alten Latro auf die Finger zu sehen. Um das Maß politischer Irrthümer voll zu machen, fehlt nur noch etwa der Rath, auch Ibrahims Unterwerfung durch Anbot der Generalstatthalterschaft über Syrien und Arabien zu erkaufen. Der Mann wärmt und erholt sich in Damaskus, nimmt von der reichen Bürgerschaft acht Millionen Piaster (zwei Millionen Franken) Contribution, und zahlt, übt und erquickt, was ihm noch an Pferden und Soldaten blieb, mit den Hülfsquellen der feindlichgesinnten Stadt, betrinkt sich täglich in warmem Palmen-Rak, und füsilirt die Insurgenten.

In einem Kriegsrath, den man nach Aufhebung der See-blokade und dem Rückzuge der verbündeten Flotte nach Marmarizza hielt, machte er sogar den Vorschlag, durch eine letzte und verzweifelte Anstrengung den feindlichen Cordon zu sprengen, einen festen Punct an der Küste zu nehmen, und so die Communication mit Aegypten, wohin man nach dem Aufstand von Jerusalem und Samaria zu Lande unmöglich durchdringen könne, auf dem Seewege wieder zu öffnen. Und nur auf einstimmige Erklärung der Generale, daß unter den Umständen der Versuch nur mit Aufopferung alles noch vorräthigen Materiales und so zu sagen des ganzen Heeres gelingen könnte, und daß ihnen bis an die Küste höchstens ein Häuflein von 800 gesunden, erprobten und abgehärteten Soldaten zu folgen vermöchte, gab er die offensiven Projecte wieder auf, und beschloß den Ausgang ruhig und auf Kosten der Damascener abzuwarten. So wenigstens lautet eine letzte Meldung aus dem türkischen Hauptquartier. Zugleich sind gestern die Pfortencommissäre abgereist, um Mehemed Ali neuerdings als Pascha von Aegypten einzusetzen und endlich einmal die großherrliche Flotte wieder heimzubringen.

Allen Protokollen, Eiden, Cautelen und Stipulationen zum
Trotz betrachte ich von heute an den Arnauten Mehemed Ali als
wirklichen Herrn am Nilstrom und Aegypten vom türkischen
Reichsverband factisch nicht weniger abgelöst, als Moldau, Walachei, Serbien und Griechenland. Auch wird das Beispiel nicht
verloren sein, und muß allen künftigen Usurpatoren und rebellischen Paschas der Türkei als Norm dienen, wie viel ein Unterthan ohne Gefährde gegen seinen Gebieter wagen dürfe. Bald
wird man hereditäre Investituren in Bagdad, Arabien und
Kurdistan, wo nicht gar in Bosna und Bulgarien zu schlichten
und zu ordnen haben. Gute Arbeit für den „Stern von Moskau und St. Petersburg", den Ihre Correspondenten, wie den
erlöschenden Aldebaran, neulich am politischen Horizont untergehen
ließen!

IV.

Mehemed Ali's Unterwerfung.

Konstantinopel, 7. Februar 1841.

Gehen die Anträge Reschid Pascha's im Divan durch und werden sie nachher auch wirklich in Vollzug gesetzt, so sinkt der alte Mann in Alexandria zu einer Caricatur herab, an der man unmöglich die Merkzeichen dynastischer Zukunft und fürstlicher Autorität entdecken kann. In seinen alten Tagen stieg dieser wohlbeleibte Phaëthon noch auf das Viergespann des Sonnengottes von Heliopolis, um als lebenbringendes Gestirn über dem Orient zu leuchten. Die Höflinge versicherten ihm: er sei jung, nervicht, schlank, sein Haupt sende Strahlen aus, wie Alexanders des Zweigehörnten, und er werde mit Riesenkraft die wiehernden Rosse durch den weiten Bogen vom Aufgang bis zum Niedergange lenken. Aber wie einst den Sohn der Klymene, schreckten auch ihn greuliche Thiergestalten am Firmament: Leoparden mit feuerströmenden Rachen und Riesenadler mit Doppelköpfen und ehernen Klauen, aus denen Blitze fuhren. Die Zügel sanken vor Entsetzen aus der Hand, und den musulmanischen Wagenlenker schleuderte es in den Abgrund nieder, bevor er noch den Erdkreis in Flammen setzen und die Burg der Olympier selbst mit Feuer schädigen konnte. Hätte Mehemed Ali Pascha wirklich den großen Sinn, den ihm seine europäischen Ritter leihen, so zöge er nach einem solchen Schiffbruch das Exil

auf einer einsamen Insel dem bettelhaften Leben eines musulmanischen Steuersammlers in Aegypten vor —

> hic situs est Phaëthon, currus auriga Canopi,
> quem si non tenuit, magnis tamen excidit ausis,

hätten ihm seine Verehrer zu ewiger Erinnerung auf den Grab-
stein geschrieben, und durch diese Mahnung an den Unbestand
menschlicher Dinge das Andenken ihres Helden am besten vor
Unglimpf bewahrt. Denn Mißgeschick mit Würde ertragen, flößt
auch dem Feinde Achtung ein. Weit entfernt künftigen Tragi-
fern als Substrat zu dienen, klammert sich Mehemed Ali im
Nilschlamme fest und ruft mit verzweifelnder Geberde: lasset mir
nur Aegypten, Aegypten will ich um jeden Preis, redet, begeh-
ret was und wie viel ihr wollt, ich unterwerfe mich allen Bedingungen; Schiffe, Fellah-Jungen, Kanonen, Getreide, Bohnen, Gold und Indigo gebe ich euch, und werfe mich in Staub
vor Abd-ül-Medschid, nur gestattet, daß ich noch ferner Steuern
ansagen und für das Glück der Araber wachen darf. „Etwas“,
denkt sich heimlich der alte Practicus, „zwicke ich dennoch nebenbei heraus, wenn sie mir auch noch so genau auf die Finger
sehen.“ Um so sonderbarer lautet es, wenn man in Europa
diesen Mann als ehrwürdigen, ungerecht verfolgten Greis, als
Opfer feindlicher Arglist und eigener Treuherzigkeit schildert, ja
beinahe als Märtyrer beweint, der für uneigennütziges, enthalt-
sames und wohlthätiges Wirken im Orient vom Sultan und
seinen Verbündeten mit schwarzem Undank belohnt, jetzt an der
Schwelle des Alters gleichsam um das tägliche Brod vor der
Thüre desselben Fürsten marken müsse, der es nur seiner Großmuth verdanke, wenn er ruhig auf dem verwaisten Throne seines Vaters sitze.

Ach Nisib, Nisib! ach die fliegende Fortuna und das goldene
Haar! seufzt man zum Schlusse der Tragödie am Nilstrom. Auf

dem baumlosen, ausgebrannten Wiesenfeld ober Haleb begegneten sich, wie wir alle wissen, zwei hohle Gespenster, Gebilde
aus der Schattenwelt. Die Berührung war beiden tödtlich; das
eine stob hinter den Taurus zurück, das andere sank kraftlos
auf der Haide nieder. Wie lange will man uns noch mit Kin-
dermärchen unterhalten? Nicht französische Mahnung, nicht eigene
Mäßigung, die Unmöglichkeit mit einem numerisch schwachen und
moralisch siechen Heere durch Kleinasien an den Bosporus vorzudringen, hielt den rebellischen Pascha in Syrien fest. Meuterei
und Desertion in den Regimentern, Aufruhr in den Provinzen
und im Vordergrunde die alten Banden Gog und Magog funkelnden Blickes am Kaukasus, hätten offensivem Beginnen ein
noch weit schmachvolleres Ende bereitet, als nachher durch einige
Compagnien Oesterreicher und Britten über den auf der Vertheidigung stehenden Ibrahim gekommen. Der Thor war diesmal
klüger, als die Klugen im Occident, und es gereicht dem Verstand des alten Pascha zur Ehre, wenn er früherer Erfolge ungeachtet, und allen Lobes-Dithyramben seiner Bewunderer zum
Trotz, dennoch die Unzulänglichkeit erkannte, jetzt schon die
in Konstantinopel regierende Familie vom Throne zu stoßen.

Daß aber dies sein letzter Gedanke war, ist nicht zweifelhaft.
Nur wollte er den Sultan in der öffentlichen Meinung des Mor-
gen- und Abendlandes vorher zu Grunde richten, wozu ihm kein
Mittel zu schlecht dünkte. Die schändlichsten Gerüchte über Unfähigkeit und Reichsverrath des Großherrn gingen aus dem Palast
in Alexandrien über alle benachbarten Länder aus, und während
seine Hofleute und Cavassen auswärts lästerten, hielt es der
alte Mann nicht unter seiner Würde, im Divan und sehr oft
im Beisein fremder Residenten, die tiefe Stimme, den Ausdruck
und die Geberde Mahmuds II., nach Art gemeiner Possenreißer
und Lustigmacher, nachzuäffen. „Heute war der Pascha besonders

gut gelaunt, heute hat er sehr graziös den Sultan Mahmud aus-
gespottet," hat man mir öfter als einmal in Alexandrien erzählt.

Nach Art der Morgenländer war Sultan Mahmud ein hoch-
gebildeter und in der Schönliteratur der Islamvölker wohlbewan-
derter Herr, während sich sein Gegner in Sachen des Unterrichts
kaum vom gemeinen Kameltreiber unterscheidet. Auch verrieth
Mehemed Ali gegen seinen Imperator bei jeder Veranlassung die
Verachtung und den Haß, wie sie rohe und unwissende Leute
zu allen Zeiten gegen Feine und Gebildete empfinden.

Warum mußte doch Mahmud II. eher vom Leben scheiden,
als er das garstige Reptil gefesselt und mit zerbrochenen Gliedern am Fuße seines Thrones sah! Vielleicht hätte er zu Beseitigung geheimen und unverbesserlichen Widerstrebens, das heute
Alles wieder in Frage stellt, den Sieg schneller und durchgreifender zu benützen gewußt, als sein sanfter und für bessere Zeiten geschaffener Erbe. „Siehst du", sagten die Derwische zu
Abd-ül-Medschid am Krönungsfeste, „deinen Vater haben die
ungläubigen Russen bei Schumla, und Ali Pascha bei Koniah
und Nisib überwunden, weil er das Heil der Monarchie nicht
ausschließlich in unserem mystischen Flötenspiel und Wochentanz,
sondern nebenher in allerhand weltlichen und von den Giaurs
entlehnten Künsten suchte. Oder haben etwa die glorreichen Sul-
tane, deine Vorfahren, durch fränkisches Puppenspiel in drei
Tempo das Reich gegründet? und hat nicht Murad II. den großen
Sieg über die Christen bei Varna hauptsächlich deswegen errungen, weil er gläubigen Sinnes mit den frommen Einsiedlern im
Tekke zu Magnesia die geistlichen Gaukelsprünge gethan?"

Hu! Hu! Hu! (Er! Er! Er!) wöchentlich zweimal mit gehöriger Begeisterung gerufen, meinen die Derwische, sei das
beste Militärreglement für eine islamitische Monarchie. Dessenungeachtet, sagen hier die Leute, will sich Abd-ül-Medschid nicht

recht überzeugen, daß in künftigen Fällen Paskewitsch mit Hu,
Hu, Hu allein vom Fleck zu bringen sei. Und wenn der junge
Fürst zur Zeit auch noch unentschlossen zwischen christlichem Rathe
und der Medicin seiner tanzenden Chalveti-Mönche hin- und
herschwankt, hat er doch in kindlicher Liebe, finanzieller Bedrängnisse ungeachtet, seinem Vater und Wohlthäter ein prachtvolles
Mausoleum gesetzt. Mahmud II. hat den Schmerz aller Freunde
türkischer Wohlfahrt, besonders seiner christlichen Unterthanen,
mit sich in's Grab genommen. Und vorurtheilsvoll, wie die meisten
Europäer, war ich nicht wenig erstaunt über den Einklang, mit
dem in der Hauptstadt des Reiches wie in den Provinzen die
Gerechtigkeitsliebe und der freundliche Sinn dieses Fürsten, besonders während der letzten zehn Jahre seiner Herrschaft gepriesen wird. Ich selbst erlaube mir in der Sache kein Urtheil. Je
mehr der Mensch wandert, hört und sieht, desto behutsamer und
kleinlauter wird seine Stimme. Und namentlich war ich lange
zweifelhaft, und weiß es eigentlich noch nicht recht, wer über
Wohl und Wehe von Sultan Mahmuds Regiment competenter
zu urtheilen versteht, seine eigenen Unterthanen, oder die gelehrten Variantensammler zu den Fragmenten des Metrodorus
von Lampsacus. Jedenfalls bitte ich höflichst um Verzeihung,
wenn ich etwa zu viel Gutes gesagt haben sollte. Sultan Mahmud, das weiß Gott, hat auch nicht jederzeit zum rechten Mittel
gegriffen. Und in der Vorstadt Fanar dahier meinen sie, die
Sache wäre viel besser gegangen, wenn er als Herr des Grundes, wo Troja stand, unmittelbar die Reden des bekannten Weisen im Rathe der Achäer auf Wiederbelebung des türkischen
Reiches hätte anwenden wollen. Uebereilte ihn nicht mitten im
besten Wirken das Schicksal, wer weiß, ob er das große Uebersehen nicht verbessert hätte. Freilich sind ihm auch die Janitscharen aus mehrfachem Grund nicht recht hold, und wollen ihm

namentlich das Jahr 1826 christlicher Zeitrechnung nicht vergessen.
Darüber darf sich aber Niemand verwundern, da selbst im lichtvollen Europa manch alter Strelitz heute noch die große Cur
nicht vergeben kann, durch welche Peter I. sein barbarisches Land
abendländischer Sitte geöffnet hat.

Obwohl im Serai aufgewachsen und ursprünglich mit allen
Vorurtheilen seiner Race behaftet, erkannte Mahmud dennoch,
nach harten Erfahrungen — unter allen Osmanli der erste —
die Unmöglichkeit längern Bestehens eines islamitischen Sul-
tanates. In seinem Sinne war er Imperator des Orients,
ein neuer Theodosius und Konstantin. In diesem Gedanken liegt
eine große Umwälzung und die ganze Zukunft des Morgenlandes und des Weltfriedens. Der Gedanke ist inhaltsschwer und
eines Kaisers werth!

V.

Die Lage der Dinge am Bosporus.

Konstantinopel, 31. März 1841.

„Lieber als den Cardinalshut sehe ich Murads Turban auf
der Tempelpforte von St. Sophia", sagte bekanntlich der griechische Archont Notaras wenige Jahre vor dem Einzug der Türken
in Konstantinopel. Umsonst hatte die Blüthe des lateinischen
Abendlandes auf den Congressen zu Bologna und Florenz alle
Künste der Diplomatik und Beredsamkeit erschöpft, Heere, Schiffe,
Gold und flammendes Zorngefühl des Occidents auf die Osmanli
herabzuwälzen gelobt, wenn die griechische Nation den geistlichen Hochmuth beugen und ihren dogmatischen Irrlehren entsagen wollte. „Werdet Abendländer, oder gehet im Strudel
unter", war das letzte, vergeblich gesprochene Wort helfender
Christenheit. Aber heute noch bereuen die Griechen ihre Handlungsweise nicht, rühmen sich vielmehr ihrer Standhaftigkeit,
ihres nationalen Eigensinns, ihres unbesiegbaren Widerwillens
und stereotypen Verachtens unserer Sitten, unseres Glaubens
und unserer Sympathien. Ein ganz ähnlicher Proceß und —
wie es scheint — mit demselben Erfolge wird auch heute in Konstantinopel verhandelt. Zwar sind die Zeiten nicht dieselben und
das barbarische undisciplinirte Puppenwesen der Abendländer zur
Zeit Eugenius' IV. ist vom colossalen Maße und der furchtbaren
Majestät der Europäer des neunzehnten Jahrhunderts ebenso weit
entfernt, als es gegenwärtig die Hülfsmittel und die Stellung

der Pforte von griechischem Trotz und griechischer Armseligkeit
unter den letzten Paläologen sind. Grundcharakter der byzantinischen Christenheit war von jeher nach einmüthigem Urtheil
aller Stimmberechtigten jener unbesiegbare Abscheu vor Krieg und
Waffenwerk, was bei Ustrialow euphemistisch „stille und friedliche
Gottesfurcht" heißt, bei uns aber einen andern Namen trägt.

Das Türkenreich umfaßt heute noch einen Ländercomplex, wie
ihn das byzantinische in seinem größten Glanz nicht erreichte.
Und seit einiger Zeit sieht man auch wieder die schwimmenden
Colosse mit dem Namenszug der Siebenschläfer in langer Zeile
von Beschik-Tasch bis zur Spitze des kaiserlichen Palastes vor
Anker liegen*). Und zahlreich und ohne Murren strömt es aus den
Dörfern von Anadol und Rumili in Abd-ül-Medschids Casernen,
wo der Krieger gute Kost, warmes Kleid, bequemes Lager und mit
menschlicher Behandlung unverkümmerten Sold empfängt. Unter
den Befehlshabern redet man französisch und englisch und lernt
zuletzt vielleicht gar noch deutsch; man zeichnet, cokettirt, richtet
Kanonen und manövrirt zu Fuß und zu Pferd auf der Haide
außerhalb Skutari, hat mit Einem Worte jedes materielle Bedürfniß für militärische Größe und Macht, ist aber dennoch
schwach, und blickt zaghaft und fast hoffnungslos der Zukunft
entgegen. Die Türkei gleicht einer verlassenen Löwenhöhle, zu
deren Hut die Spinne ihren Vorhang gezogen hat. Mens agi-
tat molem, der Geist muß die träge Masse beleben, befruchten
und in Bewegung setzen. „Machet Alles neu, entsaget eurem
Hochmuth, eurer stolzen Gesondertheit, kürzet den Koran ab,
tretet zu gleichen und gerechten Theilen als Glieder der großen

---

*) Die heil. Siebenschläfer mit ihrem Hunde Kitmir sind, nach Hrn.
v. Hammer, die Zunftpatrone des türkischen Seewesens. Ihre Namen Jamblicha,
Maschlina, Marpusch, Tabernusch, Schasbusch und Koffchistanus sind gewöhnlich in verschlungenen Zügen auf den Schiffschnäbeln eingeschnitten.

Völkerfamilie ein, seid geschliffen, arbeitsam, lernbegierig, wie
die Leute des Czares von Moskow, des K'rales von Irandabul
(Preußen) und wie die rothen Inkilis, deren höllische Maschinen
noch ganze Länder aus den Wurzeln reißen." So redete bisher
eine kleine, aber moralisch starke Minderzahl gewissenhafter, kennt-
nißreicher und dem Fürsten redlich dienender Osmanli, deren
Auge weit über den Gesichtskreis gemeiner Türkennaturen hinaus in die ferne Zukunft blickt. Diese wenigen, mit Reschid
Pascha an der Spitze, fühlten lebendig, daß die Zeit der Eroberung und exclusiven Herrschaft auf immer vorüber, und dem
Türkenreich von der Natur selbst die Rolle eines Defensivstaates
zugemessen sei. Um diese Wehrkraft zu wecken und bis zur Un-
bezwinglichkeit gegen heimliche und offene Angriffe des standhaften und natürlichen Gegners der Osmanli zu steigern, müßte es
der Regierung in Stambul gelingen, die Erbfeindschaft des slavischen und türkischen Elements in einem höhern Einigungspunct zu
versöhnen, den verschieden glaubenden Nationalitäten ein gemein-
sames Interesse einzuströmen, und gleichsam ein neues, festge-
kittetes, untrennbares Volk von Byzanz zu schaffen.

„Non pas abaisser les positions supérieures, mais élever
les positions inférieures", war bisher die leitende Idee der erleuchteten Führer osmanischer Politik. Ein Argument solcher Größe
mit einem stolzen, brutalen, durch jahrhundertelanges Siegerglück
verwöhnten, von religiösem Fanatismus entflammten, unwissen-
den, geistige Vorzüge verachtenden und für alles Nichtmohamme-
danische hermetisch verschlossenen Volke Asiens ohne Blut und
Gewalt, auf dem Wege friedlicher Homilieen zu lösen, könnte nur
ein Thor oder Systematiker für möglich halten. Auch packte
Sultan Mahmud die Sache gleich anfangs beim rechten Punct,
und nur der Undank des Verräthers Mehemed Ali und der unmittelbar aus Gram erfolgte Tod hinderten ihn an vollständiger

Ebenung der Bahn und an einem zweiten Hochzeitmahl für den Thunfisch im Hellespont. Aufrichtig gestanden, konnte ich seit dem Hintritt jenes energischen Mannes nie mehr recht innerlich und vollständig an die Möglichkeit einer türkischen Reform glauben. Noch zehn Jahre strenger Zucht hätte es gebraucht, um die Wurzeln des Unkrautes auszurotten und den geistlichen Trotz der Moschee zu brechen. Nie können sich Ulema, Derwische, Softa (Studenten), Männer wie Izzet- und Tahir-Pascha, die Christenfeinde und ächten Repräsentanten des Türkenthums, mit der neuen Staatsidee versöhnen und einen fränkischen Giaur oder gar einen christlichen Raja mit gleichen Rechten und gleicher Geltung neben sich erblicken. In der Türkei glauben sie, Glück und Wohlergehen, das Jedermann theile, sei kein Glück und kein Wohlergehen, und um wahrhaften Genuß zu empfinden, müsse der Mensch von Leiden, Noth und Thränen anderer Menschen umgeben sein. Die Philosophie und die patriotischen Bedenken solcher Leute zu beschwichtigen hat nur Mahmud II. verstanden. Sein Sohn fürchtet sich vor den wilden Gesichtern und den melancholischen Katechesen seiner Koransritter. Was bei seinem Vater unerbittliche Consequenz und traurige, aber zu entschuldigende Nothwendigkeit war, müßte man im sanften Abd-ül-Medschid als unpassende und zwecklose Grausamkeit verdammen.

Abd-ül-Medschid hat kein Recht das Blut seiner bethörten Unterthanen zu vergießen; er muß das Heil auf dem Friedenswege schaffen, oder mit seinem Reiche untergehen. Schon seit Monaten ängstigen sie das jugendliche Gemüth mit Klagen über Verfall des Islam und seiner Satzungen, über das Ueberwuchern ungläubigen Wesens, Einbringung religionswidriger Practiken und Begriffe, und drohen wiederholt mit göttlichem Zorn und Untergang der Dynastie, wenn man ihren Rath noch länger verschmähe und nicht ungesäumt dem ärgerlichen Spiel ein Ende

mache. Als Urheber des Verderbens zeigten sie auf Reschid
Pascha, und baten wiederholt um Entfernung dieses „Pro-
tectors aller Giaur" aus den Staatsgeschäften, die er hauptsächlich aus vier Gründen zu leiten unwürdig sei: erstens wegen
der Irrlehre, daß ein Musulman und ein Giaur politisch gleiche
Rechte besitzen könne; zweitens weil er fromme Musulmanen
hindern will, Ungläubigen die Bastonnade zu geben und die
Taschen auszuleeren; drittens weil er selbst nach Art der Giaur in
einer Kutsche fährt, nur Eine Frau genommen, und seine Kinder
gegen allen rechtgläubigen Brauch zur Arbeit anhält und in der
Zauberei unterrichten läßt; viertens weil die ägyptische Sache schlecht
zu Ende gekommen, und in Kurdistan eine neue Insurrection
ausgebrochen ist, was offenbar als ein Zeichen göttlichen Miß-
fallens über die Neuerungen in Stambul zu betrachten sei.

Lange widerstand der Großherr den Einflüsterungen seiner Ze-
loten, da er die Rechtlichkeit seines Dieners und seinen großen
Credit bei den verbündeten Höfen in Europa wohl erkannte.
„Werden sie uns hinter dem Balkan wohl nicht für wankel-
müthig und recidiv erklären?" „Um die Urtheile der Ungläubi-
gen, fielen sie beruhigend ein, brauche sich der Schah der Welt
(Dschehan-Schah) nicht viel zu bekümmern, und die Sieben
Giaur-K'ral seien allzeit, sowie der Befehl ergehe, zum Dienst
der hohen Pforte — ihres natürlichen Mittelpunctes — mit
Rath und That bereit, wie man letzthin und vorhin bei dem
Misr-Handel deutlich gesehen habe. Und sei etwa der Prophet
nicht mächtiger und sein Zorn mehr zu fürchten, als die beiden
Ungläubigen Paskewitsch und Palmerston? Zum Schirm der
islamitischen Hauptstadt sei des Propheten Mantel und Unterkleid
in der kaiserlichen Schatzkammer ein viel kräftigerer Talisman,
als die offenbar vom Satan ausgedachten Zerstörungswerke der
Glaubensfeinde." — In der Unmöglichkeit, Gründen von solchem

Gewichte länger zu widerstehen, hat endlich Abd-ül-Medschid seinen besten Diener dem Fanatismus seiner Landsleute geopfert und den dünnen Freundschaftsfaden wieder abgerissen, den Reschid Pascha mit kluger Hand aus der Türkei nach Europa hinüber geworfen hatte. Noch kann Niemand sagen, wie weit die neuen Rathgeber — insgesammt Feinde des christlichen Namens — auf dem Pfad der Reaction und Anti-Reform vorzuschreiten gesonnen seien. Jedenfalls beginnt eine neue Krisis, im Augenblick, wo man diese leidige Frage des Orients für immer erledigt glaubte.

Es ist in Konstantinopel fast wie in Paris. Jagt man Hrn. Thiers zur Thüre hinaus, steigt er wieder zum Fenster herein. Warum ist aber auch, wird sich mancher denken, der Sultan gar so schwach? Ein Sultan, sage ich Ihnen entgegen, ist niemals schwach, und Abd-ül-Medschid ist nicht bloß Imperator, sondern auch summus pontifex der Musulmanen, und hat als solcher andere Gedanken als Ihre ungläubigen Weltleute in Firingistan. Bricht aber zuletzt — wie es auf diesem Wege nicht zu vermeiden ist — das elende Flickwerk am Bosporus ganz zusammen, was wird dann geschehen? Diese Frage wird bei der türkischen Bevölkerung dahier gerne besprochen und viele haben mit angehört, worauf man in letzter Instanz noch rechne und wessen sich in benanntem Falle die ächten Osmanli versehen. Stand und Gang der öffentlichen Meinung erfährt man aus solchen Ergüssen oft weit sicherer, als durch Actenstücke und breite Artikel im türkischen Moniteur. Die Lösung der Frage ist aber nicht ganz diplomatisch-orthodox und es fehlt mir der Muth sie mitzutheilen, weil Sie es vielleicht nicht gern sehen, daß man sich von der in politischen Dingen gebräuchlichen Routine entferne. Lieber warte ich, bis Andere reden, die das Geheimniß verstehen, türkisches Volksgerede ohne Verletzung christlicher Gefühle in gangbares Deutsch zu übertragen.

VI.

Die Türkei und Aegypten.

Konstantinopel, 23. Juni 1841.

Die mildere Auflage des großherrlichen Fermans ist in Alexandrien der Form nach wirklich angenommen und publicirt. So wäre denn nach zwölfjährigem Hader, nach drei Feldzügen und einem permanenten Congreß der ersten politischen Capacitäten unsrer Zeit der alte Mehemed Ali insoweit gebändigt, daß er — wenigstens dem Namen nach — wieder als Großdomestik in den Listen des byzantinischen Kaisers steht. Der Pascha lachte, und ein Zug unaussprechlichen Hohnes schwebte um die Lippen, als ihn der türkische Einsetzungscommissär zum Schluße der Feierlichkeit eigenhändig und gravitätisch mit dem großen Bande des großherrlichen Ehrenzeichens schmückte. Dieses Lächeln hat auch seine Bedeutung: „Dreimal", sagt es, „habt ihr mich excommunicirt und angefallen; ich aber habe euch mit einäugigen Regimentern zweimal aufs Haupt geschlagen, und wenn ich euch zuletzt nicht auch noch aus Stambul gejagt, verdanket ihr es bloß den Ungläubigen, deren Beistand ihr in der äußersten Noth erbettelt habt. Euren Bannflüchen, euren Allianzen und Congressen zum Trotz bin ich heute Autokrat und wohlbestallter Herrscher über weite Länder und Reiche, präge Münze, halte Armeen, befördere die Post von Suez, handle mit Bohnen und erhebe

Steuer so viel mir beliebt, und wenn ihr etwa glaubt, ich er-
lege Tribut für das Vergangene und Künftige, jährlich vierzig
Millionen, seid ihr im Irrthum, denn ich gebe euch nichts, und
je vous trouve plaisants mit euren Ordonnanzen, euren Taxen
und Decorationen." Uebermorgen erwartet man das ägyptische
Dampfboot „der Nil" mit den kaiserlichen Commissären und einer
neuen Supplik um gänzliche Erlassung der Rückstände und bedeutende Milderung der Lasten für die Zukunft. Statt Goldes,
wie es Abd-ül-Medschid mit Sehnsucht erwartete, kommen wieder nur glatte Worte und submisse Bitten des „ältesten Dieners"
nach Tschiraghan, wo man auf Rechnung künftiger Schätze aus
Aegypten schon voraus bedeutende Spesen gemacht und noch
mehreres versprochen hat. Aus Gnaden wollte man sich für die
dreijährigen Ausstände mit einem Jahresbetrage neuer Ordnung, d. i. mit vierzig Millionen Piastern begnügen, und diese
vorläufig dem Großherrn persönlich zu Trost und Lohn erlittener
Kränkung überlassen. Die Weigerung Mehemed Ali's, das Geringste nachzuzahlen, ist nach seiner Ansicht billig und gerecht.

All sein Geld, sagt er, habe er im Dienst der hohen Pforte in
Arabien und Syrien ausgegeben, und in letztgenannter Provinz
allein verwichenen Herbst für fünfhundert Millionen Piaster an
Baarschaft, an Kriegsmaterial und Mundvorräthen aller Art
verloren — eine Rechnung, die Hr. v. Jochmus, ein ebenso
tapferer Soldat als geschickter Rechenmeister, nach Befund eher
für zu niedrig, als für zu hoch erklärt*). Vom reichen Fang
erhielt aber der arme Abd-ül-Medschid nichts, der Soldat und
Insurgent wenig, die türkischen Oberoffiziere und Beamten sehr
viel, und der ägyptische Reis ist seit sechs Monaten, wegen der

---

*) An Festungs- und Feldgeschütz gingen über sechshundert Stücke ver-
loren. Zwischen Damascus und Mesrieh allein blieben zweiundsiebzig
Piecen stehen.

reichlichen Zufuhr aus Beirut, in Konstantinopel wohlfeiler, als
in Damiate selbst. — Zwölftausend Beutel, d. i. sechs Millionen
Piaster jährlich, fährt Mehemed Ali fort, sei die Summe, welche
ihm Sultan Mahmud nach Vertreibung der Mamluken (1811)
auferlegt, und diesen Betrag wolle er auch von nun an, da
man ihn wieder auf das Nilthal reducirt, treu und pünctlich
fortbezahlen, wenn man ihn weiter ungeneckt und unbehelligt
in seiner verarmten Provinz leben und walten läßt. Nach dem
Geldwerthe des Jahres 1811 galten zwölftausend Beutel so viel,
als 2,400,000 Gulden C. M. Heute aber, bei fast gänzlicher
Entwerthung der großherrlichen Münze, repräsentirt dieselbe
Summe nur ungefähr 540,000 Gulden Augsburger Courant,
während Aegypten mit Aethiopien, selbst ohne Monopol, friedlich und gerecht regiert, nach des Pascha's eigenem Geständniß,
noch ein jährliches Einkommen von vierhunderttausend Beuteln,
oder zweihundert Millionen Piastern gibt*). Auf den Rath seiner Londoner Freunde hat der Großherr bis jetzt in allen Stük-
ken nachgegeben, und wird auch diesesmal, wie man glaubt, dem
kühnen Supplicanten gegenüber denselben Mangel an Selbst-
vertrauen und Energie verrathen. Indessen ist bei den türkischen
Cassen eben jetzt die größte Noth, und übersteigt die Ausgabe
auf allen Seiten die Einnahme, so daß die Regierung, nach
dem Ausdruck eines inländischen Blattes, vielleicht augenblicklich
in Verlegenheit gerathen könnte, wenn man sich nicht unbedingt
auf die Weisheit der zweifelsohne in kürzester Frist zu ergreifen-
den Maßnahmen verlassen müßte. Die Minister Abd-ül-Medschid's haben auch eine Art Budget gemacht und stellen sich auf
sechshundert Millionen Piaster jährlichen Einkommens, wenn
alle Steuern und Tribute, namentlich die vierzig Millionen

---

*) Nach dem neuesten Curs gilt der Conventionsgulden 11³/₂₀ Piaster.

Mehemed Ali's, die Auflagen aus Arabien, Syrien und den
Euphratländern pünctlich und ungeschmälert nach Konstantinopel
fließen. Die Auslagen berechnen sie dagegen (ich könnte die
ausgeschiedenen Summen nach den einzelnen Ministerien und
sogar die Civilliste des Sultans angeben) nur auf fünfhundert-
zweiundzwanzig Millionen Piaster, und hätten demnach jährlichen
Ueberschuß zu nicht geringer Beschämung der Christenheit, wo
man bei aller Weisheit, Oekonomie und Tugend von nichts als
Deficit in den Finanzen liest. Der türkische Finanzüberschlag
stützt sich auf eine Volkszählung, die Reschid Pascha in aller
Stille angeordnet und durch die Muhassil der einzelnen Steuer-
districte mit großer Genauigkeit, wie die Minister behaupten,
vollendet hat. Dem zu Folge kennt die Regierung die Zahl
der Moslim und der Giaur, ihrer Rede nach, ganz genau.

Nicht ohne vieles und lästiges Herumfragen konnte ich die
einzelnen Ziffern erfahren, und sage Ihnen nur so viel, daß die
Mohammedaner viel zahlreicher und die Christen viel schwächer
sind, als man bisher unter Türken und Christen glaubte. Die
Bevölkerung der großen Städte jedoch, und insbesondere der
Hauptstadt, blieb allenthalben weit hinter den ausschweifenden
Angaben europäischer Geographen zurück. Stambul mit allen seinen Vorstädten erreicht nicht vollständig die Zahl von 600,000
Seelen, während man sie gemeiniglich auf 800,000 und darüber
schätzte. In Arabien hat man wohlweise nur die türkische Garnison und die Regierungsbeamten von Mekka und Medina in
Rechnung gebracht, in den wirklich unterworfenen Provinzen
aber mit türkischer Brutalität häufig sogar die Peripherie schwan-
gerer Weiber gemessen, ob der Sultan vielleicht auf Zwillinge
zählen könne. In der Tributfrage, meint man, werden sich die
Londoner Freunde vollständig neutral verhalten, um ihren Rath
sofort in der syrischen desto nachdrucksamer zu empfehlen.

Aegypten, das fühlen sie wohl, ist vom türkischen Reich so
vollständig abgetrennt wie Griechenland, Walachei oder Serbien.
Und bei der hartnäckigen Unbußfertigkeit der Osmanli und bei
ihrer wohl constatirten Unfähigkeit die Reform lebendig zu erhalten, kann den kläglichen Ausgang dieser Angelegenheit Niemand
aufrichtig bedauern. Was wäre geschehen, hätte man den Osmanli auch Aegypten in die Hände geliefert? Die Griffe eines
zwar ungerechten, aber talentvollen und kräftigen Drängers hat
man zu allen Zeiten dem sinn- und planlosen Treiben stupider
und gemeiner Malversanten vorgezogen.

VII.

Christenthum und Islam.

Konstantinopel, 14. Juli 1841.

Während man die Türken von allen Seiten mit den bittersten Katechesen begrüßt, und in Europa von nichts als Theilung, Bankerott und Ruin der Osmanli spricht, finden sie nebenher doch auch noch billigere Richter, wo nicht gar Vertheidiger und Bewunderer der Entschiedenheit und Schnelle, mit der sie auf der Bahn der neuen Ordnung vorwärts schreiten. „Seht nur", sagen vielleicht mit Recht die Lobredner des Türkenthums, „wie lebenskräftig und unzerstörbar die Grundlagen dieses Reiches sind, da es bei der Größe der eigenen Fehler und dem gleichzeitig unter Widerspruch und betäubendem Gelärm eindringenden Rath, Tadel und Wehgeschrei politischer Heilkünstler zum Trotz noch aufrecht steht. Das Gefüge jedes andern Staates wäre Stößen solcher Art schon längst gewichen. Lasse man den Türken nur Zeit, greife man nicht jeden Augenblick ins Spiel, und sie werden die Partie schulgerechter und glücklicher zu Ende bringen als man erwartet. Reiche werden in Einem Tage weder gegründet noch verwandelt und bei dem türkischen Gewirre von unverjährbaren Rechten der alten byzantinischen Besitzer, von Dogma, Islam, Christenthum, oder gar von Emancipation Jerusalems und des heiligen Grabes reden, heiße an die Leidenschaft appelliren und

den schlummernden Fanatismus der Mohammedaner zu neuer
Glut entflammen. In der Schule der Staatskunst und ächten
Humanität seien Alterthum, Religion und Hochaltar Möbel ohne
Taxe, oder sind etwa durch des Sultans neueste Ordonnanzen
zum Schirm christlichen Wesens in Syrien und Palästina nicht
alle Vorbedingungen gesetzlichen Daseins und bürgerlichen Neben-
einanderseins rivalisirender Secten wenigstens in der Theorie
erfüllt? Sobald es nur in den Ländern stille wird, die Steuern
richtig fließen und die oberste Gewalt bei Jedermann im gehö-
rigen Respect, vor allem aber reichlich mit Metall versehen ist,
habe die Kunst ihr Argument gelöst und müsse man das Geschrei
nach imaginären Gütern besagter Art als revolutionäres Gekeise,
als falsche Andacht und rhetorische Declamation erboster Magister
betrachten. Nehmen die Türken auf dem Libanon auch hie und da
einen Pfennig zu viel und trifft in Bulgarien der Streich zuweilen den
unrechten Mann, so seien es kleine Uebel im Gegensatz zum großen
Gut allgemeiner Windstille und langer Ferien der Diplomaten."

Zu einer solchen Höhe politischen Epikuräismus', das glauben
Sie gewiß, kann sich nicht Jedermann erschwingen, und wenn
uns das Sittengesetz im Privatleben die Unbild zu vergessen
und die Stärke zu zähmen befiehlt, so zeigte sich doch im
Gang der Weltereignisse zu allen Zeiten etwas streng Correctes
und gleichsam Unversöhnliches, ein nach scharfen Kanten und
solider Unterlage ringendes und die Indolenz der Staatsphilo-
sophen befehdendes Element, das nach Verschiedenheit der Schule
bald unerbittliche Gerechtigkeit, bald Geschick, bald Nothwendigkeit oder Nemesis heißt, und den morgenthauigen Visionen der
Bücherleute von jeher die bittersten Täuschungen bereitet hat.

Dieses Etwas gönnt keine Rast und ist heute bei den Türken
eingekehrt. Sehen wir nun, was Idylle und die Pietät der
Pseudodiplomatik im Kampf gegen eine solche Macht vermag. In

der Welt regiert die Leidenschaft, nicht die Poesie, und für
Staaten gibt es keine Reue, weil die Bußwerke gewöhnlich
spätzeitig und folglich ohne Früchte sind. Karthago, gerecht,
friedlich, reformeifrig, im dritten punischen Krieg schuldlos angefallen und mit verzweiflungsvoller Kraft gegen sein Verhängniß
ringend, preßt dem Leser Thränen aus, und Niemand darf sich
wundern, daß auch für den neuen Kodomannus und seine
gezähmten Tiger in Stambul in Europa allmählig Sympathien
erwachen, wenn man ihn und sein Reich bloß nach den Actis
diurnis der türkischen Staatskanzlei bemißt. Dieses zahme und
ängstlich gerechte Wesen großer, wilder Reiche im Verfall, und
dieses Betteln nach Beifall und Mitleid des Feindes, den man
früher überwunden hat und innerlich auch heute noch verachtet,
ist für den Beobachter eine unheimliche und melancholische Erscheinung. Das Menschenleben stand zur Zeit des alten Regiments im Preise nicht höher als das einer Mücke; heute ist
man aber in Konstantinopel so blutscheu, daß der Sultan selbst
bei qualificirten, gesetzlich verurtheilten Mördern ruchlosester Art
die Erlaubniß zur Vollziehung des Todesurtheils versagt. Zum
größten Trost der christlichen Gauner und Landstreicher aller
Zonen, besonders der Sieben-Insel-Hellenen, ist in der Hauptstadt und Umgegend — denn weiter gehorcht man den Befehlen
Abd-ül-Medschids nicht — die Todesstrafe wo nicht gesetzlich
abgeschafft, doch völlig außer Uebung, und wie man sonst über
Härte und Grausamkeit türkischer Justiz zu klagen hatte, murrt
man heute über die maßlose, an Schwäche grenzende und die
Sicherheit friedlicher Leute gefährdende Milde des Padischahs.

Warum sind denn etwa alle Mörder und Diebe der Türkei
vorzugsweise Christen, namentlich Griechen, und warum respectirt
der Nationaltürke auch in der äußersten Armuth und Noth
fremdes Leben und Eigenthum? Könnte man diese Osmanli

bewegen sich den Europäern vertrauensvoll zu nähern, die gerechte Verachtung gegen ihre christlichen Raja nicht auf die Lehre
selbst zu übertragen, ihre Uelema zu ersäufen und den Haß gegen
die Nichtmoslimen aus der Praxis in die Casuistenbücher zu
verweisen, wäre es wahrhaft im Interesse der Menschheit, diese
Leute bei Macht und Herrschaft zu erhalten. Eine christlich-
europäische Reaction im weiten und strengen Sinn, d. i. dog-
matische Ausrottung El-Islams in den Landschaften des byzantinischen Kaiserthums, wie früher in Spanien und auf Sicilien,
wäre auch im entgegengesetzten Fall nicht mehr möglich.

Die Türkei, so wie sie der letzte Friedensschluß von Adrianopel
beließ, zählt nach amtlichen Angaben an die dreiundzwanzig
Millionen Bewohner, von welchen etwa sechzehn Millionen
die Lehre Mohammeds bekennen und nur beiläufig sieben
Millionen Christen und Juden sind. Im Centrum von
Konstantinopel, dem alten Janitscharenquartier, hat sich die
türkische Bevölkerung seit Auflösung dieser Miliz mehr als ver-
dreifacht, und die Pfortenminister behaupten, daß im ganzen Reich,
besonders auf dem platten Land und in den Bäuerndörfern, die
Moslimen sich bedeutend vermehrt, und laut neuestem Census nur
die Christen an Zahl abgenommen haben. Diese letzteren, gewöhnlich ohne Grundbesitz und — insofern sie byzantinische Griechen
sind — überall nur von trügerischem Kram und schlechten Künsten
lebend, erliegen ihrer eigenen Schmach, während die Mohammedaner nach Einführung der neuen Ordnung viel ödes Land
angebaut und den Ertrag des frühern wegen größerer Sicherheit
verdoppelt haben, was ich in Beziehung auf die weiland verlassenen, heute aber üppigen und mit neuen Hütten übersäeten
Umgebungen der poetischen Städte Trapezunt, Kerasunt, Amisus
und Sinope als Augenzeuge bestätigen kann. Rechnet man
die Moslimen arabischen Blutes in Aegypten, Syrien und Ba-

bylonien, zusammen nicht viel über vier Millionen, dann zwei
Millionen mohammedanisirter Slaven, Albanesen und Griechen
von obiger Summe weg, bleiben noch gegen zehn Millionen Türken,
das ist Seldschuken, Osmanli und seit dem eilften Jahrhundert
zum Islam übergetretene Kappadocier, Paphlagonier, Phrygier,
Pisidier ꝛc., übrig, als deren Erb- und Heimatland Anatolien
gilt. Im illyrischen Dreieck dagegen sind die Türken nach dem
Recht des Eroberers eingesiedelt. Christen wohnen in sämmt-
lichen Türkenländern Asiens kaum zwei Millionen, und der wilde
Tahir ist in seiner Art vielleicht kein schlechter Patriot, wenn
er unlängst, als Pascha von Aidin, den Vorschlag an die Pforte
that, das eigentliche „Anadoli" von der „Nazarenerpest gänzlich
zu säubern und künftig allen Christen bei Todesstrafe den Aufenthalt in diesem irdischen Paradies der Gläubigen zu untersagen."

Für manchen Deutschen frommer und gelehrter Gattung wäre
das freilich ein verzweifelter Streich. Denn bloß in Deutschland fände man sicherlich mehr als Ein Project, wie die Sieben-
Kirchen Asiens und das Königreich Troja mit dem lanzenkun-
digen Priamus am skäischen Thor, wie die Herrschaft Sarpedons
in Lycien und wohl gar noch das Regiment des phrygischen
Midas zu restauriren wären.

Auf der europäischen Seite hält man sich numerisch freilich
mehr das Gleichgewicht, und doch hat es, legt kein fremder
Brennus das Schwert in die Wagschale, mit der Reparatur
der alten Türkenresidenzen Prusa und Iconium noch keine Eile.
Uebersteht die Türkei auch diese Krisis und hat man zur Ver-
vollständigung der Wiener Congreßbeschlüsse, wie man sich hier
schmeichelt, die Monarchie der Osmanli, ohne Widerspruch
irgend einer Großmacht, der Art unter den Schutz des europäischen Völkerrechts gestellt, daß ein Angriff auf den gegenwärtigen Besitzstand derselben als latrocinium publicum

in der öffentlichen Meinung gebrandmarkt und den Coërcitiv-
maßregeln der Garanten verfallen wäre, so sind die Türken in
bester Form und rechtskräftig in Europa installirt und ist die
Sache der zu emancipirenden Nicht-Moslimen auf lange hoffnungslos, wo nicht auf immer verloren. An die Möglichkeit
eines aus eingebornen Elementen zu erstehenden christlichen Im-
periums im Orient war unter Leuten gesunden Sinnes ohnehin nie zu denken. Das ungeschliffene und wilde, fanatische
Kameltreibervolk aus Turkestan in den feenhaft leuchtenden
Saal hoher Aristokratie des Occidents, unter Vortritt Abd-ül-
Medschids und Tahir Pascha's eingeführt — welch ein Schauspiel!

Freilich macht man hier in aller Eile Toilette, färbt sich das
Antlitz, nimmt orthopädischen Unterricht, lernt die Sprüche der
Ungläubigen auswendig und übt sich in ihre Gestus ein. Nur
die Körperschaft der ehrwürdigen Uelema bleibt unbeweglich und
schmollend im Hintergrund. Wer reelle Gewalt besitzt wie die
Uelema, sagt man, habe etwas Eigenthümliches im Blick, und
in der That, sieht man diese Gestalten in ausgesucht orthodoxem
Gewand, sei es bei öffentlichen Aufzügen oder in den Gärten
des Leuchtthurms von Chalcedon, wie sie mitten im bunten
Gewühl der Nationen halbe Tage lang blaß, ernst, schweigsam
und fast regungslos, gleich Marmorbildern, auf dem Teppich
sitzen, kann man sich des Gedankens nicht erwehren: es müsse
in Konstantinopel noch einmal zu einer allgemeinen, ernsten und
letzten Erklärung zwischen zwei unversöhnlichen Systemen kommen.

VIII.

Die Türkei und die Diplomaten.

Konstantinopel, 21. Juli 1841.

Diesmal, wie es scheint, ist die Katastrophe des Orients noch glücklich vorübergegangen und — sei es Billigkeit der Menschen oder besondere Wohlthat der Providenz — der segenvolle Genuß des allgemeinen Friedens, unheimlichen Geistern zum Trotz, durch neue und solide Bürgschaften gesichert. Die Frage war ernster Natur, die Verhandlung reich an Wechselfällen, der Ausgang lange ungewiß, und mehr als einmal war man im Begriffe, sich die Worte jenes griechischen Diplomaten: „Dieser Tag ist der Anfang großer Uebel für Hellas" gegenseitig als Abschied nach-zurufen. Ein Gefühl der Bangigkeit, als wäre Unglück im Anzug, drückte seit Jahren Europa nieder, lähmte den Schwung der Geister, hemmte den Kunstfleiß, minderte die Gerechtigkeit und lehrte die Völker auf Verderbliches sinnen. Seitdem sich aber Mehemed Ali unterworfen und Stambul neuerdings den Pfad der Reform betreten hat, athmet alles frei und brausend, wie die Achäer nach Agamemnons Friedensrede vor Troja, strömt es auf allen Seiten wieder zu den lieblichen Gewohnheiten friedlichen Verkehrs zurück. Von der Gefahr ist nichts geblieben als die Erinnerung und das Verlangen, nach errungener Sicherheit, auch dem Verdienst seinen Kranz zu winden.

Schreibt man den wesentlichsten und hervorleuchtendsten Antheil an dieser glücklichen Wendung der Dinge im Orient dem
Freiherrn v. Stürmer zu, so sagt man diesem ausgezeichneten
Diplomaten keine Schmeichelei; es wäre nur der gerechte Tribut, welchen man dem Talent, der Klugheit, der Energie eines
um gemeinsame Wohlfahrt bestens verdienten Mannes nicht
vorenthalten soll. Mit den Türken zu unterhandeln, heißt es,
fordere einen eigenen Tact, den Freiherr v. Stürmer, nach der
Aeußerung hochgestellter Osmanli, in vorzüglichem Grade besitzt. Wie daher neuerlichst der österreichische Hof durch Verleihung des Commandeurkreuzes des ungarischen St. Stephans-
Ordens das Verdienst seines gewandten und glücklichen Repräsentanten amtlich anerkannte und belohnte, war die Theilnahme dahier allgemein, aufrichtig und warm. Die Glück-
wünsche des ganzen diplomatischen Corps und sämmtlicher
Europäer von Distinction in Konstantinopel, dann der türkischen
Minister, und hauptsächlich des Sultans Abd-ül-Medschid selbst
trugen den Charakter ungewöhnlicher und gewissermaßen viel
innigerer Zuneigung in sich, als es vielleicht in diplomatischen
Kreisen üblich ist. Das sind Zeichen hoher Achtung, die sich der
Decorirte bei den politischen Gegnern nicht weniger als bei den
Gleichgesinnten zu erringen wußte. Tüchtiger und rechtlicher
Sinn hat zuletzt überall seinen Preis. Bei allen Veranlassungen,
wo es sich um Ehre und Anerkennung österreichischen Einflusses
im Orient handelt, zeigen die Osmanli ein Gefühl von Innigkeit und Wärme, deren man dieses einst so barbarische, rohe und
ungerechte Volk in Europa nicht für fähig hielt. Die Türken
meinen aber, daß unter allen Mächten der Christenheit das Haus
Oesterreich allein, mit gänzlichem Vergessen früherer Unbild, in
der gegenwärtigen Noth uneigennützige, redliche und kräftige
Freundschaft pflege. Diese Ueberzeugung und mit ihr das über-

wiegende Vermögen österreichischer Diplomaten im Divan hat sich vor allem unter der langjährigen, intelligenten und fruchtbaren Geschäftsführung des gegenwärtigen Internuncius fest und bleibend ausgeprägt. Nur müßte bei dem Freiherrn v. Stürmer, wenn es menschlicher Klugheit verliehen wäre, große Probleme der Politik zu Jedermanns Glück und Zufriedenheit zu lösen, bisweilen der Gedanke an das jammervolle Loos der Unterthanen Mehemed Ali's den schwelgenden Genuß des Sieges verbittern. Die elenden Fellah im Nilthale bezahlen ja allein die Kosten der stambulinischen Triumphe! Leider scheinen Freude ohne Thränen und Glückseligkeit ohne fremde Qual unserm Geschlechte nicht vergönnt. Mehemed Ali ist ohne Zweifel der Genius des Bösen, eine Art dämonischer Incarnation, unerschöpflich und unerreichbar in der Kunst, Menschen und Länder zu verderben.

Da ich aber von diesem Mann und seinen Regententugenden schon früher und wiederholt Verschiedenes geschrieben habe, will ich Niemand mit Schilderung seiner neuesten Arnautenspeculationen im Punct ägyptischer Bauerndörfer, freien Verkehrs und anbefohlener Erleichterung der Unterthanen weiter beunruhigen, einmal, um die nobeln Gönner des „ehrwürdigen Greises" nicht weiter zu kränken, hauptsächlich aber, um nicht durch nutzloses Klagen über schwer zu beseitigende Uebel die ohnehin spärlichen Momente diplomatischer Seligkeiten zu verkürzen.

IX.

Das Manöver auf Haider-Pascha.

Konstantinopel, 1. September 1841.

Die Sache hat ihre Richtigkeit, der Padischah hat mit den Königen des Abendlandes Kameradschaft getrunken und im Taumel politischer Libationen Freud' und Leid der Herrschaft mit seinen Ordensbrüdern redlich zu theilen angelobt. Jetzt erst hat Europa das Schwert gegen die Moslim definitiv aus der Hand gelegt und zu gleicher Zeit durch ein feierliches Document den größten Säcularisationsact seit Begründung christlicher Kirchenmacht durch Carolus Magnus vollzogen. Aber wie einst jene Triumvirn sich gegenseitig ihre besten Freunde und Vertheidiger auslieferten, wurden auch hier, zur Besiegelung gemeinschaftlichen Bundes, von beiden Parteien die theuersten Sympathieen zum Opfer gebracht und aller Welt vernehmlich erklärt, daß man die Frage in anderer Weise nicht zu lösen vermöge, und daß Sicherstellung der eignen Herrschaft zu allen Zeiten und in allen Ländern, nach den Begriffen menschlicher Schwäche, die überwiegendste und rücksichtsloseste aller Nothwendigkeiten sei.

Anders, wie es scheint, läßt sich die Welt nicht regieren, und hat nicht ein großer Philosoph des Alterthums schon gelehrt, daß die Staaten in ihren gegenseitigen Beziehungen denselben Leidenschaften, denselben Schwächen und Begehrlichkeiten, wie die einzelnen Menschen in ihren täglichen Mühen unterliegen?

„Die fette Beute, deren man sich selbst nicht bemächtigen kann, aus dogmatischem Romanticismus dem christlichen Nachbar überlassen," wäre diesemnach eine Forderung, die man im Kreise der Politik niemals anerkennen wird und kann. Statt Threnodien über den weltlichen Sinn der Londoner Conferenz anzustimmen, ist es vernünftiger, aller Polemik zu entsagen und mit gleichmüthiger Ruhe die Wirkungen der neuen Verbrüderung des christlichen Occidents mit dem mohammedanischen Orient abzuwarten. — Um die Aufnahme in den europäischen Staatenbund mit Nachdruck und Würde zu begehen und nicht als taschenleerer Bettler vor den Palästen Firingistans zu erscheinen, hat man sich hier seit Monaten abgemüht, eine imposante Masse regelmäßigen Kriegsvolks in der Hauptstadt zu versammeln, Kanonen zu gießen, Geld, Lebensmittel, Uniformen und Munition zu bereiten. Die Schwierigkeiten, ein des hohen Publicums in allen Theilen würdiges Schauspiel einzulernen und aufzuführen, waren nicht gering. Was man nach Abzug der zahlreichen Posten in der Hauptstadt und am Bosporus an disciplinirten Truppen verfügbar hatte, mußte Syrien niederhalten, Bulgarien beruhigen und Kreta unterjochen. Die Zeit indessen drängte und — wie es in den untern Regionen dahier verlautet — zeigte eine der vier alten Londoner Mächte ungewöhnliche Neugierde, nicht etwa durch seiltänzerisch appretirte Berichte aus dritter und vierter Hand, sondern mit eignen Augen durch erfahrne Examinatoren zu prüfen, wie es mit der ultima ratio des neuen Bundesgenossen stehe, und wessen man sich im möglichen Falle von einem europäisch eingeschulten Türkenheer zu versehen habe. Um in anständiger Haltung zu erscheinen, mußte man die Zuflucht zur anatolischen Landwehr nehmen, und trieb aus den benachbarten Provinzen, die man bei uns noch immer Jonien, Lydien, Phrygien, Paphlagonien und Bithynien zu

nennen gewohnt ist, die ganze wehrbare Mannschaft, unter Ge-
wimmer und Wehklagen der Bauerndörfer, in das Lager von
Skutari zusammen. Es war um die Zeit der beginnenden Feld-
arbeit, und die Obrigkeiten verfuhren mit so viel Unverstand
und Härte, daß sich im Paschalik Bolo zuletzt die Weiber empörten und Vorschläge zu besserer Ordnung im Rekrutiren machten.
„Könnt ihr euch nicht", sagten sie dem Pascha, „wo drei Söhne
sind, mit Wegnahme von zweien begnügen und den dritten zur
Bestellung der Ernte und zu unserm Trost zurücklassen?" Heimweh und das asiatischen Naturen unerträgliche Joch der Disciplin
raffte diese Armseligen hundertweise hin, und das Ausreißen begann etwa nicht einzeln, ganze Districte liefen des Nachts sammt
den Schildwachen davon. Prügel konnten dem Uebel nicht Ein-
halt thun, obwohl man die Dosis zuletzt bis auf siebenhundert
steigerte, was in den meisten Fällen einem Todesurtheil gleich
kam. Vor Kurzem hat man auch diesen Theil der Kriegszucht
besser geordnet und bei Desertion im ersten Betretungsfall achtundvierzig Hiebe, im zweiten hundertfünfzig, im dritten Fall
aber das Erschießen mit sieben Kugeln festgesetzt. Im türkischen
Heer verzehrt der Friede mehr Menschenleben, als der Krieg.
Was Flucht, Stock, Lazareth und Langeweile übrig ließ, mag
ungefähr das Drittel der ursprünglich aus den Dörfern gerisse-
nen Mannschaft betragen, und mit dieser legte der Sultan verwichenen 26. August auf dem baumlosen und ausgedorrten Felde
von Haider-Pascha, zwischen Chalcedon (Kadikjöi) und Skutari,
gleichsam sein Haupt- und Staatsexamen im Angesicht von ganz
Europa ab.

Die Entfernung von Chalcedon ist nicht über eine halbe
Stunde, und Sie denken wohl selbst, daß man bei solcher Nähe,
des Staubes und der Sonnenglut ungeachtet, nicht der Letzte
auf dem Schauplatz war. Eine Kette paarweise, in gemessenen

Zwischenräumen, aufgestellter Lanzenreiter umschloß einen Raum von mehr als einer Stunde Weges ins Gevierte. Innerhalb auf einer Anhöhe stand das offene, scharlach gedeckte und mit zwei vergoldeten, sonnefunkelnden Kugeln gezierte Pavillon des Padischah und hinterhalb eine lange Reihe Zelte geringerer Art für die europäischen Gesandten, für die Würdenträger des Reiches und für andere vornehme Gäste, die man zur Feier des Tages geladen hatte. Der ungezählten und ungebetenen Menge zu Fuß, zu Pferd und zu Wagen überließ man zur Stillung der Neugierde zwei Seiten des großen Vierecks u n t e r dem Winde, um Se. Sultanische Hoheit nicht durch plebeischen Staub zu belästigen. Von der Morgendämmerung bis nach Sonnenuntergang war die Mannschaft auf den Beinen und von acht Uhr Früh bis ein Uhr Nachmittags, wo der Großherr erschien, rann ein angewachsener Menschenstrom aus allen Nationen, Trachten und Farben über die Steinbrücke von Chalcedon den Feldweg hinan, zwischen Rebgärten und Feigenbäumen, auf das nackte Hochfeld hinauf, rechts die bläuliche Prepontis mit den Prinzeninseln, vorwärts der Ort, wo einst Belisars Landhaus, links die sanften Einthalungen und die liebliche Bergkuppe Bulgurlu mit dem Eichenwald auf der Halde; im Hintergrunde das Weingelände von Skutari und das unabsehbare Häusermeer und der Minaretwald von Stambul jenseits der Enge im Glanz der Mittagsonne. Alle Civil- und Militärherrlichkeiten der Hauptstadt sammt aller Pracht des kaiserlichen Hofes sahen wir nach und nach langsam und dicht an uns vorüberziehen. Der Großwesir und „absolute Generalvicar des Chalifen", dann Jochmus, der stattliche und siegreiche Türkengeneral, und Sayd-Beg, „das Nilfaß", fehlten natürlich nicht. Die wohlbeleibten moslimischen Stabs- und Generalofficiere mit ihren strotzenden Fischtrangesichtern machen keinen vortheilhaften Eindruck, wenn man an

die magern Gestalten und an die intelligenten, zornigen Physio-
gnomien europäischer Paraden denkt. In neun holzgeschnitzten,
reich vergoldeten, offenen Baldachin-Wagen ohne Federn, mit
Schattendach aus Scharlach und blauer Seide und je von zwei
gravitätischen, bänder- und spiegelbehangenen Grau-Ochsen gezogen, rückten unter starker Bedeckung und von einem Kranz
goldgestickter Officiere zu Fuß umgeben, vierundfünfzig Damen
aus dem kaiserlichen Harem, strahlend von Pracht und unbeweglich wie Marmorbilder, in das Viereck hinein; später die Sul-
tanin-Mutter mit drei Ehrendamen, abgesondert in europäischem
Gespann. Bald nach ihr kamen, unter Vorritt türkischer Lanzenreiter, ernstblickend die abendländischen Excellenzen und ihre Cavaliere, Secretäre und Interpreten im Civilgewande, doch alles
wohlbebändert und decorirt. Goldblitze aus einer Staubwolke
in der Ferne und plötzliches Verstummen mit ehrfurchtsvollem
Zurückweichen der Menge zu beiden Seiten des Weges verkündeten endlich die Ankunft des Herrn des Orients. Wer den Sultan mehrere Monate nicht gesehen, hätte ihn vermuthlich nicht
mehr erkannt. Es muß, dachte mancher, um das Regieren im
Grunde doch kein so leichtes Ding sein, wenn es einem jungen
Mann in weniger als Jahresfrist so übel mitzuspielen vermag.

Abd-ül-Medschid saß allein in hoher schmaler Baldachin-Droschke
wie ein stummes Götzenbild, das Auge unbeweglich, stolz und
mit leichenhafter Strenge auf die lautlose Menge links am Wege
haftend. Bekanntlich ist der Padischah von mildem Naturell,
aber die Sitte seines Volks, Tradition und Unterricht der Uelema
nöthigen bei feierlichen Aufzügen zu einer Miene, die ihm nicht
eigen ist. An das graciöse und herablassende Benehmen christlicher Potentaten könnte sich der knechtisch denkende Orientale
nicht gewöhnen. — Nerede Asaker (wo sind die Soldaten?),
fragte Abd-ül-Medschid verwundert, da er von der Anhöhe

herab im weiten Felde alles öde sah. Man hatte das Ding
etwas theatralisch eingerichtet und dem Sultan, der noch kein
Militärschauspiel im Feuer gesehen, eine Ueberraschung eigner
Art zubereitet. Drei Kanonen gaben das Zeichen, und weit
rechts aus einer Thalung des Bulgurlu zog es, gemessenen und
feierlichen Schrittes, unter Fanfaren und mit wimpelnden gold-
gestickten Fahnen, blank und leuchtend auf die Ebene heraus
und durch eine breite Lücke in den abgesteckten Kreis hinein.
Voraus ritten acht Geschwader Lanzenreiter mit rothen, weiß-
ausgezackten Fähnlein; hinter ihnen defilirten, wenn wir nicht
irren, zehn Schlachthaufen Fußvolks mit ebenso viel Musikban-
den klingenden Spiels; sechsunddreißig Geschütze mit Zubehör
und zahlreicher Bedienung zu Pferd und zu Fuß machten den
Schluß. Der Könige letztes Argument, wie Sie wissen, ist ja
überall die Kanone. Alle drei Waffengattungen zusammen mochten etwa zehntausend Mann effectiv betragen*).

Man braucht nicht erst zu erinnern, daß sich der Großherr
nicht etwa wie die kriegerischen Fürsten des Abendlandes, oder
gar wie jener Schreckliche, selbst zu Pferd, an die Spitze der
Schaaren stellte und ihre Bewegungen lenkte. Abd-ül-Medschid
verlegt sich hauptsächlich auf Frömmigkeit und friedlichen Zeit-
vertreib. Einige sagten, Rifa Pascha, der ehemalige Kaffeehaus-
junge, dann Jtsch-Oghlan und Kammerpage Sultan Mahmuds,
jetzt General-Oberst der kaiserlichen Garde, wollte an diesem
Tage seine militärischen Talente entfalten, und seinem Gebieter
beweisen, daß er mehr gelernt habe, als Schibuk anzuzünden
und die Schale zu präsentiren. Langsam, aber mit taktischem
Geschick stellte sich das Corps in Schlachtordnung, links ab die
Reiter, weit rechts die Batterien, im Centrum das Fußvolk

---

*) Andere reden nur von achttausend.

colonnenweise in drei Treffen mit Reserve, das Ganze in Gestalt
der römischen Quincunx, wie man in Bildern Napoleons Heersäulen bei Waterloo darzustellen pflegt. Zum Beginn wenden
sich die Regimenter zu Pferd in langer Fronte gegen die Zelt-
höhe, säbeln — dem Sultan zum Gruß — wüthend in die Luft,
schwenken dann rechts und stellen sich — mit dem Rücken gegen
das Meer — als feindliche Partei dem Fußvolk gegenüber, worauf
letzteres sogleich das Feuer beginnt. Des Militärwesens ganz
unkundige Leser könnte man durch Beschreibung der Einzelheiten
nur langweilen; hat aber Jemand von diesem Ding einige Begriffe, wird er sich selbst Rechenschaft zu geben wissen. Die Tirailleurs zeigten zuerst ihre Künste, schossen stehend, liegend, sam-
melten und zerstreuten sich, zogen links, rechts, vor- und rückwärts,
je nachdem das Horn erklang. Nach ihnen machten die Infanterie-
regimenter mit den Reserven, der Reihe nach, ihre Schule durch,
feuerten in Rotten, in Gliedern, mit Pelotons und zuletzt in
ganzen Bataillons, formirten dichte Massen und verschwanden
von der Schaubühne, um der noch ruhig stehenden Artillerie
Platz zu machen, die dann ihrerseits gewandt und fertig zeigte,
was sie unter Leitung deutscher Meister gelernt hat. Das alles
war nur Vorspiel. Nach erschöpftem Schul-Thema eilten auch
die Batterien — im Fluge — dem Fußvolk nach, und gegen die
Vorschriften der Dramaturgie blieb die Schaubühne längere Zeit
völlig leer. Endlich rückte das Heer in voller Schlachtordnung aus
einer Einsenkung am Strand herauf, im Mittelpunct das Fußvolk
in Angriffscolonnen, auf den Flügeln rechts und links das Geschütz,
die Reiter in der Nachhut, und im Vordergrunde eine Wolke von
Tirailleurs, alles in schönster Symmetrie, schweigend und sich vorwärts und uns entgegen wälzend. Jetzt erst beginnt das Treffen.

Die Kanonen eröffnen das Spiel, und nachdem die Leichtbewaffne-
ten ihre Kraft erschöpft, schlägt die erste Linie ihre Gewehre an, die

zweite rückt nach, das Feuer wird allgemein; man bildet Säulen, Vierecke, durch die Zwischenräume bricht mit fürchterlichem Gebrüll die Reiterei hervor, siegt, flieht und kommt wieder, während es Feuerströme aus den Flanken sprüht und der Donner auf den Flügeln ununterbrochen rollt. Der Nordwind blies heftig, am Ufer brandete es mit Gebrüll. Wolken von Pulverdampf und aufgewirbelter Ackerkrume hüllten die kämpfende Masse in zweifelhaftes, dämonisches Dunkel, und im falben Schimmer, wie das Loos des türkischen Reiches, hing die Sonnenscheibe am Firmament. Es war vier Uhr Nachmittags und um türkische Gebetzeit. Im Angesichte Aller fällt der Padischah auf die Knie, küßt die Erde, hebt die Hände gen Himmel, wie Moyses im Kampf wider Amalek, und fleht nach moslimischem Brauch zu Allah, daß er sich seiner Diener erbarme und die Waffen der Gläubigen stärke. Die Scene war nicht ohne Wirkung. Zum Schlusse zog das ganze Corps im Paradeschritt vorüber und stellte sich, Reiter, Fußvolk und Geschütz in Einer Linie, zur Heerschau vor dem Sultan auf. Mit eisigem Blick musterte Abd-ül-Medschid Mann für Mann die lange Zeile, sagte kein Wort, grüßte Niemand und ritt — hinter ihm seine Schranzen und seine Leibwächter — stolzen Schrittes an den Strand hinab, wie eben der letzte Strahl der Abendsonne auf die vergoldeten Barken fiel.

Die Ehre des Tages gebührt vorzugsweise der Artillerie. Geschütz, Bespannung und Mannschaft schienen gleich prächtig, die Bedienung ruhig und behend, die Bewegungen sicher und rasch, und in der Regel drei Feuer in der Minute (bei einer Piece blitzte es sogar dreimal in fünfzig Secunden), und Leute vom Fach müssen wissen, ob man es in Europa viel besser mache. Der Sultan, wie ich später erfuhr, soll über die kunstvollen Leistungen seiner Lanzenreiter am meisten Vergnügen und Zufriedenheit geäußert haben, ob mit Recht oder Unrecht, bleibt natürlich dahingestellt. Allerdings haben diese Reisigen das blinde Feuer sämmtlicher Bataillone und Geschütze heroisch und unbeweglich ausgehalten, haben zwei Chargen gegen den Nordwind mit asiatischer Furie ausgeführt, sind aber bei Nisib und Koniah, wie man weiß, viel weniger hitzig eingedrungen. Bei der Infanterie dagegen wären verschiedene Kleinigkeiten auszustellen, z. B. daß mehrere Bataillone im Laden noch nicht die nöthige Fertigkeit besitzen und — wenn man recht gezählt — bei sechs Compagnien auf dem rechten Flügel eine große Anzahl Flinten keine Dienste thaten, sei es, daß die phrygischen Bauernkerle in der Hast das Pulver für die Zündpfanne vergaßen, oder die Gewehre selber schadhaft sind. Auch konnte man beim Vorspiel das bei gut geübten Truppen so schöne Pelotonfeuer vom Rottenfeuer nicht allezeit unterscheiden und kamen überdies beim Carrébilden und bei Schwenkungen die äußersten Abtheilungen so ziemlich in Gestalt einer Schafheerde auf dem Punct ihrer Stellung an, wo sie sich dann freilich nach und nach wieder in eine schöne Linie dehnten.

Das wird wohl mit der Zeit besser gehen, der Lieutenant lernt Distanzen nehmen, der Füsilier laden und der Schütz seinen Mann aufs Korn nehmen. Ob aber die mastigen Stabsofficiere und Generale das Vorwärts vom Rückwärts bei künftigen Veranlassungen genauer, als weiland im Kampf gegen Mehemed Ali unterscheiden werden, läßt sich freilich nicht errathen. Aus natürlicher Milde möchte man sogar auch hier über das türkische Heerwesen weniger schneidend urtheilen als andere. Diese türkischen Officiere, schätzt man sie nach der jüngsten Vergangenheit, weichen vor Arabern und Moskowitern niemals zurück, sie bleiben lieber schon etliche Stunden diesseits der Feinde stehen, nicht etwa auf der Heerstraße — das könnte lästig sein, — seitwärts auf die Höhen ziehen sie klug hinauf und, wie Pompejus' schmucke Reiter bei Pharsalus, fugā montes altissimos petunt.

Nico'sche Buchdruckerei (Carl B. Lorck) in Leipzig.